【汉译现代西方学术名著导读·政治哲学编】

丛书主编 阎孟伟 杨 谦

ZIBEN ZHUYI WENHUA WENTI YANJIU

资本主义文化问题研究

杨 谦 谢 魁 主编

广西人民出版社

图书在版编目（CIP）数据

资本主义文化问题研究 / 杨谦，谢魁主编.—南宁：广西人民出版社，2018.1

（汉译现代西方学术名著导读 / 阎孟伟，杨谦主编.政治哲学编）

ISBN 978-7-219-09222-4

Ⅰ.①资… Ⅱ.①杨… ②谢… Ⅲ.①资本主义—文化—著作—介绍—西方国家—现代 Ⅳ.①D033.3

中国版本图书馆CIP数据核字（2014）第289191号

总 策 划　温六零
项目统筹　白竹林　罗敏超
责任编辑　覃结玲
责任校对　梁凤华　周月华
装帧设计　李彦媛
印前制作　麦林书装

出版发行　广西人民出版社
社　　址　广西南宁市桂春路6号
邮　　编　530028
印　　刷　广西民族印刷包装集团有限公司
开　　本　787mm×1092mm　1/16
印　　张　21.75
字　　数　380千字
版　　次　2018年1月　第1版
印　　次　2018年1月　第1次印刷
书　　号　ISBN 978-7-219-09222-4
定　　价　43.00元

《汉译现代西方学术名著导读·政治哲学编》

总　序

陈晏清

改革开放以来，中国社会经历了日新月异的深刻变化，不仅在经济发展中取得了令世人瞩目的成就，在文化建设上也取得了长足的进步，其中一个突出的表现是哲学社会科学领域里越来越多的学者本着开放包容的精神，源源不断地将国外有代表性的学术著作（包括理论著作）翻译到中国来，这对于帮助国人开阔视野、活跃思想、学会用世界的眼光观察和思考中国问题起到了十分重要的作用。这种开放包容的精神也充分体现了我们的制度自信和理论自信。摆在读者面前的这套“汉译现代西方学术名著导读”丛书就是在这样的精神鼓舞下编辑出版的。

这套丛书计 10 卷约 150 种，内容主要涉及国外的政治哲学和社会理论，涵盖了 20 世纪 20 年代以来西方马克思主义诸流派的代表性著作、法兰克福学派各个发展时期领军人物的代表作、西方当代自由主义理论的代表作、西方当代社会哲学和历史哲学的重要理论著作。每本著作的导读都包括作者简介、写作背景、中心思想、分章导读、意义与影响五个部分，最后附上原著摘录（从该著作中精选出来的一些重要章节）。读者通过阅读这套丛书可以全景式地了解当代西方政治哲学和社会理论中的主要思潮和流派，更有助于从事政治哲学和社会理论研究的学者以及高校学生开阔学术视野、把握学术前沿。由于这套丛书所选取的主要是政治哲学和社会哲学方面的著作，因而读者也可以从中了解到现代西方社会在其发展中所面对的诸多重大现实问题，如政治的合法性问题、国家与社会的关系问题、公平正义问题、权利与权力的关系问题、意识形态问题、文化发展问题、生态问题等，有助于人们深入地认识20世纪以来西方社会发展的基本状况。

在我国，就哲学学科来说，政治哲学是目前较为活跃的研究领域。社会政治哲学在我国的兴起，不是几个学者的心血来潮，而是适应了中国社会大变革的理论需要。我国由改革开放和社会主义市场经济推动的社会转型，是社会的整体性变革或结构性变迁，各种各样的社会问题会从社会生活的各个领域产生，新的问题层出不穷。对于这些问题的理论解决，急需社会哲学和政治哲学的专门研究。中国的社会哲学、政治哲学应当着重研究中国的问题，这是毫无疑义的。2017年9月29日，习近平总书记在中共中央政治局就当代世界马克思主义思潮及其影响进行第四十三次集体学习时强调，发展21世纪马克思主义、当代中国马克思主义，必须立足中国、放眼世界，保持与时俱进的理论品格，深刻认识马克思主义的时代意义和现实意义，锲而不舍推进马克思主义中国化、时代化、大众化，使马克思主义放射出更加灿烂的真理光芒。……对国外马克思主义研究新成果，我们要密切关注和研究，有分析、有鉴别，既不能采取一概排斥的态度，也不能搞全盘照搬[①]。

在当今的时代条件下，中国的事情同世界的事情是紧密关联的，实际上中国的许多问题已经上升为世界问题，观察和思考中国问题也必须有世界眼光。因此，我们应当学习外国的先进理论和文化，广泛地阅读当今国外的社会哲学、政治哲学著作，研究外国学者在理论探索中的经验和教训、长处和短处，有些可以引以为鉴，有些可以有选择、有批判地汲取。这对于深化我们的思考，推进我们的社会哲学、政治哲学的研究，以至推进我国的社会转型和现代化建设，都是有重要的积极意义的。当然，这套学术名著导读丛书主要是对学术名著及其作者做出概要性的介绍和评述，

---

① 习近平在中共中央政治局第四十三次集体学习时强调：深刻认识马克思主义时代意义和现实意义 继续推进马克思主义中国化时代化大众化［N］. 人民日报，2017-09-30（1）.

这些初步的、粗浅的介绍显然不能代替学者们的专门研究，“导读”的意义重在一个“导”字，它的作用只是把读者引进西方社会政治哲学的门槛，但这对于吸引和推动学界和社会各界关心社会政治哲学的研究是有重要作用的。

最后，我还想特别强调一点。这套丛书选择的著作者，除很少量的作者，例如早期西方马克思主义的代表人物外，大多数是资产阶级的思想家、著作家。他们是在资本主义的制度前提下说话，是在资产阶级统治的政治框架内说话，这是他们无法摆脱的阶级局限性。从总体上看，他们的政治哲学、社会理论著作表达的是当代资本主义的意识形态，是当代资产阶级的价值观念、社会理想和政治诉求。因为同处于市场经济的条件下，中国和西方会遇到一些共同的问题，但在对于问题实质的把握和解决问题的立场与方式上则是有原则性的区别的。这是我们在阅读西方社会政治哲学理论著作以及介绍这些著作的读物时，必须保持的最基本的辨别力或判断力。如果丧失了这种判断力，我们就会在意识形态的较量中丧失主动权，有的人甚至成为错误思想的俘虏。

2017 年 10 月

（陈晏清，1938 年出生，1962 年毕业于中国人民大学哲学系，1985 年晋升为教授，1986 年任博士生导师，1992 年起享受国务院颁发的政府特殊津贴，1985 年至 1997 年任南开大学哲学系主任，1995 年至 2000 年任南开大学人文学院院长，1997 年任南开大学社会哲学研究所所长，现任南开大学当代中国问题研究院学术委员会主任、中国辩证唯物主义研究会顾问、中国人学学会顾问、天津市哲学学会名誉会长。主要的研究领域是马克思主义哲学基础理论、社会哲学、政治哲学。独著或合著的著作主要有《论自觉的能动性》《辩证的历史决定论》《现代唯物主义导引》《陈晏清文集》等，主编有“社会哲学研究”丛书。2012 年获南开大学荣誉教授称号和特别贡献奖。）

目　录 CONTENTS

CONTENTS

一、《新教伦理与资本主义精神》

[德] 马克斯·韦伯　著

彭　强，黄晓京　译

陕西师范大学出版社，2002 年

【作者简介】

马克斯·韦伯（1864—1920）是德国著名社会学家、政治经济学家和教育家，与埃米尔·德克海姆和卡尔·马克思并称为现代社会学之父，是最先对社会学及其方法论进行系统研究的学者之一。他从 14 岁时开始写作，毕生笔耕不辍，研究涉及法学、政治经济学、哲学、宗教、历史和艺术等诸多领域，以敏锐的洞察力、深邃严谨的思维方式以及独到的个人见解著称于世。

1864 年 4 月 21 日马克斯·韦伯出生于德国东部图林根的埃尔弗德市，是家中的长子，韦伯不久随父亲举家迁至柏林。1870 年，韦伯进入柏林的德贝林学校，开始了学生生涯。1882 年，韦伯进入海德堡大学学习，在主修法律的同时，兼习国民经济学、历史学、哲学和神学等方面的知识。1883 年到 1884 年，韦伯在斯特拉斯堡接受军事训练，其间他总是设法到斯特拉斯堡大学上课。此后，韦伯先后在柏林大学和哥廷根大学继续学业，并于 1889 年获得法学博士学位。

1891 年，韦伯以《罗马农业史及其对国家法和私法的意义》一文取得大学教师资格，次年任教于柏林大学，教授商法和罗马法史，此后则相继在弗莱堡大学和海德堡大学教授政治经济学。这一时期韦伯学术研究的中心内容是古代与中世纪的经济社会史以及 19 世纪德国的经济社会状况，并初步涉及了资本主义的历史起源问题。

1893 年，韦伯与玛丽安娜·施尼特格尔结婚，1894 年两人搬至弗莱堡居住，随后被评为弗莱堡大学的经济学教授。1896 年韦伯被聘为海德堡大学教授。1897 年，父亲的去世给韦伯造成不小的精神创伤，他不得不暂时搁置手头工作，1898—1917 年期间脱离教职，安心休养。1918 年韦伯重新担任维也纳大学的教授。一战爆发后，韦伯在海德堡的一个后备野战医院管委会担任预备军官，并曾以专家身份作为德国政府代表团赶赴巴黎和会，在会上反对签署《凡尔赛合约》，1919 年韦伯被受聘为慕尼黑大学教授，1920 年 6 月 14 日，56 岁的韦伯因肺炎在慕尼黑去世。

韦伯为后人留下大量经典著作，主要包括：《罗马农业史及其对国家法和私法的意义》（1891 年）、《德国东易北河地区农业工人动态》（1892 年）、《交易所Ⅰ—Ⅱ》（1894—1896）、《新教伦理与资本主义精神》（1904—1905）、《俄国资产阶级民主形势》（1906 年）、《古代社会的农业生产关系》（1909 年）、《论广义社会学的某些范畴》（1911—1913）、《儒教与道教》（1915 年）、《印度教和佛教》（1916 年）、《古代犹太教》（1917 年）、《论社会和经济学中价值哲学中立性的意义》（1918 年）、《作为职业的学术》（1919 年）、《作为职业的政治》（1919 年）、《宗教社会学论文集》（1920 年）、《城市社会学研究》（1920 年）等。

【写作背景】

15 世纪到 20 世纪初包括德国在内的西方国家都经历了一场长时段的社会变革，这场变革是涉及生产方式、政治结构、社会关系、思想文化和精神信仰的全面而深刻的变革，并至今影响着整个世界的历史进程和发展方向。它的重大意义和长远影响引起一大批社会科学家的兴趣和关注，马克斯·韦伯的《新教伦理与资本主义精神》就是在这一背景下完成的，也是对这场变革的一种解读和回应。

作为一个在近代欧洲文明中成长起来的人，韦伯所有研究都是围绕着一个主题展开的，用他的话来说就是“西方文化特有的理性主义问题”。为了考察这一问题，韦伯的社会学的核心部分之一是宗教社会学。通过宗教社会学的研究，韦伯试图回答为什么在西方文明中而且仅仅在西方文明中，才出现了一种被西方人所认为的其发展具有普遍意义和价值的文化现象。这种现象的出现究竟应归结为哪些事件的合成作用？而韦伯关于宗教社会学的研究，首先就是从《新教伦理与资本主义精神》这部著作开始的。

在这部著作中韦伯讨论了伴随欧洲宗教改革运动而出现的新教伦理以及后者对现代资本主义的起源和整个西方理性化进程的影响。但是关于新教伦理的论著，只是韦伯自己所建立的宏伟大厦的一块基石，因为它只是韦伯规模宏大的《宗教社会学论文集》的第一项研究。《宗教社会学论文集》作为韦伯著名的文化比较系列专著，试图从比较的角度考察世界各宗教的经济伦理观，探讨世界各主要民族的精神、文化气质与该民族的社会经济发展之间的内在关系。韦伯在第一项研究之后，通过对印度教、佛教、道教、伊斯兰教、犹太教等世界上各大宗教的分析对比，来说明没有经过宗教改革的这些古老民族的宗教伦理精神对于这些民族的资本主义发展起了严重的阻碍作用。总之，韦伯的宗教社会学从比较分析的角度，对宗教与影响宗教的经济与社会条件之间的关系作了深刻的分析，得出宗教对经济与社会的发展有巨大作用的结论。

【中心思想】

《新教伦理与资本主义精神》奠定了韦伯在现代西方学术界中的重要地位。全书虽然篇幅不长，但涉及社会学、宗教学等多个领域，且文字晦涩难懂。作者用短短几万字比较了宗教改革前后基督教教义的变化，细致深入地分析了各主要新教派别的核心教义，并把教义同当时基督教徒的现实实践结合到一起，细致地考察了宗教教义与资本主义精神和教徒社会行为的联系。

原著最初于1904—1905年分两部分发表于韦伯主编的刊物《社会科学与社会政治学文献》中，后经修订于1920年作为《宗教社会学论文集》的第一部出版。作者在写作过程中研究了大量原始宗教教义，并分析了前人的研究成果，试图从新教教义和新教伦理的角度解答资本主义产生于西方世界的原因，着重论述了宗教观念与隐藏在资本主义发展背后的某种心理驱动力之间的生成关系。

在全书的26万字中，注释约占一半。正文部分分为“问题”和“新教禁欲派别的实用伦理”两部分，包括“宗教关系和社会分层”“资本主义精神”“路德的‘天职’观念——研究的任务”“世俗禁欲主义的宗教基础”“禁欲主义与资本主义精神”五章。韦伯从社会分层入手，引出研究对象，层层深入地分析各宗教派别教义与资本主义精神的内在联系，最终指出资本主义精神产生的原因可以从新教伦理中找到答案。

该书所思考的中心问题是：以其自由劳动的理性组织方式为特征的这种有节制的资产阶级的资本主义为什么仅在西方文明中出现，作为一种具有世界意义和价值的文化现象究竟应归结于怎样的一些环境？以往人们仅把资本主义作为一种经济行为和经济活动方式，因而仅从经济发展的角度论述资本主义的产生。韦伯认为，资本主义不仅仅是一种经济活动方式，更具有其内在的精神特性和精神内涵①。由此，韦伯着重论述了资本主义的产生与发展同新教伦理之间的密切关系，认为新教伦理中所包含的多方面的精神和心理基质是资本主义企业精神不可少的内容和动力因素。

韦伯所称的新教主要是指加尔文教，与被视为“旧教”的天主教相对，其新教伦理主要是讲加尔文教的伦理。加尔文教最主要的意义在于其认为光有信仰还不行，还要有善功。这个善功不是中世纪天主教的善功，不是购买赎罪券，或者是参加十字军东征、捐献财产给教会等，而是通过勤勤恳恳的劳动发财致富。通过创造财富，把世界建设成人间天国，才忠实地履行了上帝赋予的职责。但是，创造财富不是为了个人的消费，更不是为了个人的挥霍，而是增加人间的荣耀，越是俭朴地对待自己所创造的财富，就越有资格认定自己是被上帝拯救的人。作为新教主流三大教派中影响最大的派别，加尔文教的这个观点影响了很多人，尤其影响了美国，美国的主流精神就是加尔文教的清教精神。韦伯认为，加尔文教的这一套观念为资本主义的经济发展提供了一种合理性的根据，使世俗的劳动获得了神圣的意义，获得了宗教的意义。

——【分章导读】——

导论 作者开宗明义地提出，为什么在西方文明中而且只有在西方文明中出现了一个其发展具有世界意义和价值的文化现象，这究竟该归结到怎样一种环境？对此，作者比较了中世纪东西方世界的异同，指出印度、中国、巴比伦和埃及都存在其自身精深的知识体系和科学发现，但科学以及科学范围以外的经验知识、对宇宙和人生的思考、哲学以及神学只在西方世界发展到相当程度。韦伯分别比较分析了东西方文化的部分内容，例如他认为：巴比伦的数学基础接受于希腊；印度缺乏几何学、实验方法和生物学等，而这些都是欧洲的成果；中国具有高度发达的历史学，但不具备修昔底德的方法，

① 戈士国. 新教伦理：西方现代资本主义的道德支撑——解读马克斯·韦伯和《新教伦理与资本主义精神》[J]. 天府新论，2005 (5).

类似情况也存在于艺术、建筑、政治和社会组织中。

作者由此得出结论，现代生活中至关重要的因素——资本主义的情形也是如此。谋利、获取、赚钱等人类的冲动在人类历史上和一切国家中普遍长期存在，这类冲动本身与资本主义毫无关系。据此，韦伯批评了几种关于什么是资本主义精神的看法：一是把谋利、获取、尽可能赚钱这类冲动看成是资本主义精神。韦伯认为，对金钱的贪欲非资本主义所特有，在资本主义产生前，它在社会各个阶级的人身上都可见到。因而，它不等于资本主义精神。二是把货币收支记账看成是资本主义。但是这样就会认定，资本主义是从古到今、从西方到东方都普遍存在的经济现象。韦伯认为，资本主义精神是一个“历史概念”，它涉及的是一种“独特性”的现象，应该仅指是在现代西方发展起来的，在类型、形式及方向上都是其他任何地方从未有过的精神。

因此，韦伯给资本主义的经济行为下了一个明确定义：“资本主义的经济行为是依赖于利用交换机会来谋利润的行为，亦即是依赖于（在形式上）和平的获利机会的行为。”① 为此，韦伯区分了理性的资本主义与非理性的资本主义。理性的资本主义具有如下特质：第一，在形式上的自由劳动的理性的资本主义组织；第二，经营活动与家庭的分离；第三，合理的簿记方式。其中第一点最为重要，它绝对地支配着现代经济生活。非理性的资本主义的特征是：企业家的行为带有投机性，靠强力夺利，无论这种强力是武力的或是财政的。

理性或合乎理性是韦伯思想中的一个重要概念。在他那里，理性不仅是非理性的反面，而且是传统主义的反面，韦伯认为，资本主义精神的产生必须克服传统主义的障碍。韦伯通过对资本主义经济行动概念的分析指出，就这一概念的目标——获得利润而言，相同的经济活动和经济组织存在于所有文明国家中，但现代西方发展起来的资本主义在数量、范围、类型和形式方面都是史无前例的，这些独特性质与合理的资本主义劳动组织密切相关。除了西方世界，其他任何地区都没有出现合理的劳动组织、技术发展能力、合理的法律结构和行政管理结构，其根本原因就在于西方世界特有的合理主义。由此作者引出该书所要讨论的核心问题，即西方合理主义的来源。在韦伯看来，宗教力量以及以此为基础的伦理观念构成了影响人类行为的重要因素，而该书就是要讨论合理主义的宗教起源。

---

① 麦克雷. 社会思想的冠冕——韦伯［M］. 周伯勘，译. 上海：上海书店出版社，1987.

第一部：问题

第一章　宗教关系和社会分层　在本章中，韦伯以一组职业统计开篇，借以引出全书所要分析的研究对象。他通过大量实例指出，在现代企业的经营领导者、资本所有者、高级技术工人以及学习专门技术和工商业知识的学生中新教徒都占多数。例如在现代经济生活中，处于所有者和管理者地位的清教徒较多；在高等院校学生中，天主教徒比例通常低于其占总人口的比例，毕业于专门技术学校和从事与工商业相关工作的人中天主教徒的比例远远落后于新教徒所占比例；从事高级技术劳动和管理工作的新教徒多于天主教徒。作者就此提出该书的研究任务，即研究这些宗教，搞清他们具有的哪些特殊因素可能引起我们描述过的行为。

作者认为宗教派别与社会分层存在着一种相关关系，即新教徒在近代经济生活中拥有较多的所有权和管理地位。在韦伯看来，相同社会历史地位的情况下，新教徒和天主教徒表现出的不同经济取向和职业选择更表现了宗教的重要作用，指出：由环境所得的心理和精神特征……决定了对职业的选择，从而也决定了一生的职业生涯。

新教徒在经济地位上的整体优势，是不是因为他们继承了更多的物质财富？作者认为，继承并非关键的原因。因为，数据显示，天主教徒更乐于选择文科学校提供的人文教育，而非训练技术或工商业能力的学校；另一方面，在手工业者中，天主教徒更趋于一直待在他们的行业中，即更多地成为本行业的师傅，而新教徒却更多地被吸引到工厂里以填充熟练技工和管理人员的位置。从这两个现象出发，作者认为，并非物质财富的继承，而是家族共同体或家庭的宗教气氛影响了人的心理和精神特征、影响了人对职业的选择。

另一方面，社会地位的相对较低，也并未反过来促使天主教徒去进行发展自身经济力量的努力。因为，一般的观察表明，屈从于一个统治者集团的少数民族或少数派宗教，由于他们自愿或不自愿地被排除在政治影响之外，一般都会以一种异乎寻常的力量介入经济行为。他们最富有才干的成员都在这一领域来寻求使自己的才干得到承认的愿望得到满足，因为他们没有机会为政府工作。但是，德国的天主教徒却并未因为社会地位的相对较低而努力“在经济上取得令人注目的进展”。

此外，韦伯指出旧帝国中经济最发达、资源最丰富和地理位置最优越的地区大多在16世纪转而信奉新教。作者就此提出问题：“为什么经济最发达的地区同时又特别倾向于一场教会革命？”韦伯认为这种差别的根本原因不能从暂时的历史环境中寻求解释，而应从持久的宗教信仰的内在特征中寻找答案，进而引出《新教伦理与资本主义精神》一书的研究任务，即研究诸新教派别思想体系的特点和差异，以及它们同资本主义精神之间的关系。

第二章　资本主义精神　韦伯所称的资本主义，不是我们通常赋予浪漫主义色彩想象的，在各个国家都存在的仅有形式上差别的投机商和冒险家的大资本主义（韦伯称之为贱民资本主义），而是指西方特有的中产阶级资本主义。在很大程度上，世界上其他存在资本主义经济活动的国家，或许有类似于中产阶级某些特征的社会阶层，但是中产阶级作为一个阶级仅仅出现在西方社会。韦伯的讨论围绕西方中产阶级及其各种特性的产生展开。毋庸置疑，强大的技术能力、合理的法律体系和有效的行政管理制度在显而易见的层次上催生了现代资本主义。问题是造就这种技术、法律、制度的驱动力是什么呢？为什么只有西方用它们来发展资本主义？为什么它们在世界其他地方没有产生同样的效果？

这种造就资本主义事业的驱动力似乎不能简单地用利益欲来解释，因为只要是商品经济的时代，利益欲从古至今，在各个国家各个时代都普遍存在。而在这些国家和这些时代，并不存在我们所说的现代资本主义。究其根源，只能用西方文化特有的合理主义来解释。合理主义因社会文化和价值观的不同，对它的理解差异极大。韦伯并不试图给出一个定义来界定现代西方合理主义的这一术语，而是通过阐明现代西方合理主义的特性及其起源来呈现这一概念的内涵。不可否认，经济合理主义的发展对于合理的技术和法律的依赖，与此同时，人类适应实际合理行为的能力和气质也不容忽视。如果这类合理行为受到精神上的阻碍，则合理经济行为的发展也会遇到严重的内部阻力。韦伯认为，宗教力量及以此为基础的伦理责任观念过去始终是影响行为的最重要的构成因素。那么一定的宗教思想对经济精神有怎样的影响呢？作者抓住因果关系链的一个侧面，主要探讨了新教的合理禁欲伦理与现代经济生活的精神（即资本主义精神）之间的联系。

在这一章的开篇，作者借富兰克林的几段文字对资本主义精神做出了描述。富兰克林用宣教式的口吻讨论了时间、信用与金钱的关系以及诚实、守信、勤奋、节俭对于赚钱的重要性，使人们意识到要有诚实守信的责任，因其直接关系到增加个人资本的机会。即赋予个人对于赚钱的责任感。这道出的正是资本主义精神的独特伦理，对此伦理规则的违背无异于渎职。赚钱成为目的本身，而不是获得个人幸福的手段。韦伯指出，职业责任的观念在一定意义上是资本主义文化的根本基础，它是个人对其职业的内容感觉到的义务，不管这个内容是利用个人的力量还是利用个人的物质财产（作为资本）。这种观念不独存在于资本主义条件之下，而金钱欲的历史更是与人类历史一样古老。只有有秩序的中产阶级资本主义环境才能将其合理化为一种合乎伦理的明确生活准则，形成独特的资本主义精神。

现代资本主义精神的成长是在与韦伯称之为传统主义的斗争中主导经济生活的。对于传统主义，作者从具体事例入手澄清该术语的含义。通过考察劳动者对于提高工资率的不同反应，没有特殊宗教背景的女工对于传统劳动方式的依赖，具有资本主义组织形式的传统企业对于传统需求的满足以及合理化过程对这种状态的打破，可以认为，传统主义具有安于现状的特征。而现代资本主义精神对经济生活的渗入用最后一个事例来表现就是：严酷的竞争压力，使田园诗般的生活土崩瓦解，并创造了相当可观的财富。这些财富不是用来放贷取利，而是用来进行新的商业投资。往日悠闲舒适的生活态度，让位于一种刻苦的节俭，一些持这种节俭方式达到顶端的人，是因为他们不想消费只想赚钱。韦伯发现，把赚钱视为天职的转变发生在技术、经济合理化的进程中。因此，现代资本主义精神是合理主义整体发展的一部分。那么，禁欲新教的合理伦理与资本主义精神之间有着怎样的生成关系呢？这种天职思想与新教伦理的渊源将在下面的讨论中展开。

第三章　路德的“天职”观念——研究的任务　本章一开始韦伯指出，在德语的 Beruf（职业、天职）一词中，以及或许更明确地在英语的 Calling（职业、神召）一词中，至少含有一个宗教的概念：上帝安排的任务。接着指出这种含义最先来自路德对《圣经》的译文，它体现的不是《圣经》的原意，而是译者自己的思想。但这一思想竟引出了“所有新教教派的核心教理；上帝应许的唯一生存方式，不是要人们以苦修的禁欲主义超越世俗道德，而是要人完成个人在现世里所处地位赋予他的责任和义务。这是他的天职”[①]。就是说，在“天职”这一观念中抛弃了原来天主教那种禁欲主义的修行而超越尘世的空洞劝诫和训令，而把个人在尘世中完成所赋予他的义务当作一种至高无上的天职。这样一来就使日常的世俗行为具有了宗教意义，并把完成世俗事物的义务尊为一个人道德行为所能达到的最高形式。

---

① 马克斯·韦伯. 新教伦理与资本主义精神［M］. 彭强，黄晓京，译. 西安：陕西师范大学出版社，2002：57.

当然韦伯明确说明，就路德本人来说，他与上面所说的资本主义精神没有任何关系，职业概念在路德教那里仍然是传统主义的，在这一点上它与加尔文教存在很大差别。路德教是具有过渡性质和特征的宗教派别，它引发了宗教改革，但教义中也继承了相当的传统基督教要素；真正在资本主义发展史中起到突出作用的则是加尔文教和其他新教派别。换句话说，路德教虽带来了宗教改革却更接近传统；与现代资本主义精神密切相关的是加尔文教，而不是路德教。借此作者指出，加尔文教及其他清教教派的信仰才是研究新教伦理与资本主义精神关系的真正出发点。

总之，天职观念和禁欲主义在韦伯那里是所谓的资本主义精神的核心内容。在韦伯看来，对金钱的追求或者通俗地说赚钱成为一种“合理的伦理原则”，成为一种“精神气质”，而不单是那种到处可见的商业上的精明。同时，赚钱表现着一种与一定宗教观念有着密切关系的情感，是资产阶级必须完成的一项义务。换言之，赚钱，这是一种为职业劳动献身的精神，留有宗教“天职”的成分，有钱不赚、失去赚钱的时间和机会等于渎职。“天职”一词把完成世俗事务的义务尊为一个人道德行为所能达到的最高形式，不可避免地使日常的世俗行为具有了宗教意义。认认真真地完成上天所交付的世俗使命是韦伯眼中的新教伦理要旨。在韦伯看来，赚钱的天职是资本主义文化的社会伦理的最重要特征，一定意义上也是资本主义文化的根本基础。

第二部：新教禁欲派别的实用伦理

第四章　世俗禁欲主义的宗教基础　在这一章中，韦伯论述了历史上禁欲主义新教的四种主要形式：加尔文教、虔信派、卫理公会和浸礼教派。在这几个派别的兴起、发展、对立和融合的过程中，它们彼此之间以及它们与路德教、中世纪的天主教、英国国教之间在伦理准则、教义基础和宗教纲领上既有不可分割的联系，又存在着极大的差异。韦伯的着眼点在于从教义出发，理解这些宗教思想对为实际行为指明方向并使个人坚持这个方向的那些心理戒律的影响。

韦伯首先讨论了在欧洲大陆主要资本主义国家引起重大政治和文化斗争的加尔文教。加尔文教的教义基础是命定说。该说认为，上帝的判决不可更改。恩典一经决定，就不会失去或无法获得。任何宗教手段（如圣事、教会、忏悔等）和其他手段都不能使其获得拯救。怎样肯定自身是否得到恩典呢？缓解需要“获救的确证”的宗教焦虑心情的最佳良药是紧张的世俗活动。因为社会环境是上帝为人类而设计的，上帝需要社会生活按照他的戒律组织起来，那么基督徒唯一的宗教义务就是为增加上帝的荣耀而进行日常职业活动。这种活动因是符合上帝意愿的，使人自信是上帝的选民，带来获救的确证。由于加尔文教排斥感情因素，否认个别善行，这就要求信徒必须形成统一体系的善行生活，他的行动必须出于连续不断的自我控制之下，并认真考虑这些行动的伦理后果。禁欲活动变成了尘世内部的活动。

作为宗教改革的一部分，欧洲大陆的虔信派禁欲主义运动也以加尔文教的“命定说”为出发点。他们强调“虔信实践”，试图在神学家的教会之外建立选民的无形教会。在这个团体中过一种不受任何尘世诱惑，一切细节听从上帝意志安排的生活，从而通过他们日常行为的外在象征，表明他们获得了真正的再生。他们希望借助于强烈的禁欲主义，在此生感受到与上帝同在的极乐。与加尔文教不同的是，禁欲作为手段不是为了确证来世，而是为了在此生享受获救的快乐。禁欲中合理个性与感情因素的此消彼长，构成了虔信派禁欲主义的特点，也使得其宗教基础不那么稳固。由于必须不断证明蒙恩状态的工作压力转移到了现世的感情状态上，与上帝保持亲近的感情需要取代了为来世获救所要进行的系统、合理的奋斗。虔信派生活合理化的愿望并不太强烈，呈现出阻碍合理组织经济生活的倾向。对天职伦理的贡献仅限于对职业行为进行更加严格的禁欲控制。与虔信派的禁欲主义活动类似的，是在英美国家兴起的卫理公会运动。该运动与虔信派相似之处在于同样具有强烈的感情色彩，认为取得“获救的确证”的唯一确定基础，原则上是一种纯粹的、绝对肯定的宽恕感。“获救的确证”出现在对恩典的直接感觉中，而不是存在于不断证明信仰的禁欲行为产生的恩宠意识中。获得恩典外在手段的重要性消失了，它并没有为天职思想的发展增添新的内容。

新教禁欲主义的第二个独立来源是宗教改革的浸礼运动中产生的或受其思想影响形成的浸礼派、孟诺派和教友派。他们倡导绝对避开尘世，彻底抛弃一切偶像崇拜，期待圣灵降临，克服自然状态，禁止除世俗禁欲主义实践之外的一切心理活动，否认教会作为获救手段的价值。这种教义导致禁欲主义品德向职业生活领域渗透。在浸礼会的获救说中，良心的作用即上帝对个人的默示被赋予极大的重要性，这使得他们的世俗职业行为具有了一种与资本主义精神的发展有重要意义的特点，这就是资本主义伦理所必备的“诚实守信”。

最后，韦伯总结了各个宗教改革派最一致的特点：尽管教义千差万别，关键之处在于所有的宗教改革派都认为恩宠状态是一种地位，获得这种地位的手段不是通过任何神秘的圣事、忏悔产生的宽慰以及个人的善行所能保证得到的。只能通过不同于自然生活状态的某种特殊生活方式获得。这对个人产生了一种激励，使他有条理地在自己的行为中监督自己的恩宠状态，使禁欲主义渗透到他的行为之中。这种禁欲实际意味着根据上帝的意志合理计划一个人的全部生活。禁欲主义走向尘世，信徒的生活从修道院走向了尘世的各种机构。这种在此世之内，却是为了来世行为的合理化，是禁欲主义新教天职观念产生的结果。

第五章　禁欲主义与资本主义精神　本章讨论的是清教天职思想的宗教基础向日常经济行为准则的渗透。韦伯是通过将禁欲主义新教视为一个整体，将清教代表人物之一的理查德·巴克斯特牧师的著述置于中心加以论述来考察的。在这些著作表达的观点中，认为财富是一种诱惑，存在使对正直生活的追求松懈的危险。圣徒的永恒安息在于来世。在现世中，人为了确定他的蒙恩状态，必须按照上帝意志的明确表示行动。浪费时间是为上帝增加荣耀的劳动的损失，是首要的罪孽。不愿劳动是不愿获得恩典的象征。财富也不能免除人劳动的义务。与中世纪天主教和路德教对社会劳动和职业分工的看法不同，清教认为上帝安排劳动分工的目的，应当通过分工的果实来了解。因此获得财富在履行职业义务的意义上，是为上帝所愿的。贫穷则是对上帝荣耀的贬损。这从伦理上证明了商业活动的合理性。清教对旧约全书准则自觉严肃的奉法精神的推动，使清教在资本主义发展过程中，具有合理组织资本和劳动的风格。从清教徒对娱乐、没有任何宗教价值的物品、带有迷信气息的宗教艺术、戏剧、观点激进的文学等的态度可以看出，这些为人类荣耀服务的事物，遭到了清教的强烈厌恶。生活划一的强烈倾向极大地助长了资本主义对生产标准化的关注。假如生活的禁欲态度经得起考验，则财产越多，越感到有责任为上帝的荣耀不使财产减少，而使财富增加。即它反对不合理地使用财富，但不反对合理的获得行为，赞同合理使用财富以满足个人的社会需要。限制消费与谋利解放的结果是资本的积累，更重要的是，韦伯通过对英国、荷兰资本主义发展特点的观察，发现在任何场合，这种观念波及之处，都产生了有利于资产阶级生活发展的影响。

韦伯指出，那些伟大的宗教运动对于经济发展的意义，首先在于它们的禁欲教育作用，而这些活动的经济作用一般只有在纯粹宗教热情的高峰过去后才充分显现出来。接着，寻找天国的热忱开始逐渐被审慎的经济追求取代，宗教的根系慢慢枯萎，最终为功利主义的世俗精神所取代。17 世纪这个伟大的宗教时代遗留给其后的功利主义时代的首先是一种惊人的、伪善的获取金钱之心，只要采取的行动是合法的。由于意识到处于全面恩宠状态中，资产阶级实业家可以随心所欲地追求金钱利益，只要形式和道德品质在正确的界限之内，并感到这是必须完成的一项义务。由于这种活动被解释为天职，因此剥削这种明确的意愿成为合法行为。宗教禁欲主义还提供了一批有节制、尽职勤奋、把劳动视为上帝所希望的一种生活目的的劳动者。大众百姓只有处于贫困之中才会继续服从上帝，才肯劳动。就那些生活没有提供任何其他机会的人来说，忠实地从事劳动，即使工资低也不计较，是上帝深感欢欣的。韦伯的论述到此可以明确，现代资本主义精神，即以天职思想为基础的合理行为，产生于新教禁欲主义伦理。正如韦伯在前文所指出的那样，今天资本主义经济活动已经失去了宗教和伦理意义，日益与世俗的情感结为一体，宗教感情的身影在今天的资本主义活动中已经渐渐淡出人们的视野。

【意义与影响】

作为当代西方著名的社会科学家和现代文化比较研究的先驱人物，马克斯·韦伯一生致力于世界宗教的经济伦理观研究，旨在建立一套文化与经济的比较研究体系。《新教伦理与资本主义精神》便是其对这方面研究的开创之作。这本著作研究了作为一种文化要素的新教伦理对资本主义经济和社会的影响，被称为西方资产阶级的“致富圣经”。该书写于20世纪初，起初并未引起关注，直到美国社会学家塔尔科特·帕森斯将之译成英文后才在英语世界广为流传。帕森斯对韦伯著作的解读构成其结构——功能学说的重要组成部分，这一方面使其成为美国著名社会学家，一方面也使韦伯的著作在德国重放光辉。此后，《新教伦理与资本主义精神》一书被译成多国语言，并历久不衰，不仅对社会学、经济学和历史学等领域的学术研究产生深远影响，也对当今中国现代化进程中的精神文明建设有着现实的指导意义。

第一，该书的独到之处，在于极为注重对资本主义经济兴起过程中非经济因素的重要意义的深究。通过对大量经验的累积与分析，论述了新教伦理与近代理性资本主义发展之间的生成发育关系，并对东西方宗教文化传统进行了深入的比较研究。不仅是结论，而且包括本书的方法论，都为当代的社会科学提供了富于启迪的思路，并开辟了多线研究途径。在韦伯着手该书写作前，学术界关于资本主义历史起源问题的研究成果已经汗牛充栋，但缺乏从精神文化角度考虑该问题的著作，韦伯的研究恰恰填补了这一空白。就这一点而言，《新教伦理与资本主义精神》是第一本考察新教信仰与资本主义起源关系的专著。它为人们深刻认识资本主义精神的内涵和新教伦理的社会影响和作用提供了一条新的思路和立论视角，引起了社会学、宗教学研究者的广泛注意，并对社会科学领域的其他学科产生了多方面的影响。它启示人们在任何一项事业背后必然存在着一种无形的精神力量，而这种精神力量又必然与该项事业的社会文化背景有一定的渊源。人们应该从这一新的思考角度，分析人们各自面临的历史与现实问题。

第二，该书融合了社会学、历史学和比较研究等诸多学科领域的研究方法，并对这些学科的发展产生重要影响。首先，作者没有去考察具体历史事件，而是从大量史料中搜寻并分析现实问题的答案，对现实问题做出了历史的和宗教的回答。其次，在提出问题的处理方法上，韦伯用到了社会学中的调查统计方法，通过列举职业、教育和社会分层与宗教信仰的关系，指出资本主义精神和新教信仰存在某种特定联系。此外，韦伯比较了不同地区、不同历史时期资本主义的发展情况，提出资本主义之所以只产生于西欧与当地特定的宗教信仰有关。在韦伯看来，社会科学与自然科学存在本质差别，后者强调精确性，前者则应关注可能性。韦伯认为，对待研究对象要持客观中立态度，避免主观判断影响研究结果，在这一方面他继承了孔德的实证主义研究方法。韦伯反对马克思的经济基础决定上层建筑的观点，指出研究社会问题要用理解的方法，并首先要理解行为者的价值观，他主张以个人行为作为研究出发点，揭示行为者共同的价值取向，进而理解整个社会。同时，作者在书中所表现的谦虚、科学态度（如反复强调书中所研究问题的范围和界限；多处强调概念的最终完善形式，不能在考察的开端而必须是在考察之后的研究原则；撰写了篇幅等同正文的注释等）为后世社会科学研究者提供了良好的典范。

第三，该书对中国特色社会主义市场经济建设和精神文明建设也具有重要的参考借鉴意义。从狭义上讲，韦伯通过该书向人们展示了新教伦理对资本主义的发生、发展产生的重要作用，指出资本主义同惜时、守金、勤劳等价值观密不可分；从广义上讲，韦伯揭示出积极的精神信仰有利于推动经济的进步和社会的前进，这种精神气质也正是当前我国现代化建设必不可少的文化前提，“是真正的市场经济的工作伦理和道德基础”。我国的社会主义现代化建设不仅仅是物质文明的建设过程，更是精神文明的构建过程，积极的价值观念、精神信仰和道德品质不只是经济发展的结果，也对社会的全面进步有着巨大的推动作用。反观韦伯在该书中倡导和推崇的精神气质——珍惜时间、勤俭节约、诚实守信、取予有度和用财有制等内容——不但是西欧国家现代化进程中提倡的价值观念，也是任何国家社会发展进程中不可或缺的精神信仰。这也正是这本书在产生后不久便在美国、英国、德国、日本和中国等诸多国家引起强烈反响并具有永久魅力的原因所在。改革开放以来，我国在取得举世瞩目的物质文明进步的同时，拜金主义、奢侈享乐等现象开始出现，对社会生活产生了不良影响。为推动有中国特色的社会主义现代化建设深入发展，我们有必要建立一套与之相适应的道德规范，倡导积极向上的价值观念，吸取我国优良的传统文化和外来文化中的先进因素，在为社会创造更多经济利益的同时，为当今和未来的物质和文明进步提供精神动力和智力支持。

第四，该书也存在一定的理论缺陷和不足，尤其是在对唯物史观的把握上。可以说，该书多多少少是在对马克思粗糙简单的经济决定论的批判上写成的。作者片面地将马克思主义历史唯物论等同于经济唯物论是很明显的。事实上，资本主义精神的产生的最终根源应从时代的经济条件中寻找，不应仅仅停留于时代的宗教这类意识形态上。正如韦伯本人也意识到的，应当而且有必要去探究新教的伦理在其发展中及其特征上又怎样受到整个社会条件，特别是经济条件的影响，缺少了这方面的探究难免会陷入对文化和历史仅作片面的唯心论的因果解释。此外，韦伯把对历史和文化的唯物论解释视作一种片面性的解释，也是我们必须予以反对的。

【原著摘录】

导论 P10－31

P15　当然，资本主义和追求利润是同一的，而且永远要以连续的、合理的资本主义企业经营为手段获得新的利润，因为它必须如此；在一个完全资本主义的社会秩序中，不能利用机会营利的资本主义企业注定要消亡。

第一部：问题

第一章　宗教关系和社会分层 P3－15

P3　粗看一下包括多种宗教构成的国家的职业统计，就会发现一种十分常见的情况，即现代企业的经营领导者和资本所有者中，高级技术工人中，尤其是在技术和经营方面受过较高训练的人中，新教徒都占了绝大多数。

P4－5　但是必须注意下述经常被遗忘了的事实，即宗教改革并不意味着废除教会对日常生活的控制，而是以一种新的控制方式代替旧的控制方式。它意味着抛弃了一种松散的、在当时的实际生活中几乎无法察觉，而且几乎完全流于形式的控制，代之以对行为整体的管制。这种管制由于渗入到个人和社会生活的一切领域，因此推行起来需要艰苦卓绝的努力和无限的热情。

P5－6　而在那些经济高度发达的地区，改革者抱怨的不是教会对生活的监督太多，而是太少。那么为什么在那个时代，那些经济上最先进的国家，以及这些国家中新兴的资产阶级中产阶级，不仅没有抵抗这种史无前例的清教暴政，相反竟为护卫它而发展了某种英雄行为，这一切是怎样发生的呢？

P7　毫无疑问，关于这些情况的解释时，从环境（这里即指家乡和家庭的宗教气氛所偏重的那类教育）中获得的心理与精神特征，决定了职业选择从而又决定了他们的职业生涯。

P8－9　新教徒（特别是后面将充分讨论的新教运动的某些分支）不论作为统治阶级还是被统治阶级，不论作为多数派还是少数派，都表现出发展经济合理主义的特殊倾向，但是，在处于上述任何一种环境下的天主教徒中间，根本看不到同样程度的类似倾向。因此，这种差别存在的根本原因，必须从他们宗教信仰的持久的内在特征中寻找，而不是从暂时的处在历史政治环境中寻找。

P14－15　如果要发现旧日新教精神的某些表征与现代资本主义文化之间的内在联系，那么我们无论如何不可能从其被人说成多少有些唯物主义的，或者至少是反禁欲的现实生活享乐中去寻找，而只能从其纯粹的宗教特点中去寻找。

第二章　资本主义精神 P17－53

P17　如果可以发现什么对象，使这个术语（资本主义精神——引者注）能够应用于它，并具有某种可理解的意义，那么，这种对象只能是一种历史个体，即在历史的现实中互相关联的各种因素的复合体，它是由我们从其文化意义的观点出发，将那些因素组合而成的一个概念整体。

P19　“要记住，时间就是金钱。一个通过自己一天劳动可以挣到十先令的人，如果游逛或闲坐半天，尽管他在玩乐或消闲中只花了六便士，也不应将此算作全部开销；因为他实际上还另外花掉了，或者不如说还另外扔掉了五先令。

“要记住，信用就是金钱。如果一个人把他的钱放在我这里，逾期不取回，那就是将利息，或者在那段时间里用这笔钱可以得到的一切给了我。只要这个人信用好、信誉高，并且善于用钱，这种所得的总额就会相当可观。”

……

P22－23　用这些话向我们宣教的正是本杰明·富兰克林（Benjamin Franklin）。……没有人会怀疑，这里以典型风格道出的就是资本主义精神，尽管我们不敢奢望与这种精神有关的都已包含在此。

P23　这种贪婪哲学的特点，似乎在于表现了享有信誉的老实人的理想，尤其是表现了个人对于增加自己的资本并以此作为目的负有某种责任的观念。确实，这里宣扬的绝不单纯是立身处世的手段，而是一种独特的伦理。违背了这个伦理的规则不被人认为是愚蠢，而被看作是渎职。这才是事情的实质。它不单是那种到处可见的商业上的精神，而是一种精神气质。

P25　把赚钱纯粹当作目的本身，从个人幸福或对个人的效用的观点看，显然是完全超然和绝对不合理的。赚钱、获利支配着人，并成为他一生的最终目标。获取经济利益不再从属于人，不再是满足他自己物质需要的手段。我们称之为自然关系的这种颠倒，虽然从自然情感出发是不合理的，但却显然是资本主义的一项主导原则，这是没有处在资本主义影响之下的一切民族所不具备的。同时，它表现了一种与一定宗教观念有着密切关系的情感。

P27　因此，今天的资本主义，已经统治了现代生活，它通过最适者生存的经济过程，培养和选择它所需要的经济主体。……为了使极适合于资本主义各种独特性的生活态度能够得到选择，即使这种态度逐渐支配其他态度，则它必须在某些地方发生，并且不能只在孤立的个人中间发生，而应是整个人类群体的共同生活方式。这才是真正需要说明的起源。

P50－51　为人们提供众多的就业机会，为家乡经济进步贡献一分力量，即增加家乡人口和贸易量（资本主义与此密切相连），对现代工商业人物来说，都是欢欣与自豪的事，这一切显然是他们生活中一部分特有的，无疑是理想主义的满足。同样，严密计算为基础的合理化，小心而又有远见地追求经济成功，也是个人主义的资本主义经济的基本特征之一；这种追求不仅与只顾眼前糊口的农民完全不同，而且与中世纪行会工匠的特权传统和倾向政治钻营与不合理投机的冒险家资本主义的特权传统，也完全不同。

第三章　路德的“天职”观念——研究的任务 P55－70

P55　现在，我们可以有把握地认为，德语中的“Beruf”一词或英语种含义更清楚的“Calling”一词，至少暗示着一种宗教观念，即上帝安排下的任务的观念。

P56－57 于是，这种天职概念为全部新教教派提供了核心教义。这种教义抛弃了天主教将伦理训诫分为“命令”（praecepta）和“劝告”（consilia）的做法，认为上帝所接受的唯一生活方式，不是用修道禁欲主义超越尘世道德，而是完成每个人在尘世上的地位所赋予他的义务。这就是他的天职。

P58－59 首先，几乎无须指出，路德与我们前文所说的资本主义精神，或者与任何其他意义上的资本主义精神没有任何关系。今天最热情地赞颂宗教改革成就的宗教人士，对任何意义上的资本主义都绝不是友好的。

P69 我们只是力图澄清，在无数不同历史因素的复杂相互作用中，宗教力量对于形成特殊的世俗现代文化所起的作用。因此，我们只想探究，在什么程度上，这种文化的特定性质可以归因于宗教改革的影响。同时，我们必须摆脱那种认为宗教改革可以从一定的经济变化中源起，并且是历史必然结果的思想。因为无数不能化简为任何经济规律，也不能做出任何经济解释的历史状况，尤其是各种纯粹的政治过程，必须协调一致，这样新创立的教会才能生存下去。

P70 进一步言之，我们要确定资本主义文化的哪些具体的方面可溯源于宗教力量。考虑到在物质基础，社会与政治组织形式，以及宗教改革时代潮流的思想之间存在着极其复杂的相互影响，我们的研究只能从宗教信仰和实用伦理之间是否和在什么点上具有相关关系着手进行。同时，我们将尽量阐明，由于这种相互关系，宗教运动是如何影响物质文化发展的方式和一般方向的。只有合理而准确地确定了这一点之后，才能估价现代文化的历史发展在何等程度上应归功于其他力量。

第二部：新教禁欲派别的实用伦理

第四章　世俗禁欲主义的宗教基础 P73－143

P76 我们感兴趣的是某种完全不同的东西：起源于宗教信仰和宗教实践、为实际行为指明方向并使个人坚持这个方向的那些心理戒律的影响。这些戒律的产生在很大程度上与它们背后的宗教思想特征有关。

P89 尘世是为荣耀上帝，而且仅仅是为这一个目的而存在的。被挑选的基督徒在现世的唯一使命就是尽其所能遵从上帝的戒律，以便增加上帝的荣耀。但是上帝要求基督徒在社会方面有所成就，因为他希望社会生活要按照他的戒律，与上述目的相一致地组织起来。在尘世中，基督徒的社会活动完全只是为了荣耀上帝。因此，为社会日常生活服务的职业劳动也具有了这种特征。

P103　加尔文教的禁欲主义与中世纪的禁欲主义有明显差别，它表现在“福音劝告”（consilia evangelica）已经消失，同时禁欲主义变成了尘世内部的活动。

P126　与欧洲大陆的虔信派响应，英美也出现了一场运动，它也强调感情但仍属禁欲的宗教与日益冷漠或排斥加尔文禁欲主义教义原则基础的态度相结合为特点，这就是卫理公会运动。这个名字本身已向当代人表明了其信徒的典型特征：通过有条理的系统化的行为去得到“获救的确证”，这从开始就是这场运动的宗教追求的核心，而且此后一直如此。

P142　然而，如同我们已经看到的，这种禁欲行为实际意味着根据上帝的意志合理计划一个人的全部生活。这种禁欲主义已不再是一种“义务上的善行”（opussupererogationis），而是某种可以要求每个决心获救的人去做的事情。有别于自然生活的圣徒的宗教生活，已经不再在尘世之外的修道院度过；而是在尘世之内，但却是为了来世的行为合理化，是禁欲主义新教天职观念产生的结果。

第五章　禁欲主义与资本主义精神 P145－178

P163－164　至此，我们此时可以将上文的要点归纳如下：这个世俗新教禁欲主义强烈反对财产的自发享受；它限制消费，尤其是奢侈品的消费。另一方面，它具有使自由获取行动摆脱传统主义伦理桎梏的心理效果。它打破了对所谓获取冲动的束缚，不仅使其合法化，而且（在本文讨论的意义上）将其视为上帝的直接意愿。除清教徒之外，教友会的伟大辩护士贝克莱（Barclay）亦曾明确指出……不是一场反对合理获取行为的斗争，而是一场反对不合理地使用财富的斗争。

P165　而更重要的是：宗教认为不停歇地、有条理地从事一项世俗职业是获得禁欲精神的最高手段，同时也是再生和信仰纯真的最可靠、最明确的证据。这种宗教思想，必定是推动我们称之为资本主义精神的生活态度普遍发展的、可以想象的、最有力的杠杆。

一旦限制消费与谋利行为的解放结合起来，不可避免的实际结果显然是：强迫节省的禁欲导致了资本的积累。在财富消费方面的限制，自然能够通过生产性资本投资使财富增加。

P167　在任何场合，那种清教观念波及之处，都产生了有利于合理的资产阶级经济生活发展的影响。这当然比单纯鼓励资本积累重要得多；它是促进那种生活发展的最重要的而且是唯一前后一致的影响力量。它是养育现代经济人的摇篮的护卫者。

P170　一种独特的资产阶级经济伦理已经形成。由于意识到处于上帝的全面恩宠之中并受到上帝的明显保佑，只要在形式上正确的界限之内，只要道德品行白璧无瑕而且在财富的使用上无可指摘，资产阶级实业家就可以随心所欲地追求金钱利益，同时感到这是必须完成的一项义务。此外，宗教禁欲主义的力量还为他准备了一批有节制的、尽职的、勤奋异常的、把劳动视为上帝之所希望的一种生活目的而一心扑在工作上的劳动者。

P174　现代资本主义精神，以及全部现代文化的一个根本要素，即以天职思想为基础的合理行为，产生于基督教禁欲主义，这就是本文讨论所力图阐明的论点。……称之为资本主义精神的态度，其基本要素与我们刚刚表明的清教世俗禁欲主义的内容是相同的……

P176　如果完成某种职业不能与最高尚的精神和文化价值观念直接相联，或者从另一方面说，假如它根本无须使人感到是一种经济强迫力量，那么人们一般就不会做出任何努力，去为它寻找存在的根据。在其发展程度最高的地方，如在美国，追求财富已经失去了宗教和伦理意义，相反正在日益与纯粹世俗的感情结合为一体，从而实际上往往使它具有娱乐竞赛的特征。

P178　当然，我的目的不是要用片面的唯心论代替同样片面的唯物论，对文化和历史做出因果解释。两种解释都同样能够做出，但如果这种解释不是作为一项研究的准备工作，而是作为结论，则对于寻求历史真理而言，两者同样没有多少作用。

【参考文献】

[1] 迪尔克·克斯勒. 马克斯·韦伯的生平、著述及影响 [M]. 郭峰，译. 北京：法律出版社，2000.

[2] 姬金铎. 韦伯传 [M]. 石家庄：河北人民出版社，1998.

[3] 哈特穆特·莱曼，京特·罗特. 韦伯的新教伦理：由来、根据和背景 [M]. 阎克文，译. 辽阳：辽宁教育出版社，2001.

[4] 莱因哈特·本迪克斯. 马克斯·韦伯：思想肖像 [M]. 刘北成，等译. 上海：上海人民出版社，2007.

[5] 马克斯·韦伯. 新教伦理与资本主义精神 [M]. 彭强，黄晓京，译. 西安：陕西师范大学出版社，2002.

[6] 玛丽安妮·韦伯. 马克斯·韦伯传 [M]. 阎克文，等译. 南京：江

苏人民出版社，2002.

[7] 马克斯·韦伯. 民族国家与经济政策 [M]. 甘阳，译. 北京：生活·读书·新知三联书店，1997.

[8] 顾忠华.《新教伦理与资本主义精神》导读 [M]. 桂林：广西师范大学出版社，2005.

[9] 李春华. 再读《新教伦理与资本主义精神》：韦伯命题的现实意义 [J]. 河南社会科学，2003 (2).

[10] 罗玉达. 评马克斯·韦伯社会学中分析近代资本主义起源的两个视角：宗教伦理与制度安排 [J]. 贵州大学学报（社会科学版），2001 (1).

[11] 潘宇. 韦伯经济伦理方法的社会心理学意义 [J]. 天津社会科学，1999.

[12] 余敦康. 宗教的文化内涵与社会功能 [J]. 世界宗教文化，1995 (1).

[13] Arthur Mitzman. The Iron Cage：An Historical Interpretation of Max Weber [M]. New Jersey：Transaction Publishers，1985.

[14] Guenther Roth，Reinhard Bendix eds. Scholarship and Partisanship：Essays on Max Weber [D]. Berkeley：University of California Press，1970.

二、《人类学——人及其文化研究》

［英］爱德华·B. 泰勒　著

连树声　译

广西师范大学出版社，2004 年

【作者简介】

爱德华·B. 泰勒（1832—1917），是英国著名的人类学家、民族学家、民俗学家，被人类学界尊称为“人类学之父”，“在人类学中是第一个伟大的名字”，是最有影响的进化派和人类学派的经典作家。代表作有《原始文化》《人类学——人及其文化研究》等[①]。

泰勒于 1832 年 10 月 2 日出生于英国伦敦一个教友协会家庭，他的父母，约瑟夫·泰勒和哈里特·斯比克均为教友协会的成员。他们的家位于萨里的坎伯威尔。

泰勒在托特纳姆接受教育，但到 16 岁时离开学校为家庭产业工作，因而没有受高等教育。在公司里的办公桌后坐了 7 年之后，泰勒的健康每况愈下。1855 年，他得了肺结核，不得不离开工作岗位去美洲旅行休养。1856 年一个偶然的机会，泰勒在古巴岛上结识了民族学者亨利·克里斯蒂，并与他一起到墨西哥旅行。也许正是克里斯蒂的影响，使得泰勒基于他的旅行考察中的观察写出他的第一部民族学著作《古代和现代的墨西哥和墨西哥人》，于 1861 年发表。从此，泰勒遵循这一模式开始了他的事业，结合广泛的旅行考察进

① 本段作者资料引自《人类学——人及其文化研究》书中的作者简介。

行人类学研究。在1865年发表了《人类古代史和文明发展研究》，他在这部著作中以大量的事实材料印证了人类社会生活的进化过程。在后来的4年中，泰勒又深入地研究了有关蒙昧人文化的材料，发表了有关这个问题的20多篇论文，主要有《蒙昧人的宗教》等。此外还发表了一些评论性的文章。这些又为着手写作《原始文化》做了准备①。

泰勒主要的代表作有两部，其一是《原始文化》，另一部即为《人类学——人及其文化研究》。《原始文化》提供了第一个对于文化的人类学定义，这一定义对于将人类学这一观念发展为一门科学具有重要意义。这本书于1869年开始写作，1871年出版，实际写作时间很短（当然它的准备时间是很长的），但却获得了极大的成功，被译成多种文字，获得了世界声誉，而作者因而成了原始社会、原始文化的权威研究者之一，并于同年被选为英国皇家学会会员。

泰勒在发表他的巨著《原始文化》10年后，即于1881年出版了他的最后一部大型著作《人类学——人及其文化研究》。前者所阐述的主要是精神文化方面的内容，对原始社会的物质文化的发展则较少涉及。后者在这一方面做了有益的补充，并在其他方面相互发挥。因而这两部著作可以成为姊妹篇。这部《人类学——人及其文化研究》在20世纪中叶以前曾为英美高等学校有关学科长期通用的教材。它篇幅较短，内容精要而全面，语言通俗，便于阅读。泰勒的这本书和其他的许多著作在当今时代仍然被认为是具有现代性的。

泰勒虽然早已成为世界著名的权威学者，但是直到1880年才根据皮特·里弗捐赠给牛津大学的大量民族学资料负责组建牛津大学民族学博物馆，并任第一任馆长。在此期间，他组织并培养了成批的民族学、民俗学研究者，其中有些后来成了世界著名的学者，如世界名著《金枝》的著作者詹·乔·弗雷泽等。当时英国的大学里还没有开设关于研究原始文化的课程。直到1896年，牛津大学才组建人类学系，泰勒出任该系教授。授课期间，他制定了牛津大学人类学学位毕业所需的课程结构，这一结构成为其他大学借鉴的模式。1891年他被选为人类学协会会长②。1858年初泰勒在墨西哥与安娜·福克斯成婚。两人一起共同幸福生活了近60年，直到1917年1月2日泰勒于惠灵顿逝世，享年84岁。他们唯一的遗憾是没有孩子。

---

① 本段资料参考《原始文化》译者的《初译后记》，第776页。

② 本段资料参考《原始文化》译者的《初译后记》，第777页。

除上文提到的著作外，泰勒还著有《论研究制度的方法：对婚姻和继承法的应用》（1888 年）等。

【写作背景】

由于《人类学——人及其文化研究》一书与泰勒的另一本重要著作《原始文化》思想体系一脉相承，两者虽然相互独立却又是相互补充的姊妹篇，因此谈到本书的写作背景，就必须将《原始文化》的写作背景包括进来。

大约从 19 世纪初期开始，西方一批人类学家开始热衷于原始文化的研究，他们把目光投向在空间范围上处于最边远地区的当代原始民族和在时间范围上处于最遥远时代的史前人类，以求用二者之间的共同点来阐述人们所知甚少的“原始文化”，从而形成了对现代历史学、民族学、考古学等社会科学影响甚深的一门独特的学科——文化人类学。这些学者从进化论的文化观出发，就人类早期历史上原始宗教与原始文化（艺术）的关系提出了一些颇有影响的理论，其中最具代表性的学者和著作有爱德华·泰勒的《原始文化》和詹·乔·弗雷泽的《金枝》①。

泰勒《原始文化》一书的重要主题是对“万物有灵论”的论述，他认为“作为宗教最低限度的定义，是对神灵的信仰”。泰勒所说的原始宗教包括原始人对超自然神灵的信仰、死后生活、偶像崇拜、祭献活动等信仰的表现，并且在习俗上他将其分为两大教义：一是涉及某些生灵的灵魂观念，这些灵魂能在其躯体死亡后继续存在；二是涉及某些上升到神性系统的神灵，这些神灵能影响或控制人们的生活事件，诸如人们的现世和来世、人与人或人与神的交往等。基于这种观点，泰勒进一步认为，宗教是一种巨大的道德因素，而源于神灵信仰的道德标准决定了早期人们对于审美对象及形式感的取舍，因此原始宗教的道德状态是发生在原始艺术的审美状态之前。泰勒的观点代表了这样一种认识，即在原始艺术发生之时，早期人类对形象的认识并不仅仅是被动地接受客观外界的信息，而是在其外向的观察中体现了人们内心深处道德化（在万物有灵论的支配下）的审美补充和取舍②。

---

① 本段资料参考《〈人文社会科学基础〉人类学部分重难点导读》中《泰勒和他的〈原始文化〉》内容。

② 本段资料参考《〈人文社会科学基础〉人类学部分重难点导读》中《泰勒和他的〈原始文化〉》内容。

关于人及其文化的科学，把日常教育的零散科目合为一个便于掌握的整体，利于开阔研究者的视野，对研究有着很大的促进作用。研究和学习时最大的困难在于，研究者并不十分清楚地了解每一门科学或艺术因何而存在，它们在一系列生活需要中占着怎样的地位。当他多少了解了它们的早期历史，并且知道它们是怎样由于人类生存的最简单的需要和条件而产生时，他就会发现自己更有能力掌握它们，否则他就不得不——这是极为常见的——在从事某门并不清楚的科目的研究时，不是从头开始，而是从它的中间开始。当他熟悉了人通过动作和呼喊声来表达自己思想这种原始方式，并且认识到字音清晰的语言的高级方式不过是类似的低级方式的改进时，他就会在语言科学的研究中做出更好的成绩，强似他在事先没有任何准备的条件下直接陷入语法的全部精细结构当中。这种精细的结构如果不加应有的说明，就会使人认为是杂乱无章的规则，这些规则与其说是启发研究者，倒不如说很快就把他搞糊涂了。没有哪一门学科会因为不首先熟悉其历史和熟悉它在整个关于人的科学中的地位，而学起来更易深入[①]。

基于这一目的，该书与其说是人类学大全，毋宁说是人类学引论。书中不研讨那些为已经获得或正在接受英国普通高等教育的读者所难以理解的十分专门的课题，例如阐述关于按照头颅的测定来区分人种的最新的细致研究等，因为除了研究解剖学的人外，这对其他人没有什么用处。因此，作者自述，该书尽可能详尽地按照各学科门类来写定各章。但是，对这些问题的更为细密的研究，还是应该让专门从事这种研究的人来做。

——【中心思想】——

《人类学——人及其文化研究》一书共分 16 章，约 25 万字，分别从 12 个方面分别探讨人体本身和人类的文化活动。作者将重点放在了人类原始社会的文化现象，通过细致的观察、缜密的研究、详尽的描述，将生动而令人惊叹的原始的人类及其文化展现在读者面前。同时，通过古今对比，泰勒带领读者找寻到了许多文化现象的历史渊源和合理解释，同时也发现了许多在当今仍可循迹的原始文化遗留。

“人类学”源于希腊文 Anhropos（人）和 Logos（学问），意思是关于人

---

① 爱德华·B. 泰勒. 人类学——人及其文化研究［M]. 连树声，译. 桂林：广西师范大学出版社，2004：1-2.

的科学。“人类学”在欧美不同的国家常有不同的内涵。起初，人类学研究的对象范围是比较狭窄的，指专门研究人类躯体本身的科学，是研究人及人种的学问，这是狭义的人类学。欧洲大陆德、法诸国对人类学多采用这种狭义的解释，而把民族的文化诸问题的研究归于“民族学”。后来，英美两国学者把人类学的研究范围扩大了，于是产生了广义的人类学。这种广义的人类学，既研究人类本身又研究人类所创造的一切文化现象，即既包括体质人类学，又包括文化人类学。体质人类学主要研究人类体质的特征、类型及其变化的规律，属自然科学的一部分，但与社会科学又有极为密切的关系。文化人类学即民族学，又称为“社会人类学”。文化人类学研究的对象为语言文字、文学艺术、科学技术、宗教信仰、道德习俗、法律以及作为社会成员的人所掌握的其他能力的综合体。这个综合体无疑是人类社会活动的主要内容，对于人类学来说，这是极为重要的，因而作为研究人类的科学即人类学，必须包括这方面的内容，并且还必须把它放在主要的位置上[①]。

泰勒的这部《人类学——人及其文化研究》正是如此。正如该书的副标题所揭示的，它的内容既研究了人体本身，又研究了人的文化活动，而且是以研究文化为主。作者在这部著作中对他的前期学术研究作了总结。他不仅对人和人种的特点作了精要的论述，而且对全部文化现象特别是《原始文化》中没有涉及或较少涉及的原始文化现象，如对技术、艺术、社会学、考古学、民族学、民俗学和民间文学作了论述，也是研究历史学、社会学、宗教学、科技史、哲学史、文化史、思想史、教育史、艺术史、语言史、心理史等的重要参考书。本书和《原始文化》是彼此独立而又相互补充的姊妹篇，只有把这两部著作合起来看，才能全面了解泰勒的理论体系和学术思想。

【分章导读】

第一章　古代人和现代人　泰勒首先将读者的注意力引到了古代人和现代人的比较上。人类的历史是怎样的，人类现在的生活方式是怎样形成的，这些问题是人们一直在问却找不到明确答案的问题。为了解答这些问题，泰勒从人类不同的种族入手，大略地认识他们的语言、文明和最为古老的文化

---

① 爱德华·B. 泰勒. 人类学——人及其文化研究［M］. 连树声，译. 桂林：广西师范大学出版社，2004：427-428.

遗留，从而将得到的有利于说明人类自古就生存在地球上的证据展现在读者面前，以此说明人类历史之长久。

作者首先从人类的不同种族说起。从当前的视角对比了为读者所熟悉的非洲黑种人、白人、中国人等种族的头发、肤色及面部特征，说明了种族差别的明显。同时，作者将目光投向古代的题铭和绘画，探讨优势时代最初的人类种族的概念。由此作者得出结论："应当把有史时代仅仅看作人在地球上生活的最新时期。"① 接着，作者从欧洲语言的相似性追溯到语言起源和发展及其他的语系或语族。在分析文化的发展时，作者指出，不能认为文明永远处于不断变化之中或者它的变化永远向前。相反，文明有时会是停滞的甚至会有后退的现象。最后作者列述了石器时代人的遗迹及冲积层的早期遗迹，充分说明了人在地球上生存发展的历史之久远。

第二章　人和其他动物　比较了古代人和现代人，那么人和其他动物之间的关系如何呢？在本章中作者对人在动物界的地位作了一些简要的略述。留意一下，四肢着地扮演马的孩子和真马是何其相似。泰勒以浅显易懂的生活实例入手，带领读者观察和思索脊椎动物间的相似性和区别。地质学和解剖学的证据生动而有力地表明了其中的连续性和继承性。

人和猿的比较是本章的重心所在，作者分别从骨骼构造、手和脚、毛发、面部特征、大脑等方面对人和猿作了详细的比较，说明了不同的特征对各自生存需要的适应性。继而，作者阐述了低级动物和人的智力，说明了人的智力在相关方面的优越性，然而却很难在人的智力和动物的智力之间画出一条明显的线。低级动物虽然在智力机制上与人有一定的相似性，但却有着相当大的限度，因此，动物是没有出现能够接近人的智慧所能达到的"思想和感情的广阔天地"② 的迹象的。

第三章　人类种族　本章中作者着重分析了人类的不同种族的特点和区别。正如作者指出的，人类学发现"人种区别最鲜明地表现在人体身躯的高矮和四肢的长短上，表现在头颅和其内部大脑的形式上，表现在面貌、皮肤、眼睛、头发的特点上，表现在身体、智力和气质的特性上"③。按照身材来比

---

① 爱德华·B. 泰勒. 人类学——人及其文化研究［M］. 连树声，译. 桂林：广西师范大学出版社，2004：4.

② 爱德华·B. 泰勒. 人类学——人及其文化研究［M］. 连树声，译. 桂林：广西师范大学出版社，2004：47.

③ 爱德华·B. 泰勒. 人类学——人及其文化研究［M］. 连树声，译. 桂林：广西师范大学出版社，2004：48.

较种族时，作者提出了较为科学的研究方法，即按照最一般的或中等身材的人作为整个部族的真正代表来衡量比较。而比较四肢长短则应注意区别真正的种族差别跟由于从小开始的教养而产生的变化或特殊的生活习惯。这里主要关注的是由于遗传而来且作为不同种族之特点的显著差别。比较不同种族的大脑，作者再次借助解剖学的方法研究人的颅骨。不同种族的颅骨的顶部有不同的宽度指数，主要分为三类：第一类为长颅或长头形；第二类为中颅或中头形；第三类为短颅或短头形。同时也有其他的比较方法，如斜颌与直颌的区别。

在本章的后半部分，作者论述了种族的稳定性和混血人种种族的变化。从种族本身的命名可以证明，“我们认为它们是这样的品种，它的共同特点是从同一祖先那里承继来的。但是，属于动物界的经验证明，种或品种，即一代一代地保留着相似特征的能力，同样也是能够改变的”[①]。最后，作者通过详细的描述和大量生动的图片向读者展现了不同类别的人种。

第四章　语言　作者将语言分为两章来讲解。在第四章中，作者从最简单和自然的表征观察切入语言这个大的题目。这些表征包括动作语和人类声音的表征。动作语即采取所谓表情或手势，作者在表明了动作语的表达能力后，特别指出，由于动作语极少能表达抽象概念，很多词语没有与之相适应的表征动作，并且语法的区别和变化无法在动作语中表现，因此，“动作语无论在任何情况下也不能逐字地表达我们的语言”[②]。另一类表征即人类声音的表征。其中一类声音表征是由一些充满感情的呼喊声或声调组成的，其次一类用作表征的声音具有模仿的性质。所谓自然语言则是表情和用声音表现的动作的组合。同时作者列举了属于儿童语言或小儿语言的特殊词类中相同声音表达不同含义的例子，说明每一种语言不一定都选取同一种声音。谈论了这些已超出意义自明的动作和声音的“自然语言”范围的一些儿童词汇，作者随即由自然语言的简单而明显的事实转而探讨“字音清楚的语言”的起源。作者指出：“大量使用的词汇没有表明声音和意义之间的联系，而这种联系在自然的或意义自明的语言中却是那样的明显。”[③] 然而对于语言的真正起源，由

① 爱德华·B. 泰勒. 人类学——人及其文化研究［M］. 连树声，译. 桂林：广西师范大学出版社，2004：72.

② 爱德华·B. 泰勒. 人类学——人及其文化研究［M］. 连树声，译. 桂林：广西师范大学出版社，2004：98.

③ 爱德华·B. 泰勒. 人类学——人及其文化研究［M］. 连树声，译. 桂林：广西师范大学出版社，2004：109.

于本文谈到的假说和断言缺乏科学的解释性，作者没有给出明确的结论。然而，作者指出，“语言的产生不是一种在很久之前某个时候一次就全都产生，而后就完全终止的现象”①，而人的创造能力由于已有的词汇储备而较少运用。

第五章　语言（续）　承接第四章，第五章进一步讲述语言的产生和发展。句子是由它组成的声音连成的，因此我们把语言称之为字句清晰的声音。世界上各个民族后来都具有了字句清晰的语言，这种语言有完整的声音和意义的体系，正是这种体系使人能自如地表达他的思想和目标。接着作者讲述了语言意义的发展和抽象词的运用。洛德·培根指出，我们的词汇变成了概念的明确标记。因此作者指出：“借助词汇，我们就能够运用我们所获得的抽象概念，把某些思想进行比较，但是，只是注意其中的那种普遍性的东西。”②接着，作者阐述了实词和语法意义的词的关系，重点说明了语法意义的词在语言中的重要作用，“运用语法意义的词是人在创造字句清晰的语言中所迈出的最伟大的步伐之一”③。接着作者从词类、句子、词冠、音变、词根、句法、支配与一致性等方面讲解了语言的发展，并且引用了多种民族语言大量的实例佐证。

第六章　语言和种类　语言是种族的一种标志，虽然由于征服、奴隶等原因偶尔会受到干扰，以至于人们的民族语言不能说明祖先的全部历史，但是它“仍能说明历史的某一部分，而且是最重要的一部分”④。于是本章中作者着重描述了几种有重要特征的民族语言，依次为雅利安语族、闪米特语族、柏柏尔语族、鞑靼语族或图兰语族、东南亚语族、马来-波利尼西亚语族、达罗毗荼语族、非洲语族、班图语族、霍屯督语族、美洲语族等等。但是，作者提醒读者及研究人员，“虽然语言在研究民族历史时作为参考材料和指南极为重要，却仍然不应当指望它能为我们完全阐明某一种族的起源，或引导我们到达它的起点”⑤。

---

① 爱德华·B. 泰勒. 人类学——人及其文化研究［M］. 连树声，译. 桂林：广西师范大学出版社，2004：110.

② 爱德华·B. 泰勒. 人类学——人及其文化研究［M］. 连树声，译. 桂林：广西师范大学出版社，2004：114.

③ 爱德华·B. 泰勒. 人类学——人及其文化研究［M］. 连树声，译. 桂林：广西师范大学出版社，2004：117.

④ 爱德华·B. 泰勒. 人类学——人及其文化研究［M］. 连树声，译. 桂林：广西师范大学出版社，2004：131.

⑤ 爱德华·B. 泰勒. 人类学——人及其文化研究［M］. 连树声，译. 桂林：广西师范大学出版社，2004：144.

第七章　文字　文字是语言的重要载体，因此，在讲述了语言的特点和发展之后，作者继而谈论文字的发展。文字的发展相对于人类历史的长河历时是很短暂的，也很可能是非常困难的。作者以今人的视角带领读者回顾文字的发展历程。就像乘着列车旅行，第一站便是图画文字或象形文字。此处，作者以北美狩猎部落使用的象形文字为例，展现这种表现方式的生动和古人的智慧。第二站是形声文字。这里所涉及的是表音文字。第三站是中国文字。中国文字是一种重要的文字体系。作者简单概括了中国文字由最初的物象的精确素描到毛笔挥成的梗概再到现在的速写字形的过程。第四站是楔形文字。然而由象形文字发展而来的楔形文字在跟字母竞争时就显出了弱势。于是接着探究字母拼音文字的起源时，第五站便来到了埃及的象形文字。通过丰富的例子探寻字母的形成和发展，作者认为："字母文字的出现，就是文明状态和野蛮状态的分界线。"① 结束这一旅行后，作者接着讲述了印刷出版技术对现代文明的贡献。

第八章　技术　本章作者主要研究工具的制作和使用。作者指出，人的最好的定义是："不是使用工具的生物，而是制作工具的生物。"② 这一定义把人的有意识有目的的活动与动物的行为区分开来。

作者在本章从工具和武器的简述开始，从最早期的和最粗糙的形式中按迹探求它们的发展史。这些工具分别为棍棒、锤子、石片、斧头、马刀、刀、枪矛、短剑、剑、木匠工具、投掷武器、镖枪、投石器、投矛器、弓和箭、吹管、火枪、四轮车、手挽石磨、钻子、车床、螺旋、水磨和风磨等。作者以丰富的图片增强了文章的生动性和吸引力。

第九章　技术（续）　本章作者转而探讨人用来维持自己生存和进行防卫的技术手段。生存方面，对人来说，获得每天的食物是第一需要。因此作者依次探讨了获取自然提供的食物的工具，狩猎，设陷阱捕捉，农业及农业工具，田地以及牲畜和牧场等方面的技术。对这些技术发展的探讨，使人类技术的进步过程清晰地展现在读者面前。获取食物之外，保卫自己免遭危险，是人最重要的要求。因此，作者在本章的后半部分则着重讲了武器、甲胄、原始社会中的战争学及较高级民族的战争学。通过比较，作者指明："开化部

---

① 爱德华·B. 泰勒. 人类学——人及其文化研究［M］. 连树声，译. 桂林：广西师范大学出版社，2004：155.

② 爱德华·B. 泰勒. 人类学——人及其文化研究［M］. 连树声，译. 桂林：广西师范大学出版社，2004：158.

族的战争具有优良的武器装备，战士们受过正规战斗的训练。”①

第十章　技术（续）　本章作者着重研究人类的住所。从山洞、窝棚、帐篷到房屋，作者给读者展现一系列古时人类的居住环境，“人们开始建造四角形房屋以代替圆形住房这种情况，是较高文化的重要标志”②。而“当开始应用石工技术的时候，房屋建筑就走上了高级阶段”③。继而作者讲述了建筑术的发展，从水泥、砖等建筑材料的制造使用，到圆拱顶的建筑技术，埃及、希腊、罗马等国的古代建筑技术形象地展现在读者面前。接下来的研究对象是装饰。人类的装饰经历了怎样一个发展历程呢？蒙昧人的皮肤染色的目的一方面在于防卫，另一方面在于娱乐。文身的主要目的在于美观，而皮肤上的图记，常常不是为了装饰，而是为了一种象征意义，例如勇敢精神等。另外，作者概述了其他的装饰手段及装饰品。值得注意的是，每个民族对美的概念往往跟各自种族本身的类型相一致，因此每个民族都喜欢夸大其特征。接着作者探讨的是真正的衣服，从用树皮、兽皮等制的衣服到席子再到纺纱、织布、缝纫等制衣技术再到衣服的样式。最后，在本章结尾部分，作者讲述了航海术和各个阶段的渡水工具，从对能漂浮的东西的利用，到小舟、筏、平衡杆、划水轮和桨、帆、帆船和巨舟，从中读者可以看出人类渡水工具的发展变化及航海术的发展历程。

第十一章　技术（续）　本章作者讨论了火的使用，器皿的使用、贵金属和货币的使用在人类生活中的意义。第一，研究火及其对人类的意义。作者回顾了古代人们的取火方法，大致经历了自然火的获得，各种取火工具的发明和发现阶段。接下来在讲述火的应用时，作者首先谈论的是烹调法。食用熟食，有利于消化和吸收，从而有助于保存能量。实际上，人完全有以生蔬菜为食的可能性，作者提到了太平洋的某些珊瑚岛上接近于生食的现象，但这些部落也会煮饭。作者指出，众所周知的人的定义是“为自己制作食物的动物”④。接下来的论题包括饮料、燃料以及照明等等。第二，研究器皿。作者慨叹，“制造出在水滚沸时能耐火烧的陶器，是最伟大的经济发明之一”，

---

① 爱德华·B. 泰勒. 人类学——人及其文化研究［M］. 连树声，译. 桂林：广西师范大学出版社，2004：199.

② 爱德华·B. 泰勒. 人类学——人及其文化研究［M］. 连树声，译. 桂林：广西师范大学出版社，2004：206.

③ 爱德华·B. 泰勒. 人类学——人及其文化研究［M］. 连树声，译. 桂林：广西师范大学出版社，2004：207.

④ 爱德华·B. 泰勒. 人类学——人及其文化研究［M］. 连树声，译. 桂林：广西师范大学出版社，2004：242.

足见陶器在人类文明史上的重要地位。同时详细阐述的还有玻璃器皿及金属，而青铜器时代和铁器时代是论述的重点。第三，研究贵重金属及货币的产生发展。作者描述了一些地方早期的交换手段和货币形式。

第十二章　文艺　本章中作者探讨的是文艺。首先是诗歌。作为文艺的重要组成部分，诗歌在本章中得到了重点论述。蒙昧部落赋予自己的歌曲某种特定的形式，这种形式与普通口语不同。处在较高文化阶段的部族中，出现了可以按诗的音节精确计算的整齐的韵律。英文诗中的头韵等方法能够创造音调和谐的效果。在全世界的诗作历史中，脚韵同样是一种较新的韵。作者指出："在早期文化阶段，诗歌是一切有力的精神激动或感情的自然流露，是把某种庄严的声明或古代传说传达给听众的自然手段。现代的诗人，为了形象化迄今仍在采用比喻，而比喻在野蛮人的口头上是用来阐明他的思想的有效手段。"[①] 其次，作者介绍了音乐、乐器、舞蹈、戏剧、雕刻及绘画的起源和发展。再次，作者将笔墨集中在游戏上，因为作者认为"游戏也属于艺术，属于娱乐的艺术。做游戏是为了娱乐本身而不是为了娱乐的效果"[②]。

第十三章　科学　本章的论述重点是科学。如作者所说："科学是实在的、正确的、系统化的知识。蒙昧人和野蛮人掌握了丰富的经验性的知识，实际上，没有这些知识，争取生活作斗争是完全不可能的。"[③] 本章讲述的科学包括计算和算术、测量与衡量、几何学、代数学、物理学、化学、生物学、天文学、地理学和地质学、推理的方法以及魔法。作者重点论述的是古代这些科学的萌芽和发展。纵观科学的发展和进步，作者指出："人始终在自己的观察和思维中日益进步，同时增强了信心，随着时间的流逝，他的谬误在脱落，而他所取得的真理保留了下来，并将继续发展。"[④]

第十四章　精灵世界　在本章中，作者尝试从低级种族关于精灵界的简单观念去认识和发现这些宗教的一般原则。通过大量对当时人来说匪夷所思的事实，来阐述人们精灵世界观念的形成和发展。这些观念包括灵魂、恶魔、

---

① 爱德华·B. 泰勒. 人类学——人及其文化研究［M］. 连树声，译. 桂林：广西师范大学出版社，2004：268.

② 爱德华·B. 泰勒. 人类学——人及其文化研究［M］. 连树声，译. 桂林：广西师范大学出版社，2004：287.

③ 爱德华·B. 泰勒. 人类学——人及其文化研究［M］. 连树声，译. 桂林：广西师范大学出版社，2004：291.

④ 爱德华·B. 泰勒. 人类学——人及其文化研究［M］. 连树声，译. 桂林：广西师范大学出版社，2004：319.

神祇及对神的崇拜等等。作者重点论述了万物有灵观或灵魂论。作者通过对精灵世界的考察，揭示了万物有灵观是野蛮的和古代的各民族宗教中各种不同的精灵和神祇体系产生的基础。同时，又深刻地指出了早期的信仰与道德的关系，说明了在粗野的种族中间，类似的信仰已经开始影响道德行为。

进而，作者指出，宗教的两个方面（哲学的和道德的）以最简单的形态出现，其一是教人认识自己，认识世界，认识他的周围以及渗透于全部现实之中的可畏而无际的力量；其二是指导并支持人去完成生活所加于他的职责。

作者还初步认识到宗教的暂时性和未来走向。他指出："如果著名的宗教不能在先进的科学和道德中保留自己的地位，那么，它就可能仅在多少世纪之内，慢慢丧失它对民族的意义。但是任何国家的力量和无论多少庙堂财富，都不能把它从另一种最后产生的信仰中拯救出来；这种信仰来源于高级的知识，并能教人过上最好的生活。"①

第十五章　历史和神话　本章着重讲述的是传说、诗歌，最古老的叙事诗和书面作品，古代的记事和历史以及神话对理解历史的重要作用。作者特别指出："不能把神话只看作迷误和荒谬，相反，神话是人类智慧的有趣的产物。这是想象的历史，是关于任何时候也没发生过的事件的虚构故事。"② 特别是早期的历史学家们，记录了关于真实事件的传说，这些事件跟神话纠缠在一起，没有明确的界线，因而对现在研究者来说，决定相信何者排斥何者是最困难的任务之一。神话的作用不可忽视，为了理解以前世界各民族的思想，它们的神话能告诉我们非常多的东西，而这些东西是未必能从它们的历史中知道的。

第十六章　社会　本章向读者展现了社会发展的各个阶段的图景。内容包括家庭、低级种族的道德、舆论和社会风俗、道德的提高、复仇和司法、战争、财产、法律、家庭的权利和义务、宗法的和军事的领袖、民族、社会阶级以及统治。有些观点特别值得我们关注：

如作者初步揭示了人的社会性。他认为，人类在任何时候也不可能作为单纯的，每一个人都是从事其独自事业的一群个人而生存，社会总是由家庭或者是由从属于婚姻规约和亲子义务的亲缘所结成的经济单位组成的。

---

① 爱德华·B. 泰勒. 人类学——人及其文化研究［M］. 连树声，译. 桂林：广西师范大学出版社，2004：348.

② 爱德华·B. 泰勒. 人类学——人及其文化研究［M］. 连树声，译. 桂林：广西师范大学出版社，2004：363.

作者揭示了现代社会法律在一国中的有效性及其在处理国际事务中的无能为力。说明遵守用罚款、监禁、鞭打甚至处死来惩罚罪犯的刑法的义务，被认为是普通的文明义务之一。但是这种制度也是逐渐产生的，并且在历史上可以找到它是如何由原始事态发展起来的明显痕迹。法律虽然已经如此有益地取代了个人复仇，但是它还没有使较大规模的争吵——国家之间的争吵，完全受自己节制。

书的结尾，作者为人类学概论作了总结。作者认为，人类已从不自觉的进步期转到自觉的进步期，同时也指出了人类学研究的重要意义，“关于人类生活从遥远的过去到现在的进程的知识，不只能帮助我们预言未来，而且也能指导我们去完成我们的任务，我们进入这个世界，是为了使世界比它的过去更美好”[①]。

【意义与影响】

该书是继《原始文化》之后又一部人类学的经典名著，在20世纪中叶以前曾在欧美等国的高等学校中长期用作该学科的专业教材，对早期的文化学、宗教理论及人类学的发展有着重要的贡献和深远的影响。人类学原来主要研究人类的体质特征、类型及其变化规律，属于自然科学。后来，以泰勒为代表的人类学家扩大了人类学研究范围，开始研究人类早期的社会活动和文化创造，即该书副标题所述的“人及其文化研究”，从而使“人类学”成为融自然科学与人文科学于一体的高度综合性学问，起着如作者在该书序言中所说的挑起各科学问的“扁担”的作用。

第一，该书不但是对《原始文化》的有益补充，而且作了进一步发挥。泰勒在《原始文化》一书中，对人类的精神文化现象，特别是宗教信仰等问题，进行了详密深入的独创性的研究，并且阐述了他关于文化发展阶段和脉络的见解。他在10年后又出版的这本《人类学——人及其文化研究》(1881年）一书，以原始人的某些物质文化现象作为自己侧重研究的对象，发展并补充了他在《原始文化》中的探索和研究。在该书中泰勒提出了万物有灵观的宗教起源论，这种宗教起源于万物有灵观的学说一经提出，便赢得了学术界的首肯和赞许，一度成为占据学术界统治地位的理论。

---

① 爱德华·B. 泰勒. 人类学——人及其文化研究［M］. 连树声，译. 桂林：广西师范大学出版社，2004：413.

第二，作者以历史的观点、发展的观点和实证的方法、比较的方法来研究人，有利于初学者深入了解人及其文化的早期发展。对研究者而言，其研究方法值得借鉴。例如，作者从黑种人、黄种人、白种人及其他种族的躯体构造和智力机能具有普遍的共同点，都能通婚并生出各种混血儿，甚至各种语言都起源于同一种原始语来证明其起源于共同祖先，从而形成了人类种族统一论，以此说明各种族的平等性，有力地批驳了种族主义。再如，在论述语言对人的发展的作用时，作者用统计和比较的方法，以大量的材料阐明了语言发生、发展的漫长过程，结论令人信服。

第三，作者提出了文化进化理论，为文化人类学的发展做出了重要的贡献，但作者流露出的文化等级主义倾向则值得我们警醒，提示我们在文化建设的过程中要理性对待西方文化，增强对民族文化的自信和自觉，不能为西方中心主义所迷惑，而要坚持有中国特色、中国风格和中国气派的文化道路。事实上，该历史时期的英国学者在研究海外许多其他民族特点时带有等级差异观念，把“他者”想象成比他们自己落后的阶级，认为他们看到的非西方人是原始的，比自己的文化落后；但另一方面却又乐观地认为，由于大家的心智一样，因此随着历史的发展，人最终会一样地进步。这种文化进步论思想来源于近代欧洲的文化等级思想，后来又与生物学进化论相结合，变成社会达尔文主义的一种。将与西方不同的文化看成远古文化的残存，将西方历史当成全人类历史来看，实质上是一种文化等级主义。

第四，该书的理论缺憾和时代局限也是很明显的。作者将处于低级阶段的人与其他动物作了细致比较，指出人也是动物之一，人的高级之处在于有“会使用工具的手”、有“发明工具的智力”、有“语言能力”、有“自我意识”等，但对于人为什么会具有这些优点，作者并没有进一步做出说明，这不能不说是一种缺憾。另外，作者在本书中抱有种族歧视观点，如认为澳大利亚原住民以及黑人是低级种族。然而我们要用历史的观点看待问题，必须认识到，泰勒的文化学和民族学研究倾向，在当时是进步的。泰勒及其著作在人类学史上的地位是毋庸置疑的。

【原著摘录】

第一章　古代人和现代人 P1－30

P1　谁要了解人类如何达到现在的生活状态和生活方式，就应当先明确知道：人们是不久前才到达地球的外来者呢，还是地球上的固有居民？他们是一出现就分成各种不同的种族并具有现成的生活形式呢，还是在许多世纪的长时期中，才逐渐形成这些种族及其生活形式？为了解答这些问题，我们的首要任务是对人类各个不同的种族，他们的语言、文明和最为古老的文化遗留作一番大略的认识，并且看一看用这种方法所能得到的那些有利于说明人类自古就生存在地球上的证据。

P17　以上所述并不能得出这样的结论：文明永远是处于不断的变化之中，或者它的变化永远是前进的。相反，历史告诉我们，文明有时会长期停滞不前，有时还会稍有后退。为了理解这种文化衰落现象，就必须明白，高级的技术和最为健全的社会结构并不总是占有优势；实际上，它们可能太过于完善了，因为人们只需要适应他们发展条件的东西。

P23　通过这种方法可以得到基本的结论：即使是在文明的地区，从前也必定曾居住过蒙昧的和野蛮的部族。

P30　无论如何，人类在冲积期或猛犸期就曾存在，这是十分确凿的。这一点使得我们不能哪怕是粗略地看到那较为遥远的人类起初在地球上生活的实际状况。

第二章　人和其他动物 P31－47

P44－45　哲学家们不止一次地试图在人和动物的智力中间画出一条明显的线。其中最著名的是洛克（Locke）所做的，他在其《关于人类智力的实验》中确立了一条原则：动物实际上有观念，但是没有人的那种形成抽象的或普遍的概念的能力。

P46　人类运用语言甚至运用手势来作为思想的标志以及作为跟其他人交流思想的手段，这种才能是最重要的关键之一；通过这一关键，我们以最清楚的方式从一系列低级动物中脱颖而出，单独出现在占有高级智力领域中一切成就的舞台上。

第三章　人类种族 P48－93

P74　这些种族并不是毫无区别地传布在整个地球表面，而是某些种族属于某些地区，显然，它们中的每一种族是在自己地区的气候和土壤条件影响下形成的，它们在自己地区繁殖并由此向四面八方传布，同时在中途改变了并和其他种族混合了。

第四章　语言 P94－110

P108　语言是制作或选择标志的伟大艺术的一个分支，它的问题在于寻找某种声音作为适合每一种意义的符号或象征。因此，无论从哪里采用什么样的声音，这种选择无疑是有原因的。但是不应当由此得出这样的结论：每一种语言都选取同一种声音。

P109　在研究英语或人类所说的上千种语言中的任何其他语言的时候，我们发现，大量使用的词汇没有表明声音和意义之间的联系，而这种联系在自然的或意义自明的语言中却是那样的明显。

第五章　语言（续）P111－129

P111　因为句子是由它组成的声音连成的，就像肢体是由它的关节连成的一样，所以我们把语言称为字句清晰的或逐节连接的声音，以便把它跟低级动物发出的字句不清的或音节不相连接的声音区别开来。

P117　运用语法意义的词是人在创造字句清晰的语言中所迈出的最伟大的步伐之一。

P129　每一个人类部族的人都具有天赋的才能，假如他没有从自己的祖先那里继承了已经准备好了的语言的话，那么这种才能就能够使他创造新的、自己的语言。

第六章　语言和种类 P130－144

P131　只要一个种族和一种语言的人们共处在自己的民族之中，则他们的语言就始终是他们同一种族的标志。虽然迁移和杂交、征服和奴隶制偶尔会对事情进行干扰，以致人们的民族语言不能说明祖先的全部历史，但它仍然能说明历史的某一部分，而且是最重要的一部分。

P144　在研究民族最初期的生活的时候，他们的语言能够远远地向前引导我们，常常比任何历史证据都要远得多，但是，它们未必能够把我们引导到——虽然接近于——各大人类种族的起源，更少可能引导到全人类的起源。

第七章　文字 P145－156

P155　发明字母文字是引导人类从野蛮走向文明的一个伟大步骤。为了评价它的全部意义，我们只要看一看那样一些部落的低级文化水准就够了：那些部落仍然没有文字，而只是信赖记忆中的传说和生活惯例。他们既不善于像我们借助记录事件那样积累知识，又不善于保留新的观察成果以利于后代。因此，的确，字母文字的出现，就是文明状态和野蛮状态的分界线。

P156　后来是中国人首次想出了在木板上刻整页文字而后大量印刷的方法。他们可能是在 6 世纪就已经开始这样做了。到 10 世纪他们在任何情况下，都采取了辛勤的书籍印刷方法。

P156 或许，这种印刷出版技术，比任何其他方面更多地决定了我们现代生活与中世纪生活的不同。

第八章 技术 P157－178

P157 人借助技术来保护和维持自己的生存，并支配他所生活的世界。这种技术首先在于利用工具。

P158 人所使用的高级工具显然常是某种经过改善的自然物，而技术是动物毫不理解的那种配制这些工具的方法。因此，人的最好的定义是：不是使用工具的生物，而是制作工具的生物。

第九章 技术（续）P179－202

P188 人甚至当他像低级动物那样以采集野果和捉禽兽、捕鱼虾为生的时候，在其较为发达的智慧的指导下，已使用了获取这些食物的较为复杂的方法，过渡到下一个高级阶段的时候，他便开始为自己储备食物。

P189 埃及和巴比伦连同它们的政府和部队、教堂和宫殿，证明农业的最初萌芽大概有多古远。要知道，只有在许多世纪农业的基础上，才能形成这些人口众多的古代国家。

P199 开化部族的战争跟蒙昧部族的战争的区别在于：开化部族的战争具有优良的武器装备，战士们受过正规战斗的训练。

第十章 技术（续）P203－236

P206 正如去非洲的旅行家们所指出的，人们开始建造四角形房屋以代替圆形住房这种情况，是较高文化的重要标志。

P217 渴望借助装饰来增加身体的美，从文化的低级阶段开始就是人之常情。

第十一章 技术（续）P237－264

P237 人了解火的意义，并且对它采用了那些远远超出低等动物智能之外的方法。

P238 在开化的部族中，取火用的古老的钻在古时就已经让位给较好的设备，特别是燧石和钢铁。虽然那种钻已经从日常的实际生活中消失了，但至今它仍然保留在仪式范围之内。

P242 文明的部族如此满怀信心地走上了这条促进自然的道路，因而他们烧煮几乎所有可作为食物食用的东西。他们仅仅对坚果、浆果以及其他水果还保留着原始的习惯。他们把这些果子生着食用，因为这样吃较合口味。人们长期认为以生肉作食物是低级文化的标志。

第十二章　文艺 P265－290

P267　诗可以按其音节精确计算的整齐的韵律，只有处在较高文化阶段的部族中才能出现。古代《吠陀》的颂歌具有整齐的韵律，这就可以证明它们的编著者已经远远地脱离了蒙昧状态。

P268　诗歌艺术相当大的一部分是模仿早期文化阶段所采用的形式。在早期文化阶段，诗歌是一切有力的精神激动或感情的自然流露，是把某种庄严的声明或古代传说传达给听众的自然手段。

第十三章　科学 P291－319

P291　科学是实在的、正确的、系统化的知识。蒙昧人和野蛮人掌握了丰富的经验性的知识，实际上，没有这些知识，争取生活作斗争是完全不可能的。

P299　可以设想，初等几何学实际上并不是借助那些像欧几里得所采用的定义、定理和推论发明出来的。它的萌芽事实上发生于土地丈量员、石匠、木匠和裁缝的日常工作之中。

P308　尽管古代知识很不完善，但却仍能明显看到，新科学就建基在它们之上。

P315　希腊人唤起人们向知识领域全面前进，比起他们实际研究的精神论证——特别是在数学的精确论证要快些。当著名的亚历山大博物馆开始繁荣的时候，科学的重要性受到了承认。

P315－316　所谓经院哲学在欧洲的统治时期对科学具有不利的影响，部分是由于对过去时代的权威的过分尊重束缚了智慧，部分则是由于亚里士多德的门徒们极端信仰论证的力量，他们幻想不扩大实际知识的储备量，可以借助一种关于世界问题的推论来解决世界问题。新哲学运动跟作为它的主要代表之一的培根名字，结合在一起这种哲学运动使人们重新回到既借助实验又借助思维来工作的正确的古代方法上来，但是，现在只是在实验领域里进行最好的探讨和较为精确的观察。实验本身是按照最有系统的思想的指示进行的。我们生活在这样一个时代：每周都能获得珍贵的自然事实，并且使统一这些事实规律越来越严整。我们掌握着最好的实际证据，这些证据证明，现代的科学沿着正确的道路前进。

P319　人始终在自己的观察和思维中日益进步，同时增强了信心，随着时间的流逝，他的谬误在脱落，而他所取得的真理保留了下来，并将继续发展。

第十四章　精灵世界 P320－348

P320　对于人类学家来说，各民族的宗教只是其生活的某一部分。人类学家从低级种族关于精灵界的简单观念开始，能够最好地认识这些宗教的一般原则。

P347 万物有灵观或灵魂论，是野蛮的和古代的各民族宗教中各种不同的精灵和神祇体系产生的基础；同时也指出了，在粗野的种族中间，类似的信仰已经开始影响道德行为。在这里，宗教的两个方面（哲学的和道德的）以最简单的形态出现。

P348 如果著名的宗教不能在先进的科学和道德中保留自己的地位，那么，它就可能仅在多少世纪之内，慢慢丧失它对民族的意义。但是任何国家的力量和无论多少庙堂财富，都不能把它从另一种最后产生的信仰中拯救出来；这种信仰来源于高级的知识，并能教人过上最好的生活。

第十五章 历史和神话 P349－376

P349 各民族的早期历史，或多或少是由那些在文字出现之前从祖先那里靠记忆传下来的传说组成的。

P351 当传统用文字传下来时，特别是在诗人们赋予传说以诗的形式时，传统就获得了更大的稳定性。

P353 虽然诗人的故事可能是虚构的，但他所谈到的可能是历史。在各民族、国家和城市的名称中，诗人在我们面前无意地表现出社会及其居民他们在当时如何。

P363 不能把神话只看作迷误和荒谬，相反，神话是人类智慧的有趣的产物。这是想象的历史，是关于任何时候也没发生过的事件的虚构故事。特别是早世纪写作的历史学家们，记录了关于真实事件的传说，这些事件跟神话纠缠在一起，因而对现在研究者来说，决定何者相信何者排斥，这是最困难的任务之一。

P376 为了理解以前世界各民族的思想，它们的神话能告诉我们非常多的东西，而这些东西是未必能从它们的历史中知道的。

第十六章 社会 P377－413

P377 人类在任何时候也不可能作为单纯的、每一个人都是从事其独自事业的一群个人而生存，社会总是由家庭或者是由从属于婚姻规约和亲子义务的亲缘所结成的经济单位组成的。

P389 迄今为止，我们把关于正义和非正义的概念，主要看作是人本身的道德感和舆论的道德感的结果。但是，在任何时候，都承认那些检查人的行为的较为有力的手段是必要的。在现代，遵守用罚款、监禁、鞭打甚至处死来惩罚罪犯的刑法的义务，被认为是普通的文明义务之一。但是这种制度也是逐渐产生的，并且在历史上可以找到它是如何由原始事态发展起来的明显痕迹。

P392　法律虽然已经如此有益地取代了个人复仇，但是它还没有使较大规模的争吵——国家之间的争吵，完全受自己节制。

P412－413　总之，人类已从不自觉的进步期转到了自觉的进步期。读者读到这里为止，就不需要我们再费许多笔墨去叙述他已经知道的那些事实了，也不需要详细指出，对人及其文明的研究不仅是科学关心的对象，而且一下子成了实际生活的事务。这种研究给我们提供了理解我们自身的生活和我们在世界中的地位的手段。诚然，这种理解只是模糊的、不完善的，但在任何情况下，较之所有上代要鲜明得多。关于人类生活从遥远的过去到现在的进程的知识，不只能帮助我们预言未来，而且也能指导我们去完成我们的任务。我们进入这个世界，是为了使世界比它的过去更美好。

【参考文献】

［1］爱德华·B. 泰勒. 人类学——人及其文化研究［M］. 连树声，译. 桂林：广西师范大学出版社，2004.

［2］爱德华·B. 泰勒. 原始文化［M］. 连树声，译. 桂林：广西师范大学出版社，2005.

［3］马琳诺斯基. 科学的文化理论［M］. 黄剑波，等译. 北京：中央民族大学出版社，1999.

［4］王铭铭. 人类学是什么［M］. 北京：北京大学出版社，2002.

［5］高军. 一本专门研究人及其文化的书——读［英］爱德华泰勒的《人类学》［J］. 语文月刊，2007（6）.

三、《宗教与西方文化的兴起》

[英] 克里斯托弗·道森　著

长川某　译

四川人民出版社，1989 年

【作者简介】

克里斯托弗·道森（1889—1970）是 20 世纪重要的文化哲学家、历史学家和文化史学家，被誉为“当代第一流的文化史大师”，也有人称他为社会学家和宗教哲学家，甚至称他为“新时代的先知”[①]。

1889 年，道森出生于英国的约克郡。他成长于一个有基督教背景的家庭，其父亲一直从事神职工作，曾担任过布雷肯的副主教，因而他从小就生活在浓郁的基督教氛围中。道森在青年时代进入牛津大学三一学院学习。在那里顺利完成大学学业后，他又前往瑞典学习经济学，但不久就返回三一学院继续学习历史学与社会学。后来道森读了恩斯特·特罗伊奇探讨宗教与文化问题的著作，深受吸引，便开始在这一领域进行自己的学术研究。道森于 1914 年成为了一名基督教教徒，并于 1916 年结婚。

1920 年道森开始在《社会学评论》上发表文章。他最初研究的领域与斯宾格勒和阿诺德·汤因比类似。同时，他对从文化层面上研究史诗传说也很有研究兴趣。他的第一部著作《诸神的时代》（1928 年）就是他追踪欧洲文化

① 克里斯托弗·道森. 宗教与西方文化的兴起［M］. 长川某，译. 成都：四川人民出版社，1989：2.

如何发展到20世纪的五部系列著作的第一部。不过他的这一研究框架最终并没有得出一个确切的结论。

道森的学术观点主要是对“旧西方”理论的支持。大卫·格莱斯在其著作《从柏拉图到北约》（1998年）中援引道森时曾论述过这个问题。因为道森不接受中世纪对欧洲的发展基本没有贡献的观点，相反他认为中世纪天主教堂是欧洲文化兴起的一个很重要的因素，他在其论文中曾用了大量篇幅对此进行了论证。道森在20世纪二三十年代完成的著作使他成为他那个时代一个非常重要的人物，并对艾略特产生了重要影响，后者曾专门写过道森重要性的文章。

道森的研究领域虽然十分广泛，但他的主要兴趣还是在文化哲学，特别是宗教信仰与文化变迁的关系方面。道森与德国的狄尔泰、斯宾格勒和卡西勒，意大利的克罗齐和让蒂尔，英国的柯林伍德和汤因比以及美国的乌尔班观点类似，认为哲学研究的对象应当是人及人的活动，即历史是人的创造，即文化。他们都把宗教作为人生活中的一个方面来研究，并评价宗教在人类历史中的价值。更为重要的是，道森对形成不断变化的文明模式的种种力量有着宽广而确切的把握。

道森终生笔耕不辍，给后世留下了大量著作，主要有《诸神的时代》（1928年）、《进步与宗教》（1929年）、《基督教信仰与新的时代》（1931年）、《欧洲的形成》（1932年）、《牛津精神的传播》（1933年）、《宗教和现代国家》（1936年）、《超越政治》（1939年）、《国家的正义》（1942年）、《宗教与文化》（1948年）、《宗教与西方文化的兴起》（1950年）、《理解欧洲》（1952年）、《中世纪论文集》（1954年）、《世界历史的变迁》（1957年）、《世界革命运动》（1959年）、《基督文化的历史现实性》（1960年）、《西方教育危机》（1961年）、《基督教国家的分裂》（1965年）、《基督教国家的形成》（1967年）等①。

道森的成就得到了学术界的广泛认同，被认为是基督教历史学领域的领袖人物。1940年道森开始担任《都柏林评论》的编辑，并于1958—1962年就任哈佛大学神学院基督教研究机构主席。1970年5月，道森于英国病逝，享年81岁。

【写作背景】

《宗教与西方文化的兴起》一书是在道森认为西方社会中的宗教与文化之

① 除《进步与宗教》《宗教与西方文化的兴起》外，道森的主要著作中文名由本文作者译出。

间具有创造性的相互作用的关键课题被抛弃被遗忘的背景下完成的。

道森认为虽然从表面上看西方的学者在研究西方文化方面拥有大量有用的材料，而且在认识上也更具实质性与内在性，毕竟西方文化是他们赖以生存的环境和所体验的生活，因而研究不仅可以通过文献和遗物，而且还可通过亲身体验来认识。但实际上，之前的很多研究都忽略了基督教历史积累的经验，借鉴研究外来宗教的研究方法，或者依附与宗教的抽象观念和理论知识进行研究，这样的研究实际上是相当不完整不真实的。

因为宗教与文化的关系非常复杂而且涉及范围非常广泛，这种关系只能够在具体的历史现实中加以研究，因为它将社会的生活方式同为社会所接受，作为生活最高法则和个人与社会行为最高准则的精神信仰和价值统一起来了。所以，对西方文化与宗教关系的研究实际是相当困难的，可供研究的资料太多而且分散在许多不同的学科，每一门学科又进而再分为专门的研究分支①。这一专业化过程一方面增加了西方学者对历史诸多领域知识，另一方面也倾向于将应该统一在一起的因素加以分化和割裂。

所以道森认为，宗教是理解文化的关键，在文化的形成中起着重大的作用。

【中心思想】

该书约 17 万字，分为 12 章，并附《关于中世纪著名艺术品的札记》。作者以西方基督教为背景，探讨了宗教与文化的关系，追溯了西方社会自罗马帝国的衰亡到文艺复兴运动这段上千年的历史，论述了其间各种基督教运动和基督教思想产生发展的过程，及其对西方社会的政治经济制度的变迁、城市国家的兴起和文化教育的发展等多方面的影响，从而阐明宗教是理解文化的关键。

作者认为，犹太教和基督教构成了宗教的主体，在西方文化的形成中等同于希腊和罗马在法律的、科学的和哲学的支柱。而实用主义者认为历史是孤立的，一个多元论者很可能认为在所有其他伟大世界的文化的兴起中宗教因素或其他必要的组成部分，其内在和外在的平衡——一种完全超然崇拜上帝创造了全宇宙，为世界做出了无限贡献，并得到世人的崇敬与爱戴，成为体现其仁慈的指路人——基督教对这个世界已采取了鲜明的立场：教义在这

① 克里斯托弗·道森. 宗教与西方文化的兴起［M］. 长川某，译. 成都：四川人民出版社，1989：2.

个世界里，但又不完全在这个世界里；它还在福音的只言片语中。一个人必须明白对恺撒来说究竟什么是恺撒的，对上帝来说究竟什么是上帝的。奥古斯丁的两个城市的学说是西方政治提供了基督教的潜规则：真正关心、爱护这个世界，但不管社会文化进步或退步，也不管何时何地，都要始终不屈不挠地拯救这个世界，都只是为了使这个世界变得更为高尚，充满爱与光明。

相比之下，世界其他大宗教都趋于将世界理想化为永恒不变的完美世界，并且与他们的文化一道融入社会秩序中经久不变，比如中国的儒家学说以及印度的种姓制度。这就是为什么社会自由、变化和自治可以深深地威胁到自古传下来尚未成型的“西方价值观”，特别是他们因地制宜地修改宗教的最初方向，使我们因为它们而过上丰富的精神生活。对我们来说要谈信仰自由及其行为准则是多么容易，但当我们的社会缺少了宗教的引导的时候，没有一个人不会惊恐害怕。只要想想“选择自由”这句话的内涵，或者想想人们往往认为道德自治就是“没有人能够施加道德标准给另一个人”，这些都没有从法律上体现出这是一个自由而有序的社会，也无法保障我们正在实施的民主自治。

但西方的物质文明成就的源泉已经被世人遗忘，甚至被人轻视。虽然15世纪的人文运动是真正回到大自然的运动，尤其虚无哲学的唯心论在政治上的松懈，以人类的视野观看世界的人文主义，像培根、托马斯不是简单地从自然角度而是从已有上千年历史的业已成型的基督教来看世界；人类道德准则以及自身文化是在十几个世纪中形成的。文艺复兴中的伟大人物是精神上的领袖，即使他们深深沉浸在当时的社会秩序中。他们从过去累积的基督教精神资源中得到征服物质世界的能量并创造新的精神文化。

即使在黑暗时期和18世纪的启蒙时期，以及19世纪的帝国主义时期，当西方国家准备征服世界的时候，无论是好是坏，它都是为了将自身转化成自己的影像。可以看到，即使在其被扭曲的时候，这个标志鲜明的宗教也为自身带来了压力：它急于拓展自己的知识视野，并散布自己的文化。

同其他人类文明历史类似，在欧洲历史中，这一直伴随着对权力与财富的追逐的新的因素究竟是什么呢？道森称之为西方文化的“传教精神”。

最初，是圣保罗和圣伊里奈乌一代又一代从东部到西部的传教活动奠定了西方基督教基础。当帝国殒落后，由西部省份所在的基督徒仍然向北部的野蛮民族传教：圣帕特里克到爱尔兰和代理圣格列高利去英格兰。到了6世纪，这一传教活动的方向扭转了过来。与拜占庭不同，政治权力和文化领导各自为政。从这一时期开始，西方文化就体现出了它的二元性，并且不断地得到自由发展与成长的动力，形成了新的社会组织形式。寺庙的遍及在某种意义上可以追溯到追求完美和个人救助。但毫无疑问，它也成为城市文化的延续，并最终在中世纪直接影响政府的组织形式。同样地，10 到 11 世纪由于寺院的广泛建立在一定程度上促进了教会的改革运动。大学和学术研究机构的兴起使得相关学术交流和传播变得更为容易。到了这个时期，即使是最彻底的世俗大学，对于什么是理想的大学仍然在不断寻找高等知识和科技进步的标志。而宗教文化则一直在捐助这些机构。与会者都有一个共同的文化背景，而且分享着包容地区多样性的乐趣，一切因此而变得丰富多彩，这一庞大的文化活力从 12 到 13 世纪开始形成。

与此同时，人类尊严作为上帝的形象和姿态在继续发展，并要求社会不断发展这种具有价值的形式：训练人的思维的学校和大学。举例来说，这些文明和经济组织在一定程度上还是保护了公共财产和个人劳动成果。而危险源于皇帝或教皇手中不断滋生的专权，正如道森所指出的，一旦宗教改革的中心在远离罗马教廷的北欧，这种事情就会发生。同时，不但宗教的分裂势力削弱了西方文化的基本活力，而且直到启蒙时期关于容忍是否是大多数西方国家至高无上的价值观念并且是宗教与社会的最终努力目标的争吵还时有发生。

【分章导读】

第一章　导言：西方发展的意义　道森首先对当时关于宗教与文化的研究进行深刻反思。认为虽然他们一直生活在西方文化之中，但仍需要重视基督教的历史积累，因为宗教与文化的关系非常复杂，需要在具体的、总的历史场景中加以研究。只有了解了基督教最初兴起的历史环境，才能全面详尽地追溯它在西方社会中的发展足迹。

不过，对宗教与西方文化的研究是很困难的，一方面是由于了解得太多，从而导致了真正揭示宗教与文化关系的东西被抛弃甚至被遗忘；另一方面是由于新兴的社会力量试图按照他们有意识的政治意图塑造社会传统，从而导致历史和哲学遭受政治的割裂和贬抑，使人们失掉自己的精神自由。

道森进一步指出，尽管中世纪经济停滞、政治腐败以及科学萎靡，但西方文化通过它独特的传教特点，仍然保存了一种不以政治势力或经济繁荣为转移的精神能量。这种文化领导与政治权力之间的相互独立性，是产生西方文化自由而充满活力的活动的主要因素之一。

最后，道森强调，西方宗教的影响力在于它对公认属于世俗的社会和理智运动的间接和无意识的影响。这种影响在近代革命和改革运动的历史中，在近代科学运动兴起的历史中都能找到。同时，宗教是唯一没有受到文明的衰落、对社会各种制度和文化传统失去信心以及对生活的希望破灭所影响的力量，因为宗教的本质就是要把人们与超越的和永恒的实在联系起来。

第二章　西方文化的宗教渊源：教会与蛮族　道森认为，北方蛮族皈依了基督教，而罗马帝国政治制度的崩溃给蛮族留下了一个巨大的空隙，这个空隙由新兴民族的导师和法律制定者的教会填补了。只有当西方的不同民族被融合在基督教世界的精神团体中时，他们才获得了一个共同的文化，并依此而把西方的发展与其他世界文明区别开来了。

西方文化的传播可以追溯到史前的远古时代。但是，基督教推举了恺撒以外的另一个国王——耶稣。这一创造性的革命行动标志着世界历史，首先是西方的历史进入了一个新时期。到这时，欧洲已经在罗马世界和外部世界的蛮族之间瓜分完毕。后来，罗马世界自身也被恺撒的部属和基督的门徒所瓜分。在此以后的数个世纪的历史中，这种分裂因帝国改宗基督教而最终被克服。结果，罗马人和基督徒几乎成了同义词。罗马不再是恺撒的首都，而是罗马教廷的所在地。罗马帝国的改宗基督教，对西方新型文化的兴起有着极其重要的关系。

496年克洛维受洗和597年艾塞尔伯特受洗，标志着西欧新纪元的真正开端。基督教教会的精神源泉并未受到蛮族入侵、帝国覆亡的严重损害，反而在某些方面得到了加强。因为教会用它自己的精神传统统一了罗马文化的社会传统，并因而在一个既需要社会领袖又需要宗教领袖的社会中起着双重作用。

这种新型文化通过不断的同化过程而倾向于创造一个新的社会统一体。随着蛮族皈依基督教，他们也获得了较高层次文化的因素，而同时在另一方面，基督教会逐渐失去了与罗马文化传统的联系，而且它本身也正在变得蛮族化。在当时充满残忍暴力和腐化堕落的社会里，宗教只有通过它的超自然威望和对抗蛮族的肉体暴力的精神威力所激起的敬畏，才能得以保持其势力。这样，在中世纪最初的几个世纪里就兴起了一种新的基督教神话——圣徒的传说故事。圣徒们是道德完美的楷模，他们是居住在圣堂里的超自然的力量，并继续照管着他们的土地和人民的福利事务。只有在这种基督教的神话世界里，才能实现基督教信仰和伦理向西方新兴民族的蛮族传统极为重要的渗透。

由此可见，宗教与文化之间的关系不是同化和渗透的关系，而是矛盾和对立的关系。圣徒与隐修士的生活影响了蛮族人的思维，因为他们证明了一种与蛮族人不同的生活方式和价值标准。但是，这种对立并不是基督教罗马世界的高度文明与异教徒的野蛮之间的对立，而是两种精神世界或者两种实在世界之间的对立。在圣徒的生活和社会的野蛮之间的伦理冲突的背后，隐藏着现存社会与未来世界的末世论的二元对立。这便是中世纪基督教人生观的背景。

西方教会并不是带着文明传统或有意识的社会进步的希望，而是带着大量的关于神圣裁判和神圣救赎的消息来到蛮族中的。在那个时代，圣徒和修道僧是未来世界力量活生生的和有形有体的见证人。更为重要的是，教会已在神圣宗教仪式中获得了对永恒世界的共同体验，并可与永恒世界交流。道森由此认为，古代世界的宗教文化是在整个团体生活所环绕的祈祷和祭祖仪式程序中找到它们的中心的。在整个西方，宗教仪式越来越成为基督教文化的核心。这种宗教仪式不只是对宗教统一体的约束，它也是使外邦人和蛮族的思想与新的人生观和世界观保持一致的途径。

这样，在罗马帝国覆亡后，教会在宗教典仪中保存了作为一种崇拜秩序、一种思维结构和一种生活原则的基督教文化的丰富传统。随着西欧社会的黑暗日益加深，正是在修道院里而不是在城市中，拉丁文化的传统与基督教生活的模式才被保存了下来。因此，修道僧是西方的使徒和中世纪文化的奠基者。

第三章　西方的修道僧与西方传统的形成　在从古典文明的衰落到12世纪欧洲各大学的兴起这一长达700多年的时期内，修道院是贯穿于其中的最典型的文化组织。只有通过修道院制度，宗教才得以对这些世纪的整个文化发展产生直接的和决定性的影响。

修道院制度是作为对整个希腊世界和罗马世界的古典文化传统的一种抗议而起源于非洲沙漠的。它以禁欲主义为特点，主张放弃世俗生活中的一切，不只是快乐、财富和荣誉，还有家庭生活和公民权以及社会。修道者远离社会，在无休止的祈祷和斋戒中，在同黑暗势力进行的近乎肉搏的抗争中度过一生。在教会得到安宁之后，禁欲主义者已出现在基督教世界的视野里，并取得了从前为殉道者所占据的作为超自然世界的信仰和实在性的活见证的地位。他们被视为守望者或保护人，“守卫着”基督教之城，并抵御着精神上的敌人的进攻。正当罗马这个世俗城市陷入蛮族之手时，从高卢到西班牙和不列颠，再到爱尔兰，直至整个西欧，修道院制度犹如一场新兴运动，其影响和声誉迅速达到了顶峰。

这场运动从一开始就具有把修道院生活的理想社会化，并把它转化成为一个庞大的文化组织的倾向。经过圣奥古斯丁的改造，修道院生活接受了原始教会的共同生活理想而不是沙漠的隐修士的那种极端禁欲主义的影响。修道院团体是一个自给自足的社会，它只是为了基督教的精神目的而存在；它又是一个自由的社会，独立于外部控制并以自愿加入为基础。《圣本尼狄克教规》标志着修道院制度被罗马精神和西方教会的传统最后同化，它体现了某种精神秩序和规范的道德行为的理想，这种理想使得修道院成为充满战争的世界中的一个和平之岛。

在罗马，本尼狄克传统与教牧修道院制度的奥古斯丁传统、与负责举行仪式圣事和大教堂音乐的罗马修道院的宗教仪式传统结合起来。这样，当地中海世界的修道僧正在脱离古代世界日渐衰亡的文化时，在北方，对于新兴民族来说，修道院制度正成为一种新型的基督教文化和基督教生活的新学校的缔造者。

道森认为，新兴的西方修道院运动的力量，来自它对蛮族王国的王公贵族们的吸引力，它还是一种把基督教文化带到了农村社会的核心的农民力量。因为修道院是一种组织，它可以独立于东罗马的城市秩序并能够成为纯粹的农村社会的精神中心和经济中心。通过把劳动和清贫神圣化，它对主宰着帝国奴隶制社会的社会价值体系和反映在蛮族征服者的贵族骑士风尚中的社会价值体系都进行了革命性的变革。事实上，修道院已经取代了行将就木的城市，并保持了中世纪文化的中心地位，直到11—12世纪新型城市自治联盟的兴起。

在这种环境中，整个加洛林王朝的文化必然具有修道院的特点。的确，正是在加洛林王朝时代才最终确立了《圣本尼狄克教规》在西方作为宗教生活的普遍准则的地位。道森指出，在这个意义上，加洛林王朝时期的成就，是一次真正的文艺复兴，是作为有意识的整体的西方文化的起点。加洛林王朝的文化复兴是由修道院推行的。在帝国灭亡后，在蛮族的入侵中，修道院成为仅有的理智生活之岛。但无论修道院制度对外部灾难和动荡的抵抗力多么强，它最终还是依赖于基督教世界及其世俗组织的存在。

第四章　蛮族与基督教王国　道森认为，中世纪西欧宗教与文化的关系，也通过君主政体和王权观念的演化表现出来。中世纪全面发展的基督教专制君主政体，代表了起源于远古时代，并拥有极为不同的文化背景的一系列传统的最终融合。

当蛮族部落于5世纪闯入罗马帝国之时，它们也进入了一个正处于社会和宗教变革过程中的世界。基督教传统基本上是二元化的，它接受了教会与世界之间即上帝之国与恺撒之国之间的基本对立。这种对立经过奥古斯丁的历史哲学重新解释而得到强化影响。但除了萨尔维安人外，拉丁世界的基督徒都对罗马帝国表示忠诚，直到圣格列高利一世以及往后的时代。但这种忠诚是对一种传统和一种文明的忠诚。基督教的世界观实际上赞同以现实主义的态度对待政治，这是因为它的精神二元论把所有的世俗环境和组织都视为转瞬即逝的。但是，对于蛮族自己来说，王权有着极为不同的意义。它是一种社会的和宗教的制度而不是一种政治的制度。国王基本上不是一位统治者和法律制定人，而是他的人民的首领和象征性代表。

从圣奥古斯丁的时代起，王室家族一直是传教活动的首要对象。无论国王的政治权力如何微弱，他仍是社会结构中的关键，他皈依基督教是他的人民皈依的标志和保证。这样，尽管王权由于逐渐消失在基督教世界这一更为广阔的统一体中而失去了它古老神圣的特权，但它却通过与教会的密切联系而获得了新的声望，并从教会中逐渐获得了新的神圣性。751 年，法兰西国王丕平通过由教会举行的神圣加冕仪式而接受了皇冠。从此，新型君主政体便与教会联系在一起，并被视为基督教世界的神授机构。新帝国基本上是一个神权政治的机构。它既表达了基督教世界作为最高社会统一体的新观念，又表达了统治者作为基督教臣民的神授领导人的神圣人格。

对于西方文化发展具有十分重要意义的查理大帝立法，是这种权威的神权政治观念的最好表述。它是一个统一的教会—国家的立法，并涉及基督教徒生活的各个方面。所以，查理大帝立法本身便标志着西方基督教世界出现了新的社会意识。基督教世界推行它自身的法律，这些法律涉及教会与国家的社会活动的各个领域，并将一切事物诉诸基督教精神这个唯一的标准。因此，在中世纪国家的发展过程中逐渐形成的加冕仪式中，隐藏着一种神权政治的立宪主义。神甫和国王都是同一基督教世界的成员和管理者，两者同样都是由上帝授予职权的；一个进行教诲和祭祀，另一个进行统治和裁决。在整个中世纪，这两个权威之间一直存在着紧张的局面，并常常发展为冲突。

第五章　第二个黑暗时代与北方的皈依　加洛林王朝的缔造者去世后，帝国便陷入了皇帝与主教之间的权力斗争之中。随之而来的是，西方基督教世界遭受了一场甚至比 5 世纪的蛮族入侵更具有毁灭性的蛮族入侵的新风暴。来自北部斯堪的那维亚的海盗、来自西部地中海地区的伊斯兰教掠夺者、来自东部大草原的游牧民族，包围着西方基督教世界。在这场风暴中，首先是爱尔兰和不列颠岛屿的修道院文化遭到冲击，其次是加洛林帝国对宗教和文化有深远影响的修道院运动遭受了挫折。还有海盗抢劫，由高度组织起来的雇佣军队进行的旨在征服和定居的入侵。这些蛮族入侵活动从整体上直接危及西方基督教世界的存在。它使基督教世界的早期秩序接受了一次严峻的考验，这次考验摧毁了任何虚弱、多余的东西，只留下了在动荡和暴力中得到磨炼的、最坚强、最有抵抗力的因素。

最重要的是，这个时代摧毁了曾激励过教会和传教运动的领导人的文化和发展的希望，并再次表明了西方社会从其野蛮的历史中继承下来的好战特点。但是，就这些变化缩小了基督徒与蛮族之间的距离而言，它们使得后者更易于被基督教社会所同化。在英格兰、诺曼底和爱尔兰的基督教的地域上，海盗征服者通常在他们定居的时候就成了基督徒，这样，在基督教世界和异教世界之间形成了一个过渡性地带，通过这个地带，基督教的影响逐渐渗透到征服者的故土，并为斯堪的那维亚人的皈依铺平了道路。

在 10 世纪，爱尔兰和英格兰是这一宗教和文化互相渗透过程的主要中心，而且，作为抵抗异教入侵的有组织的核心而兴起的新兴民族王国也是首先在英格兰出现的。斯堪的那维亚融合到西方基督教世界中并不像在中欧那样归功于西方帝国的力量和威望，而是由于基督教的英格兰被蛮族征服，这些蛮族把基督教连同其他劫掠物品一起带回了北方。因此，北方民族的皈依并不意味着一种异邦文化的胜利和民族独立的丧失。以这种方式，基督教的胜利与国家统一的实现重合在一起，并伴随着海盗入侵浪潮的高涨和文化交流的高潮。1031 年，封挪威国王奥拉夫为圣徒的仪式，标志着北欧与基督教传统之间的最终同化。挪威和丹麦对基督教的全盘接受，逐渐改变了斯堪的那维亚文化的精神。这样，随着盎格鲁-萨克逊文化的衰落，斯堪的那维亚世界成为北欧当地文化的伟大代表。

第六章　拜占庭传统与东欧的皈依　与北方的皈依同时并相关，东欧民族也进入了基督教民族的社会并最终形成第二个欧洲基督教世界，并在新俄罗斯公国建立了它最重要的传播中心之一。基督教世界的东部扩张可以追溯到一个较早时期，并可以从查理大帝及其继承人在中欧扩展他们的帝国和基督教世界边界线的努力中，找到它的渊源，但直到 11—12 世纪，基督教文化才最终得以植根于东欧。这是因为，虽然拜占庭帝国在这整个时期保持着它的文化和宗教的领导地位，但是帝国自身的种种因素以及东部的地理特点，都使拜占庭文化和宗教影响向东扩展到亚美尼亚和格鲁吉亚，而不是向北发展到东欧。此外，东欧不存在自然的东部边界线，欧亚大草原从多瑙河无限延伸到阿尔泰山脉，并向南沿着沙漠绿洲一直延伸到中国的万里长城和满洲大森林。这里是各民族的通行大道。这整个广阔的地区组成了一个比西方整体远为紧密的统一体。

这样，大草原各民族所面临的第一个挑战是来自西方而不是拜占庭帝国。首先是查理曼和他的儿子意大利国王丕平，796 年最后征服阿瓦尔人，推动东欧接受加洛林帝国的影响，并掀起基督教世界的扩张运动。接着，在 9 世纪兴起了一个大摩洛维亚国，这是第一个皈依基督教并在欧洲史上起了一定作用的斯拉夫王国。在随后的两个世纪中，保加利亚人对拜占庭帝国构成了最为严重的威胁，同时它也使自己成为一个使用斯拉夫语并享有基督教的拜占庭文化的民族。的确，斯拉夫文学和文化的基础是在 9—10 世纪的保加利亚奠定的，随后又传往俄国人和塞尔维亚人那里，并因此成为除希腊外的东欧正教会文化传统的主要来源。

但这种发展绝不是一种和平的或和谐的发展，因为拜占庭帝国主义的政治手段与其宗教和文化的宗旨相互矛盾，所以，基督教在东欧的扩展陷入了复杂的权力政治之网中。到了 11 世纪初，一个基督教各民族的新型社会正在东欧兴起，并逐渐与西方世界连成难以分清的整体。不过，其内在的复杂性也预示着其必然的分裂性。这样，君士坦丁堡帝国的建立，既是西方基督教世界胜利发展的顶峰，又是对基督教统一和东欧文化统一事业的一个致命的打击。

第七章　11 世纪教会改革与中世纪教皇　道森认为，加洛林帝国的覆灭与在蛮族入侵和封建无政府状态的共同影响下的国家权力的分裂，导致了教会生活的危机。不仅修道院和教会遭到了海盗和阿拉伯人以及马札尔人的破坏，而且主教和修道院院长也在与异教徒进行的战争中死去。更为严重的是，新兴封建社会的统治者对教会的剥削以及使之世俗化所造成的内在世界的分裂。在这样的危机中，基督教正如在 5—6 世纪那样，再一次显示出它对于外部环境的独立性，以及它创造精神再生的新机构的力量。一场新的运动从封建社会中兴起，以抵抗教会的封建世俗化的新危险。

这场运动在起初完全是修道式的和隐修式的。修道僧主要关心的是他自己的灵魂得救而不是任何教会改革的规划，但实际上，修道院制度一直具有一种对其社会责任及其传教功能的强烈意识。尽管 10 世纪的改革者的努力主要集中在修道院改革的目标上，但是他们介入的事务更为广泛。这些人不仅仅是自我中心的隐士，而且是正义的先知，他们保护弱者和受压迫者，无所畏惧地揭露社会上层的邪恶。修道院改革是一场自发的运动，它的力量来自它的内在精神源泉。它得到封建社会的地方势力的帮助。而从一开始，在教皇与修道院改革者之间便建立了一种联盟。此外，封建国家的松散而不成形的组织，使得改革后的教会像一座庞大的庄园那样。这样，修道院制不再是基督教世界的道德混乱的一个束手无策的旁观者，而已经成为西方社会中的一股独立力量。到 11 世纪初，修道院改革运动已经达到了成熟阶段，并开始影响到西方文化的每个方面。

尽管如此，改革者对精神与世俗权力之间关系的认识，仍然继续接受加洛林王朝时期关于介入宗教和教牧事务的国王的神圣权力与诸侯的责任的传统观念。于是，在 11 世纪早期的教牧原则和圣典秩序的复兴运动，完全依赖于王权的同情和合作。在改革工作中占主导地位的是皇帝而不是教皇。但是，皇权在宗教事务中的行使，并没有对罗马表示出任何的敌对精神。帝国与教廷之间的关系反而更为友好与密切了

但只要教廷处于罗马贵族的控制之下，它的利益就要受到地方派系之间争斗的限制，因此，它非但不能领导改革运动，其自身反而极其需要改革。在整个 10 世纪中，侵蚀教廷的敌对派系的世俗主义与腐化，对改革运动的理想是一个明显的否定。罗马国王亨利三世作为一位苦修虔敬的人，他十分严肃地担负起了他对教会的神权政治的责任，使教廷摆脱了罗马贵族及其派系的控制，并与北欧和中欧建立了密切的关系。接着，罗马教皇利奥九世给罗马教廷注入了革命性的影响，使教廷成为僧侣政治的中心和改革运动的领导。教会改革不再是隐修士和理想主义者的零散小团体所致力的目标，而是成为罗马教会的官方政策。尽管在亨利三世死后，帝国与教廷合作关系结束，导致了东西方教会的分裂，但后来格列高利七世果断地决定把教会从其对世俗权力的封建依附中解脱出来，就意味着抛弃旧式拜占庭和加洛林王朝神圣王权的观念和基督教臣民只能被动服从的观念。这样，对帝国神权政治的否定便意味着维护精神权力在基督教世界的社会生活中的至高无上性。这种革命性的变化，加强了基督教世界的统一感，强调了教皇作为国际社会核心的新地位。这标志着西方文化史上的一个新的分界线，因为它意味着，人们已经开始思考基督教社会所赖以建立的原则，并开始把这些原则当作改变现存秩序的工具。

在 11 世纪，政治国家不是存在于神圣帝国的古老传统中，而是存在于新型的君主政体中。同样，不是帝国，而是改革后的教廷，成了罗马普世主义传统和国际性秩序的真正继承者。因为教会不仅是一个比中世纪国家更为普

遍和广泛的社会，而且它还发挥了许多政治上的功能。它是一种主权，可以制定自己的法律，它拥有官僚机构和一个有效的中央控制体系。所有这些都是改革运动的直接后果，因为教廷从它对帝国的依赖之中解脱出来，主教的精神权力与其作为封建王朝成员的世俗职责分开，使得重新建设整个教牧管理和司法秩序成为必要，并使之成为一个有组织的统一体。但这种庞大的教牧管理机器的产生，并不是改革运动的最初目的。改革者自己也明白，教会的权力与财富的增长引起了某种世俗化的危险。这种来自教会内部的危险似乎比他们所反对的外部邪恶更加危险。道森针对有些人将教廷的胜利视为拉丁文明与秩序战胜日耳曼封建的野蛮力量的胜利的看法指出，正是由于先知式的精神激励着 11—12 世纪改革运动的工作，它才获得了精神源泉和道德威望，使它在其发展过程中的这个决定性阶段，能够去推动改造中世纪的文化。

第八章　封建社会：骑士制度与宫廷文化　11 世纪的改革运动不再局限于修道院生活，而是成了一个更大范围内的精神变革运动的动力。这场精神变革运动改变了西方教会的秩序和西方文化的精神。中世纪基督教世界的一个新的统一体以这种方式兴起了。它不再依赖于帝国的存在，而是具有超政治的或国际性的特点，并在改革后的教廷中有其自身独立的权力中心。在这里，政治生活的真正单位不是王国而是新兴的封建国家。封建国家的整个结构和社会风气都是军事的，其维持社会统一的唯一力量是连接骑士与其首领的基本的忠诚纽带，其情形正如在蛮族入侵的岁月里所表现的那样。因此，封建主义的兴起似乎标志着向野蛮的一个回转，因为文明社会的基本组织实际上已经消失，但它也有其自身的补救方法。事实上，封建诸侯国家一经稳固地建立，人口就开始增长，道路再一次为商人敞开，城镇和集市得到恢复，每个封建国家都成为一个广泛的社会活动中心，它们极其众多的数量和有限的特点同加洛林王朝、日耳曼帝国等比起来更有利于西方文明的进步。

从 11 世纪初叶起，西方封建社会便显示出一种超常的扩张力，它将法国的骑士制度及其组织从欧洲的这一端传到那一端。新型的封建社会是强大的，它足以保持其精神上的同一性，甚至可以在文化领域中产生一种创造性的影响。在新型封建文化中，基督教因素与野蛮人因素一直以其纯粹的形态同时并存着，而没有混杂或融合。但在从前的加洛林帝国的疆域上，尤其是作为新社会的中心的法兰西北部，一种融合的过程已经得到长足发展并产生了一些新制度、新思想和新型文学传统。在这里，封建文化的兴起标志着古老的北方武士传统的精神已转化为基督教的明确形式，因而在过去四五个世纪里，一直作为西欧文化的特点的文化二元论最后被超越了。

新兴封建文化的这种创造性活动，在新型封建史诗中得到了适当的文学表现。尽管新型文学无法超越自身承袭的英雄史诗传统的任何形式，但它却含蓄地承认了一个更高的法律和一个更为广泛的精神忠诚的存在。这样，诗歌的主题绝不是个人恩怨或家族仇恨，而是基督教反对异教徒的战争，并由此而产生封建欧洲的新型爱国主义。这种爱国主义的感情具有一种宗教性质而不是政治性质，因为它与任何现存的国家毫无关系，而与作为一个整体的更为广泛的基督教社会相联系，并因此而向武士文化的野蛮风尚注入了一种新的精神因素。为信仰而战死的骑士就不只是一位英雄，他还是一位殉道者。以这种方式，骑士脱离了其蛮族和异教背景，而被整合于基督教文化的社会结构中，结果，骑士与神甫和农民并列而被视为社会不可或缺的三个器官之一。伴随着骑士制度兴起，一个企图通过神命和平及神命休战的制度来限制私人战争和封建无法律状态等邪恶的有组织运动也出现了。接着是 1093 年发布的十字军收复耶路撒冷的正式宣言，掀起了一次宗教狂热的浪潮，封建社会第一次找到了其超越地方排他主义，而在教会的领导下把西方基督教世界统一于一个共同事业中的目标。十字军运动表现了中世纪社会中最高尚与最低贱的一切东西。这种二重性同样也是骑士制度本身的特征，它比十字军运动持续得更为长久，并给欧洲社会和文化留下了一个永久的印记。

在十字军的时代，一种新型的世俗的骑士理想也同样得到了发展，并在一种新型生活方式和新型文学即游吟诗人的抒情诗歌中得到了表现。它不仅对西方文学，而且对西方行为标准都将产生极其巨大的影响。这场新兴运动的显著特征是礼节崇拜和爱情崇拜。由于它是通过宫廷文化影响封建骑士传统的，所以，宫廷文化便是一种有利于新的世俗贵族文化发展的反十字军宣传运动。它与十字军发展的方向相反，却沿着同一路线传播，又与中世纪宗教的创造运动巧妙结合在一起，并与之交叉。结果，在西方文化的中心，两种分歧的骑士观念和两种相互冲突的行为标准之间发生了冲突和紧张对峙。这种冲突因与蛮族武士理想和基督徒骑士理想之间历史更为悠久的冲突相重合而变得更加复杂化了。骑士制因十字军理想的丧失与西方宫廷生活的财富增长和日益奢侈而日益世俗化。但骑士制较高的精神理想从未彻底消失。很有可能，从骑士制传统和礼节传统中承袭下来的二元对立因素，从一开始，便将一种为更加一体化的中世纪基督教世界的制度所不具有的适应能力和生存能力赋予骑士制理想。无论这种理想是什么，不容怀疑的是基督教骑士制的理想一直保持着它对西方思想的吸引力和对西方伦理标准的影响。

第九章　中世纪城市：自治联盟与行会　道森指出，封建社会以及与它相关的制度，特别是骑士制度的发展，只代表了中世纪西方文化复兴的一个方面。而改变了西欧的经济生活和社会生活的城市复兴也同等重要。从 12 世纪起，中世纪世界再一次成为城市的世界。这种新兴的欧洲城市对西欧的宗教发展产生了巨大的影响，尤其为社会生活的彻底基督教化提供了有利的条件。

中世纪城市，同修道院一样，在动荡而战乱的世界中是一片安全而和平的绿洲。人们在教会的保护下聚居这里，并在基督教的自由结社原则基础上建立适应新型阶层需要的具有伙伴关系和宗教关系双重特性的社团、慈善机构或行会。以这种方式，它自然而然地产生了一种新型市政机构，并形成自治联盟。中世纪城市是合作组织、经济功能和市民自由之间的结合而成为中世纪社会理想最为完善的化身。另一方面，中世纪城市基本上是一个统一体，它被严格地限制在它的城墙和塔楼所围成的圈子里，并以主教座堂（亦称主教大堂），这个可见的团体之精神和信仰目标的具体体现为中心。中世纪关于社会有机属性的观点，关于团体权利与义务的观点，以及关于各种不同的特殊社会功能在整个社会生活中相互合作的观点，不仅是中世纪城市团体制度以及新型知识团体如大学和新型宗教修会兴起的基础，而且也是中世纪后期王国代表制立宪机构发展的基础。并且，在这种发展的每个阶段，这些观点都在教会的思想和制度中得到了相应的表现。

在思想文化上，中世纪哲学吸收了亚里士多德的伦理学原则和社会学原则，并将它们纳入基督教思想的框架中，因而由理性之光启示的道德法即自然法得到了由信仰所启示的神圣法的肯定和发展。这虽然没有消除基督教在自然与神恩、理性与信仰、尘世与教会之间的根本划分，但它把重点放到了这两种秩序的一致与和谐上。具有神恩特性的神圣法为基督教文明敞开了一个更为广阔的精神视野。

第十章　中世纪城市：学校与大学　随着中世纪城市的兴起，西方社会的学术生活和中世纪教育的传统也发生了意义深远的变革，由于这些传统基本上是宗教的，因此这些变化使西方宗教及宗教与文化的关系也发生了相应的变化。在 11 世纪，教育和学术的领导权由宫廷和宫廷学校逐渐转向教会学校，并在一些主教辖区的修道院产生出了一种初级形式的大学。大约在 11 世纪末和 12 世纪初，出现了一种引人注目的文化与文学活动的复兴，这种复兴不是限制在任何一个特别的教会学校中，而是普遍地存在于法兰西的西部省份，由于它得到宫廷的支持而形成了教会的宫廷文化，它预示着西方人文主义后来的发展，并提出了文学教育和社会交流的一种新理想。这种教会人文主义代表了西方较高层次的文化的核心传统。在整个12世纪，它在盎格鲁-诺曼底和盎格鲁-安如王国中都异常繁荣。大学运动又突破古老教会学校向前发展，到12世纪中叶，学校的增加和敌对的导师之间的竞争又使巴黎成为基督教世界的知识之都。

如果说，巴黎大学在中世纪实质上是一个教会机构，那么，意大利的波隆那大学却在很大程度上是一所世俗大学，它一开始便成为伟大的法律研究的国际中心。虽然二者在精神和制度上存在着对立，但它们都对西方教育的改变和随后主宰西方文化的职业知识分子阶层的形成，有着同样的贡献。正是随着大学的兴起，西方文化才获得了它后来的成就所依赖的那种新的理智的和科学的训练。此外，通过宫廷学校对亚里士多德知识的传播和吸收为新型知识机构如大学团体和基督教会实现一次新的知识综合提供了材料。这种综合的重要性，不在于它逻辑上的完美性，而在于西方基督教世界的思想重新征服失去了的希腊科学的世界，并且与穆斯林思想的陌生世界建立了联系，却又未失去自己精神上的连续性或自己独特的宗教价值。

可见，13世纪的知识综合，是整个中世纪以来基督教会的宗教教义与古代文化的知识传统之间实现结合的完成，标志着中世纪文化发展的最高峰。但这些理智成就并没有像我们可能期待的那样成为一个统一的宗教文化的基础，相反，它开创了一个理智批判和文化变革的时代，这个时代对西方文化的历史有着极其重要的意义，但它又被证明似乎对于在它前几个世纪实现了的宗教与文化的结合是致命的打击。

第十一章　中世纪文化的宗教危机：13世纪　在前面谈论的整个时期里，西方文化的精神生活都由11世纪下半叶达到成熟阶段的宗教改革运动所主宰。教会从帝国及封建控制之下解脱出来和对精神力量至上性的肯定，都释放出了新的精神力量，并创造了中世纪基督教世界的新型国际社会。但当13世纪末教会改革派与日益走向世俗化和腐败化的教会统治者的联盟被打破时，中世纪文化的精神统一和创造力便逐渐消失了。

改革运动把基督教社会中最活跃的因素都统一在围绕着统一体共同核心的一个共同纲领中。这种修道院观念社会化的趋势，既是改革运动的起因也是它的结果。可是，教会的胜利也带来了新的问题和新的努力。就教廷的精神权力体现于一个国际管理的具体体系中来说，它被迫借助于世俗的方式，尤其是一整套税收和财政体系，这必然导致教会和国家的世俗化和腐化，以及精神权威与世俗力量的混乱。改革者面对这种混乱，逐渐产生一种日益迫近的危机感和急需道德改革及精神变革的紧迫感。他们宣称并相信，一个新时代即圣灵和永恒福音的时代即将到来，在这个时代里，教会将在精神圣灵设想的新秩序的领导下，在精神的自由中得到更新。

这样，改革者对现存国家和教会之世俗化和腐化的强硬谴责，以及对未经改革的教会的神职和圣事的否认，导致了改革运动与异端活动和宗派活动在西方的重现，甚至相重合。宗教改革家的革命理想主义也代表着一股对教会传统秩序严重挑战的真实力量。教会统治者理解这种挑战的深刻性，并几乎是从一开始便承认宗派运动涉及异端与传教这两种不同的因素，要求采用镇压与利用两种不同的对策。镇压清洁派和阿尔比派等异端，显示了 13 世纪教皇负有管理整个基督教社会的直接责任的趋势，它最终又是造就了神圣帝国本身的基督教社会那同一种统一神权政治观念的逻辑结论。而对性质和目标各不相同的方济各和多明我两个托钵修会的利用，则显示了教皇希望缔造一个为教会服务的团体工具。这两个修会同时参与了始于 1219 年的新兴传教运动，逐渐形成了在教廷直接控制下的训练有素的精英团体。这种免除了地方领地的责任和私人利益的国际团体，一直是改革后的教廷的极大需要。而托钵修会的产生及大学的兴起，标志着朝着作为中世纪基督教世界理想的国际的和超政治的统一体前进的顶点。

这样，早期托钵修会先知式和福音式的职责渐渐依附于教权政治的需要，而且，这也在改革运动中产生了一个中世纪基督教世界未能弥补的裂缝。教廷成功地处理了同霍亨斯陶芬王朝的冲突，但其代价是道德声望的巨大损失。在随后的一个世纪中，它从未重新取得英诺森三世所拥有的全欧的地位，尤其是它失去了改革运动的领导权。

改革运动的危机和中世纪文化统一能力的衰退，在但丁时代发生的两个外部重大事件即十字军国家的灭亡和庞大的十字军骑士团的毁灭中得到了外在的表现。这也表明中世纪文化正在经历一个革命性变革的过程。事实上，从各方面来看 13 世纪下半叶似乎代表了中世纪文化发展的最高峰，也代表了一个转折点和一个危机时刻。因为过去的三个世纪，西欧的发展一直向心地趋向基督教世界的统一以及理智与精神综合的创造。从 13 世纪下半叶起，这一运动被掉转了方向，一个离心的过程开始了，直到在 16 世纪的宗教分裂和社会变化中达到最高峰为止。

与此同时，一系列变化也正在东亚发生，它们导致了世界文化的轴心的总体转移。4000 年来一直是世界文明的中心的地中海和伊朗高原之间的地区失去了它的文化领导地位，并逐渐停滞不前或衰退。欧洲第一次被迫去探索从未有人走过的道路，探索新的目标。同时，它也逐渐意识到了自己的力量，对所接受的传统采取了批判的态度，并且随时准备去做新的探险。

第十二章　结论：中世纪宗教与大众文化　道森最后指出，中世纪后期在西方历史上开辟了一个新篇章。西方人迈出不稳定、犹豫不决的脚步，走向发现一个新世界的伟大探险的时代：不只是发现新的海洋和大陆，同时也是对自然和人类本身的发现。但是西方人在这样做的时候，并未有意识地抛弃一直作为中世纪文化推动力的精神理想和宗教信仰。当他开始踏上新征途时，他的头脑仍然为中世纪的理想所主宰，而且他是在寻求实现这些理想的新渠道。西方文化利用探险和发现而进行的外在扩张是为了服务于他们的宗教理想。近代科学的渊源，出现在罗吉·培根和奥卡姆的威廉——他们视宗教信仰为真知的最终来源——的门徒们当中，但宗教的创造性活动在群众的头脑中及在平民百姓的传统中最为强大。

道森从第一部伟大的世俗英文诗歌——威廉·朗兰的《农夫皮尔斯》中，得到了关于这种大众宗教文化的一个珍贵而且几乎是独一无二的记载，以此说明朗兰的作品已把中世纪宗教传统中所有具有生命力的因素都融合在了一起，并通过托钵修会向俗人讲道而传送到了大众文化中去。道森认为，在朗兰诗歌里面产生了宗教与文化的充满生机的统一，这种统一是更有学识、更有教养的阶层所未能实现的。

但是，在朗兰的想象中，我们可以看到这种二元论是如何可能得到超越和克服的。他的人生和他的价值标准比起中世纪早期传统最禁欲的代表来，同样是属于彼岸世界的。但在朗兰看来，彼岸世界常常直接存在于每一种人际关系之中，并且每一个日常生活是有机地与教会的生活联系在一起的。所以，在基督教社会中，每种生活状态都是一种完全意义上的基督徒的生活，是基督的生命在地上的延伸。并且，神恩的超自然秩序，就存在并植根于自然秩序和人的共同生活中。

道森认为，朗兰的诗歌，是宗教与文化统一的中世纪理想最后的，而且在某些方面又是最坚定的表现。他深刻地意识到，宗教不是一种特定的生活方式，而是一切生活的方式，并且作为“上帝在天上的臣民的领路人”的神圣之爱，也是地上生活的律法。在《农夫皮尔斯》的人物形象中，朗兰找到了解决正在分裂中世纪文化的思想和破坏基督教世界统一的问题的答案。朗兰的诗歌本身就证明：一种新型的基督教文化已经诞生，它不是由外部强加的异国的理想，而是西方人的共同遗产。这笔遗产一直是西方人自己的血肉的组成部分，是他们所用的语言。

最后，道森总结性地指出，一种活生生的宗教与一种活生生的文化之间的这些充满生机的融合的时刻，乃是历史中最具创造性的事件。要描述它们的重要性，不应在它们已创造的或者试图创造的外在秩序中去寻找，而应当在它们于西方人的灵魂中所造成的内在变化中去寻找。

【意义与影响】

《宗教与西方文化的兴起》是一本研究宗教与西方文化关系的经典著作。该书详尽地追溯了西方社会自罗马帝国的衰亡到文艺复兴这段历史，论述了其间各种基督教运动和基督教思想发生发展的历史过程，及其对西方社会的政治经济制度的变迁、城市国家的兴起、文化教育的发展等的创造性影响，从而阐明了宗教是理解文化的关键。

第一，通过细致而全面的历史研究，道森充分说明了基督教对西方社会文化方方面面的影响，两者在碰撞中不断前行。道森的理论是特定类型的基督宗教对西方文化产生了影响，而且是对无与伦比的独特的西方文化产生了影响。指出文化使人们的接受能力更富有弹性与活力，并且鼓励发展和提高自由和自治的理想这种具有西方特色的新的社会形式的结果。

道森为我们展示了一幅生机勃勃的西方文化的图画，指出宗教的使命就是把福音带到天涯海角。它就是要发现那些在地球角落的信徒，这也正是基督徒传教的努力目标。西方文化因其活力以及不断地变化而为世人熟知，道森称其为“一系列的复兴”。然而西方文化只是成功避免出现无政府状态以及因为对自由的定义产生不同的两极观念，还有对教化和操纵物质世界产生超然的观点。宇宙间有着人类的灵魂的善恶势力之间的斗争。道森还着重提出了文明与自由的关系，指出物质文明进步仍需保留自由的精神，而不是使自由为其服务。

第二，该书的研究视角并不仅仅局限于基督教与西方文化，道森在该书中展现了大家风范，将基督教与佛教、伊斯兰教，西方文化与中国儒家历史、印度种姓制度相对比，更深层次地揭露了基督教与西方文化之间微妙的关系。说明了具有宗教观点的生活和一套完整的教义会怎样改变一个社会的生活方式。重要的是必须注意到一个宗教以及相应的社会形态可以跨越种族和地域界限而广为传播。

同时，道森提出了基督教特有的“传教精神”。正是传教精神将西方文化同世界其他文明区别开来，它的传递是从一个人到另一个人的连续不断的精神运动。即使在最黑暗的中世纪时期，这一富有生命力的原则仍然存在。进而，道森提出了十字军东征原因的另一种解释：正是基督教希望广泛被传播，将福音带到世界的每一个角落。

第三，道森的研究使人们再次从深层次思考宗教与文化之间的复杂而微妙的关系。宗教不但是社会历史现象，也是社会文化现象的折射。宗教的发展与文化的发展总是相互影响，相互包容和相互渗透的。在不同的社会历史条件下，宗教与文化的关系及其相互间的作用会以不同的形式表现出来：在大多数宗教神权制社会中，宗教与文化是合二为一的，不过中世纪的宗教对文化的发展进行了禁锢，阻碍了文化的独立与传播。近代以来，宗教与文化日渐分离，文化逐渐发展成了一个独立的领域。不过文化始终是宗教产生的源泉，而宗教的本质也依赖于文化的本质。

第四，道森提出的关于文化发展必须有精神理想以及西方文化的发展由内部的二元对立所推动的观点虽然值得我们研究和学习，但是他的文化观和历史观与历史唯物主义的观点完全不同，历史唯物主义坚持生产力和经济基础在历史和文化发展中起决定作用，同时不否认宗教等意识形态对历史和文化发展所起的重要作用。在如何对待宗教问题上，应该坚持以科学的观点和方法来对待宗教，努力认识和掌握宗教的自身规律。必须正确认识社会主义条件下宗教存在的长期性，既不能用行政的力量去消灭宗教，也不能用行政的力量去发展宗教，而要积极引导宗教与社会主义社会相适应，以促进社会主义国家经济和文化的发展。

【原著摘录】

第一章　导言：西方发展的意义 P1－17

P6　为什么在世界上众多的文明中，唯独欧洲不断受到一种与主宰着东方文化的社会传统的不变法则相对立的精神动荡能量的动摇和改变呢？这是因为其宗教理想并不是一种超越时间的、没有变化的完美的崇拜，而是一种奋力使自己融于人性并且改变世界的精神。

P15　新型西欧文化的兴起受着两种文化、两种社会环境以及两种精神世界——具有英雄崇拜和好战特点的蛮族王国的战争社会，与具有禁欲主义和克己理想以及高层次的神学文化的基督教会的和平社会——之间的这种尖锐的二元对立的支配。

第二章　西方文化的宗教渊源：教会与蛮族 P18－39

P24－25　在西方，正是在蛮族入侵所造成的物质损失最严重的地区出现了新的发展。教会的精神源泉并未受到帝国覆亡的严重损害。事实上，在某些方面它们还得到了加强，因为现在教会用它自己的精神传统统一了罗马文化的社会传统，并因而在一个既需要社会领袖又需要宗教领袖的社会中起着双重作用。

P26－28　在黑暗时期，圣徒们不仅仅是道德完美的楷模，其信徒也受教会的福佑。……这样，在中世纪最初的几个世纪里就兴起了一种新的基督教神话——圣徒的传说故事。……对于现代人来说，要进入这种普遍存在的基督徒的想象世界……是极为困难的……然而只有在这种基督教的神话世界里……才能实现基督教信仰和伦理向西方新兴民族的蛮族传统极为重要的渗透。

P38　这样，在西方，在罗马帝国覆灭后，教会在宗教典仪中保存了作为一种崇拜秩序、一种思维结构和一种生活原则的基督教文化的丰富传统。……这种宗教仪式传统的保存与发展，是教会在随着蛮族入侵而来的黑暗时代中的重要职责之一，因为只有通过这种途径，作为新秩序种子的基督教世界的内在生命之活力与连续性，才能得以保存。

第三章　西方的修道僧与西方传统的形成 P39－67

P41　修道院制度是作为对整个希腊世界和罗马世界的古典文化传统的一种抗议而起源于非洲沙漠的。它主张绝对放弃古代世界所赞许的一切东西——不只是快乐和财富以及荣誉，还有家庭生活和公民权以及社会。

P55　基督教文化的社会基础的这种变化，以许多不同的方式表现出来，其中一些注定要在整个西方教会的生活与原则中留下永久的痕迹。其中最令人注目的变化，或许要数道德规范体系中的变化了，这种变化以实行私下告解和忏悔的方式取代了古代社会依照教规进行的公开悔罪，后者一直是拉丁教会的特点。

P67　无论修道院制度对外部灾难和动荡的抵抗力多么强，然而，它最终还是依赖于基督教世界及其世俗组织的存在。

第四章　蛮族与基督教王国 P68－87

P72　与那些凭借发达的罗马基础兴起的新兴蛮族王国比较起来，北方古老的蛮族王权更是一种社会的和宗教的制度而不是一种政治制度。国王基本上不是一位统治者和法律制定人，而是他的人民的首领和象征性代表。

P76－77　由于从异教文化向基督教文化的过渡，在西方所有的蛮族王国里也发生了某种类似的忠诚和社会秩序的削弱。在这方面西班牙的西哥特王国为我们提供了有力的例证。……尽管教会与君主政体的联盟产生了一种具有西班牙宗教与政治的融合，以及一种令人注目的教会与内政立法的法典，它仍然未能克服被证明对基督教的西班牙的存在是致命威胁的混乱无序和社会分裂。

P86　在中世纪国家的发展过程中逐渐形成的加冕仪式中，隐藏着一种神权政治的立宪主义。神甫和国王两者都是同一基督教世界的成员和管理者，两者同样都是由上帝授予职权的；一个进行教诲和祭祀，另一个进行统治和裁决。在整个中世纪，这两个权威之间一直存在着紧张的局面，而且常常发展为冲突。但是，他们二者都被视为同一社会的公务员，没有人怀疑他们都具有某种神圣的人格，尽管在他们之间的相互关系上，以及在他们各自的功能和特权的限度上，存在着有巨大差异的不同观点。

第五章　第二个黑暗时代与北方的皈依 P88－108

P88　加洛林帝国是一次借助于微薄的物质力量而无任何技术装备去实现一项宏伟的社会和文化重建计划的尝试。引人注目的不是它在物质上和政治上的失败，而是统一的理想以及激励它的基督教文化传统，能够在 19 世纪的不利环境中顽强生存得如此长久。

P101　北方民族的皈依并不意味着一种异邦文化的胜利和民族独立的丧失……异教北方加入西方基督教世界的社会，正值其社会生命力最强盛、其文化最具创造力之时。……以这种方式，基督教的胜利与国家统一的实现重合在一起，并伴随着海盗入侵浪潮的高涨和文化交流的高潮。横跨数个海域的基督教海盗国家的混合文化对斯堪的那维亚乡土文化产生反作用力，并导致宗教和政治中的地方排他主义的崩溃。

第六章　拜占庭传统与东欧的皈依 P109－132

P109　东欧民族进入了基督教民族的社会，并形成了从波罗的海地区延伸到黑海，从易北河延伸到顿河（the Don）和伏尔加河上游的第二个欧洲基督教世界，就这一扩张是沿着海盗通向东方的商业路线展开，并在新俄罗斯公国建立了它最重要的传播中心之一（这些中心由斯堪的那维亚冒险家组织和控制）这一点而言，第二个基督教社会的形成在本质上与斯堪的那维亚的皈依有联系。

P116　在随后的两个世纪中，保加利亚人对拜占庭帝国构成了最为严重的威胁，但是它在东部巴尔干地区的文明地域的定居使它自己的政权与文化产生了明显的变化。保加利亚人……成为一个使用斯拉夫语并享有基督教的拜占庭文化的民族。的确，斯拉夫文学和文化的基础是在9—10世纪的保加利亚奠定的，随后又传往俄国人和塞尔维亚人（Serbs）那里，并因此成为除希腊以外的东欧正教会文化传统的主要来源。

P120　因为民族独立的破坏，以及正教会接受拜占庭的主宰，在被征服的民族中间产生了精神上的反抗，这就导致了这些民族不仅反对占统治地位的外来文明，而且抛弃了基督教的人生观而转向东方二元论的根本弃世观念。

第七章　11世纪教会改革与中世纪教皇 P133－156

P134－135　正如在5世纪和6世纪那样，基督教再一次显示出它对于外部环境的独立性，以及它创造精神再生的新机构的力量。一场新的运动从封建社会中兴起，以抵抗教会的封建世俗化的新危险。

P136　奥古斯丁的神学和历史哲学，及其对人类所承受的原罪的重压的强烈意识和关于改变人类本性和改变历史进程的超自然力量不断更新的源泉之神圣荣耀的观念——所有这一切，都已经成为西方教会，尤其是西方修道院制度的精神财富，因而基督教世界也只能返回到这种传统中以求恢复它的活力。

P151　在西方历史上，帝国第一次企图征询各个方面的公众的意见，于是，各种论文和小册子的争论展开了，在这次争论中，关于教会与国家的关系以及对不公正权利的抵抗权等等最根本的问题，得到了详尽的讨论。这标志着西方文化史上的一个新的分界线，因为它意味着，人们已经开始思考基督教社会所赖以建立的原则，并开始把这些原则当作改变现存秩序的工具。

第八章　封建社会：骑士制度与宫廷文化 P157－182

P162　新兴封建文化的两种构成因素均以其纯粹的形态同时并存着，而没有混杂或融合。但是，在从前的加洛林帝国的疆域上，尤其是作为新社会的中心的法兰西北部，一种融合的过程已经得到长足发展并产生了一些新制度、新思想和新型文学传统。在这里，封建文化的兴起标志着古老的北方武士传统的精神已转化为基督教的明确形式，因而在过去四五个世纪的时间里，一直作为西欧文化的特点的文化二元论最后被超越了。

P164　因此，为信仰而战死的骑士就不只是一位英雄，他还是一位殉道者。

P182 很有可能，从骑士制传统和礼节传统中承袭下来的二元对立因素，从一开始，便将一种为更加一体化的中世纪基督教世界的制度所不具有的适应能力和生存能力赋予骑士制理想。然而，无论这种理想是什么，这一点却是确凿无疑的，即基督教骑士制的理想一直保持着它对西方思想的吸引力和对西方伦理标准的影响，尽管有着像阿斯堪那样的道德主义者的抨击，寻文艺复兴时期的伟大思想家——塞万提斯和莎士比亚，也对之进行过悲剧性的讽刺。

第九章 中世纪城市：自治联盟与行会 P183－206

P185 同修道院一样，城市在一个动荡不安和充满战争的世界中，是一片安全而和平的绿洲。它是一个庇护所，厌战的人们可以在教会的保护下聚集在这里，加洛林王朝时代的早期城市是因教会而得以出现的。

P187 尽管自治联盟由于其公众肯定了对主教权力的独立性，从而具有明确的革命性方面，但是，就自治联盟一词的一般意义而言，它远远不能说是反教权的。相反，在意大利和法兰西北部及德意志，它与教会改革运动密切相连，并且各个城镇常常是在具有希尔德布兰德理想的得人心的牧师领导下起来武装反叛他们的主教们的。

P202 较小的团体组织——城市、行会、大学与社会等级——不仅仅是国家的工具或机构，而且还与它们也属于其中一部分的更为广泛的精神社会有着更为深远的关系并对之负有更多的责任。由于行会既要忠实于城市也要忠实于国王，因而它也既要忠实于其城市所属的王国或公国，也要忠实于作为整体的基督教世界。

第十章 中世纪城市：学校与大学 P207－228

P217 只是随着大学的兴起，西方文化才获得了它后来的成就所依赖的那种新的理智的与科学的训练。

P223 如果我们观察一下作为一个整体的西方基督教世界的发展，那么十分清楚，13 世纪的知识综合，并不与整个世纪以来试图在基督教会的宗教教义与古代文化的知识传统之间实现一次结合的不断努力相矛盾，而是这种努力的顶点与完成。

P227 事实上，大学的创建和新兴宗教修会的形成，同样构成了中世纪教廷为基督教文明的智慧组织所作的意义深远的设计，并成为历史上规模恢宏的文化规划的最杰出例证之一，这已是毫无疑问的了。

P228 14世纪是一个分裂和战争的时代，是教会大分裂的时代，它没有发生十字军运动，却经历了土耳其人入侵欧洲和英格兰击败法国的事件。与此同时，已得到大学运动发展极大加强的西方社会的智力资源也不再有助于基督教思想的统一，而在否定和批判的意义上被用来毁弃上个世纪的工作，破坏前一时代的伟大思想家的综合体系赖以建立的智力基础。

第十一章 中世纪文化的宗教危机：13世纪 P229－251

P232 教会的胜利带来了新的问题和新的努力。就教廷的精神权力体现于一个国际管理的具体体系中来说，它被迫借助于世俗的方式，尤其是一整套税收和财政体系。并且既然它还没有一个教会税收体系，因而中世纪教廷不得不像中世纪国家那样，运用它的司法权力作为一项税收来源——这个体系必然带来弊端，并使诉讼当事人和地方教会受到教廷和教皇特使的盘剥。

P234－235 这种日益迫近的危机感和急需道德改革和精神变革紧迫感，贯穿于12世纪所有的宗教思想中。那个世纪对我们来说似乎是中世纪天主教的黄金时代，即圣安瑟伦和圣伯尔纳时代，十字军和大教堂的时代，新型宗教修会和新式学校的时代，但对同时代的人来说却是面临着即将到来的大劫的威胁的黑暗时代。

第十二章 结论：中世纪宗教与大众文化 P252－261

P256 基督教社会中，每种生活状态都是一种完全意义上的基督徒的生活，是基督的生命在地上的延伸。并且，神恩的超自然秩序，就存在并植根于自然秩序和人的共同生活中。

P257－258 朗兰的诗歌，是宗教与文化统一的中世纪理想最后的，而且在某些方面又是最坚定的表现。他比诗人们更清楚、比哲学家们更深刻地意识到，宗教不是一种特定的生活方式，而是一切生活的方式，并且作为“上帝在天上的臣民的领路人”的神圣之爱，也是地上生活的律法。

P261 一种活生生的宗教与一种活生生的文化之间的这些充满生机的融合的时刻，乃是历史中具有创造性的事件，与之相比，政治和经济秩序中的一切外在成就都是短暂无常的和微不足道的。

【参考文献】

[1] 克里斯托弗·道森. 宗教与西方文化的兴起［M］. 长川某，译. 成都：四川人民出版社，1989.

[2] 孙亦平. 西方宗教学名著提要［M］. 南昌：江西人民出版社，2002.

四、《法律与资本主义的兴起》

[美] 泰　格，利　维　著

纪　琨　译

学林出版社，1996 年

【作者简介】

麦克尔·爱德华·泰格（1941—　），1941 年 1 月 18 日出生于美国加利福尼亚州的格兰代尔。1959—1962 年，担任加州太平洋基金会无线通信台的少儿节目广播员和主管；1962—1963 年先后担任《欧洲通讯》记者、洛杉矶市公共事务主管助理；1965 年加入北加州美国民权同盟，并成为福特基金会国际法学者；1966—1969 年，在华盛顿威廉·康纳利律师事务所从事律师工作；1969—1971 年，在加州大学洛杉矶分校担任法学助理教授；1971—1974 年，在旧金山肯尼迪·莱恩律师事务所担任辩护律师；1976—1977 年，担任华盛顿威廉·康纳利·克里凡诺法律咨询公司董事。1971 年，泰格作为访问学者在民主制度研究中心从事法学研究；1975—1976 年，在乔治敦大学担任法学副教授；1976—1977 年，在布法罗的纽约大学担任犯罪程序讲师。泰格是美国法制史研究领域的著名学者，考察过美国几乎所有法庭和最高法院的诉讼，先后撰写有《法律与资本主义的兴起》（与利维合著，1977 年）、《说服：起诉人的艺术》（1999 年）、《捍卫正义》（2002 年）、《证据审查》（2003 年）、《对恐怖主义的思考：在国家紧急状态下公民自由的威胁》（2007 年）。

【写作背景】

泰格多年前曾写过一篇书评，讨论了当时美国国家权力结构所遇到的种种革命性挑战，并首次提出“造反法理学”这个名词。这篇书评成为一篇对当时社会变革运动进行分析的较长论文的基础，该文以《造反法理学》为题，呈交加利福尼亚大学圣巴巴拉分校民主制度研究中心。随后他又创作了一篇题为《社会主义的法律和法制》的文章，讨论了苏联、中国和古巴的革命派对法律思想运用的差异。为了检验先前提出的关于法理学和造反的理论，并为当时美国社会生活中的种种法律规范提供历史的解释，他决定写一部反映资产阶级崛起夺权过程中的具体社会斗争的法律史专著。

作者在较早的著作中曾把重要性归于公开革命对尚存法律思想挑战的阶段。后来在探索长达几个世纪的资产阶级斗争时，对于实质上是改良主义的种种倡议所起的作用，才开始有较深理解，从而认识到其作用在于暂时改善一个持不同意见集团的处境，认识到哪些是带有根本性的冲突，并将它们与较不重要的冲突区别开来。最后着重强调国家权力的某个当权者与将要推翻它的集团之间的斗争。然而，作者并非力图证明，法律变革，或者说法律思想的变化，导致了封建主义向资本主义的过渡。任何一种社会体制，都要保存和维护自身而抵御敌人，并通过暴力或强权来调整其内部事务。它的正式法规基于这样一种前提：不服从国家发布的命令的人，不是受到武力强制服从，就是要因不服从而受到惩罚。任何集团要对社会进行激烈的变革总是首先要试探一下现存权力机构，看看它们会在多大程度上屈服，然后直接对国家权力机构发动攻击，建立自己的公共权力机关，制定出旨在确保本身利益的新法律和命令。

该书最早出版于1977年，先后被译为西班牙语、葡萄牙语、希腊语和汉语在全球发行。作者泰格和他的助手利维运用从17世纪分散的城市起义到英国和法国资产阶级革命的宪章、法令、文书等原始材料对法律和律师在欧洲资产阶级攫取权力过程中所起的作用作了深刻的探讨和阐释，以资产阶级700余年的斗争史为背景构建了一种以西方经验为基础的关于法律和法学的马克思主义式的理论。

【中心思想】

该书主要论证了法律与资产阶级兴起的内在历史联系，阐释了在阶级冲突与阶级斗争的历史进程中，资产阶级法律形成和发展的过程。首先，作者对资产阶级的兴起与资产阶级法律思想、体系的发展过程进行了分析。资产阶级法律体制的建立是一个秉承传统、开拓创新的扬弃过程。而在这一过程中，以商人为主的参与者的意识形态左右了其发展趋势，从而形成了具有不同特征的资产阶级法律体系。其次，作者通过对 1000—1200 年间贸易的增长、商法的推广、农业生产的系统化，以及城市居民起义等重大历史变化的阐释，探讨了法律意识在市民阶层斗争中发挥的团结、号召的凝聚作用。再次，作者详细考察了 1200—1400 年间市民阶层、世俗王权与城市的发展时期，认为 13、14 世纪在对抗封建统治权威的斗争中，商业利益集团、王室和法律专业人员之间建立了某种合作式的联盟，法律成为他们获得利益的强有力工具。然后，作者讨论了英法两国资产阶级所取得的胜利原因和意义。他们认为，从英国和法国革命，以及早先遍及欧洲各地的市民起义，产生了今日资本主义的法律体制。最后，在回顾法律与资产阶级兴起、发展过程的研究基础上，作者提出应对有关法律的论断加以系统的理论表述，借以质疑 20 世纪 70 年代末立法依据的某些解释，并就当时西方国家争取社会变革运动对于法律应持何种态度的问题做出反思。

【分章导读】

全书共分 6 个部分，共计约 24.8 万字。在第一部分作者归纳了资产阶级崛起和资产阶级法律的发展脉络；第二部分到第五部分主要论述了从 11 世纪城市居民的起义开始，直至英法两国的革命为止的封建法律意识形态和资产阶级法律意识形态之间的斗争；第六部分主要是对所提理论的解释和论证。作者认为，只有通过“造反法理学”才能够解释和分析社会斗争在法律规范中的反映。

第一部分　法律与资本家崛起　在该部分，通过对资产阶级的兴起和发展的研究，作者梳理、总结了资产阶级法律思想、体系的发展过程。

首先，作者对以商人为代表的资产阶级与法律之间的关系进行了深刻剖析。在封建社会等级森严的法律制度的管控下，新兴的商人最初并没有与封建势力进行直接的暴力对抗，而是或主动，或被迫地适应封建统治阶级管控，通过各种方法，例如投机、贩运等手段逃避封建统治者的打击和迫害。但是，随着新兴商业资产阶级力量的不断壮大，他们的利益必定要与封建统治者的利益产生激烈的矛盾，这一矛盾的日趋尖锐最终促使他们突破封建势力的束缚，开始逐渐地发展为一种暴力式的革命斗争，对封建统治构成极大的威胁。随着新兴资产阶级力量逐渐壮大和封建势力日趋衰亡，商人们从封建统治者手中赢得了越来越多的法律保障。

其次，作者分析了新兴的商业资产阶级想通过“自然法则”和“自然理性”论证商业活动自由的必然性。“资产阶级制订法律的过程包括在契约、所有权和诉讼程序等方面拟订和实施各种专门法规，这些法规，乃是在下列法律意识形态的背景下形成的：它把商人活动的自由认同于自然法和自然理性。”① 因此，他们在尊重古罗马为主的传统法律形式和原则的基础上对所从事的商业活动赋予了崭新的内容，这种尊重传统又善于创新的斗争方式保证了资产阶级法律体制的稳定发展。

再次，作者详细分析了一系列的法制思想、体系和原则。在西方世界留有深远影响的古罗马关于国内外商业贸易的法律思想（即罗马法），由教会和封建王室推广的以规定臣属与领主间的封建人身依附关系为主要内容的封建法律思想（即封建法），规定西罗马天主教会可决定、控制世俗贸易程度的传统（即公教法），民族国家建立过程中，世俗王权为对抗教权而推行的法律体系（即王室法）和源于罗马法并由商人根据商业活动需要而自行制定的贸易法则（即商人法）。

最后，作者认为参与者利益的多元化倾向决定了资产阶级革命不仅无法摆脱所有旧的典章制度，而且需要保留由过去演化而来的规章制度。资产阶级法律体制的建立是一个秉承传统、开拓创新的扬弃过程，而在这一过程中，以商人为主的参与者的意识形态左右了其发展趋势，从而形成了具有不同特征的资产阶级法律体系。

第二部分　商人在封建秩序中寻求地位（1000—1200）　在该部分，作者选取了四个论题——“贸易的增长”“商法的推广”“农业生产的系统化”和“城市居民起义”，对 1000—1200 年间法律意识在市民阶层斗争中起团结作用的力量进行了分析。在这 200 年间，十字军东征、布尔乔亚市民革命等重大事件相继发生，直接促使世界贸易格局发生了重大转变。随之而来，城市居民阶层的意识形态也出现了新的变化。产生变化的主要原因有：首先，十字军东征使意大利的商人城邦得以取代阿拉伯和拜占庭成为东西方商业往来的中心和物资的集散地，从而带动了东西方贸易的迅速增长；其次，拜占

① 泰格，利维. 法律与资本主义的兴起［M］. 纪琨，译. 上海：学林出版社，1996：5.

庭和阿拉伯帝国保存下来的古罗马法律和商业惯例随着贸易的增长而重新出现，逐渐为各地的集市和市场沿用；再次，农业技术革新极大地提高了生产率，增加了剩余产品产量，进一步加快农业与手工业的分离，并为与东方的商业交换和法学人才的培养提供了经济基础；最后，随着贸易规模的扩大以及数量的增长，在手工业与农业分离趋势增强的情形下，城市工匠和商人逐渐形成并通过武装斗争获得了一种不受封建依附关系约束的身份认同。

随着海陆运输的大规模发展，城市经济中心等逐渐发展了起来。此时，在罗马天主教会内部一些势力比较大的集团开始对商业抱赞成态度。这为新兴市民阶层建立和传播他们的社会意识形态提供了可能。教会对市民阶层的影响主要体现于四个方面："（一）它将行商算作朝圣者一类而予以保护；（二）它动用大量资源来研究包括商业法在内的罗马法；（三）它掀起贸易是否合于道德的争论，其种种结果归根到底大有利于市民阶层；（四）它发展了法庭和诉讼程序体制。"① 随着市民阶层本身在封建体制内的发展，他们逐渐突破了旧体制的桎梏，促使法律随着商业的发展而逐渐健全并凸显其历史性作用。

第三部分　市民阶层律师、王权和城市发展（1200—1400）　在该部分作者详细考察了 1200—1400 年间市民阶层律师、王权与城市发展三个方面。在这 200 年间，社会发展的主要特征表现为：首先，随着十字军东征的完全结束，拜占庭帝国的权力彻底覆没，继而西欧掌握了对地中海的控制权，其经济地位日趋上升；其次，在东西方贸易中，原料取代奢侈品成为交易的主要产品；再次，在大规模远程贸易的影响下，地方化的城镇法规、市民合法身份成为封建秩序下的革命因素，而城市的发展则进一步瓦解着封建社会的经济基础——土地私有制；最后，世俗政权为保护贸易而逐步攫取、扩大自己的立法权力，政教分离和中央集权的趋势开始冲击封建秩序的政治和法理基础。

在对这 200 年间影响市民阶层生活的法律理论框架进行深入分析后，作者得出结论：在对抗封建统治权威的斗争中，商业利益集团、王室和法律专业人员之间建立了某种合作式的联盟，在受他们役使的专业律师和文官的建构下，法律逐渐成为他们进行政治经济统治的工具。接下来，作者对法国南部贸易中心格拉斯市进行考察，评价了市民阶层的重要性及其与新式王室集

---

① 泰格，利维. 法律与资本主义的兴起［M］. 上海：学林出版社，1996：100.

权的关系。作者指出，由于市民阶层制度软弱无力、封建内战和封建统治集团的摧残，格拉斯市商业化最终衰败了。面对横扫普罗旺斯地区的暴力，作者认为，既可算对市民阶层经济成就的赞颂，也可视为对其政治弱点的谴责。那些逞暴者，都是社会职能业已消失或减弱的人，他们之所以会如此，则是由于新契约关系网络不断增长，以及保证公共秩序和军事防御的主权力量扩张。城市居民从统治者争取到的各种让步，使他们能在封建体制以内建立自己的制度。但是，那些让步即使是双方出于至诚达成的，也都只是不全面的权宜之计，它没有随之以夺取国家权力，使新阶层可以在整个领土上指导经济活动，发展出足够力量来消灭新秩序的内外敌人。

最后，作者对 14 世纪晚期的大瘟疫和经济危机所造成的重大影响进行了分析，他们认为，瘟疫造成的农业劳动力供应紧缺、农业生产的凋敝以及随之而起的农民反抗斗争为英国由商业资本主义向工业资本主义的过渡奠定了基础。“那许多骚乱却产生了两种经济后果，为英国早熟地从商业资本主义过渡到工业资本主义奠定基础。第一种后果是在乡间造成工资劳动力的大量蓄积……第二种重要成分是享登录保有权的佃户。”[①] 这主要是因为，农业的衰落不仅加快了人口的城市化进程，而且为资本主义生产提供大量的廉价劳动力；与此同时，随着农奴制逐渐削弱，封建人身依附关系逐渐减弱，农民作为资产阶级革命的一支重要依靠力量出现在了历史的舞台上。

第四部分　资产阶级上升时期（1400—1600）　在该部分，作者从生产结构的变革、民族国家的兴起、宗教影响的消退、法律思想家对新形势的反应等方面深刻地阐述了资产阶级上升时期以契约和所有权为主要内容的资产阶级私法在理论上取得重大成就的历史原因。

首先，财富或资本取代行会身份限制成为人们组织、参与社会生产的主要基础，制造业在某些领域逐渐兴起，由此引发了生产方式和经济结构上的重大变革。

其次，民族国家取代过去的城市联盟成为相对自由的商业贸易活动的主体。军事防御以及为参与日益扩大的贸易和新兴工业资本主义而聚积足够的资本的需要，都决定了唯有民族国家才是适应顺应历史潮流的经济、法律和政治形式。在民族主权国家的政治疆界以内所有妨碍商品自由流通的内部壁障均告消除。

---

① 泰格，利维. 法律与资本主义的兴起［M］. 纪琨，译. 上海：学林出版社，1996：170.

再次，宗教影响的衰退与民族国家的兴起是相伴而行的。作为人文主义的重要组成部分，宗教革命对传统的冲击，对人性的解放，实际上都是对旧的宗教思想和秩序的一种扬弃或否定，为自由资本主义的发展准备了伦理基础。

最后，在向工业资本主义过渡的过程中，资本的原始积累是通过军事征服、经济强制等手段逐步实现的。伴随着崭新的政治、经济形式的出现，旧有价值准则和典章制度已呈土崩瓦解之势。资本主义发展所付出的这些历史代价，引起了以英国的汤玛斯·摩尔为代表的法律思想家对传统的努力捍卫以及对现代因素的激烈批判。在上述历史因素的共同作用下，“普通法律师就有了与资产阶级结为同盟的余地……对资产阶级法律原则抱容纳的态度就行了。在那个世纪将告结束的若干年间，这一同盟开始成形，普通法法庭已趋向于资产阶级契约理论”[①]。因此，资产阶级私法的主要原则——契约和所有权逐渐取得法理上的依据，从而在理论上推翻了封建社会生产关系的思想基础，具体体现在英法两国土地的所有权与使用权的分离过程中，契约理念的普及以及作为这一理念主要载体的律师阶层的壮大。

第五部分　资产阶级的胜利（1600—1804）　在该部分作者着重讨论了英法两国资产阶级所取得的胜利原因和意义。他们认为，从英国和法国革命，以及早先遍及欧洲各地的市民起义，产生了今日资本主义的法律体制。这是由于许多受过民法传统训练的律师，深信法规汇编具有自明的正确性，他们为东欧社会主义国家编纂了一些民法法典，因而在那些国家的私法制度中留下了引人注意的资产阶级印记。虽然英法两国在资产阶级法律意识形态上存在分歧，然而他们所确立的资本主义法律体系在对传统法律体系的继承上却有着许多相似之处。“事实上在英、法两国，都是由一个获得胜利的阶级，用武力强制实行了一种新的法律意识形态，而且正因为两国资产阶级的利益实际相同，两国的私法体系才终于有了值得注意的相似之处。”[②] 但是，革命的激烈程度决定了两国资产阶级法律体系的差异：相对温和的英国资产阶级革命在法律构建上注重的更多的是对先例的遵从，因而系统的法律编纂较晚，习惯法的影响较为深远；而更为激进的法国资产阶级革命者为表示与封建当权者的决裂，因而在法制建设上宣称继承了罗马法的契约自由和财产自由概

① 泰格，利维. 法律与资本主义的兴起［M］. 纪琨，译. 上海：学林出版社，1996：215.

② 泰格，利维. 法律与资本主义的兴起［M］. 纪琨，译. 上海：学林出版社，1996：286.

念，刻意规避封建字眼，但是实质上与英国资产阶级法律的建设过程却是异曲同工。在作者看来，事实上在英法两国，都是由一个获得胜利的阶级，用武力强制实行了一种新的法律意识形态，而且正因为两国资产阶级的利益实际相同，两国的私法体系才终于有了值得注意的相似之处。然而，这两个国家的资产阶级革命却各有其不相同的历史，而且在革新的方法，以及在用以倡导社会变革的言辞方面，也有所不同。

第六部分　造反的法理学　在该部分作者首先回顾了前几章对法律和法律意识形态在资产阶级兴起和夺权中作用的研究，接着提出应对有关法律的论断加以系统的理论表述，借以质疑 20 世纪 70 年代末立法依据的某些解释，并就当时西方争取社会变革运动对于法律应持何种态度的问题作出反思。在讨论这些问题时，作者着重考察了许多法律思想家将社会思想和政治理论当作法令、公告和正式法律体系来加以表述的显著倾向。这种倾向反映于：在西方所有政府组织中，以及在所有以夺取国家权力为目的的社会变革运动中，都对法律家和法学训练极为重视。

首先，作者分别对他们所定义的法律意识形态、法理学和造反法理学进行了系统的解释，并且用类似马克思的观点来解释法律意识形态与其所从属的社会体制之间的关系。在他们看来，法律意识形态是从法律规章体系的角度，就社会群体的期望、目标和价值观所作的陈述；法理学则是对法律意识形态赖以创立和周详制定的过程的一种描述；而造反法理学这一词语所描述的，是对现行社会关系体制提出挑战的一群人的法理学活动，他们不再谋求改革体制，而是想要推翻它，用另一种社会关系体制取代之。

在此基础上，作者为了将其关于社会斗争与法律变革的关系的理论，与看待法律的其他方法划分开来，接着对西方法理学的各主要流派——实证论、自然法、社会学理论以及法律现实主义逐一进行了批判性的考察，并概述了奥地利法学家伦尼尔的思想及其对马克思法律和国家思想的概括尝试所产生的影响。

最后，作者考察了资产阶级法律意识形态的二重性，以及它的主要挑战者和可能接替者，即社会主义的法律意识形态法理学，并对造反法理学的实质与现当代社会革命运动之间的联系进行了客观的阐释。作者认为，现今有种种革命性运动，在向从前造反的资产阶级建立起来的社会关系体制挑战，这是一种新的造反法理学在起作用。这些运动都有一部与资产阶级兴起夺权平行发展的历史，因而也都曾面对在与资产阶级法律意识形态决裂以前，试图使自己的要求适应它而遇到的那些相同问题。“适应的可能性其所以增大，乃是由于资产阶级法律意识形态具有二重性——它表面上同时维护与所有权有关系的利益，以及抽象的、摆脱专横权力以获自由的‘人类’利益。现代革命运动的斗争还如同资产阶级过去那样，力求利用占统治地位的法律意识形态的种种成分，来达到自己的各种目的。”①

【意义与影响】

第一，这部被中国学者称为“带有强烈新马克思主义色彩但仍完全符合学院标准的学术著作”的出版，曾引起西方学界对资本主义法制历史发展若干问题的激烈争论。泰格、利维在该书中侧重于从经济与社会的角度来评判法律在历史发展中的作用，试图阐明法律是怎样在适应商业贸易的过程中促进资本主义兴起的。作者以独特的视角探讨了西方法律制度发展的社会基础，将法律描述为一个渐进的演化过程而非一种特定的社会制度。最后将资本主义法律产生的原因归结为经济贸易的发展，并得出“法律意识形态根源于经济上的自身利益”的结论。当然，作者在书中也没有忘记告诉读者：“尽管本书一直在谈论资产阶级革命派本身的问题，但我们却也对法律意识形态在争取社会变革的斗争中的效用感兴趣。”②

第二，该书是一部融思想性与学术性于一体的法律史佳作，作者“通过经济解释法律，通过法律解释经济”，以敏锐而深刻的眼光解读法律形成与发展的历史。全书篇幅不大，但结构紧凑，以点带面，叙述很有节奏，有助于初学者了解 800 多年时间中的法律、经济和政治、思想发展的重点环节和基本线索。对于研究者而言，探讨西方现代法制化建设的艰难历程，它也是一部具有现实意义和理论价值的学术著作。该书在对西方法律传统研究的过程中，形成了一些具有普遍性意义的制度和经验，这些都有助于学者们深入理解西方现代化法制的历史和现实，以及法律与经济社会之间的内在关系。

第三，该书对于中国特色社会主义法治建设具有参考和借鉴意义。深入研读该书有利于充分认识我国法治建设的复杂性和长期性。近代以来虽然我国的法治建设屡经挫折，但是，法治建设的方向始终是法治的现代化。因此，在此过程中我们应该积极吸收和借鉴西方法治建设过程中的优秀成果和历史

① 泰格，利维. 法律与资本主义的兴起［M］. 纪琨，译. 上海：学林出版社，1996：309.

② 泰格，利维. 法律与资本主义的兴起［M］. 纪琨，译. 上海：学林出版社，1996：299.

经验，深刻地理解东西方之间的法学、制度和意识形态差异，全面思考中国今后法律现代化所必须经历的途径，探索出一条有中国特色的法治现代化道路。

第四，该书也存在一些理论缺陷和不足。作者竭力用经济力量来解释历史，将政治、法律视为经济发展的必然产物，具有强烈的“经济决定论”色彩。事实上，法律制度的形成有多方面的复杂原因，未必全是阶级利益对抗的产物。法律本身具有一定的保守性，不会必然与经济发展的要求同步。任何法律制度之所以能形成传统，就在于它不仅约束被统治者，也约束统治者本身，否则就沦为强权者可以肆意修改的游戏规则。同时，法律与政治、经济、宗教、文化等各种因素之间存在着不可分割的密切联系，单纯用经济因素来解释复杂的社会历史显得过于简单化。正如社会学家韦伯所指出的：在社会行动中经济行动至关重要，但它本身还不是意义，而是人们社会行动的结果，人们对待经济活动的态度背后还有伦理、心理和宗教观念上的原因。韦伯从精神上来寻求资本主义的兴起及其法律产生的原因，这一研究思路对该书的理论构成了强有力的挑战。

【原著摘录】

第一部分　法律与资本家崛起 P1－50

P5　新兴资产阶级与法律之间的关系，有三方面。首先……商人乃是社会的弃儿，他将法律体制——即发布各种受到习惯力量支持的命令的那个体制——看作是敌对和异己的……其次，商人扩大了活动领域，要创建一些商业机构——市镇、港市和港口、货栈、银行、制造厂等等，这样他便越来越在这片或那片领地上，同封建领主的经济和政治利益发生直接冲突……最后，商人也有一些为本身而订立的法律，他们所形成的法律体系是为自身利益服务的。

P6　“法律”（law）一词并无单一含义。按照我们所描述的斗争中那些主角的用法，这个词在不同时期的意义是：（一）有权势者制订出来统治其属民而又得到有组织暴力支持的规则；（二）某个集团或阶级认为在一个敬神，或者至少是较好的社会里应该制订出来的规则；（三）一个民族从远古以来一直遵守的风俗习惯；（四）革命集团所发布的告示；（五）某个集团为它自己内部管理而制订的规则。

P10　罗马法律体系是在公元前 5 世纪至公元 2 世纪之间创建的。为了使这种法律的起源笼罩在神秘之中，并使它显得久经传统认可，罗马法学家意欲将每一项重要法律原则都溯源于“十二铜表法”。这部简明扼要的古代法规集成已难恢复原貌，但无疑是确曾存在过的。它在公元前 450 年左右的罗马共和国时期起草编订，伪托来源于种种不言而喻的原则，但实际是在研究了若干希腊城邦宪法以后编写出来的。“十二铜表法”仅仅概述了有关所有权、家庭和公民身份的一些最简单的法律原则，而且其特征均在于信赖巫术和宗礼仪，以之作为法律诉讼程序的主要部分和产生义务的手段。这种“古典时期以前”的法律，保证了罗马人，尤其是创建罗马共和国各民族成员的某些权利。

P13　认为罗马的一些法律概念可以适用于“各民族”还不能算是那么狂妄自大。罗马在公元前 280 年到公元前 146 年第三次布匿战役中毁灭迦太基期间，有力地征服了地中海沿岸大部分地区。以行贩、钱商、商人、地主以及保障他们利益的军队为主要人物的帝国阶级结构，正在迅速取代以村庄为基础的农业经济。推动这个体制运转的劳动力，主要是从征服地和殖民地征募来的奴隶和半自由人。统治阶级的权力能使这罗马国家实施容许进行贸易的商业法。他们在发展地中海贸易时所形成的习惯，正是那种法律最合理的基础。采用“万民法”一词正反映出新罗马统治阶级征服内外敌人的事实。

P17　中世纪律师从罗马人承袭了沿用至今的以公司为“法人”这一概念，它指一个虚构的模拟人，有权买进、卖出和请求法院强制执行其要求。法人组织容许集资经营，其资本积累能远远超过个人或合伙企业。区别在于：由各成员协议形成的合伙经营从法律角度看，始终是个人权利和义务的组合。要起诉合伙经营，请求法庭判决强制处置其成员的资产，就必须传所有合伙人到庭。而要使合伙经营者本身到庭，则一般必须以其所有成员的名义提出诉讼。但是，一个法人却将其股东的实体，化为本身的共同模拟人格，“自己”就可被控诉或提出控诉，享有权利和承担义务。

第二部分　商人在封建秩序中寻求地位（1000—1200）P51－110

P59　十字军东征所代表的，乃是与军事胜利无大关系的经济机会。然而，这种以东方贸易增长为代表的机会，若无法律和制度的体制保障就难以利用。

P66　根据许多幸存的契约和案卷，我们可以推断出十字军东征所造成的三大后果。第一，意大利各城邦的大商人开始进行斗争，为了争取掌握政府权力，或者争取受保护，以便容许他们从事贸易。第二，这种权力乃是用于认可诸如热那亚"海会"之类的经商方法，以求能够利用增加了的东方贸易所提供的金融机会。第三，罗马法有关契约和所有权的各项原则得到再现，为扩大贸易关系提供了一个法律保护构架。

P79 大体说来，11 世纪和 12 世纪的各种城市典章制度，都是在反抗封建生活限制的斗争中形成的。

P81 典型的做法是，公社——由数十以至数百个手艺工匠、领主官吏、下级教士、自耕农民、逃亡奴隶，以及其他人等结合而成的集体——要求能在一座城市的地域以内得享各种权利，包括立法和执行权利。

P93 城市的各种法制机构也如同其他公务机关一样，逐渐为富人掌握。而且，在那些城市里，委任官员和依习惯法判案的权柄一旦落入一小群人手中，当初曾经保证共同目标和利益均受尊重的制度——用习惯法或由地方参事负责行政管理和裁决纠纷——就变成压迫多数人的工具。

P100 就我们所要探讨的，教会影响市民阶层，主要有四方面：（一）它将行商算作朝圣者一类而予以保护；（二）它动用大量资源来研究包括商北法在内的罗马法；（三）它掀起贸易是否合于道德的争论，其种种结果归根到底大有利于市民阶层；（四）它发展了法庭和诉讼程序体制。

P107 以法律和律师为中介的新、旧混合，在 1000 年至 1200 年间各城镇市民阶层起义和远程贸易体制中，十分明显可见。

P108 城镇公社在其内部建立的社会关系体制，向外扩散，开始对封建性农村经济起摧毁作用……城市居民原来所要求的，只不过是能在封建体制中享有各种平等权利而已。但是，随同对他们身份的承认而来的，却是对一种全然不同的人际关系的默许——那种关系乃是建立在买卖基础之上，因而是与封建忠诚纽带的基本观念不一致的。

第三部分　市民阶层律师、王权和城市发展（1200—1400）P111－172

P114 在 1200 至 1400 年间，地方化城镇法规——它随同市民阶层被承认为封建秩序中的独立成分，那原是先前多年最瞩目的法律和社会发展——开始受大规模远程贸易需要的影响。作为市民权力中心的城市，促成了劳动密集、效率不高的农业生产单位瓦解。远程贸易则既引导，也帮助了民族性和准民族性的各种法律和政治制度的自觉地形成，这些制度不仅得益于贸易，而且为它的运作提供了合适架构。

P157 从博玛诺瓦的生平和著作，可以约略看出 13 世纪和 14 世纪时各大贸易利益集团、势力强大的新兴君主，以及法律专业人员之间的联盟。在此以前的200年期间，立法乃是民众活动，是革命性斗争的附带和巩固性工作；在那时期以后，律师和文官的出现是世事出现新状态的征兆。法律成为经济强者的仆役，由一个受他们雇用，为他们利益行事的阶层来建构。

P162　在如格拉斯这样的城市如同在英国以外的无数城镇一样，封建制度与资本主义制度之战历时较长，并且带有多种形式。市民阶层宁愿维持现存国家制度以求保护贸易，不愿尝试摧毁它们，这在格拉斯意味着运用它的经济实力来消解城乡之间的传统关系，代之以被认为无偏的契约法所造成的约束，使不论男女，都被迫将本身自愿行为化约为书面文契。

P167　格拉斯市商业化的夭折，以及市民阶层制度软弱无力，经不起封建内战和穷途封建分子摧残所指出的，乃是革命阶层所遇到的法律体制教训。

P168－170　14世纪晚期发生的那场大瘟疫和经济危机，也对英国产生深刻影响……英国法律史中一个决定性事实，并不是面临逆境重新伸张封建权力，而是伸张了王室的治安权力来维护地主阶级的经济安全。

P170－171　然而，那许多骚乱却产生了两种经济后果，为英国早熟地从商业资本主义过渡到工业资本主义奠定基础。第一种后果是在乡间造成工资劳动力的大量蓄积，这种劳动力既由于在城市中缺少经济机会，也由于有种种法规禁止其脱离农业劳动，因而无法流入城镇。一旦经济状况改观，而且资本家能够调动政治力量来更改1388年法规，工资劳动力这一重要成分就随时可纳入工业化进程之中。

第四部分　资产阶级上升时期（1400—1600）P173－218

P175　在1400年至1600年期间，由于受到黄金、白银和初级产品从新世界大量流入的影响，还由于受到托尼（R. H. Tawney）所称的“人对环境的驯服”的影响，西欧经济发生了深刻变化。且不管这个时期该怎样称呼——文艺复兴、宗教革命、地理大发现、16世纪价格革命、人文主义时代——到1600年资产阶级私法的主要原则，即个人之间在契约、所有权等方面的法律，即使在实践中尚未完全取代，却也已在理论上取代了人际封建关系。

P186　摩尔不是一个神秘理想主义者，也不是一个为封建时代的野蛮，或为某在位教皇的政策辩护的人。作为一位律师，他对所反对的决定和力量的许多制度性后果看得十分清楚。

P187　摩尔的错误在于他相信理性、论说，或信仰能够真正改变都铎王朝历代君主所启动的发展。但是，他对于正在发挥作用的各种力量看得十分清楚，致使他的生平和著作成为如柴斯特顿和考茨基那样志趣各异的许多作家竞相研究的题目。后者曾写道："摩尔为自己树立的那些目标并非闲暇之时的幻想，而是深刻洞察他那个时代实际经济趋势所得到的结果。"在这一研究中，我们也能够看见这些趋势在资产阶级土地法中反映出来。

P188 土地使用权是封建土地法的决定性特征。此权的接受者接受土地而"依托"授予者而保有之；此权可由接受者嗣子继承，这是很早就已确定的权利。但领主仍有权得到某些服役和利益：原先是服军役，后来主要是服劳役、缴纳一部分收获物、嗣子入继时缴纳一笔顶替费，领主并对其未成年嗣子有监护之权。因此，这法律的一项义务就是确保封建秩序每一层次都有人承担，其人的财货和人身均可加以强占，以保证各种封建义务均得克尽。

P190 就其在资产阶级法律中开始具有的意义而言，所有权制度固定了个人（persona）和物（res）这两个观念，然后用财产或所有权的法律形式把它们联结起来。人类社会被分解为孤立的个人，财货世界则分裂为疏离的各项。人再也不能谈论按一定方式使用财产或对待他人了：所有这类可由法律强加于人的责任，都可视为对基本"所有权权利"的减损。

P191 一切法律条例全都有超过其存在理由而继续存在的倾向；正因为如此，所以律师有时会被迫容忍革命，并往往负上将旧规章搬弄成新形式的名声。土地法所采取的形式，在产生它的社会关系已成为过去以后仍长久保持，这部分地是因为只要土地不是抛荒或处于自然状态，就必然会牵涉投资和其他不易取消的行动，并会造成不易拆散的利害关系。

P201 《土地使用法规》为普通法律师保留了他们那奥秘的土地不动产领域，以及写意的土地转让专门业务和丰厚报酬。这一法规没有规定须将土地交易公开。然而，它实际上已结束了土地经由遗赠而转移的可能性，那原本是土地使用转让的一大有利之点。

P203 契约法在英国和欧洲大陆的发展揭示，以法律改革作为实现根本性社会变革手段，是有限度的。

P204 所以，很高的学术和法学水平，对于当时的资产阶级并无特殊用处，因为实际上尚无法创造可由自洽商业法原则调节的统一全国性"共同市场"。精妙契约理论本身并不能使社会关系转变，那是一个权力问题，一个占用和营运某种生产体制的问题。

第五部分　资产阶级的胜利（1600—1804）P219－264

P224　当然，这部法典乃是革命性的，因为它将资产阶级对契约和所有权的理想定为法规，并承认那些理想是普遍适用的。然而，它作为私法法典，又是独一无二为资产阶级服务的，从而显然背叛了曾充当革命突击部队的工人和农民的期望和利益。

P246　《拿破仑法典》是国民议会工作的顶点，它反映出从最初的城市起义开始就一直在推动着资产阶级的那种精神……《法典》反映了对旧制度再也无法迁就顺应这样一个判断。

P249　对英国法律意识形态加以改造，其目的是在于剥夺君主特权、限制政府职权使之充当经济自由和政治自由的保护者。资产阶级原曾依仗都铎王朝的绝对专制，取得地产利益和一定程度的经济权势。在克伦威尔当政下，它解除了都铎王朝国家机器的君主专制权力。在复辟时代斯图亚特王朝君主力图重建早期的公法，大金融势力便迅速敦请奥伦治的威廉进行干涉，威廉根据他妻子的王室继承权利并依靠自己军队的实际协助登上了王位。

P249－250　在英国法律中确立此一原则的斗争，可一直追溯到古代的法典。强迫作证——以处罚相威胁——和向治安和司法当局举报的责任，甚至直到今天也都还是欧洲大陆刑事诉讼制度的一个主要特色。这种“宗教审判式”制度，正如我们已在第三部分谈到的，乃起源于在早期罗马法诉讼程序上嫁接了晚期罗马法和公教法程序。这种对或许有罪的一方进行审问的“侦讯”如同公教法法庭对异端邪说嫌疑审讯一样，早从13世纪起就已在法国成为刑事诉讼程序的主要部分。

P250－251　高级调查团是由于从亨利八世统治时代起，不同时期的许多专门的王室“调查团”都认可它的权力而得名。（英国议会通过了承认亨利八世为教会首脑的）“至高无上法案”以后，亨利八世便指示该调查团采用教会法庭方法，来审讯对信仰的犯罪。用施刑于肉体的办法来逼取装在内心的东西，是符合英国历史和公教法对罗马法传统的重新解释的。

第六部分　造反的法理学 P265－317

P269　自从雅典时代晚期以来，法律一直是特定群体或社会中权力关系的结晶。法律被固定在文字之中，表达出来就成为命令，它是一个特定群体要运用其权力来加以保护或予以强制执行的种种权利或责任，并对其中产生的纠纷提供可以预知的解决方式。

P270　在资产阶级的兴起和夺权中，我们看出一再出现的对合法性问题的关切。教会也曾试图在全凭基督遗言才具有无可争议真实性的文本里面，追溯自己的前例。罗马帝国崩溃以后不久，封建领主为了证明自己的权力合法，仍继续对帝国的种种象征表示尊崇。在许多图书馆和庄园房舍里，至今还堆满特许状，证明土地耕种者的祖先曾自愿接受种种奴役条件，这都反映出那种关切。对个别君主行动的合法性提出挑战，都要套用当时的权威体制——教会、罗马法或《圣经》文本——的语言。

P271－272　刑事诉讼程序中对公平的保证，是多世纪以前在英国社会斗争中产生的，在那场斗争中，如何对待政治犯成为人们最关切的主要问题。言论自由应当受保证这一判决，也同样与实际经验有关，人们懂得了言论和出版自由有导致社会变革的功用。

P276　正因为意识形态是从人际冲突之中结晶出来的言词所构成的有时限的体系，而且因为掌握国家权力的一群人的法律意识形态乃是（正如我们已经谈到过的）意在压制竞争，并使人民注意力转移到对法规"体系"的解释上去，所以永远会有对法规作出种种不同解释的余地。随着时间的流逝，就可能有更多矛盾，在当时社会关系体制和旨在控制该体制的正式法规内容之间发展，而一个持异议群体的起始任务，就是考虑对占优势法律意识形态的种种限制，以认清能在那些限制以内能有多少进展。

P277－278　法律意识形态是有它自己的生命的，它会变得依从于人的解释和运用，而运用它的人则不论其特殊利益何在，所作的决定都必须与最初表明的那种意识形态至少具有某种关系。一个受过专门训练的法理学家阶层，要习惯于从意识形态本身，而不是从阶级利益来思考，如果制定针对个别和一般人的命令的工作移交给这个阶层，那么，官方法理学和阶级利益之间出现矛盾的可能就会增加。

P287　现实主义者是对实证论和自然法两学派共有的建立抽象体系倾向的反映。从17世纪的多玛、普芬道夫、格鲁布阿斯和孟德斯鸠，直到19世纪的梅恩和奥斯丁，正式阐明的资产阶级法律意识形态总是表述为种种相关法律原则的一个一贯体系。对于上述每一位作家来说，这一体系就是"法律"，法庭在拟定一项针对特定个人的命令时所要做的，就只是从这一体系中找出某项有关的原则，将它应用于当下争端。这种视法律为"有思考力而全在"者的观点，正是现实主义者反对的。

【参考文献】

［1］哈罗德·J. 伯尔曼. 法律与革命——西方法律传统的形成［M］. 贺卫方，等译. 北京：中国大百科全书出版社，1993.

［2］约翰·R. 康芒斯. 资本主义的法律基础［M］. 寿勉成，译. 北京：商务印书馆，2003.

［3］金勇义. 中国与西方的法律观念［M］. 陈国平，等译. 沈阳：辽宁人民出版社，1989.

［4］彼得·斯坦，约翰·香德. 西方社会的法律价值［M］. 王献平，译. 北京：中国人民公安大学出版社，1990.

［5］徐爱国，李桂林，郭义贵. 西方法律思想史［M］. 北京：北京大学出版社，2005.

［6］崔永东. 中西法律文化比较［M］. 北京：北京大学出版社，2004.

五、《文化与社会》

［英］雷蒙德·威廉斯　著

吴松江，张文定　译

北京大学出版社，1991 年

【作者简介】

雷蒙德·威廉斯（1921—1988）是二战后西方最重要的马克思主义文化理论家之一，他在文化研究中的奠基意义和开拓性影响远非一般人可比，常常被人们拿来与法国的巴尔特、德国的哈贝马斯和苏联的巴赫金相提并论。当前英语文学和文化界风行的“文化研究”热，在很大程度上正是得益于威廉斯等理论家的努力。

威廉斯 1921 年生于威尔士边境一个铁路信号员的家庭。他早年就读于村办公立学校，1931 年到阿伯杰维尼语法学校学习，1939 年进入著名的剑桥大学三一学院学习，1942 年应征入伍，在英军装甲师任坦克连上尉。在服役期间，他曾编辑过军队报纸。1944 年 10 月返回剑桥。1945 年 10 月被委任为牛津大学班级委员会指导教师。1947 年至 1948 年，曾主编极有影响的左派杂志《政治与文学》。1971 年被选为剑桥耶稣学院院士，1974 年任剑桥大学戏剧讲座教授（剑桥建校设立的第一个戏剧教授席位），1988 年逝世。

出身于普通工人家庭的威廉斯，从青年时代起就关心社会和工人的命运，很早就开始参加社会政治活动，14 岁时就参加过工党的活动。入剑桥大学后，他的工人阶级背景与剑桥的文化氛围存在很大冲突，正是这种冲突影响了他以后的政治和学术选择。在逐步放弃工党的信仰之后，威廉斯开始接触马克思主义，并于1939年12月加入英国共产党，成为英共学生支部的重要成员。1945年后，他在主编《政治与文学》时，开始较为系统地研究西方文化，进而转向马克思主义，并且在以后成为同德语的卢卡契、法语的萨特齐名的西方马克思主义文论发展史上举足轻重的文化批评家①。

1961年，威廉斯获得了剑桥研究员的岗位，在这之前他曾经做过多年成人教育工作。他的外表和说话风格不像一个大学教师，而是更像一个乡下人，热情而质朴，与上流中产阶级一贯的那种乖巧而简慢的作风有很大的不同。他一生的政治追求都受到他早年团结互助的工人阶级生活的影响，他是赤诚的、坦荡的，是无所疑惧的。他是一个质朴而娴静的权威，温文尔雅又言辞刺人，替那些无权无势的人说话，而且十分精当和肯定②。

威廉斯是一位具有国际影响的英国马克思主义文论家，既是传统的又是朝向未来的文化社会活动家。在结构主义风起云涌的20世纪60年代和70年代，他的作品和思想一度被指责为保守的、停滞的，甚至是倒退的。连他最得意的学生伊格尔顿也转向法兰克福学派而批评过他。但是，到了80年代，结构主义经过了后结构主义和解构主义阶段后走向了下坡，新历史主义批评开始抬头，学术文化界开始重新认识威廉斯。

值得称道的是，威廉斯是一位高产作家，其研究范围涉及社会科学的多个领域。除《文化与社会》外，威廉斯还著有《阅读与批评》（1950年）、《戏剧：从易卜生到艾略特》（1954年）、《戏剧表演》（1954年）、《漫长的革命》（1961年）、《传播》（1962年）、《现代悲剧》（1966年）、《戏剧：从易卜生到布莱希特》（1968年）、《奥威尔》（1971年）、《英国小说：从狄更斯到劳伦斯》（1971年）、《乡村与城市》（1973年）、《电视科技与文化形式》（1974年）、《关键词》（1976年）、《马克思主义和文学》（1977年）、《唯物主义和文化的若干问题》（1980年）、《文化》（1980年）、《文化社会学》（1983年）等一批颇具影响力的著作。

【写作背景】

《文化与社会》一书的写作背景，在上文的作者资料叙述中已有所涉及。18世纪后至19世纪前半叶，一些今日极为重要的词汇首次成为英语常用词，

① 雷蒙德·威廉斯．文化与社会［M］．吴松江，张文定，译．北京：北京大学出版社，1991：1.

② 根据伊格尔顿的《希望之旅的资源：雷蒙德·威廉斯》整理。

或者这些词原来在英语中已经普遍使用，而在此时又有了新的重要意义。威廉斯认为，这些词汇其实有个普遍的变迁样式，这个样式可以视为一种特殊的地图，通过它可以看到更为广阔的生活与思想变迁，这是一种与语言的变迁明显有关的变迁。其中有五个词是绘制这幅地图的主要依据，它们是：工业、民主、阶级、艺术和文化。在现代的意义结构中，这些词的重要性是显而易见的。它们的用法在关键时期发生了变化，这正是我们对共同生活所持的特殊看法普遍改变的见证，也就是我们对社会、政治及经济机构的看法，对设立这些机构所要体现的目的看法，以及对我们的学习、教育、艺术活动与这些机构和目的的关系的看法。

以上所提到的词之中，最引人注目的也许还是“文化”一词的发展。可以说，今日围绕于“文化”一词意义的许多问题，的确都是由“工业”“民主”“阶级”等词的改变所代表的重大历史变迁所引起的，而“艺术”一词的改变即是与此密切相关的反应。“文化”一词含义的发展，记录了人类对社会、经济以及政治生活中这些历史变迁所引起的一系列重要而持续的反应，我们不妨把这段发展的本身看成一幅特殊的地图，借助这幅地图，我们可以探索以上种种历史变迁的性质。

威廉斯是从 1950 年开始写作此书的，因而他所谓的“20 世纪的见解”显然只局限于 20 世纪上半叶已成名的作家上。而在这 170 年间的作家选择上，威廉斯显然遗漏了像彭斯、司各特、奥斯丁、勃朗宁、夏洛蒂、丁尼生、萨克雷、哈代、伍尔夫、福克斯、梅瑞狄斯等著名作家和诗人。为此，在《文化与社会》一版再版的情况下他常常受到人们的诘问。但威廉斯认为，书中所涉及的作家是以“文化与社会”为核心主题互相联系起来的，读者阅读后能意识到一个传统的存在，该书的任务也就完成了。

【中心思想】

该书除导论和结论外共 3 编，第一编《十九世纪传统》分为 7 章，第二编《中间时期》和第三编《二十世纪的见解》各分为 6 章，全书约 32 万字。在写作该书时，威廉斯开始摆脱利维斯的影响，他较多地接触了马克思主义，开始了同传统马克思主义的对话。在该书中，威廉斯比较重视经济发展在社会变化及文化观念演变中的作用。他认为，工业（生产力）的发展是“民主、阶级、艺术和文化”发展的前提，“工业革命改变了英国”，也改变人的文化观念。通过对 40 位思想家、作家的评述，威廉斯向读者展现了 1780 年至

1950年期间英国哲学、文化、艺术、历史、社会学、大众传播等广泛的领域，深刻揭示了文化与社会之间的联系。

该书以时间为线索，以工业、民主、阶级、艺术和文化为支撑点，展示了18世纪中期到20世纪的以“文化”为中心形成的社会。作者以文化观念和现代各种常用的“文化”一词是在被称为工业革命的时期进入英国思想的这一发现为结构的原则，试图说明文化观念及其各种现代用法是为什么进入英国思想的，又是怎样进入英国思想的，同时探讨文化观念从开始到当代的演变过程。该书旨在说明并诠释我们在思想和感觉上对19世纪后期以来英国社会变迁的反应。只有在这样的脉络中，才能充分理解“文化”一词的用法及其所涉及的各种问题。

在讨论文化观念的时候，威廉斯着眼于语言的变迁来探讨社会的生活与思想的变化。威廉斯认为工业、民主、阶级、艺术、文化这五个词可以代表新词变迁的模式，而这个模式可以看成一种思想文化变迁沿革的地图。在现代的社会结构中，这五个词的重要性随时可见，它们在关键时刻的“变化”可以看到人类社会、政治和经济结构的变化。作者紧扣“文化”本身，进行了广泛的探讨。

威廉斯采用的方法不是考察一系列抽象的问题，而是考察一系列由各个人所提出的论述。他列举了一些论题，然后把这些论题的一些专门的论述归纳概括。除了个别例外外，威廉斯在该书中集中考察了几位思想家及其实际论述，并予以评价。探讨的框架是全盘性的，但具体的方法是研究世纪的个人论述及贡献[①]。

【分章导读】

第一编　十九世纪传统

第一章　对比　威廉斯使用早期工业时期人们热衷的对比的思维方式来研究人们之间与观念之间的对比。威廉斯首先将被称为“第一位现代保守主义者”的埃德蒙·伯克与被称为“工业无产阶级第一位捍卫者”的威廉·科贝特进行对比。

伯克抨击法国大革命，反对民主的事业，认为民主的趋势是暴政，极力维护英国旧有的制度，是保守主义的代表。而科贝特是激进派的代表，他认

① 雷蒙德·威廉斯. 文化与社会［M］. 吴松江，张文定，译. 北京：北京大学出版社，1991：21.

为英国兴起的新制度是“不自然”的，将国家的财富聚集到了少数资本家手中，他同情工人与贫民，要求贫民们维护自己唯一的财产——劳动。伯克与科贝特虽然有很大的差异，但是他们都根据对旧英国的经验抨击新英国，他们的作品也是批评新民主和新工业主义的强大传统的开端。威廉斯又将罗伯特·骚塞与罗伯特·欧文进行对比。骚塞认为新制度的主要弊端在于穷人的处境，认为政府的首要职责是改善人们的道德。欧文承认由工业革命而巨大增长的力量，并看到这种力量的增加给新的道德世界一个大好机会，他认为新的道德世界要由积极主动的政府和国民制度来创造。在基督教社会主义运动中，骚塞走向了新保守主义，而欧文的主要方向导致了社会主义与合作社。

第二章　浪漫派艺术家　威廉斯以布雷克、华兹华斯、科尔律治、骚塞、拜伦、雪莱、济慈等19世纪初的浪漫主义诗人为例，认为诗人与社会学家是结合在一起的，在他们的作品中充满了政治批评和社会批评。在政治、社会和经济变迁的时代，艺术、艺术家和艺术家的社会地位的观念已发生剧烈的变化。他清晰地总结出了这一变化的五个要点：作家与读者的关系的性质正在发生重大的变化；在对待“公众”方面，一种不同习惯的态度正在建立；艺术的生产逐渐被视为专业化生产的种类之一，而且它的生产条件被认为与一般生产的条件极为相似；艺术是“超级的真实”，是想象真理的本源，这种理论日益受到重视；独立的创造性作家，自主的天才，这种观念逐渐成为一种常规[①]。浪漫派艺术家追求自由，但却与社会密切相关。

第三章　穆勒论边沁与柯尔律治　通过研究穆勒论边沁与柯尔律治的文献，威廉斯认为穆勒的思想受到了边沁和柯尔律治的影响，并运用了自己的理智与耐心，努力调和边沁和柯尔律治两者之间相反的立场。边沁要把新学说推向极端，而柯尔律治一再肯定旧学说的最佳意义和目的，他们二者虽然看似是彼此对立的敌人，而实际上却是盟友，是同一股进步力量的两极。在穆勒看来，对文化的强调是扩大功利主义传统的方法，英国工业革命后产生的工业文明是狭隘而且有缺陷的。他认为是柯尔律治给予他深刻的文化观念，通过扩大国家教育体系，已经为这种文化观念提供了充分的社会机构。

第四章　卡莱尔　威廉斯认为卡莱尔的重要论文《时代的征兆》是他对当代社会思想的第一个主要贡献，或许也是他最为全面的贡献[②]。在这篇论文

---

① 雷蒙德·威廉斯. 文化与社会［M］. 吴松江，张文定，译. 北京：北京大学出版社，1991：61.

② 雷蒙德·威廉斯. 文化与社会［M］. 吴松江，张文定，译. 北京：北京大学出版社，1991：107.

中，卡莱尔陈述了他对他那个时代的英国的直接反应。他首创了工业主义这个名词，并且为工业主义下了定义。他认为他们的那个时代是英雄时代，是机械时代，社会生产方法发生了巨大的变化，社会也由此发生了变迁，贫富差距日益扩大。他强调要把文化看成一个民族整个生活方式的观念，并以此来抨击工业主义，认为构成一个适当含义的社会远不只是以"付现金为唯一关系"的经济关系。威廉斯认为卡莱尔的观点有助于现代特有的艺术家观念的形成，并认为这一观念发展成为当时人们批评新工业社会的主要理论依据之一。文化是艺术与学问结合体的观念，文化是优于社会普通进步的价值主体的观念，正是在此汇聚合并的。

第五章 工业小说 威廉斯认为参考一些有趣的小说，有助于我们了解工业主义所引起的反应。在威廉斯看来，盖斯凯尔夫人的《玛丽·巴顿》《北方与南方》、狄更斯的《艰难时世》、狄斯雷利的《西比尔》、查尔斯·金斯利的《奥尔顿·洛克》、乔治·艾略特的《费立克斯·霍尔特》等这些创作于19世纪中叶的小说，不仅提供了对动荡不安的工业社会的一些最为生动的描写，而且也阐明了当时人们的直接反应中的某些共同假定。《玛丽·巴顿》是文学中对19世纪40年代工业的苦难做出的最感人的反应，它用自己的语言，深刻有力地记录了工人阶级家庭中对日常生活的感触。《北方与南方》是盖斯凯尔夫人的第二部工业小说。她富于同情心，从自己实际处境中取得素材。全书的重点在于对劳工的态度上，而不是努力以想象力体会他们的生活感受。《艰难时世》不是想象的观察，而是想象的审判。它是对社会态度的审判，对工业主义的主导哲学作了彻底的、富有创造性的考察。《西比尔》可以作为一位未来保守党首相的作品来读，因此，也是一定意义上的一部政治小说。《奥尔顿·洛克》中，有一部分是传统意义上的"暴露"，以广博的见闻、愤怒的笔调、锲而不舍的精神叙述"价廉物丑"的制衣行业中的劳工。通过对这几部小说的分析，可以清晰地论证对工业主义批评传统的共同之处，也可以论证那个具有同等决定性的普遍感觉结构——认识到邪恶，却又害怕介入；同情没有转化为行动，而只是逃避。这种感觉结构对当代的文学和社会思想也有深远的影响[①]。

第六章 纽曼与阿诺德 威廉斯从纽曼的《第七论：大学教育的范围与

---

① 雷蒙德·威廉斯. 文化与社会［M］. 吴松江，张文定，译. 北京：北京大学出版社，1991：153.

性质》入手分析，认为纽曼虽然没有提到“文化”这个词，但他的很多言论仍与“文化”有着根本的关联，纽曼给身体的标准是健康，给心灵的标准是完美，但这实际上却揭示了阿诺德后来在《文化与无政府》中所要承担的任务①。在纽曼看来，文化是经验的一个真实层面，是神圣完美的一个成分，他的思想基础在于深信神圣秩序的经验。阿诺德是19世纪思想中一位伟大而重要的人物，他认为其著作《文化与无政府》的目的在于：提倡文化能极大地帮助我们摆脱目前出现的困境；文化就是追求我们整体完美。文化既是研究又是追求。文化并非只发展“文学的文化”，而是发展“我们人性的所有方面”。威廉斯认为，阿诺德对“一个到来了的转化时期”的认识既深刻又主动，甚至他思想中的最后崩溃也是极端重要的，是一场持续的、真正的混淆的标志。

第七章　艺术与社会　本章所阐述的观点与本书的主题一以贯之，即文化艺术并不能自外于社会，而是与复杂的社会紧密地联系在一起。威廉斯指出，文化观念的发展中一个基本的假设的形成，即认为一个时期的艺术与当时普遍盛行的“生活方式”有密切的必然的联系，而作为上述联系的结果，美学、道德和社会判断之间密切地相互联系着。威廉斯所着力论证的是这一现在已经被普遍接受的基本假设是19世纪思想史的产物。威廉斯指出，在英国，对于艺术时期与社会时期之间关系的强调始于19世纪30年代，并着重介绍了普金、罗斯金和莫里斯的观点。普金通过对基督教建筑的对比考察，阐明了艺术与时代必然关系的原则。罗斯金认为，艺术家的“善”在于他的整体性，而社会的“善”则在于它能否为艺术家的整体性创造条件，并进而从艺术批评转向社会批评。莫里斯指出艺术取决于产生艺术的社会的性质，并宣称艺术的使命在于提示完满的生活，为工匠勾画一种充实而合理的生活理想。这三位19世纪英国思想者的观点虽然不尽相同且有各种值得商榷之处，但在将文化和艺术置于社会之中来考察的这一点上是一致的。

第二编　中间时期

威廉斯站在20世纪中期的角度来看，认为应把1880—1914年这个时期当作一种中断期，既不是大师辈出的时期，也不是自己的同代人的时期。在

---

① 雷蒙德·威廉斯. 文化与社会［M］. 吴松江，张文定，译. 北京：北京大学出版社，1991：155.

威廉斯看来，除了休姆外，其他的对社会思考的作家并没有什么非常新的东西，他们只是在进行前代未完成的事业，试探性地重新选择方向。

一、马洛克 威廉斯认为马洛克的《新共和国》就是这一时期的最好的起点。在该书中，阿诺德、罗斯金、佩特、乔伊特、斯宾塞、克利福德、芬尼等人在一次周末的家庭宴会上汇集一堂，对一个理想的共和国进行讨论，表达了马洛克对待这些人物的尊敬。在《新共和国》中，马洛克不关心自己的保证，但是，他以后的著作表明，他或许是过去80年来最有能力的保守派思想家。后来他著作的基调是怀疑与批判，在那些教条主义的社会主义者或者是民主主义者看来，马洛克并无可取之处。他认为文明国家的社交品质依赖三种生活——知识生活、美学欣赏的生活和宗教生活，而民主理论的真理在于少数人无论为文明添加什么可能的东西，多数人都必须根据他们的才能与之分享。

二、新美学 威廉斯谈了他对新美学的看法。他认为如果英国在20世纪80年代与90年代真的产生了一种新的美学的话，将会是那20年的一大光荣。然而60年代晚期由佩特兴起的所谓“为艺术而艺术”的学说，实际上只是重述第一代浪漫主义者的一种看法。这种重新陈述的最极端形式可以从惠斯勒中发现，但是立场与惠斯勒相关的佩特和王尔德也显然延续了早先的传统。佩特像穆勒一样，把诗描述为“感觉的文化”，他实际上把艺术与生活分开了。惠斯勒是庸俗化了的佩特，但是这种庸俗化在某个方面是一种收获，他和佩特的不同在于他拒绝既有的主题，尤其是罗斯金提出的主题。在威廉斯看来，王尔德是个传统人物，在他身上或许正体现了在这个传统中仍然值得学习的东西。王尔德所论述的“新美学”有三个原则：一、艺术永远只表现它自己；二、一切低劣的艺术都来自回归生活和自然，以及把生活和自然升华为理想；三、生活模仿艺术远远多于艺术模仿生活。

三、吉辛 威廉斯认为吉辛的引人之处，在于他作品的两个方面：他对文学作为一种交易的分析——这种分析使《新格拉布街》成为一部小小的经典之作；以及他对社会的观察和态度——在小说《阴曹地府》和《德谟斯》中，这些观察和态度为一个意义重大而又持续不断的过程提供了证明。作为“绝望代言人”的吉辛，志在描述贫民的困境并提出抗议，但他也是另一种绝望的代言人，即由社会与政治上面来的绝望。吉辛后来重新回归到他所擅长的研究：研究被驱逐与孤独的条件。威廉斯指出，在这种改变之前和改变之后，都存在一个意味深长的样式，即社会改革的幻想破灭，就转而寄托于艺术。

四、萧伯纳与费边主义 作为费边主义的代表人物，萧伯纳认为“资本主义的人类”，无论穷人或富人都是可恨的。威廉斯指出，是萧伯纳的时代教他相信人类可恨，这种可恨并不是最终不变的，而只是人类不完全进化的标志。但这种进化的媒介何在，仍然是个问题。虽然决心走社会主义的路子，但萧伯纳不相信革命，反对用激进的暴力革命实现社会主义。威廉斯指出，萧伯纳与费边主义的联系极为重要，因为这标志着以前是分离的，甚至是对立的两个传统汇合了。萧伯纳依附于费边主义，实际上是要卡莱尔和罗斯金与边沁并入同一流派，要阿诺德与穆勒结合。在威廉斯看来，萧伯纳最终是怀着幻灭的心态，把改造民主和资本主义的希望寄托于人性的一种超乎人类的进化上。这种思想的扭曲在现代社会思想中自有其代表性意义，而萧伯纳必然是一个经典的参考点。

五、国家的批评者 威廉斯指出，在某种意义上，我们现在生活在一个韦布式的世界中，而韦布式世界的显著结果则是认为社会主义与国家行动一致。威廉斯接着介绍了贝洛克对资本主义的批判。在贝洛克看来，资本主义正从两个方面崩溃：国家采取福利行动；垄断并限制交易，其可能的出路只有两条，即社会主义与共产主义。威廉斯认为贝洛克对资本主义的批评虽然中肯，但其主张的实施并没有现实的路径和土壤。威廉斯同时介绍了由彭提等人首开先河，而后由科尔等人继承下来的行会社会主义运动对国家所做的社会主义批评。科尔指出，各种以真实的集体经验为基础的自愿民主协会实际上已经成长起来，而我们正是必须在这种“充满生命力的协会”里寻找民主的现实。威廉斯认为行会社会主义者未能把这种生命力扩大到整个社会上去，但是他们的强调既有创新，而且是不可缺少的。

六、休姆 威廉斯认为中间期结束于休姆论著中成熟的怀疑论。这种成熟的怀疑论的唯一新颖之处在于，休姆向代代相传的思考方式的某些方面进行了强有力的、富有成效的挑战。在休姆看来，文艺复兴以来支配欧洲的人文主义传统正在崩溃，而这种崩溃是值得欢迎的，因为人文主义的根本信念实际上是荒谬的。威廉斯认为，休姆的主要贡献在于对浪漫主义的批判和摒弃。休姆认为浪漫主义是“跌了价的宗教”，威廉斯赞同这一观点，并进而提出早期的文化定义多属于“跌了价的宗教”。同时，威廉斯也指出了休姆的所谓“浪漫主义”和“古典”的局限性。威廉斯高度评价了休姆在艺术上的先驱作用，认为他是第一位重要的反浪漫主义批评家。

第三编　二十世纪的见解

第一章　劳伦斯　威廉斯认为，虽然劳伦斯在我们关于社会价值的思考方面产生了重大影响，但是，要精确说明劳伦斯的实际贡献是困难的。因为他在公众心目中的印象与他的实际作品截然不同，而且这种状况引起了重要的误解。威廉斯指出这些误解归根到底是由无知所引起的，并具体分析了理解劳伦斯的两个主要困难。而后，威廉斯将劳伦斯与卡莱尔进行了对比，指出两人在批评的风格、笔调以及对各自的下一代的冲击力的性质等方面十分相似，接着又概述了劳伦斯所继承的观念和社会经验的背景，考察了他由此而来的关于共同体的思想，并详细阐述了劳伦斯对意识的探索及对工业文明的批判。

第二章　托尼　威廉斯指出，作为一位历史学家，托尼的独特之处在于：不是接受继承下来的主要原则，而是从继承下来的判断和问题入手。威廉斯认为，托尼的重要之处在于他以职业历史学家的特殊素养发挥了作为社会批评家和道德学家的功能。托尼的作品最清楚地指示了职业历史学家与一般批评家的差别。他对道德条件的强调最为重要，这是他的作品得到人们认可的品质。威廉斯深入分析了托尼的两部代表性著作——《平等》和《贪婪的社会》，对其中的一些重要观点进行了评述，指出了托尼的成就和局限性，包括托尼对文化的论述所面临的困境。最后，威廉斯认为在威望、专心致志的奉献以及勇气等品质上，托尼是能与19世纪的前辈们相提并论的屈指可数的思想家之一。

第三章　艾略特　威廉斯借用穆勒谈柯尔律治的说法，认为艾略特是一个开明的激进主义者或者是一个自由主义者，指出是艾略特把文化的讨论推上一个重要的新舞台。在对艾略特的《一个基督教社会的观念》和《对文化定义的笔记》两部著作进行了简要评述后，威廉斯从三个方面论述了艾略特对文化的民主传播的若干比较简明的一项修正。由于艾略特坚持把文化意指为“整个生活方式”，因此他对文化扩散的正统理论的批评是有价值的；他认为他的全面观点要叫人们接受，只剩下一个障碍，即用精英阶层来代替阶级的理论。威廉斯也将与此相关的曼海姆的观点纳入其中，通过对比进一步阐述艾略特在文化方面的见解，尤其是他对精英社会的异议。作为一个保守主义思想家，艾略特成功地暴露了一种正统的“自由主义”的局限。但是威廉斯与艾略特的观点有分歧之处，主要在于威廉斯将文化看成是整个生活方式所带来的另外的意义，而不像艾略特那样，仅仅是对自由主义的批评。总之，艾略特的论著对自由主义的自满产生了抑制效果，同时也使保守主义无路可走。

第四章　两位文学批评家　在这一章中，威廉斯介绍了两位文学批评家，一位是理查兹，另一位是利维斯。威廉斯充分肯定了理查兹的《文学批评原理》在批评界的重要地位。整体而言，理查兹是通过语言与交际的社会事实做理论上的抨击，所根据的判断则是整个文化。理查兹勾勒了一种"心理的价值理论"，像阿诺德一样，理查兹舍去无政府而取文化，但是认为文化作为一种观念，必须建立在一种价值观念之上，这种价值观念不能依赖于旧有的"智慧秘诀"，而应依赖于在新的意识中所能发现的东西。接着，威廉斯对理查兹关于艺术家的心理和艺术的社会功能等方面的观点进行了深入的评析。对于利维斯，威廉斯在列举了他的一系列著作后，指出利维斯文化观念的出发点是阿诺德，并追溯至柯尔律治。威廉斯提出了他对利维斯后来的作品的理解，认为利维斯一方面全力鼓吹持锲而不舍的防御行动，另一方面在批评中致力阐述提倡可能的再创造，并认为这是他毕生工作的主要成就。

第五章　马克思主义与文化　本章中威廉斯首先介绍了马克思、恩格斯和普列汉诺夫在文化问题上的观点。他指出，由于意识到文化问题的复杂性，马克思无论在文学理论还是实践上都相当谨慎而自制。虽然马克思没有完全建成一种文化理论，但提出了"基础与上层建筑"的公式，强调社会存在决定社会意识。恩格斯虽然使用了"相互作用"一词，但并不意味着放弃经济处于首要地位的原则。普列汉诺夫则试图寻求一种比基础和上层建筑更完满的模式，但不得不承认在这个领域中仍然有许多的东西还是模糊不清的。接着，威廉斯剖析了 20 世纪初英国的马克思主义论著的状况。他认为，30 年代的政治论述基本上是对英国和欧洲的现实状况所作出的反应，而不是对马克思主义研究的自觉的发展，并以沃纳的观点为例来说明对马克思主义的教条式理解。威廉斯指出，当时许多在政治上属于马克思主义的英国作家，在谈论文化的时候，首先关心的是证明它的存在，强调文化的重要性，以此来反击众所周知的对待马克思主义的态度。这种态度确立了一种观念，认为马克思主义由于建立了基础与上层建筑的理论而削弱了迄今为止人们一直赋予知识创造和想象创造的价值。威廉斯认为在那些批评马克思的人当中存在着对马克思主义著作惊人的无知。事实上，英国人在马克思主义文化理论方面作出了尝试，但这是浪漫主义与马克思主义之间的相互作用以及属于英国主要传统的文化观念和马克思主义对它所作的精彩的重新评价之间的相互作用。威廉斯认为这种相互作用还未获得圆满的结果。在威廉斯看来，在那个时代，英国人对马克思主义的理论感兴趣，因为社会主义与共产主义在当时是重要的。

第六章　奥韦尔　威廉斯认为奥韦尔是个勇敢、宽厚、坦率、善良的人，他作品所产生的整体效果是自相矛盾的，对这种矛盾不能只依据他的为人来理解，而且还要从整个形势所产生的压力来理解。

结论　在结论部分中，威廉斯总结性地提出：文化观念的历史是我们在思想和感觉上对我们共同生活的环境的变迁所作出的反应的记录。文化观念是针对我们共同生活的环境中一个普遍而且是主要的改变而产生的一种普遍反应，其基本成分是努力进行总体的性质评估。工业、民主和艺术是三个重要的问题[①]。威廉斯试图进行再现，并将由此产生的变化和新的定义进行陈述来作为结论。这些变化和新的定义包括大众与群众、大众传播、大众观察、传播与共同体、文化与生活方式、共同体观念和一个共同文化的发展这样几个概念，威廉斯对它们分别进行了阐述。

【意义与影响】

雷蒙德·威廉斯是一位独具理论特点和实践精神的马克思主义文化批评家。当前英语文学和文化界风行的“文化研究”热，在很大程度上得益于威廉斯等理论家的努力。《文化与社会》作为威廉斯的成名之作，是当代西方马克思主义文学批评的重要作品。在 1958 年初版后，已重印了 20 多次，被译成意大利文、日文、德文等多种文字。西方著名文化批评家特里·伊格尔顿在《批评与意识形态》中认为：《文化与社会》是“英国有史以来最具启发性和最精到的社会主义批评实绩”。

第一，该书从文化研究的角度对人文主义传统进行了系统批判，以“文化是一种整体生活方式”的定义开启了一种完全不同的文化研究传统。对于文化研究与永恒人性论之间的矛盾，威廉斯在这本书里批判地继承了阿诺德、艾略特和利维斯以来的文化主义传统，与以往只关心普遍永恒的人文主义针锋相对，肯定人的经验存在，强调具体当下，强调此时此地经验的独特性。作者通过对 18—19 世纪文学、思想史上重要人物生动的描述，串联起“文化”发展的脉络，将对书中人物的深入了解自然贯穿于人类历史发展的“当时”情境，并能凭其敏锐的直觉道出言论背后的继承及批判源流。

---

① 雷蒙德·威廉斯. 文化与社会［M］. 吴松江，张文定，译. 北京：北京大学出版社，1991：375.

第二，该书是当代西方马克思主义文学批评的重要作品。作者的学生伊格尔顿在1986年的一个访问记中说：“威廉斯的停滞实际上是在坚持某种自己的立场。威廉斯是有预见的，在他的著作中，人们很可能发现他所坚持的那种立场和形式与他们现在的一致。我对威廉斯的批评，并不是与他在理论上的分歧，而是对他作品的政治力量是否赞同的问题：他对批评家在学术界的作用所持的态度，他对什么应该是文学批评的态度，以及他对文化研究和超学科界限的必要性的态度。所有这些，在威廉斯的作品里从一开始就明显存在。而正是这些因素使一些像我这样的人现在重又转向他的作品，因为它们确实比那些理论的区分更加重要。”伊格尔顿还认为，威廉斯比任何时候都更接近马克思主义，不论我们给他的著作贴上什么标签，它们仍然是发人深省的、客观的马克思主义著作①。伊格尔顿的话虽有溢美之处，但也可以看出，威廉斯在当代西方马克思主义文学批评中的重要地位。

第三，同其他西方马克思主义者一样，威廉斯的思想有他合理正确的地方，也有许多失误甚至荒谬的地方。威廉斯看到了一些马克思主义批评家在注释马克思主义文化理论时的混乱，并试图对此作出自己的诠释。但他由于没有真正把握马克思主义，因此常常滑到自相矛盾的境地。他既承认马克思关于经济基础和上层建筑的公式的正确性，又说这个公式是抽象的，它无法包容相互交织的“实际经验”的结构。他从“存在决定意识”出发，进而对列宁的“只靠本人的努力，工人阶级只能够发展工会意识”论述绝对化，说列宁“主张劳动阶级无法创造一个社会主义意识形态”，与马克思关于阶级和意识形态关系和存在与意识关系的解释是矛盾对立的。威廉斯仅注意到列宁在一些具体问题上与马克思、恩格斯表述有所不同，而忽视了在一些基本问题上的一致性和延续性，这样由对列宁思想的片面理解而得出他自己片面的结论。

【原著摘录】

第一编　十九世纪传统 P23－212

第一章　对比 P23－58

P23　工业革命时期，英国的气氛是一种充满对比的气氛。标题“对比”原由普金使用而闻名于世，这也表明早期工业时期几代人的思维习惯。我们

① 王逢振. 今日西方文学批评理论［M］. 桂林：漓江出版社，1988：91.

的研究从讨论影响深远的人们之间与观念之间的对比入手，应该说是适宜的。

P23 埃德蒙·伯克被称为是“第一位现代保守主义者”，威廉·科贝特则被称为是“工业无产阶级第一位捍卫者”。

P42 作为对新工业制度的批评的焦点，我们有两个科贝特：眷恋一种不同生活方式的乡下人科贝特以及鼓励方兴未艾的劳工运动的劳工捍卫者科贝特。

P51 这里，文化一词指出了后来被广泛奉行的路线；针对政治经济学家所提倡的放任社会，建立积极而负责的政府的观念，政府的首要职责是促进社会的普通健康。这个观念是和尊重“感情”联系在一起的，后来成为习惯做法——莫尔对新社会兴起的评论和伯克的评论相似：

计算来了，感情走了。

P52 骚塞以蒙特西诺斯与莫尔的问答作为结束：

蒙特西诺斯：那么，你是要我了解，我们在化学上和机械上的发现进步过快，未能与社会的真实福利相一致。

莫尔：那些进步再快也不算太快——只要人类的道德文化同他的物质力量同步增加。但这一点做到了没有？

第二章 浪漫派艺术家 P59－80

P60 不过，现在我们谈论他们，最引人兴趣的不是政治批评，而是更广阔的社会批评；对工业革命根本意义的忧虑；他们的忧虑之感，坚定不移。在这种忧虑感之外，还有一种不同的反应，是文化观念的主要根源。在这政治、社会和经济变迁的时代，艺术、艺术家及艺术家社会地位的观念已发生剧烈的变化。

P61 这里有五个要点：第一，作家与读者的关系的性质正在发生重大的变化；第二，在对待“公众”（the public）方面，一种不同习惯的态度正在建立；第三，艺术的生产逐渐被视为专业化（specialized）生产的种类之一，而且它的生产条件被认为与一般生产的条件极为相似；第四，艺术是“超级的真实”（superior reality），是想象真理（imaginative truth）的本源，这种理论日益受到重视；第五，独立的创造者作家，自主的天才，这种观念逐渐成为一种常规。

第三章 穆勒论边沁与柯尔律治 P81－106

P84 穆勒收集了某些人对他所谓“文明”的几种批评；不过，考察其中某些详细的要点，穆勒所谓“文明”可能应正名为“工业主义”。

P85 科贝特没有把“舒适物质生活的与日俱增”与“大批群众辗转受

苦”看成对立的论点；他把它们看成同一个文明的两个方面，因此，它们虽形成对比，却是经验中的那种文明的一个事实。

第四章　卡莱尔 P107－126

P113－114　他以极度清楚地看出他那个时代特有的社会关系在精神上的空虚，人与人之间“付现金是唯一的关系”，而“……有太多的东西是无法用现金付兑的”。

第五章　工业小说 P127－153

P131　在《玛丽·巴顿》中，怜悯和令人困惑的暴行以及对暴行的恐惧相结合，最后，当苦难的实际情况已经令人无法忍受的时候，支持她那股怜悯的却是一种搪塞的写法。

P138　在语调和结构上，《艰难时世》是一位已经“看透”人世和识破人世的一切的人的作品。保存下来的只有被动者和受苦者及温顺者，他们将继承这个地球，而不是一个焦炭镇，也不是工业社会。这种原始的感觉，加上自认为已把一切人都识破的那种侵略性信念，成为青年人坚持不放的观点。这种天真纯洁的观点自然使成年人的世界感到可耻，但本质上也排斥成年人的世界。以整体反应而言，《艰难时世》与其说是对工业社会混乱局面的了解，不如说是这种混乱局面的意味深长而又持续不辍的症状。

第六章　纽曼与阿诺德 P154－177

P161　这样，文化既是研究又是追求。文化并非只发展“文学的文化”，而是发展“我们人性的所有方面”。文化也不再只是关系个人的活动，也不只是关系社会某一层面或部分的活动，而且必须在根本上是“普遍的”活动。

第七章　艺术与社会 P178－212

P181　罗斯金和莫里斯两人对普金的评论，实际上都是不友善的，但这主要是信仰不同所造成的。例如，罗斯金为了新教而注意到哥特式建筑，因而势必与普金对立；而在莫里斯看来，普金对一切与工人阶级运动有关的事物都持有偏见，这就非常令人讨厌。

第二编　中间时期 P213－258

一、马洛克 P214－218

P216　在社会思考方面，其结果是马洛克的这句格言：

只有通过寡头政治，文明的民主制度才能懂得自己。

二、新美学 P219－227

P222　因此，佩特那种感性是将一个普遍而积极的命题简化为该命题的否定。对于创作中的艺术家，对于作品所沟通的观赏者来说，为艺术而艺术是一句合理的格言；在这些时候，“为艺术而艺术”却只是对注意力的界定而已。那种反面成分则是那种幻想——通常可以解释的幻想——即认为一个人可以变成、可以混合于一件已完成的作品的那种幻想。

三、吉辛 P228－236

P233　叛逆者（或者被驱逐者，如吉辛因个人行为问题而被就读的那家曼彻斯特学院驱逐）在反叛的心情中发现有个明显的主义可以代表被社会驱逐的人。他认同这个主义，而且经常是狂烈的认同。但是这种认同将会牵涉到实际关系，并且在这个阶段，叛逆者即面临着新的危机。问题不仅是他通常不会情愿接受那个主义的纪律，而且更为根本的是，他一向认为被驱逐者阶级是高尚的阶级（被驱逐者＝他自己＝高尚），其实完全不是一回事。被驱逐者阶级的成员非常混杂，既有很好的成分，也有很坏的成分，而且生活方式与他自己的方式不同。我不是说这样他就不可能再走下去：好几位有所作为的叛逆者也是像他这样开始的。但是在通常的情况下会导致产生幻灭。

四、萧伯纳与费边主义 P237－244

P243　萧伯纳活着看到了本质的幻灭，这些幻灭阴魂不散地缠绕着他80年代的那些陈述。对穆勒或韦布来说，社会主义可以是民主的“经济相互对应面”，但是，对民主的信仰是真实的吗？

赤裸裸的真相是：民主，或者是通过人人投票选出的民治政府，从来就不曾是完全的现实；从曾经实现的非常有限的程度而论，它也算不上是成功的。

P243－244　他说，资本主义，特别是分工制度，产生了极度的无知，以至于如果不是拿插图新闻、小说、戏剧和电影那些浪漫的东西来填塞我们的脑袋，我们可真要由于滥用智力而死于白痴了；这样的填料使我们活了下来；但它给我们的每样东西都这么虚伪，虚伪到如此荒唐的地步，以至于我们在真实的世界中都变成了或多或少有点危险性的疯子。

结果是人民权力愈多，愈是迫切需要具有某种理性、见多识广的超人的权力来支配他们，并且消除他们对国际谋杀和国家自杀的那种根深蒂固的钦慕。

五、国家的批评者 P245－250

P246－247　我们现在疾苦的根源实际上在于宗教改革以及对僧侣土地的掠夺。这个宗教改革造成了一个地主寡头集团，并且摧毁了中世纪晚期的文明——当时，财产的分配制度与行会组织正在慢慢造成一种所有的人“由于拥有资本和土地而拥有经济自由”的社会。通过社会主义而恢复经济自由实际上是不可能的：集体主义的手段只会使资本主义仍然具有其根本的性质而延续下去。

六、休姆 P251－258

P253－254　即使摈弃了浪漫主义认为“性本善而毁于环境”的观点，但在休姆看来，另外可行的看法也并非是“人类本质有限，但可以靠秩序和传统作为纪律”而走向完美，而是“人类本质有限，但可以靠秩序和传统作为纪律而完成相当体面的事”。从截然不同的宗教领域引入完美的观念，这是错误的输入。浪漫主义是“跌了价的宗教”（spilt religion），同样，对休姆来说，阿诺德下定义的那个文化，也是“跌了价的宗教”。

第三编　二十世纪的见解 P259－373

第一章　劳伦斯 P259－278

P263　劳伦斯不太关心历史上工业主义的起源。在他看来，工业主义是本世纪既定的事实，其核心是“迫使人类把所有的精力投入到竞争与掠取之中”——这是构成这个传统的所有形形色色的解释的共同成分。

第二章　托尼 P279－293

P287　《平等》中的其余的大部分篇章致力鼓吹托尼本人所列举的改善方法，尤其是扩大社会服务，以及将工业转变成一种社会功能使其成为一种具有自己的地位和标准的职业。我们很难同意他论述中所包含的人性，但是，正如我们在阅读这个传统中的大部分论述时的感觉一样，我们也很难不感觉到：虽然这种人性也承认托尼称之为“拦路虎”的问题，但却仍然希望能把行人和虎都融入一种共同的人性，从而把路走完。

第三章　艾略特 P294－313

P302　在20世纪的人类学和社会学中，“文化”作为“整个生活方式”的含义极受瞩目，艾略特和我们一样，至少也曾偶然受到这些学科的影响……对“整个生活方式”的强调是从柯尔律治与卡莱尔延续而来的，但是，他们的这种强调是对个人的价值的一种肯定，而现在已经成为一个普遍的思想方法。

第四章　两位文学批评家 P314－337

P322　总的来说，理查兹把艺术作为“组织”的观点恢复了观念与实践的统一，并提出了一个极有研究价值的强调。然而，我们应该进一步说明，艺术与实际社会组织互相对立的假设，削弱了工业革命以来有关艺术上的理论讨论，作为我们所追溯的历史现象，这种假设的对立是重要的，但是难以视之为绝对的真理。个人心理同样也受到个人与社会对立的假定的限制，这种对立实际上只是社会过渡性组织解体的一个预兆。在经过这个过渡时期之前，我们只能获得一种有限的艺术理论，但是在这同时，值得我们高兴的是，长期使我们误入歧途的出发点——艺术家必然是不正常的——现在在理论上正逐渐被摈弃，在大多数现实中的艺术家的实际感受中，几乎已经完全被摈弃。重新强调交际的重要，是我们正在逐渐恢复共同体的一个可喜的预兆。

P330 “我们的文明所特有的那种对虚伪的反应深思熟虑的利用”仍然比比皆是。但是，利维斯建立实用的识别训练方法已经在我们的整个教育制度中被广泛地运用，而且仍然可以更广泛地扩大它的应用，其功劳是不容忽视的。

第五章 马克思主义与文化 P338－361

P348－349 在何种意义上的马克思主义那里，艺术有“改变人类状况和决定整个社会”的积极作用吗？马克思和恩格斯并不否认这些“反映”对整个人类状况的影响，但是却认为艺术的作用能够改变“人类状况和整个社会”的观点则和他们那种主张并不一致。认为艺术具有这样的功能，其实是尽人皆知的浪漫主义的立场；即把诗人看作立法者。

P359－360 但是，如果我们同意马克思的“存在决定意识”的观点的话，那么，我们就会发现事先规定任何一种特定的意识都并非易事。当然，除非规定的人能够把他们自己等同于“存在”（他们在理论上也是这么做的）可以另当别论。我个人的观点是，在一个社会主义社会中，如果基本的文化技能已经普及，沟通的渠道已经扩大和畅通，一切可能做到的都已经准备好，这样就会出现一种对整个现实的真实反映，并且就有价值。

第六章 奥韦尔 P362－373

P362 他不是有经验需要我们慢慢地接受并评价的伟大的艺术家，也不是有观念需要我们去注释并加以审视的重要的思想家。他之所以引人感兴趣，是完全由于他的坦率。对我们来说，他继承了一个伟大而人道的传统；在我们看来，他寻求把这个传统运用到当代世界。他进入书斋，从书籍中找到美德和真理的细目。他参加实践，并从中找到忠诚、宽容和同情。

结论 P374－416

P375 工业、民主和艺术是三个重要的问题. 在每一个问题中都有三个主要的认识阶段。在工业中，第一个阶段是拒绝，拒绝机器生产和工厂制度所体现的社会关系。然后是对孤立的机器本身逐渐产生对抗情绪的阶段。第三个阶段是在我们这个时代中，机器生产终于被接受，主要的强调转向工业生产制度内部的社会关系问题。

民主问题方面，第一个阶段是关注民权的出现对少数派价值的威胁，关注的重点在于对新兴起来的群众力量普遍的怀疑。然后是一个完全不同的趋势，其重点落在共同体的观念上和有机社会的观念上，作为对占支配地位的个人主义的伦理和实践的反抗。第三个阶段在我们这个世纪，第一阶段的恐惧强烈地复苏。在这个特定的环境中，恐惧的是大众传播这个新世界中所谓的“大众民主”。

艺术问题方面，第一个阶段不仅强调艺术的独立价值，也强调艺术所体现的特质对共同生活的重要性。随之而来的是反抗的放逐者成分进入第二个阶段，重点在于强调艺术自身的价值。有时有人公开提倡把这种价值从共同生活中分离出来。第三个阶段考虑的重点是试图把艺术与共同的社会生活重新结合起来：这种努力以“传播”这个词为中心。

【参考文献】

[1] 冯宪光. 文化研究的词语分析——雷蒙德·威廉斯《关键词》研究[J]. 绵阳师范学院学报，2006 (3).

[2] 刘智利. 文化与社会——《雷蒙德·威廉斯的文化社会学》简介[J]. 国外理论动态，2005 (12).

[3] 苏哲. 关键词——文化与社会的词汇 [J]. 江苏警官学院学报，2005 (3).

六、《文化认同与全球性过程》

[美] 乔纳森·弗里德曼 著

郭建如 译

商务印书馆，2003 年

【作者简介】

乔纳森·弗里德曼是瑞典隆德大学社会人类学系的教授，他与斯考特·拉什合编了《现代性和认同》（1990 年）一书。曾著有《趣味的专业：亨利·詹姆斯、英国唯美主义与商品文化》（1990 年）一书，探讨了艺术作为社会实践的商品化过程。参与编写《世界体系史：长时期的社会变迁》（2000 年）。曾于 1990 年 10 月 9 日于“中央研究院”民族学研究所作题为“From Roots to Routes：Tropes for Trippers”（从根源到路径：人类学理论）的演讲。另著有《未来的过去：认同的历史与政治》（1992 年）。

【写作背景】

全球化是近代以来西方社会和学者关注的一个重要方面，全球化本质上是西方化的，资本主义文化对世界各个地区和国家的发展造成了重大影响，西方霸权体系在很长一段时期内主导着世界格局。随着 20 世纪的到来，世界形势不断发生着翻天覆地的变化，尤其是二战以后社会主义运动和民族主义运动此起彼伏，冷战的开启和结束给世界体系造成了深远的影响。随着一些国家和地区经济社会发展水平的提高，人们开始诉诸各种途径来寻求对自身的文化认同，反西方化成为其共同特征；而在西方社会内部，少数民族的族群自我意识开始觉醒，文化多元主义倾向得到了国内和国际社会的普遍认可。面对这一形势，如何从人类学的角度对这些现象以及这些现象之间的关系进行分析和研究成为不同学者面临的一个挑战。

人类学作为一门学科随着现代社会的进步而发展迅速，对于文化认同一直是人类学家的一个重要研究对象。随着全球化的发展和西方霸权的衰落，从全球化的角度对文化认同进行研究，成为人类学家进行研究的一个视角。

【中心思想】

该书是弗里德曼 15 年学术研究总结的论文集，其每一章都是在不同时期内发表的论文，而贯穿各章的主题则都是关于文化认同、现代性和全球体系的。弗里德曼在该书中力图从全球化过程的角度对文化认同进行研究，并对二者的关系进行分析。弗里德曼对全球体系、文化认同等进行了概念界定和特征分析。他对西方现代性条件下的文化认同与西方霸权、全球体系的关系进行了分析。弗里德曼以社会再生产为基础，认为现代性作为西方霸权和资本积累中心化的产物，其在很大程度上推动了世界体系和全球化的形成，这也是现代主义文化认同形成的过程。他以夏威夷人和刚果人为例，提出在现代社会中随着西方霸权的衰落和世界资本积累的去中心化，世界各地不同的人群从内部或外部寻求自我文化认同。他把人们的这种诉求分为尚古论、后现代主义和进化论，并对这三种理论进行了分析。弗里德曼对全球体系和全球化之间的关系进行了分析，认为全球化是全球体系的一个子集。最后，弗里德曼对全球体系中的秩序和失序进行了分析，提出失序作为现代性和西方霸权衰落的产物，其包含着地区性民族对自我文化认同的追求。

【分章导读】

前言　在该部分，作者对该书的写作缘起、历程、合作者以及写作方法等进行了简单的介绍。该书是弗里德曼历经 15 年的研究总结而成的论文集，他认为全球化条件下，文化全球化开始在知识分子中获得广泛认同，弗里德曼认为这种认同与认同政治有关，提出文化作为全球体系的产物总是倾向于解体和崩溃，弗里德曼力图对这一解体和崩溃过程中社会阶层、族群化、本土化等现象进行考察。

第一章　迈向全球人类学　在该章，弗里德曼认为对全球性的研究在学术界有一个认识逐渐转变的过程，提出了其人类学视野中全球化的发展趋势，并对所要研究的人类学对象进行了简单论述，弗里德曼力图用事例的方法说明社会再生产在解决人类学家所面临的困境中的作用。

弗里德曼对所要研究的全球性进行了界定，并提出全球性并不像以往思想家所提出的那样是围绕西方帝国主义的扩张而发展的，从长远角度看来，西方世界体系正在去中心化并更有竞争力。他认为与一些思想家所描述的经济危机的积累中心不断转移相似，所有的文明的一个重要特征就是其中心在不断地运动和变化。

弗里德曼认为，作为全球性产物的人类学对象必须从世界体系中进行理解，如部落、酋邦等都是西方殖民体系的产物。人类学家在理论上经历了从崇外论、尚古论到进化论等不同阶段，这些理论都建立在把世界分为文明与野蛮等等级观念之上。弗里德曼对人类学家在不同阶段所持有的这些理论进行了分析，并提出进化论所遭遇的困境，即用群伙—部落—酋邦—国家的民族志图式模式如何解释非进化和退化的现实。弗里德曼以对澳大利亚酋邦社会、下刚果区的父系社会演变、西帝汶母系倾向的统一王国、南美洲地区的土著居民等实例的考察为基础，提出用社会再生产来解释民族志图式模式的困境。弗里德曼提出全球人类学并不是关于文化的发明。弗里德曼认为在全球化发展迅速的形势下，全球过程和地方过程是相互结合的，他对一些西方思想家力图建构新的全球整合理论进行了批判。

第二章　全球体系通史的与文化上的特性　弗里德曼在该章论述了一下几个问题：全球框架的地方史；对马克思关于生产方式的思想进行评析；全球体系的种类划分；全球体系的地域结构划分；全球体系的文化特性；全球体系中的认同和文化过程；个体认同与社会认同之间的关系。

关于全球框架的地方史，弗里德曼认为全球体系人类学的提出是20世纪70年代中期西方不同观点交锋的结果。他提出全球体系过程的历史延续性的观点，认为从全球视野进行研究与以地方史为基础的“近处经验”是并不矛盾的。

弗里德曼从全球性和地方性二者相结合的角度对马克思关于生产和再生产的理论进行了简单分析，提出“马克思的著作是在民族国家的世界中完成的，在那个世界中，生产的观念与社会再生产的早期概念实质上是作为对民族国家认同的反映，被塞进了地域性国家（territorial state）的框架中”[①] 的，

---

① 乔纳森·弗里德曼［M］. 文化认同与全球性过程. 郭建如，译. 北京：商务印书馆，2003：28.

弗里德曼认为马克思的生产过程是一种地方性再生产，这种地方性再生产依赖于更大的再生产过程。

关于全球体系，弗里德曼认为全球体系具有历史延续性，人类社会在古代已经存在着全球体系了。弗里德曼提出了两种不同类型的全球性结构，并对二者的特征进行了分析。首先，声望物品体系的特征：贵重物品具有重要意义；婚姻联盟造就群体内部关系的结构化；双头政治；地区性等级制等。弗里德曼对这种声望物品体系中的政治、经济、文化、社会方面的特征进行了分析。其次，商业城市体系的特征：声望物品体系去中心化引起竞争、战争以及城市化；声望物品开始为抽象的财富或货币所取代；政治等级制度划分的变化；私人财产的出现；各种剥削方式的结合；金融和银行中经济功能的分化导致政治上国家——阶级从政府部门分离出来；古代和现代社会中对劳动剥削的一致性；再生产的中心——边陲组织的出现。弗里德曼随后对商业城市体系的形成、周期等进行了分析和归纳。

关于全球体系的地域结构，弗里德曼进行了分类并对其各自的特征进行了简单的分析，其分类主要是：中心/边陲结构、依附结构、独立结构、扩张主义的部落结构——掠夺性的结构、“原始”结构。弗里德曼从现代性的角度对全球体系的文化过程进行了研究。他以希腊化时期为依据，对全球体系的文化过程进行了分析。

弗里德曼认为文化在帝国的扩张中伴随着地方文化的变化而变化，在权力、认同和文化建构之间形成了一个母质，它们之间相互作用。文化认同在个人身上则表现为族群性以及生活方式。弗里德曼认为传统的族群性是一种建立在成员关系基础之上的文化认同，这种关系是由人的实践活动决定的，在现代社会，人的族群性表现为民族认同。

弗里德曼对全球不同地区的族群性发展进行了比较研究。弗里德曼通过对希腊化过程中文化从帝国体系中心向边缘扩散的考察，提出文化认同的策略以及由此形成的等级结构：在以亲属关系组织起来的裂变性的体系中，族群性使得不同的人群被纳入不同的等级制度之内；当抽象的财富积累和拥有在界定社会位置中的作用愈加明显的时候，族群性的作用开始被政治和经济的作用所取代。

在个体认同与社会认同之间的关系上，弗里德曼认为以往的研究是比较糟糕的，他用图表的形式描述了个体与社会认同之间的关系。弗里德曼认为西方霸权的衰落和世界体系的去中心化所表现的特征就是文化运动，这种运动体现为文化的周期性，弗里德曼对文化周期和文化认同之间的关系进行了分析。总之，弗里德曼提出了全球体系的连续性以及其在不同阶段通过文化所表现出的变异性。

第三章　文明周期与尚古论的历史　弗里德曼在该章提出了文化周期理论，同时对人们关于尚古论的态度转变的过程做了简要的分析和论述。弗里德曼认为人类学起源于所有社会都存在的“他者”，即外部的王国、盟友或敌人等，他提出人类学的两个参量：扩张、征服、中心/边陲/边缘结构的形成；中心自身的转型。弗里德曼把文明社会分为两种类型：以国家—阶级为特征的文明和以政府和社会机构为特征的文明，提出“文明周期是指在这个讨论开始时所定义的文明中心的出现、成长和衰落”[①]。

弗里德曼对文明在西方的发展进行了考察。在中世纪，由于欧洲特定的历史复杂性，人们倾向于以尚古论来解释文明的发展，如人们用黄金时代或伊甸园等词汇来描述文明。随着历史的发展，封建等级的意识形态开始融入人们对文明的考察，人们开始用等级制度来解释文明的发展。文艺复兴以后，随着欧洲扩张时代的到来，人们开始运用“文明中心与野蛮的边陲”这一图式描述文明的发展。启蒙运动之后，进化论思想开始大行其道。弗里德曼对欧美国家学院人类学流派的发展历程、背景以及代表人物的观点进行了考察，并认为这一流派是对尚古论的回归，最终提出“循环内容似乎以如下所示的那样进行：尚古论出现在循环的开始和终点，进化论在中间，特别是在上升途中是主要的”[②] 结论。弗里德曼对地中海、中国、阿拉伯等地区的文明的发展、成长和衰落进行了考察，认为其与现代欧洲有着相似的文明发展模式即文明的周期性。

第四章　人类学中文化概念的出现　弗里德曼在该章中对人类学发展史上人们对文化概念的理解进行了梳理和分析。弗里德曼认为早期人类学家视野中的文化是人们能够习得的，包含了从技术到宗教的所有东西。随着人们对文化概念认识的深入，人们开始把文化概念理解作为意义的系统、符码和节目的过程。

弗里德曼对文化概念的轨迹进行了分析。20 世纪早期文化相对主义思想

---

① 乔纳森·弗里德曼. 文化认同与全球性过程［M］. 郭建如，译. 北京：商务印书馆，2003：70.

② 乔纳森·弗里德曼. 文化认同与全球性过程［M］. 郭建如，译. 北京：商务印书馆，2003：87.

在美国人类学中占据主导地位，而且在20世纪40—60年代重新兴盛，这种具有进化论色彩的模型把文化看作有着一定排序的经验材料，它体现了现代主义的文化认同。弗里德曼认为文化相对主义思想的出现与美国对外霸权扩张的历史时期相吻合。随着20世纪70年代和80年代西方社会的衰落，这种现代主义的文化认同开始瓦解，这一瓦解的过程是世界体系分裂，资本和财富去中心化以及地方性和区域性认同的表现。弗里德曼对文化进行了解构，提出了人们在人类学中对文化使用的两种不同的方式：属文化和差异性的文化，对二者的内涵进行了分析。最后，弗里德曼对存在主义的本源和文化的生产进行了阐述。

第五章　文化、认同和世界性过程　弗里德曼在该章从人类学角度对20世纪后期文明的发展趋势以及引起趋势的原因进行了分析。弗里德曼认为在人类学的研究领域，人们开始从20世纪50年代的发展主义和唯物主义转向20世纪70、80年代的文化主义和尚古论，弗里德曼认为这种文化上的转变与妇女运动、青年文化的转变等是相一致的。

弗里德曼对文明认同的作用以及文明社会的特征进行了概括，分析了传统主义和后现代主义两种文明认同结构，并对文明认同结构的三个变种，传统主义的—文化主义的、后现代主义、现代主义者的特征和内涵进行了分析。最终，弗里德曼认为“文化认同有一个特定结构，它建立在处于中心的自我与被界定成自然、传统文化、野蛮人、力比多的边陲，‘外面的远处的’边陲和/或我们内部的边陲之间的对立上”①。

关于世界体系的分裂和文化认同的形成，弗里德曼认为文明的分裂是经济的分裂问题，这一分裂过程体现在民族主义运动、族群运动、地方自治和社区自我控制等方面。弗里德曼以中心—边陲的世界体系模式论述了民族自治运动增长的原因和趋势。弗里德曼对体系内和体系外的文化进行了分析，他把文化的三种形式进行了区分和论述。

最后，弗里德曼提出文化认同似乎与现代性的发展有着相反的趋势。他提出在文明的扩展时期，中心是作为一个整体而存在的，而在文明的收缩期，边陲的文化则开始走向同化外来者的趋势。

第六章　全球体系的文化逻辑　弗里德曼在该章主要对后现代主义进行

① 乔纳森·弗里德曼. 文化认同与全球性过程［M］. 郭建如，译. 北京：商务印书馆，2003：128.

了考察。弗里德曼把现代主义、后现代主义和传统主义描述为文化空间的几个极点，他对三者进行了概念术语界定。弗里德曼认为后现代主义是与现代主义对立的，这种对立表现在文化概念上。现代主义体现了自然和文化的对立，而后现代主义则认可文化和自然的价值。弗里德曼认为现代主义认同是和资本主义对外扩张联系在一块的，随着扩张的衰落或终结，现代性认同开始面临困境并难于维持。他认为现代主义认同分为三种发展趋向：传统主义、尚古论和真正的后现代主义。

关于世界体系中现代认同的型构，弗里德曼认为随着资本主义文明的对外扩张，社区、亲属和家庭网络开始受到冲击，这一过程体现了资本主义世界体系的建构过程。但是随着霸权危机和去中心化的出现，世界上不同地区出现了边陲化模式，民族认同和族群化开始盛行。弗里德曼对如何界定非现代部分以及属于该部分的人群进行了分析。最后，弗里德曼对该章进行了总结，他认为应该从世界体系转型的背景中对现代性危机进行考察和分析，提出现代性危机是世界体系衰落的特有现象。

第七章　全球化与地方化　弗里德曼在该章通过描述刚果、日本阿伊努人和美国夏威夷人对自我文化认同的追求，对全球去中心化形势下的地方化的发展进行了分析。

弗里德曼认为全球的去中心化是一种文化的复兴，他认为消费与文化策略相互作用。在资本主义文化霸权的影响下，对物的消费演变成了对认同的渴求，在西方霸权衰落过程中，不同族群和社会开始寻求重建自我认同，而人们倾向于把文化认同自我建构的实践与消费物品联系在一块。刚果人民共和国通过服装、可乐等物品的消费来划定社会等级，服装、可乐等物品在这些族群和社会成了声望物品，弗里德曼把这种消费看作是对自我文化认同重构的一个环节。日本的阿伊努人通过发展旅游业来建立和维护在现代性条件下的文化认同。而夏威夷人则立足于其自身的经验，意识到商业化强大的去真实性的力量，因此夏威夷人在寻求自身的文化认同过程中力图把旅游业排除在外。弗里德曼把刚果人、阿伊努人和夏威夷人对自我文化认同的追求过程看作是全球转型的特定产物。

第八章　历史和认同政治　弗里德曼在该章对认同由于历史建构的政治之间的关系进行了考察，提出产生认同的情景过程必须从地方性实践和全球性认同的衰退等方面进行考察。

关于对自我定位与建构过去，弗里德曼以希腊和夏威夷人的实践过程为依据，把人们力图在特定社会历史条件的所寻求的文化自我认同与其历史相连接起来。弗里德曼认为西方社会对希腊文化认同经历了一个态度转变的过程。最初的希腊文化被西方社会当作异教文化，文艺复兴运动之后西方社会倾向于把希腊文化看作西方文化的合法祖先，从而把希腊文化融入西方的文化认同之中，17 至 18 世纪随着希腊地区文化日趋依赖于欧洲社会，此时希腊文化开始被当作西方文化奠基性文明的后裔，而 18 世纪以后，希腊开始力图构建其与基督教文化、伊斯兰文化不同的文化认同。弗里德曼认为应该从全球性体系的角度来看待这种变化，提出这种变化与西方的文化霸权的走势是相吻合的。

弗里德曼也把夏威夷人的文化建构与全球过程联系在一起，他对现代主义者关于夏威夷人的文化认同的研究进行了评析，认为随着夏威夷人被整合进入世界体系，人类学家开始用西方的话语来研究和归纳夏威夷人的文化认同。弗里德曼对希腊人和夏威夷人的认同建构进行了比较研究，对现代主义、后现代主义者面对文化认同差异化所做的理论分析进行了评述。

第九章　风雅的政治经济学　弗里德曼在该章以刚果人对服装的消费而实现塑造文化自我认同的分析，阐述了在现代社会条件下，一些社会的声望物品作为一种特殊社会环境的产物，已经成为人们寻求自我认同的手段。

弗里德曼认为很多人类学家忽视了对消费的考察，人们更多地把消费看作对需求的回应，弗里德曼更为赞同的是把消费概念融入对人们“自我创造过程”和自我界定的考察之中。弗里德曼对布迪厄等人关于消费与自我认同之间关系理论进行了分析。弗里德曼对刚果地区的人们对服装消费的追求进行了考察，提出在现代资本主义生活方式的影响下，刚果地区不同种族的人们一方面立足于自身历史，另一方面从对西方依附的角度寻求自身的文化认同，这种表现形式就是对西方服装的追求。在刚果地区，服装作为一种声望物品成为划分阶级和区分阶层的重要手段。

第十章　自恋、寻根和后现代主义　弗里德曼在该章力图解决世界体系、寻根和后现代主义文化之间的关系。弗里德曼首先对人类学所面临的困境进行了分析，他认为，在西方霸权盛行的时期，用西方的话语来界定不同国家的民族志是可行的，但是，随着世界体系的中心—边陲模式的粉碎，西方人类学家进行话语表述的能力下降了，因此，弗里德曼提出人类学应该进行自我反思。

弗里德曼首先对全球体系的轨迹进行了描述。他认为资本在世界流通的变化与认同建构和文化生产之间的变化有着很大的关系，人们的生活建立在社会再生产的基础之上。在全球体系的稳定的霸权期内，中心—边陲的模式造成了很强的等级关系，其特征表现在劳动分工之上。随着去中心化时期的到来，中心与边陲地区的社会结构和文化开始发生变化。

弗里德曼力图把人们在认同建构过程中的经济和文化联系在一起，他从心理学角度提出自恋的概念，并分析了自恋与自我构成之间的关系。弗里德曼提出“从弗洛伊德的视角看，自恋状态是以缺乏内部经验，或更正确地说，以缺乏将自我界定成自主事物那种体验为特征的状态”[①]。处于自恋状态的人最终被整合进各种更大的关系体系，而在现代社会，随着去中心化趋势的发展，不同地区的人们从内部或外部寻求自身的文化认同。

弗里德曼对美国夏威夷地区文化认同建构的变化进行了分析，他认为夏威夷地区的历史反映了世界霸权体系的变化。19 世纪到 20 世纪，在夏威夷人被整合到美国的过程中，夏威夷人的文化被不断否定并被边缘化。而随着美国霸权的衰落以及夏威夷地区旅游业的发展，夏威夷人对自我文化认同的追求意识开始显现，他们开始诉诸各种形式的运动和实践，他们把争取权利与和平、保护生态与反对破坏岛屿等结合起来，夏威夷人逐渐把关注点转移到夏威夷文化的建构上面。弗里德曼把这种变化归为现代主义认同的衰落，并认为这也是夏威夷人进行寻根的尝试。

弗里德曼对夏威夷地区和非洲地区的人们进行自我文化认同建构进行了比较分析，认为非洲倾向于把外部因素看作权力的来源和自身存在的内部条件。弗里德曼再次对刚果地区的形势进行了分析，认为刚果地区的人们对外部的依赖和凭借炫耀进行自我展示是后现代状况下人被自恋欲望驱使的表现。

弗里德曼对文化变迁的模型进行了分析。弗里德曼一方面关注根植于西方社会的文化变迁如后现代文化趋势、国际宗教运动等，另一方面对处于东方社会文化背景中的现代主义进行了分析。弗里德曼认为东方社会的新儒家主义更加强调道德的约束，强调民主和理性主义发展目标的重要性。弗里德曼把这种追求与西方文化连接起来，认为二者之间存在着相似和互通之处。最后，弗里德曼进行了归纳总结，提出无论是寻根、自恋情结的出现等都是与西方霸权的衰落紧密地联系在一块的。

---

① 乔纳森·弗里德曼. 文化认同与全球性过程［M］. 郭建如，译. 北京：商务印书馆，2003：258.

第十一章　全球体系、全球化和现代性的参量　弗里德曼在该章对全球性、全球化以及现代性的内涵、特点等方面进行了考察和分析。关于全球化，弗里德曼认为人们更多地集中于对帝国主义等级特征方面的研究上，尤其是关于美国在政治、经济、文化等方面所推行的霸权主义。弗里德曼对罗伯逊关于全球化的研究进行了阐述和评价。罗伯逊把全球化和地方化看作特殊主义的普遍化和普遍主义的特殊化，而弗里德曼则认为特殊性是全球体系特殊阶段的产物，是全球体系去中心化过程的产物。

弗里德曼把全球化看作文化的过程，这种文化的过程就是认同的形成和分裂过程，弗里德曼认为许多文化的过程是在全球体系中产生的，因此，全球体系包含了全球化过程。在当前世界各个国家和地区的转型过程中，全球体系渗透于其各个方面。弗里德曼对全球化在全球体系中的制度过程、文化过程进行了分析。

关于全球化和世界主义，弗里德曼认为世界主义作为人们对认同的一种追求是非真实和现代的。世界主义者力图通过预设的自我识别和认同的观念来处理世界性和地方性之间的关系。弗里德曼认为这种做法从全球体系的角度来看是虚幻的，是西方霸权的帝国秩序的产物。弗里德曼认为全球体系和全球化存在着前者包含后者的关系。弗里德曼对文化概念在全球体系中的产生进行了分析，认为文化作为一种西方现代性的产物在全球情景下，“产生了世界本质化、不同文化的构型和族群或种族，这依赖于历史阶段，文化还产生了识别者的专业认同”[①]。弗里德曼以克利奥尔的理论为分析对象，提出在世界文化化的时代，必须从全球和混杂的角度对文化进行研究。

弗里德曼认为自己虽然认同阿帕都莱的全球取向，但是却并不赞同阿帕都莱关于全球化在趋同性和异质性趋势之间的对立，即全球化和地方化的对立。弗里德曼认为全球化和地方化的发展是世界资本积累去中心化和西方霸权衰落的结果，是文化认同在现代主义认同萎缩的背景下发展的结果。弗里德曼提出了文化的马赛克概念，认为不同文化在世界体系条件下是相互流通和交流的。

弗里德曼从全球性的角度对现代性的参量进行了分析和考察。他认为现代性是在全球体系条件下的地方产物，作为一种识别形式，其为人们提供了认知空间。弗里德曼对现代性的一些特征，即个人主义、公共—私人区分的

---

① 乔纳森·弗里德曼. 文化认同与全球性过程［M］. 郭建如，译. 北京：商务印书馆，2003：310.

转型、民主、族群性和民族主义、异化和社会运动等十一个方面进行了分析。弗里德曼对吉登斯关于现代性原子式特征的思想进行了分析。

弗里德曼把资本主义界定为抽象财富的积累，并把其看作社会在生产的主导过程。弗里德曼认为随着商品化的推进，现代主体对自我进行了重构，而“世界的解体引起了一个爆炸性的文化上的创造力，这种创造力是被要在突然被剥夺了固定位置的世界中建立认同的欲望驱动的”①。他把现代性的特性建立在商业化的基础之上，融合在资本主义文明与其相应认同的动态关系之中。

第十二章　全球体系中的秩序与失序　弗里德曼在该章对全球体系中的秩序和失序进行了考察，并分析了二者与文化认同、现代性之间的关系。

弗里德曼首先对 20 世纪 80 年代以来全球不同国家和地区所出现的失序现象进行了描述，他认为这种失序有其内在的体系性，其原因是世界范围内资本积累的去中心化以及文化认同的多元化。弗里德曼认为全球体系的结构层次通常被分为民族国家、区域、族群等，但是他提出失序必须从全球体系的角度进行考察，并认为全球性或区域性秩序的建立可能会导致地方性失序。国家、省、城市、镇和户等都是全球体系中的结构层次。

弗里德曼通过对现代性认同空间的形成、扩张和衰落的考察，提出世界的失序同文化形式的去同质化有着密切的关系。弗里德曼认为随着世界秩序的衰微，宗教运动、民族主义和地方战争开始增加，他把文化认同看作是这些失序现象的核心。弗里德曼认为无论是可乐、T 恤等物质还是数学、科学、媒体等文化在历史上都经历了长期的全球化过程。

弗里德曼认为作为认同空间的现代性的结构基础是现代主义，现代主义的全球化是西方扩张的产物，它随着霸权性的中心—边陲结构的模式而构建起了全球体系。随着经济和政治条件的衰落，资本积累走向去中心化，其导致了现代性的危机，尚古论、后现代主义和进化论就是人们应对这种危机的产物。弗里德曼对失序和后现代主义之间的关系进行了分析，他把人的自我观的变化与现代主义的衰落联系起来，提出“主体对自我维持与整合的渴求是再秩序化过程的驱动力”②。最后，弗里德曼进行了总结，提出全球体系的

---

① 乔纳森·弗里德曼. 文化认同与全球性过程［M］. 郭建如，译. 北京：商务印书馆，2003：340.

② 乔纳森·弗里德曼. 文化认同与全球性过程［M］. 郭建如，译. 北京：商务印书馆，2003：374.

失序是由于霸权的衰落导致的，随着秩序的重新建构，区域性单位或交易地带也在形成，亚洲和沿太平洋地区经济的兴起就是地方性现代主义的现代性的体现。

【意义与影响】

该书是乔纳森·弗里德曼 15 年研究的结晶，其各章是作者在不同时期所发表的论文。在该书中，弗里德曼系统地阐述了其所倡导的全球人类学的基本思想。该书中译本是根据英国赛吉出版社 1994 年版译出，由商务印书馆于 2003 年印刷出版中文版第 1 版，并于 2004 年再次出版。在世界范围内拥有众多的读者。

第一，作者在该书中从人类学的角度对文化认同与全球性过程的关系进行了分析和研究，体现了人类学学科研究的理论特色，为人们的学习和研究提供了理论基础。弗里德曼从人类学的角度对文化、全球体系、全球化等进行了概念界定。弗里德曼在该书中力图从全球体系的构建和危机的考察中对文化认同进行考察，他认为在现代社会，全球化的文化认同根植于西方霸权建立，而这种霸权的衰落必然导致地方性文化认同意识的崛起。他认为文化认同不仅涉及一个族群的文化，而且涉及该族群的政治、经济、社会等各个方面，文化认同的构建对一个社会的重构和发展有着重大的影响。弗里德曼的这些思想体现了西方社会对现代性的深刻反思，尤其是对西方文化的反思。通过对该书的学习和思考，能够使人们更好地理解西方社会对世界历史的影响，使人们能够重新审视全球化的利弊和反思当今世界各个国家、民族和地区对自我认同的寻求。

第二，弗里德曼在该书中充分运用了人类学的研究方法分析问题。他以对不同地区的族群文化研究为根据分析文化认同与全球体系之间的关系，翔实的材料为其论点提供了理论支撑和说服力。弗里德曼在该书中广泛地汲取了社会学、心理学、政治学和经济学等学科的研究方法和理论观点，通过对众多理论家的思想观点分析和研究来阐述自己的观点，这体现了现代学科研究的特点和发展趋势。

第三，该书为我国在建设中国特色社会主义过程中如何坚持中国特色社会主义制度，走中国道路以及弘扬中国精神，进而实现中华民族伟大复兴提供理论的反思。按照弗里德曼的理论，随着西方霸权的衰落以及各个国家地区的政治、经济、文化的发展，未来的世界趋向多元化，寻求文化认同是许多国家发展的一个重要环节。在鸦片战争以后，先进的中国人民一直把追求现代化作为自己的奋斗目标。现代化本质上源于西方，现代化并不等于西方化，而如何处理西方化与本土化的关系一直是我国社会发展过程中的重要挑战，无论是中国制度、中国道路，还是中国精神，都是中国人民在探索的过程中不断实践和反思的结果。因此，通过对该书中的观点的认识和思考，能够为我们国家和民族更好地界定自己的历史地位，正确地处理国内不同民族、不同群体之间的关系，不断在探索中更好地完善中国特色社会主义道路和中国特色社会主义制度提供理论基础。

【原著摘录】

前言 P1－5

P3　这本书提供了一个具有这种关怀的预测性的精确模型，这种关怀现在已经开始被许多研究者所理解。这本身可能被理解成在全球性的视角辩护——这种视角不怯于去把握型塑了我们这个世界的宏观的经济政治过程，不怯于去把握同前者紧密纠结在一起的文化过程。

第一章　迈向全球的人类学 P6－25

P6　这不是一本关于全球化的书。它是一本讨论全球体系过程的书。它不是关于观念、食谱和穿着模式，即文化品传播的书。它讨论的是这些事情在其中得以发生的那些条件的结构。在某种意义上，它讨论的是物体运动的方式，但更明确地说，它讨论的是运动物和流动者如何被识别、同化、边缘化和被拒斥。它试图说明当前对全球化自身迷恋的历史渊源，说明全球关系及其塑造力的历史渊源。

P12　这里最为关键的事实是，人类学证实了我们文明中存在的中心——边陲（边缘）结构的意识形态表述，这是文明同它的很少有所发展的先驱之间的进化关系，一种把空间变成时间的误译。

P15　民族志困境是来自中心的人类学家与处于边陲的对象之间的线性关系的产物，它倾向于在时间和空间上把正在被研究的人孤立起来，用已经嵌入民族志关系中的范畴把他们个体化。可以看到走出这个困境的路子是在概念上从社会再生产，而不是从社会制度出发。

P22　毫不夸张地说，人类学充满了被认为是对特定社会类型的相对稳定表达的那些社会的大量描写和分析，不管这些社会类型是群伙、部落、酋邦，或者是无首领社会。

P23　当在文化方面确实存在着地方的对全球的包围的趋势时，在物质方面同时也存在着全球的对地方的包围。最后，在这两个过程之间存在着连续的结合。

P24　全球性是指文化实践在其中发生的舞台结构与舞台过程。但它并不等同于这样的文化。在这里，社会现实重新的全球秩序化和人们所说的文化连续之间并不存在矛盾。

第二章　全球体系通史的与文化上的特性 P26－65

P30　总体性的社会再生产概念将我们从这个问题中解放出来，并打开了朝向一般的全球体系框架的大门，在这个框架中，全球性不是历史问题，而是结构问题。

P40　世界历史被划分成各自独立的世界体系的首要原因就在于文明这个概念自身。这个术语包含了文化特性的一个核心，它有可能推翻结构分析所做的一贯努力。

P41　如果不考虑霸权、抵制性的认同、支配性的和从属性的话语这些现象，就不能理解全球体系中的文化过程。

P49　文化认同是个体拥有的东西，它是特定种类的社会认同的基础，但是，这样的认同从来就不是社会制度的内容。

P57　个体认同，既不是由主体携带，也不是可自由选择的。这是因为它首先是位置性的，认同是由个人在更大的关系网络中的位置所决定的。

P64　最后，我们已考虑了文化认同在全球关系的变动方面可被理解的方式，并且，我指出了存在着一个伴随着全球霸权循环的反向的文化循环。……理解全球体系的连续性和变异性的重要性是更富学术性的进口货。它指向比任何特定的生产方式或文明或社会体系更严重和更迫切的问题。

第三章　文明周期和尚古论的历史 P66－100

P67　人类学起源于在所有社会中都存在，并在社会认同的建构中起作用的一个范畴：“他者”（the other），即外部的王国、超自然的、遥远的盟友/敌人和魔鬼等，它界定了社会和个体的存在，并将之合法化。……这样，人类学最终就是植根于原始社会划分它们近的和远的，包括自然的和超自然的邻居的方式。

P70　我要在这里勾勒出两类现象的轮廓：文明周期和异化趋势。这两者一起告诉了我们有关人类学思想的出现、消失和再现的许多东西。文明周期是指在这个讨论开始时所定义的文明中心的出现、成长和衰落。异化趋势指的是个人之间的直接纽带与依附的解体和它们被其他调节方式所替代的程度。

P86　人类学对象不是人类学思想的自发产物。它是意识形态的给定，即是最终将我们带回到原始社会非凡的超自然的极漫长的转型过程的结果。

第四章　人类学中文化概念的出现 P101－116

P101　在人类学中，文化概念有一个很长且令人困惑的历史。人们对它19世纪的用法，以民族精神（volkgeist）的形式和种族的联系，或者以文明或“高级文化”的联系感到困惑不解。在某种意义上，它被认为是与德国民族主义哲学家的德国文明（kultue）这个概念相对立的。在这个早期的人类学中，它与整个人群的全部节目（reperloire），即与“人群的”明确特征连在一起，这种联系通常是非常紧密的。

P103－104　直到最近，“文化”这个词才有共同的用法，其趋势是一样的：对社会过程的理念方面进行抽象，并将它们转变成调查的自主对象。文化概念在用法上的转变明显见诸这种趋势：从将文化作为习得的和人为的一切事物到将文化作为意义的系统、符码和节目。

P112　这里，我们指出的是，文化不是自明的范畴，当然从来都不能用于揭示现实的其他任何方面，因为它充其量是来自现实的一种抽象，一种类型化，或者也许是一种刻板化，被不正确地描述成语法或符码。

第五章　文化、认同和世界性过程 P117－135

P128　文明认同有一个特定结构，它建立在处于中心的自我与被界定成自然、传统文化、野蛮人、力比多的边陲，“外面的远处的”边陲和/或我们内部的边陲之间的对立上。认同危机就在于在我们内部的边陲化的事物的表面掀起了波浪、在于我们外面的边陲化的事物的迫近和在于在更广泛的意义上寻找意义的寻“根”。

P128－129　中心的危机表达了更普遍的全球危机。危机在于从前的民族认同被削弱和新认同的出现，特别是在领域被界定的由国家治理的社会中，在成员关系的抽象意义上，“公民身份”这类的成员关系消解了，被建立在“原初忠实”、族群、“种族”、地方社区、语言和其他具体文化形式的基础上的认同所替代。

P129　它（文化分裂——引者注）是真正的经济分裂问题，是资本积累的去中心化、相伴而来的竞争日益加剧的问题，对新的积累中心来说，它是将经济和政治权力集中在它们手中的趋势，即它是世界体系中霸权的主要变动开始的问题。

第六章　全球体系的文化逻辑 P136－151

P142　我已经指出，认同是资本主义文明不断界定的特征，空间内的运动非常依赖于世界体系中特定的政治经济过程。尤其是，我们已经指出，现代主义认同在霸权的扩张期是支配性的，在收缩期或危机中分为三叉。

P142 现代主义认同的建立存在着特定的必不可少的前提。社会必须被个体化，以这种方式，主体才能以发展性的规划想象他们的生活。……让我们简要地勾画出在霸权的危机中世界体系内重要的资本流动。

P143 这种对变迁的型构（configucation）提供了世界的文化逻辑在其中发现它们各种表达方式的物质逻辑。当现代主义在西方衰落，引起了族群性、宗教崇拜和各种传统主义的大量表达时，现代主义的东南亚变种在明显地兴起，其中一种形式就是新儒教。……一个国家在资本主义认同空间的位置不是财富的函数，甚至也不是所在的世界体系中的位置的函数，而是位置中的变化方向的函数。

第七章 全球化与地方化 P152－176

P156 每一个社会性的和文化性的活动都是消费者，或者至少必须在与物品世界的关系中将它自己界定成一个非消费者。在世界体系内的边界内的消费总是一种认同消费，是被对自我的界定与资本主义市场提供的可能性组合之间的协商引导的……识别行动、个人对更高层次的项目的参与，在某种意义上，是完全真实的一种存在性的行动，但是，在它意味着消费了不是自我生产的，而是在市场中获得的用来界定自我的象征的程度上，真实性被客体化潜在的强有力的去情境化削弱了。因为，参与是真实的，而它的消费则是去真实的。

P174 几年来，对生产，特别是对消费过程的重新概念化一直在进行着，不在仅仅把它作为生计的物质方面。……从这个观点来看，认同实践包含着消费的，甚至是生产的实践。如果我们进一步假定全球历史的参照框架，就有可能查明，甚至能够解释认同的广泛的策略组合之间的差异，因此也能解释消费和生产的策略组合之间的差异，也能解释它们在时间上的转变。

第八章 历史和认同政治 P176－221

P177 制造历史就其产生了在过去被假定发生的事情与当前的事件状态之间的关系而言，是生产认同的一种方式。对个体性的主体或被集体性界定的主体来说，历史建构是在构造一个由事件与叙述构成的富有意义的世界。因为建构过程的动机来自于居住在特定社会世界的主体，我们可以说，历史是现在对过去的铭刻（imprinting）。

P185 我也将指出，这个历史的全部过程，不是简单的名字与分类游戏，而是更深层的为情境所约束的过程。真正的连续性显然在这个过程中存在于认同的形式中，认同与人们当下的条件和日常的存在有关。使社会认同的锻造成为可能的连续性，用一点也不含糊的话说，是被包含在全球过程中，这个过程把主要的社会经济的转化连接到了文化和民族上，连接到世界民族分布图的重构上。

P213 认同的建构是一个精致的至为严肃的镜子游戏。它是多重的识别实践的复杂的时间性互动，这种识别发生于主体或人群的外部和内部。因此，为了理解这个构成过程，有必要将镜子置于空间中和它们随时间的运动中。……文化认同的出现意味着更大的统一体的分裂，并总是作为威胁被体验到。

第九章 风雅的政治经济学 P221－250

P227 在最一般的意义上，消费是创造认同的特定方式，一种在时空的物质重组中的实现方式。就此而言，它是自我建构的一种工具，自我构造本身依赖于将切实可得的物品引导入与个人或人们相联系的特定关系中的更高等级的样式。

P249 在整个讨论中，我们已经做了这样的假设：实践在某种程度上是借助权力符号的积累获得权力的努力。……象征主义的话语权力和财富的物质性合法化了。风雅的政治经济学逻辑通过削弱这些标志的意义暗含着反面的东西。

第十章 自恋、寻根和后现代主义 P251－292

P253 问题似乎如下面所述的那样：人类学的民族志空间内爆了。它的中心—边陲的现实被粉碎，因此损伤了西方表述其他部分的能力基础。孤独的隐喻、自恋的隐喻从客观主义和理论中退回到了对田野经验和对与他性(otherness) 遭遇的专注的沉思中，固执地认同于民族志：这种显然属于世界的具体转型的部分，这个世界跨越了我们的社会存在的庞大领域。如果人类学目前所处的情境只是大范围现象的征候，那么，人类学的自我反思应该将我们引向更广阔的视野。

P254 全球体系的稳定霸权期具有这样的特征：支配性的中心与其边陲之间存在着很强的等级关系。这些关系的特征是资本的中心化积累和作为结果的在边陲与中心进行的劳动分工。分工倾向于采取这样的形式：边陲成为原材料和劳动的供应区，中心则进行制品的工作生产，即出现“世界工厂”的特征。

P291 我将指出，那些将现在描写成自恋文化、后现代、晚期资本主义、后工业主义、信息社会的人都强调了出现在全球体系层次上的一个整体过程的特定方面，如果撇下我们西方的自我吸收不论，这是包括原教旨主义、族群性、文化民族主义、第三世界的迷信主义和第四世界的解放主义等在不断增长的一个方面。

第十一章 全球体系、全球化和现代性的参量 P293－348

P295 全球化的本质特征在于对全球的意识，这是一种处于全球情境中的个体所拥有的意识，尤其是世界是我们参与其中的舞台的这种意识。

P308－309 我的论点一直是，在全球体系和全球化过程之间存在着包含关系。全球体系发展出了具有跨国特征的国际组织。这些组织经常具有政治特征。……有跨国的经济组织、全球投资和投机机构。我们已经指出，这些结构并不是新的，它们也并不必然产生文化的全球化过程……全球过程包含并改变了它们自己的内部边界，并与一起建构它们自己的地方结构辩证地结合在一起。

第十二章 全球体系中的秩序与失序 P349－378

P353 全球体系的秩序用某种方式将个体性主体连到更大世界的可渗透性的宏观过程上，发生在全球层次上的失序借助于这样的方式引起了较低层次的失序，但反过来却不是这样。全球的或区域秩序的建立可能会产生大量的地方性失序。

P377 全球体系中的失序是一种高度体系性的过程，这个过程是由霸权的衰落和随后的分裂过程构成的。体系中的失序同时产生了文化创造期和社会重组期。它包括作为激发条件的经济萧条和个人的失意，这些条件可能导致新发现的自我观的活跃，甚至会导致被前者激励的扩散得很广的暴力……它是衰落的过程的部分和局部。出现的断裂作为去中心过程的结果可能会影响全球舞台的所有部分，对新兴的霸权区域来说，出现了这样的趋势：秩序在迅速增长，整合过程出现了，更大的区域单位或交易地带正在形成。

【参考文献】

[1] 张汝伦. 经济全球化与文化认同 [J]. 哲学研究，2001 (2).

[2] 王树生. 全球化进程中的文化认同与传统复兴 [J]. 黑龙江社会科学，2008 (5).

[3] 乔纳森·弗里德曼. 文化认同与全球化过程 [M]. 郭建如，译. 北京：商务印书馆，2003.

[4] 塞缪尔·亨廷顿. 文明的冲突与世界秩序的重建 [M]. 周琪，等译. 北京：新华出版社，1998.

七、《资本主义与现代社会理论——对马克思、涂尔干和韦伯著作的分析》

[英] 安东尼·吉登斯 著
郭忠华，潘华凌 译
上海译文出版社，2007 年

【作者简介】

安东尼·吉登斯（1938— ），英国著名社会学家，伦敦经济学院前院长（1997—2003），剑桥大学教授，中国社科院名誉院士，英国前首相托尼·布莱尔的顾问。被誉为与伊曼努尔·沃勒斯坦、哈贝马斯、布尔迪厄等齐名的社会思想家，在当代欧洲社会学界中有着重要的影响。

1938 年吉登斯生于英格兰伦敦北部的爱德蒙顿，1959 年毕业于赫尔大学，随后在伦敦经济学院攻读并获得社会学硕士学位，毕业后在莱斯特大学任讲师并教授社会心理学，1966 年到 1968 年在美国的温哥华和加州任短期教职。1969 年吉登斯在剑桥大学任国王学院讲师兼院士，同时他在此期间开始攻读博士学位，并于 1974 年获得剑桥大学博士学位，1987 年获得正式教授资格，1996 年被伦敦经济学院授予院长职位。吉登斯对剑桥贡献匪浅，他创办了 PPSIS（政治心理社会与国际学门：Faculty of Politics，Psychology，Sociology and International Studies），是剑桥经济学院的下属部门，同时于 1985 年创办政体出版社。2004 年，吉登斯被受封为“终身贵族”，并出任英国上议院议员。

吉登斯著作颇为丰富，其主要著作有：

中译本：《现代性与自我认同》（1998 年）、《民族—国家与暴力》（1998 年）、《社会的构成》（1998 年）、《现代性的后果》（2000 年）、《第三条道路：社会民主主义的复兴》（2000 年）、《亲密关系的变革——现代社会中的性、爱和爱欲》（2001 年）、《失控的世界》（2001 年）、《现代性——吉登斯访谈录》（与克里斯多弗·皮尔森合著，2001 年）、《在边缘：全球资本主义生活》（2003 年）、《为社会学辩护》（2003 年）、《社会学方法的新规则——一种对解释社会学的建设性批判》（2003 年）、《社会理论与现代社会学》（2003 年）、《超越左与右——激进政治的未来》（2003 年）、《资本主义与现代社会理论——对马克思、涂尔干和韦伯著作的分析》（2007 年）、《公民身份与社会阶级》（与 T. H. 马歇尔合著，2008 年）、《气候变化的政治》（2009 年）、《社会学》（2010 年）、《历史唯物主义的当代批判：权力、财产与国家》（2010 年）、《欧洲模式：全球欧洲，社会亚洲》（与帕德里克·戴蒙德、罗杰·里德合著，2010 年）、《现代性的后果》（2011 年）、《全球时代的民族精神（吉登斯讲演录）》（2012 年）。

英文版：《涂尔干著作选》（译作，1972 年）、《发达社会的阶级结构》（1973 年）、《实证主义与社会学》（1974 年）、《社会理论的中心论题》（1979 年）、《涂尔干论政治与国家》（1986 年）、《Consensus and Controversy》（《共识与争议》）（与乔恩·克拉克、塞西尔·摩吉尔、索汉·摩吉尔合著，1990 年）。

【写作背景】

社会学作为一门学科在 19 世纪开始形成，该学科体现了西方思想家对资本主义发展过程的反思和研究。资本主义在全球的扩张对世界历史发展的进程产生了重大影响，尤其是随着 20 世纪的到来，世界形势发生着翻天覆地的变化，社会主义国家的建立和欧美资本主义国家内部的社会经济、文化的发展以及阶级、阶层的变动促使着社会学家在理论上做出回应。马克思、涂尔干和韦伯作为近代以来西方世界思想界有重要影响力的人物，他们从不同角度对资本主义社会的发展进行了研究，提出资本主义所面临的种种问题和挑战，他们各自独具特色的观点为不同学科的发展提供了方法论指导和理论上的启示。20 世纪的学科发展走向多层次、多领域融合的趋势，从不同学科角度，运用不同的方法论指导对社会学研究对象进行比较分析成为该时期的重要特色。马克思、涂尔干和韦伯的思想在一定意义上对社会学的研究提供了重要帮助，吉登斯把三者的思想归为古典现代性理论的经典，因此，对三者的社会学思想进行总结和比较研究，成为吉登斯的一个理论关注点。

【中心思想】

该书分为导论、正文 4 篇（共 15 章）以及后记三部分，共计 27.6 万字。吉登斯在该书中主要是对马克思、涂尔干和韦伯三位思想家的社会学思想进行了介绍和比较研究。吉登斯认为马克思、涂尔干和韦伯作为现代社会学发展史上的代表人物，他们三者为现代社会学的建构提供了参考框架。

吉登斯对马克思思想产生的历史和现实背景进行了分析，认为马克思以历史唯物主义为立足点，从分工的角度对人类社会发展历程进行了考察，区分了人类历史的不同阶段和社会类型，尤其是对社会分工的产物——资本主义社会的政治、经济、文化等方面进行了不同层次的研究，提出由于资本主义社会存在异化问题，最终只有依靠无产阶级运用革命手段对社会进行彻底重组，才能摆脱资本主义的弊端和促进人类社会的发展。吉登斯把马克思的理论归为经典的资产阶级发展理论。

吉登斯对涂尔干的社会理论进行了阐述，他认为涂尔干思想的核心是以经验主义为基础，进而对社会分工条件下的工业主义的研究。涂尔干认为现代社会是一个张扬个性的时代，但随着社会分工的发展，职业专门化的趋势导致了个人与社会之间关系的道德模糊性。涂尔干从历史和社会的角度对这种社会问题进行了分析，他提出用机械团结和有机团结的概念来区分人类社会发展的不同阶段，并认为在现代资本主义条件下，社会分工导致了失范现象。涂尔干否定了用社会主义来解决现代社会所面临问题的方法，并提出只有通过社会分工所带来的道德统一才能解决资本主义社会的问题。

吉登斯介绍了韦伯关于现代资本主义的特征和影响资本主义产生及发展条件的思想。吉登斯认为韦伯的方法论吸取了经验主义和实证主义的观点，采取了“普遍化陈述的逻辑与特殊性个案的解释之间存在区别的观点”[①]。韦伯认为资本主义理性化发展是历史的趋势，他对资本主义兴起的文化因素，尤其是与宗教改革的契合点进行了考察。韦伯认为新教的教义、天职观念等促使了资本主义的兴起和发展，他对社会关系和社会行为、权威、身份集团

---

① 安东尼·吉登斯. 资本主义与现代社会理论——对马克思、涂尔干和韦伯著作的分析［M］. 郭忠华，潘华凌，译. 上海：上海译文出版社，2007：153.

等进行了界定和内涵解析。通过对印度、中国和西方社会的宗教进行对比研究，韦伯提出理性化在西方社会的发展是西方资本主义兴起的重要原因。吉登斯最后对马克思、涂尔干和韦伯三者思想的异同进行了分析和研究，认为他们的思想在社会学发展史有重要意义和价值。

【分章导读】

导论 在该部分，吉登斯主要对马克思、涂尔干和韦伯思想的现实基础进行了简单叙述，阐述了该书所关注的问题以及研究思路。

第一篇 马克思 该部分共分为四章，吉登斯主要对马克思的早期著作中的观点进行了介绍，并对马克思的社会发展理论的立场、观点进行了阐述。

第一章 马克思的早期著作 吉登斯在该章主要是对马克思的《1844 年经济学哲学手稿》等早期著作中的思想进行了阐述。

吉登斯认为马克思的思想根植于 18 世纪晚期的社会现实，而且早期的马克思深受黑格尔和费尔巴哈思想的影响。吉登斯对马克思早期思想转变过程进行了简单阐述。吉登斯认为，黑格尔和费尔巴哈的思想对马克思早期思想产生了重要影响。黑格尔终结了德国古典哲学二元论的巨大影响，其对世界的阐释为马克思认识和把握世界提供了方法。吉登斯把费尔巴哈的立场看作马克思在《1844 年经济学哲学手稿》的基本立足点。

关于国家与“真正的民主”，吉登斯认为这是马克思对黑格尔思想进行清算的两个重要问题。马克思在《1844 年经济学哲学手稿》中对黑格尔关于理念的外化——市民社会、国家等观念进行了批判。而关于“真正的民主”，吉登斯认为马克思更加关注个体与政治共同体之间的异化，提出只有克服二者的异化和断裂，才能实现真正的民主。

关于革命实践，吉登斯认为《〈黑格尔法哲学批判〉导言》一书中的思想体现了马克思深受法国社会主义的影响。在该书中，马克思认为批判的阵地应该转移到政治领域，而且由于哲学领域与现实的断裂，必须用革命的方式对德国社会进行彻底的改造，马克思在这里首次对革命的主体——无产阶级——的特征进行了分析。

关于马克思的异化和国民经济学理论，吉登斯对马克思《1844 年经济学哲学手稿》(以下简称《手稿》) 中的思想进行了阐述。在《手稿》中，马克思对国民经济学理论进行了批判。关于异化，吉登斯认为马克思从四个维度进行了讨论：工人无权处置其产品，由于他生产的产品都为别人所有，他也就无法从中受益；工人工作本身中的异化，如果劳动产品是外化，那么生产本身必然是能动的外化，或活动的外化，外化的活动；既然所有经济关系同时也是社会关系，那么劳动异化也就必然带来直接的社会后果；人类生活在一个与自然界积极交互的关系当中，技术和文化既是这种交互关系的结果和表现，也是人类区别于动物的主要特征。吉登斯认为马克思在《手稿》中所阐述的异化理论体现了马克思对资本主义批判分析的理论框架，是马克思力图创建具有独特特征理论的尝试，这种异化理论也为其后期的思想提供了基础。

关于马克思的早期共产主义观，吉登斯对马克思关于共产主义观念和原始共产主义之间的区别进行了分析。马克思认为在原始共产主义中，私有财产已经存在，而且起着负面的作用，马克思提出只有消灭私有制才能从根本上消除异化，他认为在未来共产主义社会中，人的社会性与个性实现了统一。

第二章　历史唯物主义　吉登斯在该章对马克思在《德意志意识形态》等文章中所阐发的历史唯物主义基本原理进行了概括，并对马克思运用这一原理分析人类社会发展阶段的思想进行了叙述。

吉登斯认为马克思早期与成熟时期的思想是具有连贯性的，如异化观念、国家理论、对革命性实践的阐述等，而且马克思在《德意志意识形态》及其以后的著作中阐述了其独特的历史唯物主义观点。吉登斯认为这种历史唯物主义观点是建立在“现实主义”立场之上的。吉登斯认为马克思把历史看作一个人类不断创造、满足和再创造的过程，这要求人们要从人类具体社会生活的经验对人类社会发展的历程进行研究。马克思把人类社会发展的不同阶段看作是一个连续的过程，其中每一个阶段都有其特定的内在动力和发展逻辑，吉登斯认为马克思对社会类型的划分是建立在社会分工的逐渐分化基础之上的。

关于前阶级体制，吉登斯主要是对马克思关于部落社会以及部落社会向古代社会的转变进行了描述。马克思把部落社会看作是一种最简单的社会形式，生活在该社会中的人们以采集、狩猎或放牧为生并过着四处流浪的生活。随着种种因素的影响，人们开始形成稳固的农业共同体。定居生活的形成，人口的增加等因素促使不同部落之间进行接触并形成不同类型的冲突，这最终导致了以部族为基础的奴隶制度。在这种制度下，人们之间的交易和贸易开始更加迅速地发展起来，交换关系的扩展促进了人们在更大范围之内的相互依赖性，从而促使社会的形成。吉登斯随后对马克思关于东方社会的社会类型理论进行了阐述。

马克思以罗马社会的兴亡为考察对象阐述了其关于古代世界的思想。马克思认为古代社会是由几个部落联合为城市而产生的，罗马社会的统治阶级是建立在土地财产的私有权之上的，马克思从社会经济条件出发，考察了罗马社会随着经济、人口和军事的扩张而形成的社会分化，并最终导致了罗马社会的解体。

关于封建主义与资本主义发展的起源，吉登斯认为马克思更加注重对封建主义向资本主义转变过程的考察。吉登斯认为马克思把罗马帝国的衰落和解体看作封建社会形成的基础，并认为马克思在对封建社会的考察中吸取了恩格斯《家庭、私有制和国家的起源》一书的观点。马克思对封建主义向资本主义转变过程的研究主要是以对英国社会的变迁为现实依据的，原始积累的发展、海外贸易的扩张等因素共同构成了资本主义条件的兴起。吉登斯认为马克思为人们研究资本主义的历史演进提供了思路和方法。

第三章　生产关系与阶级结构　吉登斯在该章主要是对马克思的生产关系以及阶级、阶级结构与市场关系、意识形态与意识等思想进行了阐述。

马克思把人的生产活动看作社会的根本，人们在生产的过程中不仅创造和再生产着社会，而且生产着人与人之间的关系。马克思把人看作是社会性的人，这种社会性表现在人作为从事生产的人，是“作为特定社会形式当中的一员进行生产的”[①]。任何社会类型都是以一定的生产关系为基础的。吉登斯进而对马克思关于生产力的概念、构成因素等进行了考察。

吉登斯对马克思的阶级支配理论进行了论述。马克思认为，阶级的出现是随着社会分工的发展而形成的，随着分工的出现，剩余产品逐渐积累并为社会的少数人所占有，从而使这群少数人与社会上大部分的生产者之间形成剥削与被剥削的关系。吉登斯认为，在马克思的思想中，阶级的形成是生产关系的体现，而且阶级必然与斗争联系在一块。吉登斯认为马克思关于阶级的理论只有在资本主义社会中才能得到更好的诠释，在资本主义社会中，市场关系构成了人类生产活动的决定性因素。

吉登斯对马克思的意识形态与意识的思想进行了考察，马克思认为意识根植于人的社会性实践之中，社会中反映不同群体的意识构成了不同的意识形态，马克思提出在一个社会中支配着物质生产资料的阶级也同时支配着该

---

① 安东尼·吉登斯. 资本主义与现代社会理论——对马克思、涂尔干和韦伯著作的分析［M］. 郭忠华，潘华凌，译. 上海：上海译文出版社，2007：42.

社会精神生产的资料。吉登斯对马克思关于意识形态的构成以及在促进社会发展过程中的作用进行了分析。

第四章　资本主义发展理论　吉登斯在该章主要对马克思的剩余价值、资本有机构成、社会主义社会等理论进行了阐述。

在《资本论》中，马克思对剩余价值理论进行了阐述。在资本主义条件下，生产的商品具有两面性，即使用价值和交换价值的统一，马克思继承了亚当·斯密等人的劳动价值论，并论证了抽象劳动与具体劳动、价值与交换价值、必要劳动和剩余劳动之间的关系。吉登斯认为“马克思的资本主义发展理论是以资本主义的剥削本质为基础，这种本质是通过剩余价值理论而揭示出来的。马克思论证的总体目标在于，尽管资本主义最初是围绕自由市场体系而建立的，在这一体系中，商品可以在单个企业的开发过程中找到属于‘自己的价值’，但资本主义生产的内在趋势却破坏了资本主义经济所赖以建立的经验性条件”[①]。

马克思对资本主义生产的“矛盾”进行了分析。吉登斯认为马克思把利润率下降与资本有机构成的分析有机结合在一块，这是马克思经济理论的重要特点。吉登斯简要地介绍了马克思关于资本利润率下降的思想，而且对马克思关于资本利润率与资本主义周期性危机之间的关系以及资本有机构成理论进行了评析。而关于社会主义社会的理论，吉登斯认为马克思主要在《1844年经济学哲学手稿》和《哥达纲领批判》中进行了初步论述，而马克思在《资本论》对资本主义社会的分析则为其社会主义理论奠定了基础。

第二篇　涂尔干　该部分共分为四章，吉登斯在该部分主要对涂尔干的思想进行了介绍和评析。

第五章　涂尔干的早期著作　吉登斯在该章对涂尔干思想的理论背景以及其早期著作总的一些思想进行了阐述。

吉登斯认为，涂尔干的思想一方面备受法国学术传统尤其是圣西门和孔德等人思想的熏陶，另一方面，涂尔干深受当代德国有机论学者如舍夫勒以及利林费尔德等人思想的影响。

吉登斯对涂尔干关于社会学与“道德生活科学”之间关系的思想进行了描述。涂尔干在其早期发表的如《社会体系的结构与生命》等论著中吸收了

---

① 安东尼·吉登斯. 资本主义与现代社会理论——对马克思、涂尔干和韦伯著作的分析［M］. 郭忠华，潘华凌，译. 上海：上海译文出版社，2007：61.

舍夫勒等人的思想，认为舍夫勒建构了一套形态学分析方法。涂尔干对施莫勒、冯特等人关于道德准则的思想进行了阐述，认为这些思想家一个重要贡献是把道德准则与法律、经济等结合起来进行综合考察。

吉登斯认为涂尔干的思想具有前后继承性，他的一些思想在其早年已经表现出来了，吉登斯对涂尔干的思想进行了归纳和总结，即"'理想'和道德一致性在社会延续中的重要性；个人作为既是社会影响力的被动承受者又是主动的施动者的重要意义；个人依附社会时具有双重性，既承担义务又胸怀理想；由各个单位组成的整体（即个人作为组织化社会的单元）有其特性，但特性不可能根据彼此孤立状态下的构成单元的特点直接推断出来；后来成为失范（anomie）理论的基本原理，以及后来宗教理论的基本原则"①。

吉登斯认为涂尔干在其《社会分工论》一文中阐述了现代社会并不因为传统道德信仰的衰落而走向瓦解。涂尔干认为现代社会由于社会分工的作用而形成了一种有机的稳定性。他以社会分工为基础，对现代社会中的共同性道德要求与专业化之间的矛盾进行了分析。他从道德凝聚的外在指数——法律的角度把社会团结分为机械团结和有机团结。涂尔干把法律分为压制性法律和补偿性法律，在机械团结条件下的社会结构是一个文化统一体，其法律更多属于压制性法律，而补偿性法律的存在则是以多样性的社会分工为前提的。在有机团结的条件下，社会分工的扩大与个人主义意识的兴起是联系在一块的。吉登斯认为涂尔干力图用生物学的原理来解释冲突促进社会分工的发展。

第六章　涂尔干的社会学方法论　吉登斯在该章通过对涂尔干关于自杀、"外在性"与"内在性"、解释性通则的逻辑以及常态与病态等问题的研究，阐述了涂尔干的社会学方法论。

涂尔干一方面接受了以往学者关于自杀分布情况的解释，另一方面，他提出自杀与社会整合、道德失范以及利己主义观念等有重大关系。涂尔干力图用外在性和内在性来界定社会范畴的特征。在涂尔干看来，社会事实是外在于个人的，每个人是有人与人之间多重作用形成的社会关系整体的一个元素。吉登斯认为涂尔干的"把社会事实看作事物"的观点是一个方法论上的假设，吉登斯对涂尔干该观点的渊源以及内涵进行了分析。

---

① 安东尼·吉登斯. 资本主义与现代社会理论——对马克思、涂尔干和韦伯著作的分析［M］. 郭忠华，潘华凌，译. 上海：上海译文出版社，2007：84.

关于社会病态的科学标准，是涂尔干《社会学方法的准则》一书的重要内容。涂尔干力图从特定社会内社会事实的普遍状况来辨别一个社会是否为常态。在传统社会，集体意识作为一种信仰是判断其常态与否的重要手段。而现代社会处于一个过渡时期，虽然传统信仰依然发挥重要作用，但是由于传统信仰与社会分工联系并不紧密，因此传统信仰不能够成为判断现代社会是否为常态的标准。涂尔干认为人们应该在现代社会内部寻找适合这一特定社会的普遍性的判断来作为辨别社会常态与否的标准。

第七章　个人主义、社会主义与"职业群体"　吉登斯在该章对涂尔干关于个人主义、社会主义以及职业群体的思想进行了介绍。

涂尔干认为社会主义为解决现代社会的危机提供了思考路径，但是他认为社会主义是一种现代社会不适症的表现，其并不能提供消除不适症的方法。涂尔干对社会主义和共产主义进行了区分，认为共产主义在历史上很多时期都存在着，而社会主义则是近代的产物。共产主义理论主张对物质财富的增长有所限制，而社会主义则主张经济和政治进行结合。涂尔干把社会主义看作社会分工高度发达社会的产物，提出阶级冲突并不是社会主义理论所固有的，而社会主义关注的首要问题是对生产进行集中调控。涂尔干虽然认为社会主义和共产主义是相互影响的，但是他否认二者的同源性。

涂尔干认为仅仅对社会经济进行重组并不能完全解决现代社会的危机，因为这种危机属于道德性危机。他认为随着经济关系逐渐取代传统宗教制度而导致了这种道德性的危机。涂尔干论述了国家在克服现代社会危机中所能发挥的重要作用。但是由于国家活动的扩展可能导致新的官僚暴君的结果，涂尔干因此提出复兴职业群体的重要性。涂尔干反对采用古典政治理论中关于民主的观念，提出要发挥职业群体在实现民主中的作用。

第八章　宗教与道德准则　吉登斯在该章对涂尔干关于宗教的内容、源泉以及宗教与利己主义、个人崇拜之间的关系进行了论述。

涂尔干把图腾崇拜看作是一种最简单和最原始的宗教，他认为宗教是一种规则和实物的统一体，图腾崇拜虽然没有人格化的神灵，但是通过对图腾崇拜起源的考察，能够找到人类社会产生宗教感情的起因。涂尔干认为："图腾崇拜确认三种东西为圣物：图腾、图腾标志和氏族成员本身。"[①]。涂尔干认

---

① 安东尼·吉登斯．资本主义与现代社会理论——对马克思、涂尔干和韦伯著作的分析［M］．郭忠华，潘华凌，译．上海：上海译文出版社，2007：124．

为宗教是社会的产物，宗教体现了集体状态引发的情感集中，而氏族群体对神圣之物的崇拜则象征了社会高出个人的优势地位。吉登斯对涂尔干关于宗教的典礼和仪式进行了简单介绍和分析。

关于理性主义、伦理和个人崇拜之间的关系，涂尔干论述了世俗化道德在现代社会存在的合理性。涂尔干认为人都有利己主义的一面，而同时人又是社会的人。他把基督教看作是现代个人主义的直接起源，认为基督教为个人崇拜提供了道德原则的基础。个人主义的兴起是社会变革的结果，但是这并不意味着自由是摆脱了所有束缚。涂尔干肯定了道德原则在社会发展中避免失范所发挥的重要作用。

第三篇　马克斯·韦伯　该部分共计四篇，吉登斯在该章主要对韦伯的理论进行了介绍和分析。

第九章　马克思·韦伯：新教与资本主义　吉登斯在该章对韦伯的早期著作尤其是《新教伦理与资本主义精神》一书中的思想进行了简单介绍。

韦伯早期关注罗马法的研究，无论是他的博士论文还是其第二部著作，其内容都是对罗马社会发展的考察，吉登斯认为这为韦伯以后对资本主义企业的性质和西欧资本主义特有特征的研究奠定了理论基础。韦伯在早期的思想中显示出其对经济决定论的摒弃，这也与韦伯后来对德国社会现状“一是易北河东岸地区的农民状况调查；二是对德国金融资本运行状况的研究”① 等思想相一致。

对现代资本主义的特征和影响资本主义兴起和发展条件的研究是韦伯工作的重点，在《新教伦理与资本主义精神》一书中，韦伯用统计事实来解释新教精神的重要影响力。韦伯认为，新教提倡对日常活动的监管，要求教徒遵守严格的纪律，从而把宗教因素渗透于信徒生活的各个领域。韦伯对现代资本主义与其他形式的资本主义进行了比较研究，从而对现代资本主义的精神进行了总结。他认为把追逐财富和避免挥霍财富有效地结合是现代资本主义精神的重要特征。

韦伯把禁欲主义分为加尔文教等四个派别，并以加尔文教为例对新教的信条进行了阐述。韦伯认为对资本主义精神起源的探究必须回到类似加尔文教所阐释的宗教伦理中。他认为天职观念的理性生活行为是现代资本主义精

---

① 安东尼·吉登斯. 资本主义与现代社会理论——对马克思、涂尔干和韦伯著作的分析［M］. 郭忠华，潘华凌，译. 上海：上海译文出版社，2007：140.

神的基础。吉登斯最后对韦伯在《新教伦理与资本主义精神》一书中的思想进行了评析。

第十章　韦伯的方法论著作　在该章中，吉登斯对韦伯关于主观性与客观性、事实判断与价值判断、理想类型的建构模式等理论进行了分析。

吉登斯认为，对韦伯方法论的考察必须从当时自然科学与“人文”或社会科学之间关系的争论框架视域下进行。韦伯反对把自然科学和社会科学区分开来的假设，他认为社会科学虽然涉及精神或观念等人类所特有的现象，但是这并不意味着社会科学脱离了客观性。韦伯指出社会科学起因于人们对实际问题的关注，价值判断作为一种目的或手段，能够为人们更好地进行实践提供帮助。吉登斯认为韦伯这种观点的必然结论就是其否定社会存在普遍适用的道德准则。韦伯在对政治和政治动机进行分析的时候提出了终极目的伦理或责任伦理的概念，并认为“在事实真理和伦理真理之间存在着一个绝对的逻辑鸿沟”①。

吉登斯对韦伯关于事实判断与价值判断之间关系的思想进行了分析。事实命题和价值命题的争论本质上是社会科学与自然科学之间关系的争论。韦伯认为一些事物或事件之所以成为社会科学的研究对象的原因在于其特殊性，因此社会科学与自然科学之间的区分并不是绝对的。吉登斯对韦伯关于“理想类型”概念的性质以及其在社会科学中的运用进行了介绍。

第十一章　社会学的基本概念　吉登斯在该章对韦伯社会学理论的基本概念如社会关系和社会行为，合法性、控制和权威，阶级与身份集团等进行了阐述。

韦伯认为“社会学的任务在于阐述与人类的社会行为有关的一般原则和一般类型”②。吉登斯认为韦伯对社会学的研究是出于其自身的研究旨趣的变化而不是其基本方法论观点的变化。韦伯在《经济与社会》一书中把自己的社会学定义为解释社会学，他认为这种社会学应该是为了对社会行为进行研究，并对该社会行为的过程和结果进行因果解释。社会学的研究对象不仅应该是与人的活动有关的主观意义的事物或事件，而且应该涉及与人的主观目的相关的客观现象。韦伯认为对社会行为的研究可以通过建构理想模型进行

① 安东尼·吉登斯. 资本主义与现代社会理论——对马克思、涂尔干和韦伯著作的分析［M]. 郭忠华，潘华凌，译. 上海：上海译文出版社，2007：157.

② 安东尼·吉登斯. 资本主义与现代社会理论——对马克思、涂尔干和韦伯著作的分析［M]. 郭忠华，潘华凌，译. 上海：上海译文出版社，2007：167.

考察，韦伯以对意义进行的诠释性理解为依据，把意义分为直接理解和诠释性理解两种类型。吉登斯对韦伯关于解释社会学与心理学的关系进行了阐述。

关于社会关系和社会行为，韦伯对其含义和它们各自的适用范围进行了界定。韦伯把社会行为划分为四种类型，即目的理性行为、价值理性行为、情感行为和传统性行为。而关于社会关系，韦伯依据可能性将其分为习惯和习俗等。

吉登斯对韦伯关于合法性、控制和权威的理论进行了描述。韦伯认为习惯和习俗二者之间并没有太大的区别，而且二者也是法律的重要来源。韦伯对政治和权力进行了概念界定，并把人类社会的控制体系分为传统型、克里斯玛型和法理型三种合法性理想类型。传统型主要是在农村社会中，如东方的世袭制等。法理型权威则是建立在目的理性和价值理性之上，官僚体制尤其是现代资本主义社会的官僚制是这种理想类型的代表，韦伯对官僚机制的利弊进行了分析。韦伯把克里斯玛型支配性权威归为拥有超长能力的个人，这种个人最有可能是政治领袖和宗教先知，而且这种权威的出现标志着对既定秩序的破坏，韦伯认为克里斯玛型权威为了长久地延续下去，可能最终转向法理型权威。

韦伯反对以往的思想家如马克思对阶级的定义，他把阶级、身份与政党区分为三个不同的维度，并认为三者相互影响。吉登斯认为韦伯对阶级概念的界定是依据其关于市场经济行为的分析为基础的。在韦伯看来，不同的阶级是各自相同阶级状况的个人集合，他吸取了马克思的观点，把拥有财产的人划分为有产阶级和商业阶级，并最终把资产阶级社会的阶级结构分为体力劳动阶级，小资产阶级，无产者的白领工人、技术人员和知识分子，占统治地位的企业和资产集团。韦伯把阶级与身份状况进行了区分，认为它们虽然在很多方面有相似之处，但是二者并不是完全相同的。韦伯对阶级、身份状况与政党之间的关系进行了简要论述。

第十二章　理性化、“世界宗教”与西方资本主义　吉登斯在该章对宗教与巫术的区别，中国和印度的宗教以及西方理性资本主义的发展进行了叙述。

韦伯认为在宗教中，只有很少一部分人能够成为拥有非凡能力的克里斯玛，而且在早期的宗教中普遍存在着人格化的神，随着历史的发展，世界众多宗教趋向一神化，韦伯把这种趋向的原因归结为教士阶层的防卫性抵制。教士作为一个特殊人群，他们影响着宗教信仰的理性化程度。韦伯对宗教先知与教士之间的关系进行了论述。关于印度和中国的神义论，韦伯对二者的发展进行了考察并对比了二者在众多方面的异同。

关于世俗理性主义在西方社会的发展，韦伯从经济、政治、文化等方面进行了分析。韦伯认为用货币作为手段对利润和亏损进行理性地计算是现代资本主义企业的根本。韦伯借鉴了马克思对资本主义的分析，并对现代资本主义在政治如司法行政等方面的理性化发展进行了考察。现代官僚体制的形成为资本主义的发展提供了重要条件，但是这种官僚体制却与人们所追求的自由、民主相冲突。韦伯否定了全民民主的可能性，认为代议制民主是现代民主政治发展的趋势。韦伯对建设社会主义可能后果进行了分析，他认为社会主义国家的形成必然造成高度的官僚化。韦伯认为现代资本主义理性化的发展一方面为消除巫术以及促进宗教理性化的发展做出了重要贡献，但是要注意区分形式理性和实质理性之间的区别。

第四篇　资本主义、社会主义和社会理论　该部分共计四章，吉登斯主要对马克思、涂尔干和韦伯的思想进行了比较研究。

第十三章　马克思的影响　吉登斯在该章主要对马克思的理论产生的背景以及马克思对韦伯、涂尔干的影响进行了阐述。

吉登斯对德国 19 世纪的社会与政治状况进行了分析，并认为这是马克思思想产生的重要来源。吉登斯对韦伯与马克思主义、马克思的关系进行了分析。韦伯一方面承认马克思主义的重大贡献，另一方面他立足于德国的现状，认为德国社会民主运动实践的发展与其所倡导的理论有重大差别，因此他否认德国社会民主党作为马克思主义代表者在德国政治实践的可行性。韦伯认为马克思主义在理论上只能够对特定历史情境进行阐述，马克思主义所倡导的经济关系构成历史发展源泉的概念只是具有偶然的有效性。吉登斯对韦伯关于马克思的经济与技术的关系、阶级冲突的重要性以及认识论立场方面的异议进行了简单介绍。

吉登斯对 19 世纪法国政治、经济、文化和社会等各方面进行了考察，并阐述了马克思、恩格斯对法国现实的理论反思，认为这导致了马克思主义对涂尔干早期学术生涯影响较小。但是，随着马克思主义在法国的传播，吉登斯认为涂尔干不得不对马克思主义做出回应。涂尔干一方面赞同历史唯物主义的一些观点，另一方面则对历史唯物主义关于经济关系的作用提出异议，他提倡历史的累积性变革而反对革命性根本重组对推动当代社会发展的作用。

第十四章　宗教、意识形态和社会　吉登斯在该章对马克思、韦伯和涂尔干在宗教、意识形态等方面的差异进行了比较研究。

吉登斯认为马克思对宗教的关注主要源于鲍威尔、费尔巴哈等人的思想。马克思在对青年黑格尔派的思想进行批判的过程中阐述了其关于宗教的思想。吉登斯认为对马克思宗教思想的考察必须纳入到马克思整个唯物主义体系中。马克思的唯物主义理论是对黑格尔和费尔巴哈的理论进行批判而形成的，他认为意识形态根源于物质的生活关系。吉登斯认为韦伯力图从主观唯心主义的角度对宗教进行研究，并认为韦伯的“选择性亲和力”思想与马克思的意识形态思想相似。韦伯否认通过对社会和历史的研究能够建立一套客观的、可以检验的规范，他认为社会的经济、政治和军事因素对社会发展同样具有历史意义。

关于世俗化与资本主义精神，吉登斯认为马克思和韦伯都承认在资本主义世界中宗教开始被社会组织所取代，而技术理性则开始彰显其至高无上的地位。马克思把世俗化看作是资本主义发展的结果，并认为技术理性给资本主义的发展带来了异化的结果，这种异化根源于资本主义的阶级性，而消除这种异化只能诉诸社会的革命。韦伯则认为世俗化条件下的技术理性可能导致一些对社会发展起推动作用的社会主导价值的消亡。吉登斯对马克思和涂尔干关于宗教与现代个人主义之间关系的思想进行了对比分析。

第十五章　社会分化与分工　吉登斯在该章主要是对马克思和涂尔干关于社会分工及其引起的后果，社会分工的未来等问题进行了比较研究。

吉登斯认为异化和失范分别是马克思和涂尔干对现代资本主义社会进行批判性研究所使用的两个概念。吉登斯认为马克思和涂尔干二者的思想在一定程度上是具有相似性的，他们都认为国民经济学理论的内在缺陷在于把自我主义当作一种社会秩序的基础，二者在关于自由的理解方面也有一定的相似之处。但是，吉登斯认为马克思和涂尔干关于社会分工的思想也存在着重大差异。涂尔干认为人的个性受到社会化的社会形态特征的影响，他从心理学的角度把人看作具有自我主义与道德内涵冲动相对立双重的人。马克思则认为个人是社会性的存在物，马克思把资本主义条件下的个人与社会之间的对立看作是社会分工的产物。

关于社会分工的未来，吉登斯认为马克思和涂尔干提供了两条不同的路径。吉登斯把马克思关于资本主义社会中社会分工导致的结果——异化分为技术性异化和市场性异化，他认为马克思最终诉诸革命手段进行彻底改造社会，进而消除社会分工所带来的异化现象。涂尔干的分工理论则走向了另外一条路径。涂尔干把分工分为“强制性”分工和“失范性”分工，他认为分工所造成的非人性化现象是由工人的道德失范造成的，因此，进行道德整合并唤醒个人的道德意识是消除该现象的主要手段。吉登斯对马克思和涂尔干关于分工发展趋向的异同进行了分析。

关于官僚制问题，吉登斯对韦伯和马克思的思想进行了比较研究。韦伯认为理性化的发展是历史发展的趋势，而在现代资本主义社会，理性资本主义的发展必然导致官僚制的壮大。韦伯把官僚制的任务专门化视为资本主义的最基本特征，他虽然承认阶级在资本主义条件下的存在，但是认为剥削不仅存在于工业领域，而且应该扩展到其相关的各个领域。韦伯用管理工具的概念来考察社会的发展，他认为现代国家官僚制的发展是管理工具不断集中的产物。韦伯对现代社会官僚制所导致的矛盾进行了分析，他认为通过社会主义革命而建立的国家必然会更加遭受官僚制的困惑。马克思则从阶级的角度对国家官僚制进行了分析，他认为官僚制是特定阶级利益的体现。马克思提出通过革命而实现社会主义之后，才能最终消除官僚制。最后，吉登斯对马克思、涂尔干和韦伯三者思想的异同进行了总结。

后记　马克思与现代社会学　吉登斯在该部分主要阐述了马克思的思想对现代社会学的意义与影响。吉登斯首先介绍了西方社会学家对待马克思思想的两种观点，并分析了马克思对涂尔干和韦伯思想的影响。吉登斯认为，资本主义社会和社会主义社会在社会结构方面的趋同现象为马克思主义和西方社会学理论提供了新的研究挑战，吉登斯充分肯定了马克思对于西方社会学的贡献。

【意义与影响】

第一，该书在社会学界享有盛名，被誉为“了解社会学三大古典传统的系统入门书”和“西方社会学、政治学专业的教材生命线”。在我国也有众多读者和研究者。该书共计 27.6 万字，英文版于 1971 年由剑桥大学出版社出版，截至 2011 年改版销售超过 15 万册。该书中译本最初由上海译文出版社于 2007 年出版，并于 2013 年再次印刷发行。

第二，吉登斯在该书中介绍了马克思、涂尔干和韦伯三大理论家对现代性的阐述，总结了古典现代性理论的三条主线即资本主义、工业主义和理性化，建构了现代性的理论范式，为人们研究现代性问题提供了思想启示，该书也为吉登斯后来力图建立的所谓“第三条道路”奠定了理论基础。

吉登斯围绕现代社会发展的渊源、动力和未来发展等问题，对马克思、涂尔干和韦伯的著作和思想进行了介绍和分析。他认为马克思、涂尔干和韦伯虽然属于不同的学术派别，他们的理论关注点也各不相同，在马克思的理论中甚至没有现代性的概念，但是，三位思想家从不同的立场和角度阐述了关于社会发展阶段的影响，尤其是他们对资本主义的剖析和社会发展趋势的研究，如马克思的异化概念、涂尔干的道德规范论以及韦伯对官僚制的解析等，都为人们研究现代社会提供了启示。马丁·奥布莱恩认为："1971 年，吉登斯的《资本主义与现代社会理论》一书出版。该书在大约 10 年里一直是他最著名的著作。这本书迄今仍然是了解马克思、韦伯和涂尔干思想的最宝贵来源之一。"① 因此，该书在为吉登斯建构其现代性理论范式的同时，使得马克思等人的思想开始为社会学界所重视，通过对马克思等人思想的学习和研究，开拓了社会学研究的思路，丰富了社会学研究的内容。而且通过对该书的学习，使人们认识到必须善于利用前人的研究资料，并紧密地结合社会事实进行研究，在研究的过程中要善于把握方法，运用正确的研究思路和实证材料进行论证。

"第三条道路"是吉登斯在其后来的著作中提出的重要理论，这一理论对西欧各国的政治产生了重大影响。而"第三条道路"的开辟，在某种程度上是对以往社会主义理论和自由主义理论反思的结晶。在该书中，吉登斯对马克思的分工、异化理论进行了分析，并对马克思、涂尔干和韦伯关于资本主义未来的发展趋向的理论进行了阐述，通过对这三位理论家观点的研究，吉登斯能够有效地把握资本主义的弊端和不足，并对资本主义未来的出路进行反思和比较研究，从而为其建构"第三条道路"提供了理论支撑。

第三，该书为我国研究和正确处理现代性问题提供了理论启示。现代性问题本质上是社会发展道路的选择问题，近代以来中国社会各个阶层一直在谋求变革传统中国社会，建立一个适应时代潮流的社会发展模式，在这一过程中，无论是知识分子还是政治精英都经历了一个充满矛盾的过程。近现代中国革命和改革的历史大势的形成与发展，在一定意义上就是对现代性的反映。现代性是一个涉及社会政治、经济、文化等各个方面的问题，中国人民在以往的探索过程中经常顾此失彼，没有能够对社会各方面的现代性进行良好的处理和协调，革命和改革过程因此而充满着波折和困难。通过对该书的学习和研究，在一定程度上能够促使人们反思现代性的利弊和发展趋向，进

---

① 安东尼·吉登斯，克里斯多弗·皮尔森. 现代性——吉登斯访谈录［M］. 北京：新华出版社，2001：7-8.

而为社会的发展提供指导。

【原著摘录】

导论 P001－006

本书的基本内容在于表明这些作者的最重要旨趣，那就是描绘与以往社会大异其趣的现代“资本主义”的结构特征。

第一篇　马克思 P001－074

第一章　马克思的早期著作 P003－021

国家与“真正的民主”P007－009

P006　对费尔巴哈观念的吸收使马克思重新回到黑格尔那里，试图从中挖掘出新的，尤其能够运用于政治领域的观念含义。从本质上说，费尔巴哈吸引马克思的哲学要素与黑格尔当初吸引马克思的哲学要素相同，即从容分析与批判于一炉的可能性，也即“现实”（realising）哲学的可能性。

P009　根据马克思的分析，“真正民主”的实现在于克服个人与政治共同体之间的异化，这种克服必须通过解决市民社会的个体利益与政治生活的“社会”特性之间的二元分裂来实现。二者又只有通过影响国家与社会之间关系的具体变迁才能实现。

革命实践 P009－013

P011　如果德国要经历变革，渐进改革的方式是无法实现的，而必须以激进革命的方式进行，通过革命。

异化与国民经济学理论 P013－019

P015－016　马克思主要从以下几个维度来讨论异化的问题：

1. 工人无权处置其产品，由于他生产的产品都为别人所占有，他也就无法从中受益。……

2. 工人在工作本身中异化……

3. 既然所有经济关系同时也就是社会关系，那么劳动的异化也就必然带来直接的社会后果。……

4. 人类生活在一个与自然界积极交互的关系当中，技术和文化既是这种交互关系的结果和表现，也是人类区别于动物的主要特征……

早期共产主义观 P019－021

P021　马克思所表达的全部重要意义在于，共产主义社会将允许个体的特殊天赋和能力得到充分发展，而这在此前的生产体系中是不可能实现的。

第二章　历史唯物主义 P022－040

唯物主义的主旨 P026－029

P026　对于马克思来说，历史仍是人类需要不断创造、满足和再创造的过程。这是人区别于动物的所在，后者的需要是固定不变的。这就是为什么说劳动——一个人类与其自然环境之间的创造性相互转变的过程——是人类社会的基础的原因。

前阶级体制 P029－032

P029－030　部落社会是一种最简单的社会形式，它过着四处迁徙的生活，或者以狩猎和采集为生，或者以放牧为生。

古代世界 P032－035

P033　古代世界是“几个部落通过契约或征服联合为一个城市而产生的”。与东方社会不同，城市是一个完整的经济体。组成城邦（city-state）的原始部落通常是侵略和好战的。

封建主义与资本主义发展的起源 P035－040

P037　就像马克思反复强调的那样，“原始积累”过程——亦即资本主义生产方式的初步形成阶段——涉及对农民生产工具的剥夺，以及一系列“用血和火的文字在人类历史上所记载”的事件。

第三章　生产关系与阶级结构 P041－053

阶级支配 P043－045

P044　阶级是一种由个体之间关系所构成的群体，这种关系指的是生产方式中个体对于私有财产的所有权关系。

阶级结构与市场关系 P045－048

P045　历史上所有的阶级社会都表现为一种非常复杂的关系体系，从而与阶级结构的两分轴心之间存在着重叠之处。

意识与意识形态 P048－053

P48　按照马克思的说法，意识根植于人的社会性实践中。那就是“不是人们的意识决定人们的存在，相反，是人们的社会存在决定人们的意识”。

第四章　资本主义发展理论 P054－074

剩余价值理论 P054－061

P061 马克思的资本主义发展理论以资本主义的剥削本质为基础，这种本质是通过剩余价值理论而揭示出来的。马克思论证的总体目标在于，尽管资本主义最初是围绕自由市场体系而建立起来的，在这一体系中，商品可以在单个企业的开发过程中找到属于“自己的价值”，但资本主义生产的内在趋势却破坏了资本主义经济所赖以建立的经验性条件。

资本主义生产的经济“矛盾” P061－065

P064　危机是资本主义的痼疾，因为尽管资本主义生产的全部动力将导致整个“社会生产力的无条件的发展”，但建立在阶级剥削关系基础上的生产关系是围绕着资本的扩张而组织起来的。

“贫困化”的观点 P065－067

P066　关于剩余劳动力作为后备军地位的分析，与马克思的另一个相关讨论密切相关，那就是在资本主义条件下，工人阶级中的相当一部分人被迫过着贫困的物质生活。

集中与积聚 P067－069

P067　在资本主义发展过程中，资本有机构成的提高与资本集中（concentration）和积聚（centralisation）紧密相连。“集中”指的是在资本积累过程中，单个资本成功地扩张了它所能控制的资本数量。另一方面，积聚则指现有资本的合并，指“改变既有资本的分配”。

资本主义的超越 P069－074

P070　马克思强调，社会主义的第一阶段是资产阶级社会的潜在特性变得明显的阶段，也就是说，在这一阶段，《资本论》中所详细描述的资本主义特性得到了最充分的发展。因此，社会主义生产早已隐含在资本主义中，在市场的积聚过程中日益成形，并随着私有财产的消灭而最终完善。

第二篇　涂尔干 P075－134

第五章　涂尔干的早期著作 P077－094

P077　显然，法国的学术传统对于涂尔干成熟学术立场的形成具有重要的影响。圣西门和孔德对于封建制度的瓦解和现代社会形态的出现作出了相同的解释，它们构成了涂尔干所有著作的主要基础。

社会学与“道德社会科学” P079－083

P082　德国思想家们的主要成就表明，道德法则和行动能够而且必须作为社会组织的特性来加以科学地研究。

涂尔干在《社会分工论》中的关注点 P083－089

P084　“理想”和道德一致性在社会延续中的重要性；个人作为既是社会影响力的被动承受者又是主动的施动者的重要意义；个人依附社会时具有双重性，既承担义务又胸怀理想；由各个单位组成的整体（即个人作为组织化社会的单元）有其特性，但特性不可能依据彼此孤立状态下的构成单元的特点直接推断出来；后来成为失范（anomie）理论的基本原理；以及后来宗教理论的基本原则。

有机团结的发展 P089－092

P089　上述第二种社会凝聚是“有机团结”（organic solidarity）。在那里，团结并不是单纯来自对共同的信仰和情感的接受，而是基于社会分工上的功能性相互依赖。

个人主义与失范 P092－094

P092－093　“个人崇拜”在道德上与社会分工的扩展相对应，但在内容上却与传统的道德共同体形式有很大的不同，因此不可能以其本身而成为当代社会团结的唯一基础。

第六章　涂尔干的社会学方法论 P095－108

自杀问题 P096－099

P098－099　根据涂尔干的观点，只要道德失范是一种“病态”（pathological）现象，那么道德失范的自杀也是病态的，因此，这是当代社会的一种不可避免的特征。

“外在性”与“制约性”P099－103

P100　涂尔干企图运用“外在性”（exteriority）和“制约性”（constraint）这个著名的判断标准来界定社会范畴的特征。

解释性通则的逻辑 P103－106

P104－105　涂尔干对于社会学中的解释和证明的逻辑观察，与他对社会事实的主要特点的分析紧密相关。有两种方法可以用来解释社会现象：功能的方法和历史的方法。

常态与病态 P106－108

P107　他试图运用先期著作中用过的方法论原则：在社会领域中，常态可由普遍性的“外在的和可察觉的特征”来加以确认。换句话说，常态可根据特定类型社会内的社会事实的普遍状况来加以初步确认。

第七章　个人主义、社会主义与“职业群体”P109－119

与社会主义的冲突 P109－113

P110　涂尔干对于社会主义的态度是建立在这样一种假设基础上的：社会主义学说本身必须取决于对其他理念系统的分析，也就是说，社会主义理论必须根据其产生的社会语境来加以研究。他试图作这种分析，一开始便在

“社会主义”和“共产主义”之间来一个根本区分。

国家的作用 P113－115

P115　按照涂尔干的观点，国家确实必须完成道德功能（他认为这是一个有别于社会主义和功利主义的概念），但反过来，也不必要像黑格尔所设定的那样（涂尔干这样认为）把个人从属于国家。

民主与职业群体 P115－119

P118　职业群体的一个首要功能就是要加强这些节点的道德管制，并以此来促进有机团结。

第八章　宗教与道德标准 P120－136

圣物的性质 P122－126

P124　图腾崇拜确认三种东西为圣物：图腾、图腾标志和氏族成员本身。

典礼与仪式 P126－128

P127　小规模、传统型社会的团结建立在强烈的集体意识基础上。使这种社会成为“社会”的根本原因在于，其成员保持了共同的信仰和情感。因此，宗教信仰中表达出的理想也就是作为社会团结基础的道德理想。

知识的范畴 P128－131

P130　这里，尤为重要的是现代理性主义和世俗化道德之间的关系。在涂尔干的思想中，《宗教生活的基本形式》的重要性在于，它专门证明了，没有任何集体道德信仰不具有“神圣”的性质。

理性主义、伦理与“个人崇拜”P131－134

P134　涂尔干坚持认为，就现代社会所面临的困境而言，再援引传统社会的专制纪律是无济于事的，只有通过社会分工的分化所带来的道德统一才能解决问题，这就需要与先前社会类型中性质大不相同的权威形式。

第三篇　马克斯·韦伯 P135－208

第九章　马克斯·韦伯：新教与资本主义 P137－151

早期的著作 P138－142

P139　这些著作的重要性兴许不在于其本质内容，而在于勾勒出了韦伯学术发展早期的轨迹。它们已显示了韦伯后来在著作中所主要关注的问题：资本主义企业的性质和西欧资本主义特有的特征。

资本主义“精神”的起源 P142－146

P145　通过正当的经济活动而全力以赴地投身于财富的追求，与避免把这样得来的钱财用于个人享乐，两者独特地结合在了一起，这便是现代资本主义精神的特征。这种精神根植于这样一种信仰，即相信在一个选定的职业中有效地工作是一种义务和美德。

新教禁欲主义的影响 P146－151

P149 资本主义精神的起源便应该到最类似于加尔文教所阐发的那种宗教伦理中去寻找。

第十章 韦伯的方法论著作 P152－165

主观性与客观性 P153－157

P154 在一门经验学科里，要科学地界定“应然”的理念，在逻辑上是不可能的。这是韦伯所采取的新康德主义认识论的基本前提，同时也是贯穿其整个著作的一个基本立场。

事实判断与价值判断 P158－161

P159 从一般规律性知识与表意性知识之间存在区别的观点来看，自然科学与社会科学之间的区分并不是绝对的。

理想类型的建构模式 P161－165

P162 理想类型是一种逻辑意义而非失范意义上的纯粹类型：“就其概念的纯粹性来说，这种心理上的建构不可能存在于现实中的任何经验领域。”

第十一章 社会学基本概念 P166－190

解释社会学 P166－173

P167－168 韦伯指出，“这里使用的这些歌词的意义极为含糊，从这个意义上来说”，社会学“应该被看作是一门诠释性地理解社会行为，从而读社会行为的过程和结果做出因果解释的科学”。

社会关系与社会行为的定位 P173－176

P173 社会行为包括任何一种人类行为，即指有意义地“关涉其他人过去、现在或可期待的将来的行为”的行为。只要两个或更多的个人之间有了相互关联，社会“关系”就形成了，其中每个人的行为都会关联着别人的行为（或预期的行为）。

合法性、控制和权威 P176－185

P178 韦伯区分了支配关系赖以建立的三种合法性理想类型：传统型、克里斯玛型和法理型。

市场关系的影响：阶级与身份集团 P185－190

P188 “阶级”指的是众多个人的市场状况的客观标志，正如阶级对于社会行为的影响不依赖于这些个人为他们自己或别人所作的价值评估一般。

P189　阶级和身份集团的成员都可以是社会权力的基础，但是政党的形成对于权力的分配具有进一步的、独立分析性的影响。

第十二章　理性化、“世界宗教”与西方资本主义 P191－208

宗教与巫术 P192－195

P195　先知与教士之间发生冲突，其结果或者是先知及其追随者获得胜利，从而建立起有一种新的宗教秩序，或者是与教士阶层和解，或者是先知被教士制服，并将其预言铲除。

印度和中国的神义论 P195－202

P197　印度的婆罗门贵族成员和传统中国的儒生（Confucian literati）在地位上有很重要的相似之处。

世俗理性主义的蔓延 P202－208

P202　根据韦伯的看法，可以用货币来理性地计算利润和亏损，这对现代资本主义企业来说是最根本的。

P207　形式理性的扩展与实质理性的实现——也就是说，通过把理性计算应用于实现特定的目标和价值上——之间的关系是令人难以捉摸的。

第四篇　资本主义、社会主义和社会理论 P209－271

第十三章　马克思的影响 P211－232

德国的社会与政治：马克思的立场 P212－216

P212　在阻碍德国发展的因素中，除了上述因素外，还有更加重要的基本因素，那就是德国的社会和经济结构。

韦伯与马克思主义和马克思的关系 P216－222

P222　韦伯与马克思在观点上的差异，最重要的方面还在于构成韦伯全部著作基础的广泛认识论立场上。

19 世纪的法国：马克思与马克思主义的兴起 P222－226

P223　19 世纪 40 年代，马克思对于法国的态度，很自然地受法国在政治进步的程度上相对德国而言要优越得多的意识的支配。

涂尔干对马克思的评价 P226－232

P231－232　在涂尔干看来，经济的重组不可能提供解决现代社会中引起社会主义“危机”的主要办法，因为危机的起因并不是经济方面的，而是道德方面的。取消“强制性”的劳动分工本身并不会消除“失范”的劳动分工。这就是涂尔干有别于马克思的最重要意识的基础所在。

第十四章　宗教、意识形态与社会 P233－252

马克思与韦伯：作为“意识形态”的宗教问题 P234－243

P242－243　经济力量与政治力量的融合是马克思著作中的一个关键原理。相反，对韦伯来说，政治力量、军事力量与经济力量一样具有重要的历史意义，而不一定就是由后者衍生出来的。

世俗化与现代资本主义精神 P243－246

P246　马克思与韦伯之间最根深蒂固的分歧在于，马克思所说的异化特性（作为阶级社会特定形态的资本主义的特性），实际上在多大程度上来源于官僚理性。

马克思与涂尔干：宗教与现代个人主义 P246－252

P249　宗教信仰的“虚幻”性质的问题，在关于原始宗教的理论与涂尔干、马克思关于宗教在现代社会中的意义的看法之间，架起了一座合适的桥梁。

第十五章　社会分化与分工 P253－271

异化、失范与“自然状态”P254－258

P254　马克思和涂尔干分别采用的异化概念和失范概念之间的根本差异在于，对“自然状态”中的人的内在的不同看法。

社会分工的未来 P258－262

P258　以革命的手段实现社会重组可以消除市场性异化，从而改善因专门化所造成的支离破碎的结果。

P259　唤醒个人的道德意识，使他认识到自己在分工中所起的特殊作用的社会重要性，这种状况是可以纠正的。

官僚制问题 P262－268

P263　韦伯把官僚制中的任务专门化看作是资本主义最基本的特征。

P267－268　对马克思而言，国家行政管理中“系统的和等级的分工”意味着政治权力的集中化。而当资产阶级国家自身被超越时，这种集中的政治权力也将被废除。

结论 P268－271

P268　马克思、涂尔干和韦伯的社会学观点都牢固地建立在对现代社会的基本结构和发展趋势的不同认识观念的基础上。

后记　马克思与现代社会学 272－276

P276　应当认为，对现代社会学而言，马克思的分析提出了必须仍然被看作是有问题的问题，涂尔干和韦伯的著作也都如此。

【参考文献】

［1］安东尼·吉登斯. 资本主义与现代社会理论——对马克思、涂尔干和韦伯著作的分析［M］. 郭忠华，潘华凌，译. 上海：上海译文出版社，2007.

［2］安东尼·吉登斯，克里斯多弗·皮尔森. 现代性——吉登斯访谈录［M］. 北京：新华出版社，2001.

［3］郭忠华. 现代性·解放政治·生活政治：吉登斯的思想地形图［J］. 中山大学学报（社会科学版），2005（6）.

［4］山小琪. 吉登斯的现代性理论及其对当代中国的启示［J］. 马克思主义与现实，2005（4）.

［5］张亮. 作为马克思“继承人”的吉登斯［J］. 江海学刊，2012（4）.

八、《资本主义文化矛盾》

[美] 丹尼尔·贝尔　著

赵一凡，蒲　隆，任晓晋　译

生活·读书·新知三联书店，1989 年 5 月

【作者简介】

美国学者丹尼尔·贝尔（1919—2011）是当代美国重要的学者与思想家，曾当选为美国文理学院“2000 年委员会”主席。作为批判社会学和文化保守主义思潮的代表人物，贝尔在欧美思想界声望颇高。

贝尔出生于纽约一个东欧犹太移民家庭。出生不久，父亲即离开人世。迫于生活，贝尔被寄托在一家犹太孤儿院里。孤儿院的生活经历和社会底层生活的艰辛促进了他心智的早熟。从少年时期开始，贝尔就对马克思主义和社会主义表现出极大的热忱。1935 至 1939 年，他先后就读于纽约城市学院和哥伦比亚大学研究生院。毕业以后，贝尔担任过杂志社的主编，曾在芝加哥大学、哥伦比亚大学、哈佛大学担任社会学教席并任职于许多公共机构。作为一名“介入型”学者，贝尔密切关注并深入广泛分析了当代社会政治、经济、文化各个领域的现象和问题，他的名字总是和“意识形态的终结”“后工业社会”“资本主义文化矛盾”紧密地联系在一起。他在战后西方的社会学、未来学与发达资本主义研究诸领域具有领先地位。1972 年全美知识精英普测时，他曾以最高票名列 20 位影响最大的著名学者之首①。

① 丹尼尔·贝尔. 资本主义文化矛盾 [M]. 赵一凡，蒲隆，任晓晋，译. 北京：生活·读书·新知三联书店，1989：1 - 19.

贝尔非常重视马克思的理论遗产，但他在研究发达资本主义的演进规律时并不以马克思主义观点为准，而是将其思想同圣西门、韦伯、凡勃伦、桑巴特等人的社会学、政治经济学理论作通盘比较，加以取舍，自成一家。用他反复强调申明的话来说，他“在经济领域是社会主义者，在政治上是自由主义者，而在文化方面是保守主义者”。

贝尔撰写了一系列颇具影响的著作，主要包括：《美国的马克思派社会主义》(1951年)、《意识形态的终结》(1960年)、《极端右翼》(1964年)、《今日资本主义》(1971年)、《后工业化社会的来临》(1973年)、《资本主义文化矛盾》(1976年)、《蜿蜒之路》(1980年)等。

【写作背景】

20世纪初，西方资本主义国家进入垄断资本主义发展阶段，其经济危机此起彼伏，政治局势动荡不安，阶级矛盾日益尖锐。而生活中的人们却有一种失落感，他们感到精神苦闷、生活空虚，对社会现实深感失望和不满，于是放浪形骸，游荡街头。人们的这种思想心态反映在文化领域就出现了以反传统、反理性、重天性、重本能为特征的现代主义文化思潮。面对失控的社会，资产阶级政客、学者纷纷著书立说，试图探究缘由，寻找出路。丹尼尔·贝尔的《资本主义文化矛盾》就是其中影响最大的一部著作①。

在该书中，贝尔详细讨论了文化的问题，特别是关于现代主义文艺的思想，以及如何在社会价值观注重无拘欲望条件下管理复杂政治机构的难题。作者对于资本主义矛盾的认识，来源于对它原有的文化与经济复合体的拆解分析，也来源于作者对当时社会上流行的享乐倾向的关注。

贝尔写这部著作有一项理论目标：阐释自己的三领域对立说，说明三领域的断裂是产生资本主义文化矛盾的根源所在。大部分现代社会科学家把社会看成是依照某种单一的关键原则建成的统一“系统”，与他们不同，贝尔认为现代社会是一个不协调的复合体，“它由社会结构、政治与文化三个独立领域相加而成，这三个领域各自拥有相互矛盾的轴心原则：掌管经济的是效益原则，决定政治运转的是平等原则，而引导文化的是自我实现或自我满足原则。由此产生的机制断裂形成了一百五十年来西方社会的紧

---

① 陈维杰. 丹尼尔·贝尔的资本主义文化矛盾观述评［J］. 绥化师专学报，1994（1）.

张冲突”[1]。

【中心思想】

全书约 29 万字，除导论外，分为“现代主义的双重羁绊”和“政治体系的困境”两部分共 6 章。该书最具独创性的是对工业社会和后工业社会的分析，提出了三领域对立说。

作者着力探讨了资本主义社会的内部结构脱节与断裂问题。他的基本判断是：资本主义经历了二百余年的发展和演变，已经形成它在经济、政治、文化（指象征形式的领域，即由文学、艺术、宗教和思想组成的负责诠释人生意义的部门）三大领域间的根本性对立冲突。这三个领域相互独立，分别围绕自身的轴心原则，以不同的节律交错运转，甚至逆向摩擦。

作者指出，资本主义精神在其萌生阶段就已经携有潜伏的病根——“禁欲苦行主义”和“贪婪攫取性”，并将这两者分别定义为“宗教冲动力”与“经济冲动力”。通常所说的“企业家精神”同时体现在上述两个方面：一个是精打细算的谨慎持家精神；另一个是认为“边疆没有边际”，以彻底改造自然为己任的不断开拓精神。随着资本主义的发展，它的精神中相互制约的两个基因只剩下一个，即“经济冲动力”，而另一个抑制平衡因素“宗教冲动力”已经被科技和经济的迅猛发展耗尽了能量，于是三个领域的摩擦和对立不可避免地出现了。对此，贝尔主张把文化上的保守主义传统观、经济上的社会主义需求观、政治上的自由主义公正观三者结合起来。

【分章导读】

导论/领域的断裂：主题绪言 作者首先介绍了尼采和康拉德的虚无主义的思想。他认为，虚无主义正是理性主义的瓦解过程。它反映出人的自我意志要摧毁自己的过去，控制自己的将来。这也是极端形式下的现代心理。尽管虚无主义建立在形而上的基础上，它如今已盛行于整个社会，也必将摧毁它自己。进而作者认为，我们正处在西方社会发展史的一座分水岭上：我们目击着资产阶级观念的终结——这些观念对人类行动和社会关系尤其是经济交换都有自己的看法——过去的二百年中，资产阶级曾经靠着这些观念铸成了现代社会。

---

① 丹尼尔·贝尔. 资本主义文化矛盾［M］. 赵一凡，蒲隆，任晓晋，译. 北京：生活·读书·新知三联书店，1989：41 - 42.

作者认为，资本主义是一种经济—文化复合系统。经济上它建立在财产私有制和商品生产基础上，文化上它也遵照交换法则进行买卖，致使文化产品化渗透到整个社会。民主，则是一种社会—政治体系，它的合法性源于被统治者同意下的管理。只要政治舞台上有不同团体的竞争，自由就有了根本的保障。

由此作者提出，现代社会可以看作由三个特殊领域组成，每个领域都服从于不同的轴心原则。他把整个社会分解成经济—技术体系，政治与文化。它们之间并不相互一致，变化节奏亦不相同。它们各有自己的独特模式，并依此形成大相径庭的行为方式。掌管经济的是效益原则，决定政治运转的是平等原则，而引导文化的是自我实现或自我满足原则。正是这种领域间的冲突决定了社会的各种矛盾。

作者通过讨论社会发展史，从道德风尚变化的鲜明对比中分析了社会结构和文化之间的断裂现象。企业家和艺术家双方有着共同的冲动力，那就是追求新奇、再造自然的激情和精神，这两种冲动力共同开拓了西方世界，然而二者很快就变得格格不入：资产阶级企业家在经济上积极进取，却成了道德和文化上的保守派；而文化冲动力则展开了对资产阶级价值观的猛烈攻击，主要表现为现代主义对资本主义传统价值观的冲击和颠覆。

作者指出领域的断裂是现代社会紧张局势的结构根源，认为断裂观念是分析研究现代社会的一项基本理论方法。

第一部　现代主义的双重羁绊

第一章　资本主义文化矛盾　在本章中，作者首先指出文化已经居于至高无上的地位，并分析了原因：一、文化已成为我们的文明中最具活力的成分，其能量超过了技术本身。目前的艺术，经过近百年来不断地加强，已呈现一种追求新颖和独创的主导性冲动，以及寻求未来表现形式与轰动效果的自我意识，这就使得变革与创新的设想本身遮盖了实际变革的成果。二、最近五十年来，上述文化冲动力已经获得合法地位。社会承认了想象的作用，被动地接受了创新，还为新生事物提供了市场，因为它相信创新的价值优于一切旧事物。这样，如今的文化就担负起前所未有的使命：它变成了一种合法合理的、对新事物永无休止的探索活动。

作者接着阐述了资本主义的文化矛盾及其产生的根源：工业社会的经济与节俭原则与现代主义文化强调的反认知和反智模式发生了冲突，一方强调功能理性，专家决策，奖勤罚懒；另一方则强调天启情绪和反理性行为方式。

正是这种脱节现象构成了西方所有资产阶级社会的历史性文化危机。这种文化矛盾将作为关系到社会存亡的最重大分歧长期存在下去。

作者认为，今天的社会结构同文化之间存在着明显的断裂，前者受制于一种由效益、功能理性和生产组织之类术语表达的经济原则，后者则趋于靡费和混杂，深受反理性和反智情绪影响，把自我感受当作是衡量经验的美学尺度。作者分别通过随意型社会行为、艺术家造就观众和50年代的中产趣味进一步解释了现代资本主义文化中的反理性倾向。接着，作者分析了现代主义潮流和资本主义的信仰危机，指出现代主义本质上代表了对资产阶级正统文化秩序的愤怒攻击与颠覆破坏，倡导与传统文化相对立的美学思想和生活态度。到20世纪60年代，现代主义文艺思潮已同大众文化、商品生产合流，完全推翻了资产阶级的传统文化统治，造成了资产阶级世界观的消亡，现代主义经过百年反叛，终于“至高无上”地统治了文化领域。然而，西方现代派文艺作为宗教思想消亡之后的替代物，它在本质上是孱弱无力的，这种潮流本身充满了空幻，而旧的信念又不复存在了，由此产生了资本主义的信仰危机。

作者还以美国清教传统和小城镇心理为例，细致地阐述了宗教冲动力的衰竭过程：代表着宗教冲动的禁欲与节制精神先是被世俗法制社会碾去了神学外壳；继而被工业时代的现实主义文学、实用主义哲学和科技理性割断了它的超验纽带；最后，20世纪初的新文化运动和分期付款、信用消费等享乐主义观念又彻底粉碎了它所代表的道德伦理基础，将社会从传统的清教徒式“先劳后享”引向超支购买、及时行乐的靡费心理，是古罗马与拜占庭文明堕落的先兆。正如作者所言，现代主义、享乐主义和文化大众所表现的乏味形式的制度化之间的相互影响构成了资本主义的文化矛盾。

第二章　文化言路的断裂　本章分为三部分，阐述了现代社会中文化本身的聚合力，以及文化能否取代宗教在日常生活中提供一套全面的或超验的终极意义的问题。贝尔认为现代社会中文化存在涣散性，这是由于言路本身——语言，以及表达某种经验的语言能力的断裂。正是言路断裂给文化带来了当前的涣散性。这在很大程度上是由于“现代性”这个属于和它所表现的意思的含混造成的。更多地则是因为各种文化风格潜在的布局结构的瓦解而引起的。从根本上说，存在着一种事实，自文艺复兴以来一直以特殊“理性”方式组织了空间和时间知觉的那种统一宇宙论已被粉碎。造成这一后果的原因是美学意识的分崩离析，以及艺术家与审美经验及观众二者之间的关系已发生根本改变。结果，现代性本身就在文化中产生了一种涣散力。以前存在于我们理解方式中的宗教术语已经破烂不堪，存在于我们诗歌和修辞方法中的象征也已经软弱无力了，这些都反映我们这个时代感情语言的贫乏，反映了我们生活的贫困——这种贫困不是物质的，而是精神上的，是一种没有祈祷、没有仪式的生活的贫困。

首先，作者从数、相互影响、自我意识、未来的定向四个方面论述了我们的技术文明不仅是一场生产革命，而且是一场感觉革命，技术文明给人们的感觉带来了前所未有的改变和影响，这四个方面的因素决定了我们接触世界的方式。

其次，作者论述了我们认识世界的方式不仅反映到社会结构和文化之间的断裂上，而且反映到认识表现和感情表现之间的断裂上。首先现代生活创造了一种角色和人的分歧，从角色来看，人日益变成官僚机器的附属品，现代社会变成了一个日益非人格化的社会，而从人的角度来看，现在人选择的范围和种类比以往要宽松得多，现代社会又是一个日益自由的社会。

再次，功能的专门化造成了角色与象征表现之间的断裂，专门化造成了社会关系的结构日益错综复杂，文化本身很难反映这种复杂的社会关系。另外，语言的变化——抽象思维的扩大加大了物质世界和概念世界、经验世界和日常事实之间的断裂。

最后，作者论述了宗教冲动力衰竭之后，人们失去了维系思想统一的中心，出现了文化的多样性和涣散性，人们如同无家可归的漂泊者一样失去了根基和归宿。通过对上述情况的分析，作者进而提出了文化聚合力的问题。

第三章　六十年代文化情绪　作者指出，20 世纪 60 年代的文化激进主义基本上是叛逆性的，它可以看作是 50 年代文化情绪的一种反动，也可看作是在现代主义中达到顶峰的一种更早的文化情绪的恢复与延伸。60 年代文化特征表现为喧闹而又咒骂成性，且流于淫秽。

60 年代艺术文化的轨迹已从独立的作品转移到艺术家的个性上，从永久的物体转移到短暂的过程上，它力图融解作为“文物”的艺术作品，力图抹杀主体与客体的界限，艺术与生活的界限。“艺术”在 60 年代已经解体了。60 年代的现代主义文化是一种典型“唯我独尊”的文化，其中心就是“我”。这时的艺术品都成了表述个人观点的“行动”，他们抛弃权威，对自我的关注胜过任何客观标准，从而推崇一种“天才的民主化”。

60 年代的小说家都失去了作为谈论对象的自我，自我已被融解了，剩下的唯一主题就是疯狂、分裂。在戏剧界，“狄奥尼索斯邦”的主旨是要重建观众和演员的心理，认为任何形式的技巧都是非创造性的、反生活的。新戏剧想把行动展开，抹去观众和舞台的界限，取消观众和演员的区别。

所以，60年代末新情绪的意识形态的主要倾向就是攻击理性本身，理性被取代了。

第四章　走向大修复：后工业化时代的宗教与文化　前面几章对文化矛盾现象的论述，探索了文化与工作、宗教的关系，以及新意义系统可能将导致的方向。作者通过对前工业社会、工业社会和后工业社会不同工作的论述为我们展示了三种背景——自然世界、技术世界和社会世界，以及与之相关的三种宇宙观——自然世界是从命定到机遇，技术世界是由理性和进步确定的，而社会的世界只能具有在“恐惧和战栗”中生活的特点。

由于存在着三种背景和三种宇宙论，那么也存在着三种个人赖以寻求自己同世界关联的认同方式，这就是宗教、工作和文化。宗教守卫着道德，传承着文化。工作，当它是一种天职或正当职业的时候，等于把宗教转化成一种今世的依附，一种通过个人努力达到的自己美德和价值的证据，而文化——尤其是我们目前称之为现代主义的滚滚潮流——不但不像宗教那样设法去驯服邪恶，反而开始接受邪恶，探索邪恶，从中取乐，还把它看作是某种创造性的源泉。文化现代主义作为一种文化运动侵犯了宗教领地，并把权威的中心从神圣移向亵渎。

作者还指出人类行为的指南既不可能是自然界，也不可能是历史，而只能是宗教。宗教是传统社会中人生的全部，在过去的一百年中，宗教的力量已经大大减弱了，但是作者认为在人们的生活中仍然会有某种新的宗教出现，因为宗教是人类意识的一个组成部分，是对生存“总秩序”及其模式的认知追求；是对建立仪式并使得那些概念神圣化的感情渴求；是与别人建立联系，或同一套将要对自我确立超验反应的意义发生关系的基本需要；以及当人面对痛苦和死亡的定局时必不可少的生存观念。

对于贝尔的宗教思想，学界有专文进行论述。贝尔认为前工业社会之所以稳定、和谐，原因在于以往人类社会有着从经验中积累起来的稳定信仰，这种传统上的稳定信仰就是宗教，它为人们提供了关于现实某些超时代的概念；现代主义作为一种文化运动侵犯了宗教领地，导致了工业社会时期的宗教危机，贝尔进一步指出，后工业化社会将会出现宗教的回归，并设计了一种“新宗教”：“公众家庭”。正像贝尔所说，向宗教回归是一个冒险的答案。

很多学者也认为这种所谓解决矛盾的想法是虚幻的、不切实际的。

第二部　政治体系的困境

第五章　动荡的美国：国家危机的暂时的和永久的因素　作者首先论述20世纪五六十年代以来美国发生的重大政治事件，并预测了之后二十五年美国的发展，目的是从与社会动荡有关的因素中挑选出结构因素，从而找到造成美国社会动荡的根源所在。作者认为，美国社会动荡的根源在于：思想由一致走向分歧，黑人争取社会承认所导致的紧张局势，以及信誉危机。社会得以形成的力量包括价值取向、文化和社会结构。美国社会结构的四大变化是：人口的变化；民族社会的建立；群体社会的出现；后工业化社会的发展。20世纪60年代社会面临的直接问题是黑人问题和青年人的异化问题，但70年代这两个问题已有所和缓，此外其他问题还有：(1) 民主制度与帝国的关系；(2) 新的政治精英层的产生；(3) 自由主义的失败；(4) 人民参与革命。

战后美国民族社会已经建立了，但仍有许多问题尚未解决。美国面临的两大变化将是：国际舞台将成为新的有关的结构环境；美国将进入一次新的"更年期"。在国际经济环境上，60年代世界经济在决策中再次占中心地位，跨国公司已登场，资本市场也国际化了，这些因素使60年代的经济有了新特点。同时，民族社会的建立仍将会在未来的世界范围内再度出现，社会的扩展会导致人们的情感负荷过重；国际和跨国的组织机构的出现和扩大也将造成自然资源管理问题。

作者认为，在世界经济中，美国经济衰老的进程及其领导地位的丧失是无法挽回的，它在世界上占统治地位的时期业已告终。从世界政治体系上看，二战后的三十年里，国际政治中显著的特征是美国所采取的扩张主义步骤。在70年代中期，美国霸权解体的过程就已经开始了。

第六章　公众家庭：论"财政社会学"和自由社会　作者从政治的角度再次探讨享乐主义这个重要的文化主题；接着，贝尔提出了公众家庭的主张，认为公众家庭是调和政治上的自由主义的主要方法。公众家庭是经济活动中除家庭经济和市场经济外的又一个领域，从政府预算的角度来讲，公众家庭是指对财政收入及开支的管理。更广义地说，它是满足公共需求和欲望的媒介，与个人的需求是背道而驰的。它是社会中诸多政治力量登场亮相的活动场所。建立公众家庭的宗旨就是要满足共同的需求，就是要提供一些个人无法用金钱为自己购买到的商品和服务。

【意义与影响】

《资本主义文化矛盾》是西方学者分析资本主义文化实质的名著，被认为是社会科学和思想领域五十年以来最具影响的著作之一。该书出版于1976年，时值美国立国两百年之际。回顾资本主义发展史，北美资本主义也曾强调精神价值，为创建新世界的理想而奋斗。当时的美国已站在当代西方文明的峰巅，却物极必反，乐极生悲。由此贝尔大书失落的痛苦，呐喊重建精神崇拜。贝尔的新宗教观并不一定管用，但他所代表的理论倾向和学术思想却影响颇大。

第一，该书追溯了资本主义文化的发展历程，并剖析这种文化如何与经济和政治中的轴心原则、轴心结构发生不可避免的矛盾，反映出贝尔全面探查当代西方社会结构、政治模式和文化思想领域的努力。他对资本主义文化乃至整个社会矛盾的精辟分析，代表了文化社会学和发达资本主义研究的一项开创性成果，而其中涉及的对大众传播媒介与资本主义文化危机关系的探究，在一定程度上体现出美国传播学批判学派的观点。事实上，该书论述的不仅仅是资本主义文化矛盾，它在稍广的意义上涉及整个资产阶级社会的矛盾，甚至是整个人类社会的深层问题。

第二，贝尔的社会研究方法论对于我们研究社会问题具有一定实用价值。他提出了“中轴原理”和“轴心结构”的思想，“以技术为中轴，将社会划分为前工业社会、工业社会和后工业社会三种形态”，这种轴心原则的运用体现在“又将每一个社会分为三个不同的领域，每一个领域又有各自的轴心原则”，贝尔这种社会研究方法论有助于人们从不同目的、不同视角、不同层次来分析社会。此外，贝尔的理论之所以引人瞩目，不仅因为他在思想结构中糅合均衡了社会主义、自由主义和保守主义，形成了别具一格的“异体合成”(syncretism)，而且在很大程度上是由于他蓄意打通不同学科的壁垒，以思想大家的恢宏气度对现代资本主义的历史与未来进行综合研究与预测。

第三，该书有助于我们深入研究现代资本主义社会的文化矛盾，分析其产生的社会根源，对于把握和解决我国市场经济建设过程中在精神生活领域出现的新问题，促进我国市场经济条件下的文化建设，具有十分重要的借鉴意义。我国建立和完善社会主义市场经济体制也必然包含着深刻的文化更新过程。在这个过程中，我们也不可避免地会面临如何建立统一的、一致的、共享的文化精神或文化价值观这一问题。合理地解决这个问题，首先，必须充分认识普遍的、共享的文化价值观念在社会整合中的重要作用。其次，应注重经济、政治和思想文化三个领域的协调发展。在资本主义社会所产生的所谓三个领域的“逆向摩擦”，实际上是私有制经济的客观本性决定了资本主义社会无法克服市场经济本身所固有的自发倾向的结果。建立和发展以公有制为主体的社会主义市场经济，应当能够利用公有制的优势，成功地协调三个领域之间的矛盾，并通过确立与社会主义市场经济相适应的文化精神，使三个领域的基本价值在更高的层次上达到统一。

第四，作为一名保守主义者，贝尔的理论缺陷也是显而易见的。他已经看到了资本主义工业文明全部矛盾的社会根源在于领域的断裂，所以他认为自己所论述的文化矛盾“在稍广的意义上涉及资产阶级社会的矛盾”。但是贝尔并没有由此继续前进，进一步否定资本主义制度。相反，贝尔却是一位保守主义者，他自己也承认这一点，并一再声称“本人在经济领域是社会主义者，在政治上是自由主义者，而在文化方面是保守主义者”。这种保守主义的政治立场使他以维护资本主义制度为自己的神圣使命。这就严重地限制了他的视野，使他更多地从文化内部寻找矛盾的原因，而不是继续追究资本主义的社会结构本身是否合理这样更为关键和深刻的问题。他在为陷入困境的资本主义社会寻求出路时，也就从未把社会主义看作是摆脱困境的出路，相反，他认为“社会主义在经济上是否可行还大可争论一番”，而把宗教看作是消除资本主义社会矛盾的灵丹妙药。“公众家庭”的设想，虽然带有某种程度的社会主义色彩，但在资本主义社会条件下，这种“公众家庭”只能是一种幻想。

【原著摘录】

导论/领域的断裂：主题绪言 P49－76

P53　我相信，我们正处在西方社会发展史的一座分水岭上：我们目击着资产阶级观念的终结——这些观念对人类行动和社会关系尤其是经济交换都有自己的看法——过去的二百年中，资产阶级曾经靠着这些观念铸成了现代社会。我相信，我们已面临现代主义创造力和思想统治的尾声。作为一场文化运动，现代主义在过去的一百二十五年中曾经主宰了所有艺术，塑造了我们的象征性表现方式。

P56　与社会统一观相反，我认为较有益的方法是把现代社会（我此刻不管它与以往社会的继承联系）看作由三个特殊领域组成，每个领域都服从于不同的轴心原则。我把整个社会分解成经济—技术体系，政治与文化。它们之间并不相互一致，变化节奏亦不相同。它们各有自己的独特模式，并依此形成大相径庭的行为方式。正是这种领域间的冲突决定了社会的各种矛盾。

P74 现代主义的真正问题是信仰问题。用不时兴的语言来说，它就是一种精神危机，因为这种新生的稳定意识本身充满了空幻，而旧的信念又不复存在了。如此局势将我们带回到虚无。由于既无过去又无将来，我们正面临着一片空白。

第一部 现代主义的双重羁绊

第一章 资本主义文化矛盾 P79－132

P79 对社会学家来说，一种文明的社会—经济结构及其文化之间的关系，可能是所有问题中最为复杂的一个。

P94 现代主义是对于十九世纪两种社会变化的反应：感觉层次上社会环境的变化和自我意识的变化。

P97 西方意识里一直存在着理性与非理性、理智与意志、理智与本能间的冲突，这些都是人的驱动力。

P97 现代主义重视的是现在或将来，绝非过去。不过，人们一旦与过去切断联系，就绝难摆脱从将来本身产生出来的最终空虚感。

P98 六十年代的后现代主义发展成一股强大的潮流，它把现代主义逻辑推到了极端。

P100 至十九世纪中叶，资产阶级世界观——理性至上，讲究实际，注重实效——不仅统治了技术—经济结构，而且逐步控制了文化，尤其是宗教体系和向儿童灌输“合宜”动机的教育体系。它到处取得胜利，只是在文化领域受到了抵制。反对者鄙弃它那种非英雄、反悲剧的情绪，以及它对待时间有条不紊的态度。……反资产阶级艺术家在理论和生活方式两个方面均取得了胜利。这些胜利标明，艺术自治精神和反体制主义已在文化领域占据了支配地位。

P119 放弃清教教义和新教伦理的结果，当然是使资本主义丧失道德或超验的伦理观念。这不仅突出体现了文化准则和社会结构准则的脱离，而且暴露出社会结构自身极其严重的矛盾。一方面，商业公司希望人们努力工作，树立职业忠诚，接受延期报偿理论——说穿了就是让人成为“组织人”（organization man）。另一方面，公司的产品和广告却助长快乐、狂喜、放松和纵欲的风气。人们白天“正派规矩”，晚上却“放浪形骸”。这就是自我完善和自我现实的实质！

P132 工业社会的特有品格有赖于经济与节俭原则，即追求效率、讲究低成本、高利润、最优选择和功能合理性。然而，就是这种品格与西方世界领先的文化潮流发生了冲突，因为现代主义文化强调反认知和反智模式，它们都渴望回到表现最初的本能。一方强调功能理性，专家决策，奖勤罚懒；另一方强调天启情绪和反理性行为方式。正是这种脱节现象构成了西方所有资产阶级社会的历史性文化危机。这种文化矛盾将作为关系到社会存亡的最重大分歧长期存在下去。

第二章 文化言路的断裂 P133－168

P135－136 我们的技术文明不仅是一场生产（含通信联络）革命，而且是一场感觉的革命。这种文明的特色——称之为“大众社会”或者“工业社会”——可以通过很多方式来理解。我倒愿意从如下几个方面（并非包罗无遗地）来加以说明：数、相互影响、自我意识、未来的定向。实际上，我们接触世界的方式就是由这些因素来决定的。

P141 我认为显而易见的是（按照韦伯的观点），现代社会强行促成了一种狭隘的角色专门化。一度曾以家庭为中心的广阔的生活范围（也就是工作、娱乐、教育、福利、健康），日益被一些专门机构（企业、学校、工会、社交俱乐部、国家）分别占领了。角色的限定（我们戴的许多顶不同的帽子）变得更加明确，在关键的工作领域，任务与角色业已高度专门化。

P147 我们的语汇促进了一种抽象的（如果不是神秘的话）世界概念的出现。而这正是日常事实和经验的世界与概念和物质的世界之间的临近最后的断裂。

P148 大众社会的最触目的方面就是：尽管它把广大群众合并到社会里来，但又创造了更加纷繁多变的局面和一种对经验的剧烈渴求，因为世界越来越多的方面——地理的、政治的和文化的——进入了普通男女的眼帘。这种眼界的扩大、这种艺术的融合、这种对新事物的追求，不论把它看作是探索之途，还是作为一种想出人头地的势利的努力，它本身就在创造一种新风格，创造一种现代性。

P156 我相信，当代文化正在变成一种视觉文化，而不是一种印刷文化，这是千真万确的事实。这一变革的根源与其说是作为大众传播媒介的电影和电视，不如说是人们在十九世纪中叶开始经历的那种地理和社会的流动以及应运而生的一种新美学。

第三章 六十年代文化情绪 P169－196

P169 在阐明六十年代文化情绪时，人们可以从两方面来看待它：把它看作五十年代文化情绪的一种反动，也看作在第一次世界大战前几年的现代主义中达到顶峰的一种更早的文化情绪的回复与延伸。

P179 六十年代的主调是对批评的怀疑。

P181 如果艺术的语言是普通语言和普通经验望尘莫及的，那它怎样为普通人喜闻乐见呢？六十年代的一个解决办法就是使每个人都成为他自己的艺术家兼英雄。

P186 严肃的批评家要么把矛头指向高级文化本身，从而谋取它的政敌的欢心；要么，用约翰·格罗斯的话来说，“心甘情愿当迪斯科舞厅的门厅侍者”。这就是文化天才民主化的发展轨迹。

第四章 走向大修复：后工业化时代的宗教与文化 P197－224

P202 技术世界是由理性和进步确定的。

P206 宗教作为与终极价值有关的意识形态，就是一种共有的道德秩序的根据。

P206 宗教的威力来自这样一种事实：在种种意识形态或其他种种世俗信仰面前，它是把神圣感——作为一个民族的集体良知而引人注目的东西——汇集到一个强大容器里的手段。

P219 宗教的衰败过程一直具有双重性。在机构范围里，它表现为世俗化，或者是作为一种社会团体的宗教机构权威与职能的缩小。在文化范围内存在着亵渎行为（profanation），即那套解释人与彼岸关系的意义系统的衰微。

P220 凡是宗教失败的地方，崇拜（cults）就应运而生。

P222 宗教在历史的重大关头有时是所有力量中最革命的。

P224 如果没有领域的分裂，如果神圣遭劫，那么我们便只有欲望和自私的混乱，以及围绕人类的道德之环的毁灭。我们能够（是否应该）重建起区分神圣与亵渎的体系吗？

第二部 政治体系的困境

引言：从文化到政治 P227－228

P227 政治体系完全是另一种领域。如果说宗教和文化企图确立终极意义，那么政治体系则不得不应付日常生活中的世俗问题。它必须制定正义的准则，强化公理和权利。

第五章　动荡的美国：国家危机的暂时的和永久的因素 P229－275

P234　五十年代的美国社会已经动员起来，动员它的目的首先是要对付国际共产主义。……动员社会以对付外来的威胁——外来的威胁可以得到最确切的定义——使得一个国家团结一致。

P236　就国内而言，民族问题是美国社会中最直接最严重的问题：黑人的战斗精神，暴乱的实际情形，进一步冲突的威胁，无所不在，四处弥漫。

P245　社会结构的四大变化是：第一，人口的变化；第二，民族社会的建立；第三，群体社会的出现；第四，后工业化社会的发展。所有这些变化几乎都是同时发生的。正是这种多重革命的同时发生性和联合性在社会上引起了许许多多的矛盾冲突。

P253　后工业化社会从根基上开始重新塑造所有的现代经济体制。重视教育（作为获得知识和力量的途径）、重视技术决策的作用、重视技术群体和新的精英层（如科学界和军界）之间的冲突，这一切都将给发达的西方社会，尤其是美国，带来新的困难。

P259　判断一个社会能否解决它所面临的问题的依据是：它的领导层的质量和它的人民的品质。

P274　七十年代最显著的特征完全可以说成是：诸多已经建立起来的民族社会出现了将要使之四分五裂的离心力量。

P275　美国——或者任何民主政体——恰当地处理它自身问题的能力将取决于它的政治体系能否实现“公众家庭”的某些概念。

第六章　公众家庭：论“财政社会学”和自由社会 P276－345

P276　依据古典经济学的理论，经济活动的领域有两个。一是家庭经济……二是市场经济……但是，现在又出现了比前两个领域更为重要的第三个领域……这，就是公众家庭。

P289　从社会学的角度看，现代公众家庭的窘况是，它不仅必须满足通常意义上的公共需求，而且不可避免地要成为满足私人和群体欲求的场所。在这个场所里，税收不可能轻而易举地满足要求；适用于这些要求的社会学知识也注定不可能轻而易举地抵挡住这些要求。

P293　公众家庭将面临两个主要问题。第一个是，社会问题的“超负荷”现象越来越严重，而政治体系在这些问题面前简直是束手无策……第二个问题是，由于人们要求得到的权利日趋增加，造成了压力，国家需要愈来愈多的税款去支付服务性行业，国家支出出现了不断增长的趋势。

P294－295　根本的解决办法只能是：调节经济增长和社会消费的比例使之均衡，在合理分配的规范性问题上达到一致的见解。

P302　经济增长在经济上和文化上却使人们产生了一系列的期望。资本主义制度发现，要给这些期望降调十分困难。当这些期望与其他飘忽不定的因素（例如恶性的然而又是周期性发生的通货膨胀，它的渊源是突然兴隆起来的世界经济）结合起来时，它们就会为经济动荡和政治动荡创造条件，而政府则会发现这些动荡越来越难以对付。所有这一切导致了失落感和危机感，从而动摇个人对社会的信仰。

P302　在人类历史上，信仰危机是周期性发生的……一旦信仰破灭，它需要很长的时间才能重新生长起来（因为它的土壤是经验），并重新发挥效用。

P303　这种危机的后果——我先暂时不谈它的更为深刻的文化困境——是城邦意识（civitas）的丧失……城邦意识丧失以后，取而代之的是，每个人自由行动，放纵各自不道德的欲望，而这些欲望只有在牺牲公众利益的基础上才能得到满足。

P307　政治从来都是利益和象征性表达（即意识形态，或者是对个人或组织的感情）的化合物。人们可以放弃利益而仍然坚持信仰，也可以放弃信仰而仍然和社会发生利益上的利害关系。但是，一旦对社会及其组织机构的信任遭到毁灭，一旦各种利益不能获得它们认为有权获得的承认，那么炸药包就已经准备好，只等点燃起爆了。

P308　简言之，我们还没有做到人人都献身一个公众家庭；或者说，我们还没有做到人人都信奉一种大众哲学，一种可以调和个人之间摩擦的大众哲学。

P310　为了让我们目为自由社会的那种东西能够继续存在下去，我们必须创立一种新的大众哲学。

【参考文献】

［1］丹尼尔·贝尔. 资本主义文化矛盾［M］. 赵一凡，蒲隆，任晓晋，译. 北京：三联书店，1989.

［2］陈维杰. 丹尼尔·贝尔的资本主义文化矛盾观述评［J］. 绥化师专学报，1994（1）.

［3］童世骏. 读丹尼尔·贝尔的《资本主义文化矛盾》［J］. 历史教学问

题，2000（4）.

［4］阎孟伟. 西方学者视野中的资本主义文化矛盾及其对我们的启示［J］. 高校理论战线，2001（12）.

［5］金衡山. “自由”的缘由、悖论及其他——从贝尔的“资本主义文化矛盾”说开去［J］. 国外文学，2005（2）.

［6］彭穗宁. 资本主义精神兴衰历程的启迪——对韦伯和贝尔两部代表作的解读［J］. 社会主义研究，1997（3）.

［7］杨永平. 打破资本主义世界的困惑——读丹尼尔·贝尔的《资本主义文化矛盾》［J］. 晋阳学刊，1998（3）.

［8］郭春贵，宋艳琴. 丹尼尔·贝尔：社会分析方法论［J］. 科学技术与辩证法，1998（4）.

［9］宋艳琴，郭贵春. 丹尼尔·贝尔文化思想述评［J］. 山西大学学报（哲学社会科学版），1998（3）.

九、《晚期资本主义的文化逻辑：詹明信批评理论文选》

[美] 詹明信　著

陈清侨　等译

生活·读书·新知三联书店，1997 年

【作者简介】

弗雷德里克·詹明信（1934—　），当代著名的马克思主义文学批评理论家，1934 年出生于俄亥俄州克利夫兰市，生长在新泽西州南部，与费城隔河相望的凯姆敦市郊。1954 年毕业于哈佛福特学院，1960 年在耶鲁获得法语和比较文学博士学位，曾任哈佛大学、加州圣地亚哥大学、耶鲁大学的教授，后任杜克大学威廉·莱恩讲座教授，并担任文学系主任、批评理论研究所所长，兼任学术刊物《南大西洋季刊》主编、《疆界 2》主编。2003 年辞去系主任职务，继续担任批评理论研究所所长，兼任杜克大学人文科学学术委员会主任。

詹明信被认为是二战以来美国最重要的马克思主义理论家之一，是西方马克思主义文学批评和美学理论的标杆性人物。他的资本主义文化分期理论，在众多论说后现代主义的理论中独树一帜。佩里·安德森在《文化转向》中对詹明信作了这样的评价：詹明信的著作，犹如夜晚天空中升起的镁光照明弹，照亮了后现代被遮蔽的风景。作为后现代马克思主义的代表性人物，詹明信认为后现代主义是晚期资本主义的文化逻辑，大众文化作为后现代主义的形式，颠覆了代表现代主义的高雅文化而走向世俗文化。

詹明信著作颇丰，其文学理论专著《马克思主义与形式》（1971 年）、

《语言的牢笼》（1972 年）、《政治无意识》（1981 年）获得了极高的声誉，被另一位西方著名的马克思主义理论家伊格尔顿誉为“西方马克思主义”的三部曲。

其中的《政治无意识》一书和围绕“作为晚期资本主义文化逻辑的后现代主义”所作的一系列论述，确立了詹明信在文学与文化研究，特别是后现代主义文化理论、电影研究、“地缘政治的美学”或“民族寓言”论述和现代主义研究等广大领域的权威地位。詹明信曾先后获得挪威议会授予的霍尔伯格人文学奖（国际人文学领域最高奖项之一）以及美国现代语言协会授予的“终身成就奖”，进一步确认了他在西方人文学界的崇高地位。

詹明信曾两度赴华讲学。1985 年秋，他到北京大学进行了为期四个月的讲学。讲学内容后来整理出版为《后现代主义与文化理论》（1989 年）一书，在 20 世纪 80 年代的学界颇为流行。2002 年 7 月詹明信再次来中国，在华东师范大学为上海学者作了题为《现代性的幽灵》的演讲。作为将后现代文化理论引入中国大陆的“启蒙”人物，詹明信及其著作在中国思想界的影响力正持续增长，该书中收录的文章已成为国内文艺理论、美学研究、文学和文化批评、文化研究和全球化时代文化政治分析领域的重要文献。

除《后现代主义或晚期资本主义文化逻辑》和上文所列举的部分著作外，詹明信的著作还有《晚期马克思主义》（1990 年）、《地缘政治的美学》（1992 年）、《时间的种子》（1994 年）、《文化的转折》（1998 年）、《全球化与政治策略》（2000 年）、《全球化的形象》（2001 年）、《独一无二的现代性》（2002 年）等。

【写作背景】

詹明信的文学理论专著获得了极高的声誉，但他后来却并不认为自己专属于文学研究，而是一个“文化批评家”，“注意的是世界范围内的后现代主义文化的发展”。这一自我评价概括了他的学术兴趣的转移：出版《政治无意识》之后，他的视野转向了文学的外部文化环境，开始了对后工业社会的总体性观察。

20 世纪 60 年代，受到新左翼思潮及反战运动的影响，詹明信深入研究马克思主义文学批评理论，将马克思主义的辩证的文学批评传统引入英语语系领域，建立了其独立的西方马克思主义理论体系。20 世纪 70 年代以后，一些新的文化现象开始出现。美国具有公开反叛精神的现代主义文学逐渐为消费社会所同化，高雅艺术与商业形式之间的分野正在消失，文学艺术广泛进入社会和日常生活之中。当代的文化和文学呼唤着新的理论探索和批评实践。因此，20 世纪 80 年代以来，詹明信将他的主要精力放在晚期资本主义的文化现象的研究上。置身于晚期资本主义的各种意识形态和理论思潮中，詹明信试图将他认为最犀利和最具世界语性质的马克思主义和敏锐捕捉晚期资本主义表象的后现代主义结合起来。

随着后现代"文化"的膨胀，詹明信展示的是空前庞杂的"文化文本"。不仅小说、音乐、绘画、建筑、影视及商业广告等文化载体和传播方式，而且资本主义的生产方式、跨国经济的发展、国家权力的削弱等都进入了詹明信的研究视野。詹明信从早期对文学艺术形式的分析转入后现代文化研究。他的这种转向不仅表现为研究领域的扩展，也表现为研究视角和思维方式的变化。如果说他前期的文学批评更侧重于阶级斗争和阶级对抗的话，那么，在后现代文化研究中，经济和技术的因素被大大突出了，政治无意识开始向文化无意识转化，二元对立的结构主义思维方式开始转向多元共存的后现代思维。

【中心思想】

詹明信始终致力于对后结构主义和后现代主义的批判，并以之丰富发展马克思主义文化理论。他秉承雷蒙·威廉斯的观点——"文学教师必须把他们研究的对象当作一种文化的产物，这样才有可能认识作品的意义和本质"，认为自己"注意的是世界范围内的后现代主义文化的发展，因此，可以说是个文化批评家"。这也符合对他不熟悉的读者关于他的第一印象，即晚期资本主义文化逻辑的代言人。

詹明信对现实主义、现代主义和后现代主义的划分，是把资本主义所经历的经济阶段进行划分后，为每个阶段寻得的文化特征的概括。晚期资本主义的文化逻辑，就是后现代主义。在这本书中，詹氏独具慧眼地指出，马克思主义与它唯一的研究和批判对象——资本主义一道重新获得了空前的问题性、活力和重要性。在专业化、体制化、理性化和商业化似乎杜绝了一切有关未来的想象的消费主义时代，他把寻找历史的无穷变化和复杂矛盾，探索文化同广阔的社会经济境遇的有机关联定义为自己批评旨趣的核心。

全书约 35 万字，序言部分是《马克思主义与理论的历史性——詹明信就本文集出版接受采访录（代序）》，正文部分分为上、下两编，上编名为"理论”，下编名为“境遇”。上编分为七小节，主要表述了作者的理论倾向，即马克思主义和后现代主义，下编分为五小节，通过对具体情况的分析，举例说明自己的观点。

【分章导读】

马克思主义与理论的历史性——詹明信就本文集出版接受采访录（代序）

序言包括理论的历史性、马克思主义与晚期资本主义、辩证思维、文化研究与地域等四个部分。詹明信在回答采访人（该书编者张晓东）的问题中大概勾勒出了自己理论体系的形成过程及他在当时状态下的思想理论轮廓。

1. 理论的历史性。在这部分詹明信主要解答了这样几个问题：当代“理论”发展中不同取向相互渗透的过程以及这种渗透在他本人工作中的表现；西方马克思主义同战后自由主义思想或立场的关系；在他的哲学——理论构成中海德格尔所占地位、海氏在整个西方马克思主义批评理论中的地位以及海德格尔在詹氏著作中的体现；“失败的形式”指的是先锋派的“艺术作品”还是大众文化产品。

2. 马克思主义与晚期资本主义。在这部分詹氏直截了当地承认自己的分期理论来自马克思主义，并坚决否认了马克思主义已经转化为仅是一种哲学的看法；就他提出的“元批评”所预设的马克思主义的思考方式和批评路径做出了解释；回答了马克思主义的翻译、中介活动是否也生产出自身的一套符码系统和理论规范的问题；解释了“对我来说是个自己的作品在其他国家里传播的问题”；对于“一般读者，特别是非西方读者在探索某种理想的精神生活形式的同时，也在寻找一种叙述或表现的形式，以便用它来组织自己的个体的或者是集体的经验。这种经验不加组织，就会变得脆弱而零散”这个问题，詹氏则从马克思主义是否在这个领域向人们做出了保证方面进行了回答；然后是作为现代性的产物的马克思主义是否提出了自己的本真性或整体性概念问题的解答，并解释了如何在乌托邦观念和人道主义之间划清界限；最后讲述了自己如何描述西方马克思主义的“存在论”或者“诗意”的方面。

3. 辩证思维。詹明信谈论了马克思主义的能动的方面，即辩证法的问题。他承认自己把辩证思维的运作描绘成思想与现实的缠斗，而到头来事物存在的方式成为思想观念的形式，并就辩证法同寓言的关系、阿多诺认为本雅明的思维模式是“反辩证法”的问题作了解答。他完全赞同辩证法从来不是一个纯粹的思想或思辨行为，而是一场不停的搏斗，把一切都卷了进来：经济、政治、个人背景以及自己的意识形态。

4. 文化研究与地域。詹明信首先阐释了“文化批评”与“文化研究”的关系，并就有些人称自己为“红色康德”、康德式主体性的区分与当代主体位置的多重性之间是否有重叠谈了看法；描述了关于从地缘政治上看，从哲学到理论，再从理论到“文化研究”的转变也演示出文化权力或文化生产力从欧洲向北美的转移的过程，以及自己在这一过程中的作用；评价了当时西方和非西方世界的鸿沟依然存在，不同国家、民族、地域、文化间的差异似乎使得任何跨语境的分析和理论思考都难以令人信服的情形，以及某种思想界、知识界的“统一战线”的意义和可行性。

上编　理论

1　文本的意识形态　詹明信从文学批评入手，以罗兰·巴特对巴尔扎克浪漫夸张的中篇小说《萨拉辛涅》的文学评论为例，分为四部分。第一部分肯定了巴特多姿多彩的批评实践和文本性成为文学分析之框架所带来后果的评估，以及对构成文本的基本叙述性微小因子——语码的分析，巴特将其分为五种语码，分别是人的语码、文化语码、象征语码、选择行为语码和阐释语码，其中前三种语码属于可逆的，“目的显然是探寻可知的细节的根源——一方面是有关社会成规或意识形态的，另一方面是有关精神分析的”。后两种则属于不可逆转的，称为“时间形式”，可以分别解释为“所述行为之间的协同一致”和“对真相的揭示”。

文章的第二部分以卡勒对福楼拜作品的论证为例，最后，詹明信指出没有充分的历史框架是不能够为旧有的现代主义与现实主义的对立服务的。

文章的第三部分，詹明信指出了巴特分析中的不足和忽视之处，即紧紧地依附于历史，依附于对过去的抵抗和差异。因此，詹明信在最后一部分阐明了巴特在文学评论中的后现代性特征，例如表层，“文本化”，新的起伏跌宕的情感的强化，主体的非中心化，将不朽之物粉碎，偏爱其碎片及瞬时的构成，用空间化取代深层的时间性，重写而非阐释。后现代主义可以对巴特自己的文本以及“理论”或一般的“理论性话语”一一进行定位，也澄清了巴特原先容易陷入混乱的诉诸现代性的做法。詹明信认为，因为消费资本主义是建立在古典资本主义基础之上的一种二级建构，并继续矛盾地与之共存，因此为现代主义辩护就很少能具有自身的一致性来经得住检验。

2　马克思主义与历史主义　本篇主要阐述了马克思主义解脱历史主义所

遇到的困境的方法。首先介绍的是目前历史主义所遇到的挑战和困境，即我们只能通过预先的文本或叙事才能接触历史，对历史的描述往往带有深刻的意识形态观念。之后詹明信提出了解决这种困境的四种传统方法，即文物研究、存在历史主义、结构类型学和尼采式反历史主义，这四种方法如同一个联合体或者结构置换规划。在分别介绍了这四种方法对解决历史主义困境所获得的成果的同时也提到了它们的不足，于是詹明信阐发了马克思主义在这个问题上所具有的优势，即生产模式的共存性。

3　拉康的想象界与符号界——主体的位置与精神分析批评的问题　本文分为三部分。第一部分论述了弗洛伊德的精神分析，詹明信认为他的观点“封闭了个体或个体经验的范畴，却没有看到这些范畴本身在某种程度也是颇成问题的”。萨特、法兰克福学派和夏尔·莫隆都对这个问题进行了阐明。萨特的研究倾向于强调个体病史，而综合了马克思和弗洛伊德的法兰克福学派则没有给个体主体的独特历史留什么余地，倾向于集体文化的影响力。莫隆不同于前两者的模型，论述了个体与集体间的基本对立，是一种中介的风格结构，在个体满足和社会结构两种层次上都起作用。

莫隆的方法也对我们提出了一种新的模型的需要，这也是詹明信在第二、三部分具体阐述的拉康的关于三个层次的概念，即幻想、符号、实在。“实在之物的经验同时预设了两种相关的功能，即幻想功能和符号功能的活动”，而且幻想之物和符号之物在心理生活中是难分难解的。在拉康所谓的“镜子阶段”中，幻想之物是一种前语言的，以基本视觉为其逻辑表现。之后的“符号阶段”，幻象通过进入语言的异化而被符号秩序接收了，符号秩序是主体的进一步异化，拉康构造了自己理论里的符号秩序，主体的移置和无意识重新定义为语言，欲望的地形学和类型学及其具体化等，除此之外，拉康还分析了环境本身的战略。在对现实的表述中，拉康认为实在之物就是历史本身，它既与符号性东西或幻想性东西无从分辨，又保持着自己的独立性。詹明信认为，拉康把科学作为一种主体非中心化的历史性起源形式，这种说法对于马克思主义者富有启发性。

4　时间川流中的阿多诺　本篇乃作者为《Late Marxism》（《晚期马克思主义》）一书所写的导论。詹明信首先强调了个人的著作是“随着历史阶段的不同而改变自身的意味”，通过对 20 世纪 60 年代和 70 年代马克思主义的研究情况的叙述阐明了阿多诺的理论更适用于当前这个时代。阿多诺承担起了重建德国社会学的重任，他将伦理学转化为（历史型的）社会学。无可替代之处是阿多诺以经济系统及生产方式的语汇进行分析。詹明信也强调了阿多诺理论同海德格尔的理论截然不同，他认为阿多诺的理论涵盖了后现代主义的某些元素。

5　**现实主义、现代主义、后现代主义**　在本篇中，詹明信着力阐述了自己独特的资本主义文化分期理论，他按照马克思主义的历史分期方法将资本主义社会划分为市场资本主义、垄断资本主义和晚期资本主义（或跨国资本主义），与之对应的文化阶段分别为现实主义、现代主义和后现代主义。作为西方左翼马克思主义批评家和后现代主义理论大师，詹明信在建构自己的历史分期理论体系时，一方面将其置于马克思主义的历史唯物主义语境中，一方面也参照了德路兹、瓜塔里反建构的“历史叙述模式”的分期方式和索绪尔符号系统的模式，以完全颠倒的顺序论述了后现代主义、现代主义及现实主义的文化特征，力求达到一种他所称的“陌生化”效果来引发人们对这些常用术语的新思考。在阐述自己的模式之前，詹明信先用不少篇幅对德路兹和瓜塔里《反俄狄浦斯》一书的历史模式进行了解说，为从历史角度切入文学术语的讨论做了铺垫。然后，詹明信借用了索绪尔的语言符号体系来解释自己的历史分期。

詹明信指出现实主义、现代主义和后现代主义这三种文化现象既与资本主义社会发展的三个阶段相关联，又与完整的符号——意符、指符和参符的产生到分裂过程相一致。意符即一个字的观念意义，指符包括语音和形象等，参符则是意符和指符指明的外在物体，或者说客观现实中的序列。现实主义阶段可称为参符时代。在现代主义阶段，意符、指符与参符分离而构成一个具有自身逻辑的符号世界。到后现代主义阶段，意符或者语言的意义已经被搁置一旁，这个阶段只剩下纯的指符本身所有的一种新奇的、自动的逻辑。詹明信将现实主义、现代主义到后现代主义的演变过程描述为从语言与世界的逻辑，到语言自身的逻辑，再到指符自身的逻辑的演变过程，并将这种演变归结为“物化的力量”推动的结果。

在前文的基础上，詹明信最后用颠倒的顺序阐述和比较了现实主义、现代主义及后现代主义各自的特征。他较为详细地论述了后现代主义具有的审美感受上的平淡感、作品在结构模式上的平面化、历史性的消失等特点，尖锐地指出后现代主义的浅薄之处，并列举了为后现代主义理论所排斥却在思想领域里颇有影响的四种深层模式，即马克思的辩证思维模式、弗洛伊德的心理分析模式、存在主义的模式以及索绪尔的符号系统。詹明信指出，后现代主义并不是对上述现代主义理论做深层解释，而只是在浅层表面玩弄概念和文学表面的游戏。詹明信认为，将一切空间化是后现代主义的根本特征，即通过“东拼西凑的大杂烩”把不同时代不同地域的东西拼贴在一起。而对于现代主义，詹明信认为理解它的一个关键术语则是时间化。现实主义展现的是客观的社会和真实的人物，关注人的现实处境和社会的前途命运。而现代主义则注重对人的主观心理的挖掘，探寻人的内心世界。在现代主义作品中出现了一种根本的向内转的倾向。詹明信认为，应把现代主义对心理的描写看成是一种客观，而把现实主义看作是一种行动，一种叙述形式，而且是一种发挥某种特殊作用的叙述形式。

6　**德国批评传统**　这是詹明信在中国的三个讲座中的第一个，和第七节、第八节互相衔接。詹明信将德国传统概括为辩证的传统，在此篇文章中他最先就福柯和哈贝马斯作了比较，围绕着二人对语言的不同看法，詹明信则更推崇福柯的理论。对于德国理论的传统，詹明信认为他们最大的贡献是对文学和文化研究提出了某种新的历史方法，詹明信是以阿多诺和本雅明为例进行介绍的。阿多诺的哲学理论是他自己创立的所谓“否定的辩证法”，他欣赏作品的不连续性，不和谐性和内在的分裂，但并不是它们本身，而是崇尚这种内在性的最高价值，或者崇尚“调和内在的不统一”，把形式和内容结合起来的最高价值。因此，阿多诺的研究是一种独特的现代主义理论。詹明信认为通过阿多诺的研究，我们要将“社会的历史和艺术的历史两股历史性的系列关系的永久的共时性的再现”。

本雅明不同于阿多诺，他从孤立的、具体的内容开始，由具体到一般，他将历史和文化的发展分为讲故事阶段，语言和诗歌阶段及电影阶段。本雅明的理论为我们提供了辩证法传统称之为“居间”的方法，即在社会的不同层次之间建立联系，如经济的、政治的、文学的、语言的、心理学的等，这些层次间既不能互相认同，互相合并，也不能取消任何一方。

7　**法国批评传统**　此篇文章主要是讲结构主义及其不同流派。法国传统除了结构主义到符号学再到后结构主义以外，还有德国传统中的辩证思潮。本篇首先对萨特的理论进行了分析，即其“形势”的概念，这一概念要求我们对人文现象采取动态的观点，主观的创造性行动首先要把外部的客观材料组织成为一种形势，同时又能创造出处理这种形势解决这种问题的答案的一种方法。詹明信主张将后结构主义的语言转换成萨特有关“形势”的观念，用“形势和反应”这样一个动态的系统来重新思考当代理论中一系列双层模式。

关于德里达的消解结构理论，詹明信认为是“马克思主义传统中所谓‘思想分析’的一个特殊的子体系”。德里达强调语言的重复的、自动的、自我消解的作用。詹明信认为德里达新的寓言式的解释，对于文学批评来说，比德里达自身的哲学实践更有趣，运用这种方法分析作品往往能产生惊人的效果。

对于符号学，詹明信先是介绍了符号学的发展过程，然后以格拉伊莫斯的“符号学正方形”观点为对象评述，他认为这种观点依旧是德里达“自我矛盾”的继承，詹明信仍然希望按照萨特的“形势”理论来重新考证这些观点和方法。

下编　境遇

8　60年代：从历史阶段论的角度看　本篇是通过七小部分来论述的。詹明信一开始就说明了这篇文章与传统的历史叙事不同，他并不认同传统的历史观强调一个时代的有机统一性，而认为关键在于对历史发展过程中出现的各个层面的基本形势的韵律和内在动力的分析。

文章的第一部分，詹明信叙述了60年代第三世界国家的兴起。詹明信认为“第一世界60年代政治文化模式的确该归功于第三世界主义”，之后他陈述了60年代第一世界和第三世界所经历的变革，从政治上、经济上、文化上，甚至是一些社会阶层的变化，从中也提出了60年代社会“新生”力量产生并发展的前提。在对60年代的划分上，詹明信将其尾声划在1972至1974年间。詹明信认为60年代是第三世界新生力量的解放，也是老牌帝国主义一种旧式统治的终结，同时也明显意味着一种新的垄断的发明和建构。因此，他主张从文化革命的基本反应中找寻60年代别具一格的修辞。

文章的第二部分主要从哲学的角度来分析这一时期，即占有绝对优势的萨特存在主义受到了结构主义的渐渐逼迫，受到了一系列新型理论尝试的压迫。这些尝试共同分享了一个最根本的经验，即发现了语言或象征为第一性的问题。这些也导致了结构主义和后结构主义的流行。

文章的第三部分转到了毛泽东思想上，詹明信称之为60年代所有伟大意识形态领域中最丰富多彩的思想，但他也指出这一理论激进地从国家政权的实际利益脱节出来。

文章的第四部分仍然是从哲学角度着手，首先论述了刻板的法农模式的局限处和长处及其最终的逐渐萎缩。之后詹明信提到了阿尔都塞的理论，他认为，在各类结构主义里，阿尔都塞主义是60年代中晚期的实验中最启发人，也是最富有建设性意义的思想。阿尔都塞主义在60年代的发展也让我们看到了这一时期，“理论”逐步取代旧时的术语“哲学”。詹明信论述了这种变化的原因和特点，并提出了对这一转变的看法和理解。

文章的第五部分是詹明信自己对于60年代的一个定义，即后现代主义，这是一个意义重大的框架，可以用来表述60年代文化的起伏。在对后现代的陈述中，詹明信先是引入高等现代主义与之比对。詹明信认为后现代主义的一个重要的特点就是符号的探险，他以欧美的文学为例，第一阶段是符号的碎块化，以及内部的痉挛，它需要用具有文化生产特征的形式来做出更具体的、大纲形式的图解；第二阶段是传统符号在过程中消解，符号落入了一个绝对碎块化和无政府主义状态的社会现实，文化本身落入了尘世。

文章的第六部分是对古巴经验的分析，詹明信“游击中心”的理论别具一格，非常灵活机动，但是却在实践的角度上失败了，理论在乌托邦空间解体。

文章的第七部分詹明信强调了经济的决定性作用，他引用了曼德尔《后资本主义》一书中的观点，60年代经济的波动和发展形成了所谓的“断层”，而第一世界新技术的推广和经济的周期性发展也让人们开始质疑马克思主义，认为其所述的“古典”资本主义已经终结。詹明信认为在当今剥削、剩余价值榨取、大幅度无产阶级化的情况下，马克思主义依旧有其理论优势。

9 **后现代主义与消费社会** 本篇文章依旧是一篇讲演稿，詹明信首先是列举了后现代主义的作品，从建筑到艺术，再到音乐和电影，最后还有小说。之后詹明信阐明了后现代主义的两个特点，一是其对高等现代主义的反动；二是高等文化和大众文化或普及文化之间旧有划分的抹掉。詹明信认为后现代主义是一个时期的概念，其将文化上新的形势特点的出现和一种新型的社会生活及新的经济秩序的出现相联系。之后他对后现代主义的两个显著特色分别进行了阐述。一是剽窃，这里詹明信又提出了戏仿这个概念，戏仿是利用作品风格的独特性，制造一种模拟原作的模仿。“剽窃”带来的就是个体主义本身的终结，对此，詹明信介绍了两种立场。应该看到，“剽窃”带来了一个美学上的两难。对于后现代主义的这个特点，詹明信以“怀旧电影”的流行为例做了具体的分析。后现代主义的第二个显著特色是精神分裂，这里，詹明信又再一次提到了拉康的理论及他对精神分裂的分析，“精神分裂的感受是这样一种有关孤离的、隔断的、非连续的物质能指的感受”，而且精神分裂对于当下世界的感受远比正常人要强烈。语言的精神分裂性也是如此，詹明信以派里曼所作的题为《中国》的诗为例进行具体分析。在最后的总结中，詹明信认为后现代主义的出现和晚期的、消费的或跨国的资本主义这个新动向息息相关，它的形式特点在很多方面表现出这样的社会系统的内在逻辑。

10 **后现代主义，或晚期资本主义的文化逻辑** 本篇文章是詹明信的代表作之一，较为全面地阐述了他的后现代主义思想。本章的开始詹明信先是肯定了后现代主义的全面来临，以及其同现代主义的决裂关系，为此，詹明信列举了从绘画到哲学、电影、文学、摄影及音乐的后现代实例。

接着詹明信总结了后现代主义的一个显著的特点，即民本主义。以建筑艺术为例，詹明信充分阐明了他所谓美感上的民本主义的观点。在步入后现代主义的今天，我们已被“文化产业”诱惑、统摄，与后现代文化世界相对应的是社会学者对新社会名堂众多的描述。后现代主义理论已经不仅仅局限于文化范畴。

詹明信认为只有透过“文化主导”的概念来掌握后现代主义，才能了解这个历史时期的总体文化特质。为此，詹明信还提到了对他这种观点的两种反对意见，他也对这些反对意见进行了一一驳斥。第一种反对观点是认为后现代主义只是现代主义的另一个阶段而已，这些人没有触及传统现代主义的社会立场，实质上，后现代主义的文化整体早已被既存的社会体制所吸纳，受到了资本主义晚期经济规律的统辖，这也是当前文化范畴在社会中所经历的种种剧变的重要原因。另外一种反对意见是来自左派学者对用历史分期来阐释事物的质疑，他们认为这样会使人忽略文化的多元性，其实恰恰相反，后现代文化囊括了当今社会的所有文化生产，好比一个偌大的张力磁场，吸引着各种各样的文化动力。

此后，詹明信分别从六个方面对后现代主义的构成元素进行了论述。

后现代主义的第一个特点是表现法的解构。詹明信用了两幅绘画作品作比较，从而得出自己的结论。一幅是代表现代主义时期视觉艺术的经典作品——凡·高的《农民的鞋》，另一幅则是代表后现代主义风格的作品——华荷的《钻石灰尘鞋》。在比较的过程中，詹明信提出了后现代文化的几个特征，第一是“一个崭新的平面而无深度的感觉”。第二是“社会的客体已经被演绎为一组一组扬弃了内容意义的文本或者‘模拟体’”。詹明信扩展地论述了第三个特征，他称之为“情感的消逝”。在论述当中，詹明信又以现代主义作品蒙克的绘画《呼喊》为例，因为这幅作品充分表现了现代主义的生活情绪，是现代主义表现美学的重要体现，“表现”完全肯定主体有内外之分，但是后现代理论本身却是对这种内外二分为基础的阐释模式的批判和质疑。此外，詹明信又提出了四种深层的阐释模式。詹明信以美国社会中常见的例子向人们展示了所谓后现代的无深度感。

在提到蒙克作品中体现的焦虑、疏离的感觉时，詹明信认为蒙克大多通过姿态来表达，这些都已经不再适合于后现代世界的感受，而华荷式的人物更能体现这种感受，即“主体的疏离和异化已经由主体的分裂和瓦解所取代”。这里，詹明信又提到了“主体的灭亡”的观点，他把这种观点分别用两种方法演绎，但是总的来说，这种“非个人化”的情感已经占据了现在的文化，它也给后现代主义的困境带来了出路，因为自我不存在，所谓的情感也就无所寄托了。

后现代主义的第二个显著特点就是它浅薄而且微弱的历史感。一方面我们跟公众“历史”之间的关系越来越少，另一方面个人对“时间”的体验也因历史感的消退而有所变化。当今社会，“拼凑”作为创作方法，已经取代了现代主义时期的摹仿法，雄踞了一切艺术实践领域，尽管嘲弄式的摹仿法曾为现代主义带来丰富的成果。拼凑的概念源自法兰克福学派论者阿多诺。昔日现代主义的风格经过质变以后，便转化成为后现代的“语码”，而且这种“语码”的扩散范围极大，并同时触及政治权利关系。这种文化观并不等同于资产阶级主导的意识形态，社会已经进入了一个由多方力量所构成的放任的领域，因此七拼八凑地炮制成为今天的文化产品。

这种“拼凑”也造就了“历史循环说”的观点，“摹拟体”的新文化逻辑乃是以空间而非时间为感知基础的，这给传统“历史时间”的经验带来了重大的影响。但是大众却反而表现出一种对摄影映像的强烈感情，一种要把旧的事物重新调配和组合创造出极具新鲜感的混合体，可以用“怀旧”来形容这种感情，但是这里的怀旧不同于现代主义的怀旧。詹明信提到了“怀旧电影”，他举了多个怀旧电影的例子，指出后现代主义的怀旧把文化实践引入了一个更复杂、更有趣、更富创意的空间中，这种电影与观众之间似假还真的距离，给我们提供了一个崭新的美感模式，也是历史特性在我们这个时代逐渐消退的最大症状。之后，詹明信又以“历史小说”为例，主要是以多托罗的作品为例，说明了小说家在历史“知识”与艺术惊险之间遇到的矛盾，他们需要制定一种叙述的辩证关系。后现代时期的历史小说不能以重现历史过去为主，要发挥一种“大众化历史”的功能，因为所谓的“历史”本身始终是遥不可及的。

后现代主义的第三个特点称之为表意锁链的断裂。后现代世界的主体失去了驾驭时间的能力，因此只能进行一些多式多样的、支离破碎的，甚至随机随意的文化实践。詹明信提出了几个后现代的文化特性名词，即文本性、书写体、精神分裂体。詹明信推崇拉康关于精神分裂的阐述，即将其视作表意锁链的断裂，另外，索绪尔的符号学理论也给拉康的阐述提供了理论基础。表意锁链的断裂以后，精神分裂感可说是以一种不折不扣的纯物性意符经验出现，所呈现的形式乃是眼前一连串不相关的、纯粹的时刻在时间整体中的组合。詹明信以派里曼的诗歌《中国》为例，介绍了精神分裂式艺术作品的特点，其中他还列举了凯治的音乐、贝克特的小说。詹明信还提出“差异构成未来关系”的论断，虽然目前这种趋势的极端者将作品过分四分五裂，但是还是能够找到比较正面的关系构成。

后现代主义的第四个特点是詹明信所谓的歇斯底里式崇高。他从康德和柏克理论中挖掘出了“崇高”的概念。詹明信认为面对现代文明，社会的“他物”需要重新界定。他不认为科技可以界定为“他物”，科技本身不过是一个用来指喻“他物”的表征。他提到曼德尔对资本主义发展的三个阶段的界定，并将目前的时代称为第四个，即所谓的机器时代。詹明信指出只有透过社会经济体系，即现实的“他物性”才能将后现代主义中“崇高”的意义充分地阐述清楚。

后现代主义的第五个特点是后现代主义在都市建筑中的体现。詹明信认为文化的转变正好在建筑空间的转化中体现出来。他以设计师兼发展商约翰·波文设计的鸿运大饭店为例，通过对其建筑构成，特别是入口、外观设计、升降机和自动楼梯、中央大厅的设计等的分析，凸现了这座建筑设计的后现代性，即其体现的民本性、无深度感等。之后，詹明信又举了文学上的例子来说明所谓的“消闲时空”。

后现代主义的第六个特点是詹明信所称的“批评距离之撤销”。对于后现代主义，一部分拥护者过于热情地歌颂着美感新世界和后工业社会的降临，而反对的人则往往从本质上斥责后现代主义的浅薄性。应该说这两类人都过于极端。詹明信认为对后现代主义的论述不能脱离晚期资本主义世界文化领域里的基本变化因素，这种变化包括了文化在社会功能上的变化。因此，关于文化政治的激进的观点已经不合时宜，正是人们所共称的所谓“批评距离”。在后现代社会里，我们已经丧失了维持距离的能力了。詹明信说后现代绝不是一种文化意识或者文化幻象，而是有确切的历史及社会经济现实根据的，“它是资本主义全球性发展史上的第三次大规模扩张”。因为历史境况变了，所以就要提出空间概念，能带来一个切合我们历史境况以空间概念为基本根据的政治文化模式，詹明信把这种模式界定为一种“认知绘图”式美学。这里，他提到了连殊的经典著作《都市的形象》，连殊的观点让我们认识到“认知绘图”绝不是传统的反映摹仿说可以概括的，需要我们有一个新的高点，更复杂的层次来分析这一问题。詹明信提出了路线图，以航海地图、指南针为例，说明广义的认知绘图需要我们的经验跟非经验的、抽象的、涉及地理整体性的种种观念相互配合调节。将这一问题上升到理论高度后，詹明信转到了阿尔都塞意识形态的问题组合里，第一点就是其社会空间的概念，第二点是其将实际经验跟抽象知识领域里的一切对立起来。认知绘图法让我们想到了拉康系统里的第三个面向——象征的层次，这种美学提供了具有教育作用的政治文化。

11 **处于跨国资本主义时代中的第三世界文学** 本篇是作者在为加州大学圣地亚哥分校已故同事而举行的纪念会上的讲演稿。传统的观点认为对第三世界的文学主要表现了民族主义，而且受到了一些后现代思潮的影响，而且第三世界的文本不能和经典文本同样伟大。詹明信认为对第三世界的文本的理解虽然是完全自然的，但是也非常狭隘，因为有西方现代主义所形成的欣赏能力的读者是无法体会第三世界生存环境的，也就无法理解这种小说。对于第三世界小说的理解需要我们承认世界是分裂的，第三世界在同第一世界的生死搏斗中也受到了现代化的渗透，对它们的研究必须包括从外部对我们自己的重新估价。认识到这一点，我们可以发现第三世界的文本均带有寓言性和特殊性，这与西方的阅读习惯不同。

詹明信以鲁迅的《狂人日记》为例进行了分析阐述。鲁迅对于吃人社会、家庭背叛、政治倒退的描述和讽刺，这样的文学效果同西方现代主义尤其是存在主义的某些过程相似，与某些老式现实主义不同，在这里叙事作为对现实和幻觉的试验性的探究，预先假定存在着某些先验的“个人知识”。因此，詹明信强调“第三世界文化的动力和第一世界文化传统的动力之间在结构上的巨大差异”。詹明信接着介绍鲁迅的作品《药》及阿Q的逸事，通过这些，詹明信又提到了第三世界知识分子的作用，即他们也都是政治知识分子，因此，要理解他们的历史作用，一定要从文化革命的语境中看待他们的成败。

接着，詹明信讨论了西方文学中寓言式作品与第三世界的民族语言的不同，他以西班牙作家卡多斯的小说《佛吐娜塔和贾辛塔》为例，说明了在西方，寓言的作用是重新证实了西方文明特有的公与私之间的分裂。

最后，詹明信转到了非洲文本的讨论，他以塞内加尔小说家兼电影制片人奥斯曼尼·塞姆班内的小说《夏拉》《汇票》为例，这些作品表现了作者对腐败阶层的讽刺，及对于独立运动和社会革命失败的控诉，因为非洲国家是接受独立而不是获取独立，新上台的领袖暴露出独裁者的本质。他们渴望改革和社会革新，但是却未找到能促使革命实现的社会力量，而且这些作品中也体现着双重的历史观，即古老习俗被资本主义关系的超级地位剧烈地改变和变得自然化。詹明信用黑格尔有关奴隶主和奴隶的关系所作的分析结束了文本，说明这种观点是区别这两种文化逻辑最有效和戏剧化的分析。

12 **电影中的魔幻现实主义** 魔幻现实主义这一概念引起了许多问题，这一概念最先出现在北美绘画艺术领域里。直到加西亚·马尔克斯的作品问世，魔幻现实主义以一种在欧洲语境中超现实主义形势的东西，用一种更为实在的拉美风格予以实现。同样类型的作品还有尼日利亚、巴西等作家的文本。很多人认为这类文本各自的政治价值或迷幻价值问题有许多显然可以归因于左翼或革命作家。詹明信把魔幻现实主义移至电影领域，将其理解为“一种可以替代当代的后现代主义叙事逻辑的东西”。这里，詹明信以波兰电影《狂热》、委内瑞拉电影《水房》、哥伦比亚影片《杀凡鸟易，射神鹰难》为例经行论述。詹明信总结了三点来集中讨论，一是三部影片都是历史片；二是每部影片各不相同的色彩处理构成了一种独特的补充；三是影片由于对于暴力的关注，叙事的动力多少被缩减、集中和简化了。

作为历史片，这三部影片明显区别于后现代主义风格的同类作品（怀旧电影），也不同于传统的电影理论分析模式。首先魔幻现实主义电影描述的故事一般发生在更遥远的历史时期，而且依靠一种表现出前资本主义特征与新生期资本主义特征或技术特征相互重叠或共存的内容。詹明信认为魔幻现实主义本身就是一种具有魔幻性质的现实主义。

在对色彩的论述中，詹明信引用了“葡萄引鸟”的小故事来说明眼睛与看的区别，并用拉康的理论说明了魔幻现实主义的色彩和客体的所在地。古巴作家费尔南德斯的小说对色彩描绘所展现的惊奇效果同魔幻现实主义的电影方式和视觉方式所释放的东西一致，即色彩不是作为一种同质媒体而是作为某种更抽象的机器来发挥作用，这种机器的开动可以记录这类非连续强度的脉动。

对于影片叙事动力的考察能使我们更好地理解影片的原创性。詹明信对《神鹰》进行了分析，说明了一种非叙事化的趋势，即简略到用人体来说明观点的趋势。詹明信认为这种做法可以理解为对历史和对存在的新型关系的征服。影片《狂热》也同样呈现了这种趋势，空洞的历史只能达到人体的显现。

——【意义与影响】——

《晚期资本主义的文化逻辑》一书是詹明信的一部论文集。作为西方理论界一位坚定的"马克思主义者"，作为"晚期资本主义"文化的核心，即美国文化的"本土"批评家，詹明信在两个在许多人看来相互排斥的问题领域奠定了自己的理论地位，并彻底改变了人们探讨这些问题的思路。他致力于利用马克思主义在各种不同理论话语之间斡旋，在不同的理论符码之中游刃有余。他注重理论间的沟通而非较量。而马克思主义在他眼中，则是最好的沟通工具。他的后现代主义的理论即是建立在马克思主义的历史分期基础之上的。詹明信相信（政治和经济的）基础对文化的终极决定作用，但他所着意的既不在作用的施力方，也不在其受力方，而在作用的方式和机制，以及用来缓冲这个作用力的"中介"。

第一，詹明信在该书中从多个角度对于后现代的方方面面作了深入细致的探讨，给我们进一步认清后现代主义的来龙去脉和发展趋势提供了一个比较清晰的图式。作者具有许多西方学院理论家无法企及的广阔视野，致力于在综合性的社会哲学研究的基础上对批判理论进行改造升级。他对资本主义的文化设置和逻辑进行了解构性的分析，并运用"辩证法"的叙事原则，重新审视人与环境及历史变化的无穷尽的搏斗，从而为后现代主义文化赋予了一种全新的文化定位。在他的眼中，后现代主义不是主题的问题，也不是题材问题，而是艺术充分进入商品生产世界的问题。他像很多马克思主义者一样，继承了卢卡奇的"总体性原则"，力图从社会历史的整体去把握，认为后现代主义是晚期资本主义的价值观念在人的精神领域的反映。

第二，对理论工作者而言，詹明信在理论上的战略姿态非常富有启迪性。他并不以理论家自居，而是强调理论与实践的结合，并认为这是马克思主义之精神所在。在他看来，马克思主义并不是放之四海而皆准的真理总集或不容置疑的正典教义，而是一种"问题领域"，一种批评的典范，一种方法论，一种理论工具或倾向。在具体的理论分析过程中，詹明信的原则绝不是任何本质主义的决定论或高高在上的逻辑演绎，而恰恰是具体的分析、兼容并包的归纳和流动不居的“中介努力”。如果辩证法是他的叙事原则，那么这种辩证法既不是一种哲学体系，也不是一种方法体系，而是人与环境和历史的永恒变化之间的近于绝望的搏斗。在目前的全球资本主义环境中，在这个后现代时代，人们以往在现代性的世界里所进行的理论思考必须予以重新审视，许多思辨性的问题还远未解决，现在还不是沉溺于“阅读文本”的时候，理论仍在途中，还需要进一步做理论工作。

第三，对于西方左派来说，自由主义从来都是信誉扫地的。西方新左翼从来不指望自由主义能提供任何激发思想的东西，因为它本质上是一种冷战自由主义，只不过在哲学上涂上了英美哲学的色彩。在詹明信看来，理论本身必须还其本来面目，它必须被视为特定环境的产物。而在晚期资本主义时代，任何理论叙事所隐含的“总体性”只能建立在现实和文化的破碎性之中。这对目前国内流行的种种理论迷信而言，无疑是一服良药。贯穿詹氏著作的框架来自我们所处的时代本身，其马克思主义的成分来自这个历史阶段的根本的经济动态。有人刻意避免使用“晚期资本主义”这样的字眼，因为这恰恰表明他们了解有关资本主义发展的不同立场，了解这些立场的政治含义。在当今时代，阶级、阶级动态和阶级斗争仍旧是存在的，它们总是活生生的，只是它们在今天的存在方式比以前复杂得多。

第四，马克思主义者和后现代主义者的多重身份，使詹明信不可避免地具有一定理论缺陷。“那些伟大的带有普遍性的体系莫不如此。天主教思想就曾经是，或许目前仍然是这样一种体系。”（该书第 21 页）这里，把马克思主义和天主教思想体系相提并论的相对主义是轻率的。作为后现代主义的一个主要阐释者，詹明信对真理的看法是极端谨慎乃至于显得有些灰暗。在对宏大叙事、连续性、启蒙理性、本质主义等一切旧有信念普遍怀疑的理论背景下，詹明信的追求真理的道路并非我们常说的“螺旋式上升”，而是一种理论游击战，即不断地洞悉真理，又不断地失去真理，但永远不会有把真理牢牢握在手中的时候。此外，詹明信涉猎广泛而又语言艰涩，其行文风格是游走于理论与文学之间的所谓“后现代写作”：突兀牵强的概念和含义不明的隐喻错杂其间，往往令人难以索解。

【原著摘录】

上编　理论

1　文本的意识形态 P53－144

P55　首先可以把文本性描述成一种具有方法论意义的假设，人们由此认为，人文科学（还不仅仅是人文科学，例如DNA的遗传密码）的研究对象构成了我们破译或诠释的众多文本，与此不同的是，以往把这些对象看成是我们以种种方式努力去认识的现实、存在，或是实体。

P58　在这里，文本生产的模式有助于强化作为个别的、孤立的句子的意义，而这与传统的维持一个美学上的整体性的努力（每一部分都按一定等级划分组织起来）就构成了鲜明的对照。

P81　实际上，现代文学对情节的抛弃被更好地理解为对旧的叙述组成结构的抛弃，这种组成结构被正当地认为是有关生活和经验之本质的站不住脚的成规性的前提。

P130　可以确定无疑地说，一个马克思主义的构架，就是要用更辩证与更历时性的自然与“历史”之间的对立，来取代结构主义的自然与文化的对立。

P131　“现代主义的意识形态”亦可被看成是针对了就现实主义向现代主义的过渡作历史解释（如果愿意给出这样的解释的话）的根本问题。

2　马克思主义与历史主义 P145－193

P147　当今明智的马克思主义不会希望排斥或抛弃任何别的主题，这些主题以不同的方式标明了破碎的当代生活中客观存在的区域。因此，马克思主义对上述阐释模式的“超越”，并不是废除或解除这些模式的研究对象，而是要使这些自称完整和自给自足的阐释系统的各种框架变得非神秘化。

P186　马克思主义解决历史主义困境的方法在于以下几个方面：它修正了我们前面描绘出的循环圈；它假定一个既是相同又是差异的模式；它生产一种结构历史主义，这种结构历史主义取消了存在历史主义的利比多机制，把存在历史主义的利比多机制，置放到一个比结构类型学更为令人满意的历史和文化模式的逻辑概念之中。解脱历史主义困境的方法，可以在马克思主义的生产模式理论中找到。

3 拉康的想象界与符号界——主体位置与精神分析的批评问题 P194－259

P228－229 主体的移置和把无意识重新定义为语言，欲望的地形学和类型学及其具体化——这是“拉康主义”的梗概；但如果要使之完整，我们就必提到在拉康毕生的著作中的第三种占压倒优势的成见，它最符合一时的需要而且最容易为门外汉所忽视，这便是分析环境本身的战略，尤其是分析者的参与和传递的本质在其中所起的作用。

P245 无论如何，拉康“颠覆主体”的结构主义图解还是让我们得以回过头去审度一些概念性先兆的参与性价值和它们的黑格尔主义局限。

4 时间川流中的阿多诺 P260－274

P267 但对阿多诺政治立场的评价决不能忽略他的学术实践——他系统地介入了从战争中苟延下来的德国精神生活（这是由希特勒的大学里幸存下来的每一个有影响的学术人物组成的），他尤其积极地承担起重建德国社会学的重任——这个命运的转折对于一度曾是唯美主义者和音乐问题专家的阿多诺来说的确是非同寻常的。

P268 对社会学的强调如今完成了传统哲学的真、善、美的三位一体，而这在阿多诺的著作中也曲折地映现出来：把伦理学转化为（历史型的）社会学无疑是关键的战略动作。

P269 阿多诺的无可替代之处，在他人处无法获得的贡献在于我所说的第三层次，即以经济系统及生产方式的语汇进行的分析。

5 现实主义、现代主义、后现代主义 P275－300

P277 现实主义和现代主义在结构下是互相关联的现象。换言之，我们必须把二者放到一起，给以辩证的界定；将二者分割开，对其中任何一方（特别是现实主义）给以孤立的分析是不可能的。

P288 后现代主义的第一个特点是一种新的平淡感，在绘画的表面，在建筑中人们都可以体验到这种平淡感，而在文学和理论的领域里这种平淡感则较为含蓄……但后现代主义作品却完全相反，它一般拒绝任何解释，它提供给人们的只是在时间上分离的阅读经验，无法在解释意义上进行分析，只能不断地被重复。

P299－300 现实主义的叙述性作品把解决金钱与市场体系消失带来的矛盾与困境作为最基本的经验；现代主义的叙述性作品提出了一个不同的问题，即一个关于时间的新的历史经验；而后现代主义在一个困境与矛盾都消失的情况下似乎找到了自己的新的形势、新的美学及其形式上的困境，那就是空间本身的问题。

6　**德国批评传统 P301－321**

P303　我个人倾向于认为，福柯的理论较为真实地表达了当前这个充满符号、意象、信息的大众媒介社会的实质；但是事实上，我对他们双方的观点都有某种保留。在我看来，福柯过分强调了权力之类的问题，而哈贝马斯则对不完全与语言和交流相关的权力之类的问题估计不足。

P320　阿多诺的方法似乎是一种历时性的方法，这一方法提出了两种不同的主观史和客观史，两种不同的心理史和社会史，作为两种对立的现实，它们却又是同一历史过程中不能互相消融，合并的部分。阿多诺把作品文本中的每一时刻每一特点都看作两方面辨证的相互运动。

P321　阿多诺提醒我们注意不同历史之间的关系，包括形式的历史或者语言的历史；本雅明提醒我们注意在一个特定时代的社会与历史经验中建立不同层次之间的联系。

7　**法国批评传统 P322－336**

P327　我的方法是把后结构主义的语言转换成萨特有关“形势”的观念(但却完全不同于他的存在主义)。“形势”这一观念在当代有许多变体，其中最著名的是生产的概念，如果用它来说明文学与文化，就包含了两个方面，一方面是设备和原材料，另一方面是把二者结合起来，最终形成产品或作品的生产过程。

P332　结构主义的这两种产物，即政治化的后结构主义和科学性的符号学在气质上是相互敌对的。

P334　“自相矛盾”不应理解为我们应该就此止步的那种深层结构，而应该被理解成可以不断被重写成对某些深成结构的反应和解答，马克思主义和黑格尔的传统把这些对更深层结构的反应和解答称之为“矛盾”(contradiction)。

下编　境遇

8　**60年代：从历史阶段论的角度看 P339－395**

P340　我们不要把以上谈到的“历史阶段”问题理解成某种无所不在和清一色的风格，或者毫无二致的思考和行动方式，而要把它理解为一个客观形势的共享。只有这样，各种反响和创造性的发明才有可能，当然，这些反响与发明总是存在于那形势的结构局限之内。

P342　当旧式的叙事或“现实主义”的史料编纂学本身成了问题，历史学家应为他的职业做出新的"配方"——不要再去生产那些"真的发生过的"历史，而要生产出历史的概念。

P392　后资本主义可以被描写为这样一个时刻：从古典资本主义幸存下来的"自然"的最后一丝痕迹最终在后资本主义下被彻底地侵蚀了，即"第三世界"和潜意识。当系统性的重建在全球范围内展开时，60 年代便是这样一个重要的转型阶段。

P394－395　如果说在新历史主体不断涌现的这样一个阶段，"传统"的马克思主义显得"不真实"的话，那么当阴郁的现实——剥削，剩余价值的榨取，大幅度的无产阶级化，以及对此以阶级斗争的形式作的抵抗——在崭新的、扩大了的世界范围内逐渐地再次逼迫人们正视它们时（目前，这些现实正在进程中），"传统"的马克思主义势必会再度变得真实起来。

9　后现代主义与消费社会 P396－419

P399　我希望在此勾勒新的后现代主义，表现新出现的晚期资本主义社会秩序内在真相的若干方面，但我将只限于对其中两个显著特色的描述，我把它们称为剽窃（pastiche）和精神分裂（schizophrenia）：它们可以分别让我们有机会感受后现代空间和时间经验的独特之处。

P418　正如我认为的，非马克思主义者和马克思主义者一样都已达致了共同的感觉，即一种新型的社会开始出现于二次大战后的某个时间（被五花八门地说成是后工业社会、跨国资本主义、消费社会、媒体社会等等）……

我相信，后现代主义的出现和晚期的、消费的或跨国的资本主义这个新动向息息相关。我也相信，它的形式特点在很多方面表现出那种社会系统的内在逻辑。然而，我只能就着一个重要的题旨揭示这一点：即历史感的消失。

P419　这样一来，我在这里详述的后现代主义的两个特点——现实转化为影像、时间割裂为一连串永恒的当下——便都和这个过程惊人地吻合。

10　后现代主义，或晚期资本主义的文化逻辑 P420－515

P421　要谈后现代主义，首先要同意作以下的假设：认为在 50 年代末期到 60 年代初期之间，我们的文化发生了某种彻底的改变、剧变。这突如其来的冲击，使我们必须跟过去的文化彻底"决裂"。而顾名思义，后现代主义之产生，正是建基于近百年以来的现代（主义）运动之上；换句话说，后现代主义文化的"决裂性"也正是源自现代主义文化和运动的消退及破产。不论从美学观点或从意识形态角度来看，后现代主义表现了我们跟现代主义文明彻底决裂的结果。

P427　我认为，只有透过“文化主导”的概念来掌握后现代主义，才能更全面地了解这个历史时期的总体文化特质。

P429　总之，后现代主义的种种姿态，我们今天的群众不但易于接受，并且乐于把玩，其中的原因，在于后现代的文化整体早已被既存的社会体制所吸纳，跟当前西方世界的正统文化融成一体了。

P432　“后现代”就好比一个偌大的张力磁场，它吸引着来自四方八面、各种各样的文化动力［其中包括威廉斯（Raymond Williams）所说的“残余”文化及“新兴”文化等迥然不同的生产形式］，最后构成一个聚合不同力量的文化中枢。

P447　踏入后现代境况以后，文化病态的全面转变，可以用一句话来概括说明：主体的疏离和异化已经由主体的分裂和瓦解所取代。

P506－507　我们所称的后现代（或者称为跨国性）的空间绝不仅是一种文化意识形态或者文化幻象，而是有确切的历史（以及社会经济）现实根据的——它是资本主义全球性发展史上的第三次大规模扩张。

P515　就目前的现状而言，我们参与积极行动及斗争的能力确实受到我们对空间以至社会整体的影响而消退了、中和了。倘使我们真要解除这种对空间的混淆感，假如我们确能发展一种具真正政治效用的后现代主义，我们必须合时地在社会和空间的层面发现及投射一种全球性的“认知绘图”，并以此为我们的文化政治使命。

11　处于跨国资本主义时代中的第三世界文学 P516－546

P521　我所提的第三世界文学只是临时性的，旨在建议研究的具体观点和向受第一世界文化的价值观和偏见影响的人转达那些明显被忽略了的文学的利害关系和价值。

P523　所有第三世界的文本均带有寓言性和特殊性：我们应该把这些文本当作民族寓言来阅读，特别当它们的形式是从占主导地位的西方表达形式的机制——例如小说——上发展起来的。

P530　所有这些逐渐地使我们接近了作为第三世界作家的问题，也就是知识分子作用的问题。在第三世界的情况下，知识分子永远是政治知识分子。

P545　基于自己的处境，第三世界的文化和物质条件不具备西方文化中的心理主义和主观投射。正是这点能够说明第三世界文化中的寓言性质，讲述关于一个人和个人经验的故事时最终包含了对整个集体本身的经验的艰难叙述。

12 电影中的魔幻现实主义 P547－590

P566 从构成上讲，魔幻现实主义作为一种形式化的模式的可能性要依靠一种其分界点从结构上讲是现在时的历史素材，或者更概括地讲，要依靠一种表现出前资本主义特征与新生期资本主义特征或技术特征相互重叠或共存的内容。从这样一种观点看，魔幻现实主义电影的组构范畴就不是代的概念（像怀旧电影中那样），而是一种完全不同的概念，即生产方式的概念，尤其指仍旧闭锁在与旧生产方式的遗迹相互冲突中的那种生产方式的概念（如果不是与未来生产方式的先兆相冲突的话）。……不是一种因魔幻背景的“补充”而改变形态的现实主义，而是一种本身就已经在魔幻或神幻中并且本身就具有魔幻或神幻性质的现实。

【参考文献】

［1］戴维·钱尼．文化转向：当代文化史概览［M］．戴从容，译．南京：江苏人民出版社，2004.

［2］弗雷德里克·詹明信．后现代主义与文化理论［M］．唐小兵，译．北京：北京大学出版社，1997.

［3］弗雷德里克·詹明信．单一的现代性［M］．王逢振，王丽亚，译．天津：天津人民出版社，2005.

［4］约翰·多克．后现代主义与大众文化［M］．吴松江，张飞天，译．沈阳：辽宁教育出版社，2001.

［5］方成．精神分析与现代批评话语［M］．北京：中国社会科学出版社，2001.

［6］陈永国．文化的政治阐释学——后现代语境中的詹姆逊［M］．北京：中国社会科学出版社，2000.

［7］孟宪励．全新的奇观——后现代主义与当代电影［M］．北京：中国社会出版，1994.

十、《文化的观念》

［英］特瑞·伊格尔顿　著
方杰　译
南京大学出版社，2003 年

【作者简介】

特瑞·伊格尔顿（1943—　）是当代西方文论界继雷蒙德·威廉斯之后，英国最杰出的文学理论家、文化批评家和马克思主义理论家。他为马克思主义文学理论批评在新的形势下仍保持旺盛的生命力，从而使之成为当代西方各种批评理论中的重要一支立下了汗马功劳。

伊格尔顿生于英国兰开夏郡的萨尔福德，父亲是一个有爱尔兰血统的技术工人，家中有五个兄弟姐妹，他虽然获得了上小学的机会，但家里却无力负担学费。后来，他毕业于教会学校和随后的德·拉·塞尔语文学校。中学毕业后，他进入了剑桥大学三一学院，并在 21 岁的时候获得了博士学位，求学时，他师从著名的新批评理论家，“精读”派领袖 F. R. 利维斯（1895—1978），并和当时还是剑桥基督学院研究员的著名马克思主义理论家雷蒙德·威廉斯过从甚密，他的思想也深受威廉斯影响。

1964 年，应威廉斯之邀，伊格尔顿受聘基督学院研究员。1969 年又随威廉斯来到牛津大学，先后在威德姆学院和沃尔森学院任教，随后成为圣凯瑟琳学院英国文学的沃顿学者，杨百翰大学的访问学者。2001 年，他成为曼彻斯特大学的文学理论教授和约翰莱兰斯学者。

在少年时，伊格尔顿便开始接受社会主义的思想影响，后来又受到卢卡奇、本雅明等人的影响，是当今最为著名的新马克思主义学者之一。同时，伊格尔顿兴趣广泛，多才多艺。他的自我介绍中说他的学术之路是从作为一名维多利亚主义者开始的，并对 19 世纪的历史文化非常感兴趣。同时他还是著名的英语语言文学和爱尔兰文学学者，并对比较文学颇有造诣，写过一些小说和戏剧，如小说《圣徒与学者》（1987 年）、戏剧《圣·奥斯卡》（1989 年）、《维特根斯坦》（1993 年）、自传《看门人》（2001 年）等。

作为一位马克思主义文学理论家和文化批评家，伊格尔顿的一些著作自 20 世纪 80 年代以来就有了中译本。而他曾于 20 世纪 80 年代、90 年代两度来中国访问讲学并出席国际学术会议，对中国的改革开放事业深表赞同和支持，但同时对中国的文化界和学术界大面积地引进西方各种文化思潮和理论又表示担心。在他看来，最新的和最时髦的东西不一定就是最好的，一个国家和民族应当有自己的文化遗产和理论的声音，这是其赖以在国际上发出自己独特声音的资本。

除《文化的观念》外，伊格尔顿还著有《莎士比亚与社会》（1967 年）、《权力的神话：对勃朗特姐妹的马克思主义研究》（1974 年）、《批评与意识形态》（1976 年）、《马克思主义与文学批评》（1976 年）、《瓦尔特·本雅明，或走向革命的批评》（1981 年）、《克拉莉莎的被强暴》（1982 年）、《文学理论导论》（1983 年）、《批评的功能》（1984 年）、《反本质》（1986 年）、《审美意识形态》（1990 年）、《意识形态导论》（1991 年）等。

【写作背景】

自 20 世纪 60 年代以来，文化研究逐步在英国步入理论家的批评视野，其中一个重要的标志就是 1964 年伯明翰大学当代文化研究中心的成立。之后，文化研究逐步走出早先的利维斯主义的精英文化认知模式，更为关注当代大众文化和工人阶级的社区生活。到了 80 年代后期，在后现代主义大潮消退之后，经过后殖民主义的短暂兴盛，文化研究包容了各种后现代、后殖民文化现象，迅速占据了英语文学和文化学术界的主导地位。

作为一位马克思主义文学理论家，伊格尔顿曾在 80 年代积极介入国际性的后现代主义理论争鸣，对后现代主义的表演性和怀疑一切的带有虚无主义色彩的世界观和人生观予以了尖锐的批判。同样，对于当今风行于后现代主义之后的“文化研究”，他也表现出极大的兴趣，但在承认其合法性的同时又从马克思的文化批判角度作了冷静的分析。在论文《后现代主义的矛盾性》

中，他对西方国家以外的第三世界国家的后现代热和文化热进行了剖析。在他看来，有着不同文化传统的国家不必把西方后工业社会的特定文化现象统统引进自己的国家，否则便会丧失自己民族的文化特色。在另一篇名为《文化之战》的论文中，伊格尔顿深刻批判了当今时代文化的概念无限扩张的不正常现象。在他看来，至少有两个层次上的文化可谈，一种是用大写英文字母开头的“总体文化”（Culture），另一种就是用小写英文字母开头的各民族的“具体的文化”（cultures），这两种文化的对立和争斗使得文化的概念毫无节制地扩张，甚至达到了令人生厌的地步。

在分别分析了各种不同版本的文化概念之后，伊格尔顿总结性地指出：我们这个时代的文化已经变得过于自负和厚颜无耻。我们在承认其重要性的同时，应该果断地把它送回它该去的地方。伊格尔顿的这种警告对于我们重新正确地认识文化的价值以及文化与历史和意识形态的关系富有启迪作用。

【中心思想】

全书共约 16 万字，分为“各种意义的文化”“危机之中的文化”“文化战争”“文化与自然”及“走向一种共同文化”五章。鉴于“文化”一词的复杂性，伊格尔顿在该书中对文化的不同意义作了区分，旨在以此将读者引入当代有关文化的战争。

作者用一种敏锐的相关性对后现代的“文化主义”进行了批判，认为文化与自然之间存在着一种复杂的关系，试图从非自然主义的角度重新揭示诸如人性之类的概念的重要性。该书不仅坚决反对文化研究领域的某种时髦的民粹主义，而且提醒人们注意文化精英主义[①]的种种不足。另外，该书还对文化在我们的时代有如此举足轻重的原因进行了根本性的追问，指出在承认文化重要性的同时应将它放回原位。

【分章导读】

第一章　各种意义的文化　在这一章，作者从词源学角度考证了“文化”一词，条分缕析地说明了它的多种含义分别是如何引申、发展出来的。

① 这里提到精英主义和民粹主义，德国的法兰克福学派对文化研究所持的是精英主义的立场，多采用批判的态度，关注文化的意识形态的乌托邦功能及其超越性和本真性；而英国的文化研究者多持民粹主义的立场，重视文化的实践性质和文化的日常生活性与开放性。

在本章的一开始伊格尔顿便指出“‘文化’（culture）是英语中两三个最为复杂的单词之一，而‘自然’（nature）这个有时被认为与之相对立的术语则通常荣幸地成了其中最为复杂的一个”[①]。虽然，时下流行将自然看作是文化的派生物，但从词源学上来说，文化却是一个派生于自然的概念。英文中“culture”这个词的一个原始意义就是“耕作”，或者对自然生长实施管理。

作者指出，从词源学上讲，如今流行的短语“文化唯物论”[②] 类似于一种同义反复。“文化”最先表示一种完全物质的过程，然后才比喻性地反过来用于精神活动。于是，这个词在其语义的演变中表明了人类自身从农村存在向城市存在、从农牧业向毕加索、从耕种土地到分裂原子的历史性转移。用马克思主义的说法，文化这个词语使得经济基础与上层建筑在一个单一的概念之中得到了统一。我们被认为从“有教养的”人身上获得愉悦，因为也许在这种愉悦的背后潜伏着某个种族对于干旱和饥荒的记忆。

但是同时，作者敏锐地觉察到这种语义的转换也是悖论性的：得到“培养”的是城市居民，而不是那些实际上靠耕种土地生活的人。那些耕种土地的人不太会培养他们自己，因为农业没有留下用于文化的闲暇。

以上作者介绍了“文化”一词最早所具有的“耕种”之意。接下来，作者又分析了“文化”如何引申出其他的含义。

“culture”这个词的拉丁语词根是 colere，可以表达耕种、居住、敬神和保护当中的任何意义。其中“居住”的意义已经从拉丁语的 colonus 演变成为当代的“colonialism”（殖民主义），因此像“文化与殖民主义”这样的标题，也略微含有些同义反复的意味。不过 colere 也通过拉丁语的 cultus（宗教崇拜）最终变成了一个宗教术语“礼拜”（cult），正如现代的文化观念本身取代了一种日益消失的神性和超然存在的意义一样。文化实事——无论高雅艺术还是某个民族的传统——有时是神圣的，受到人们的保护与尊重。因此，虽然文化继承了宗教权威华丽的外衣，但是也存在着和占领与入侵之间不稳定的契合关系；而且这个概念目前也正是被定位在这两极——积极的与消极的——之间。这便是那些难得的观念之一，它们一直是政治左派的组成部分，就像它们对于

---

① 特瑞·伊格尔顿. 文化的观念［M］. 方杰，译. 南京：南京大学出版社，2003：1.

② 文化唯物论是 20 世纪 80 年代在英国兴起的一支文学批评流派，至今方兴未艾。在理论上，它既强调社会历史语境对于文学写作和接受的重要，又突出文学对于社会意识的塑造作用。在具体批评中，它直接切入当时社会历史语境，大量征引那些不为正统文学批评所重视的文献，一方面揭示作品中渗透的主导意识形态，另一方面不遗余力地挖掘作品中隐含的、与主导意识形态对立的内容，因而能钩沉稽古，洞隐烛微，多有新见。

政治右派至关重要一样，而其社会沿革也因此尤其盘根错节，矛盾重重。

伊格尔顿接下来指出“culture”这个词不仅追溯了一种重要的历史变迁，而且他也指出了许多关键性的哲学问题。“在这个单一的术语之中，关于自由与决定论、主体性与持久性、变化与同一性、已知事物与创造物的问题得到了模糊的凸现。”[①] 如果“culture”的意思是对自然生长实施积极的管理，那么它就暗示了人造物与天然物，我们对世界所做的与世界对我们所做的事情之间的一种辩证法。它是一个词源学意义上的“现实主义的”概念，因为它暗示了在我们自己之外的一种自然或原料的存在。不过它还具有一种“构成主义的”维度，因为这种原料必须被加工成人的形态。因此，与其说是一个解构文化与自然之间对立的问题，倒不如说是认识到“文化”这个术语已经是这种解构主义的一个问题。

作者指出文化一词有着两面性，它的两面性又分为两个层面。

1. 如果文化的原始意义是耕作，那么它既暗示着规范，又暗示着自然生长。文化是我们能够改变的东西，但是被改变的材料拥有其独立的存在，这又给予了它类似于自然之反面的东西。不过，文化还是一个遵从规则的问题，而这也涉及被规范物与未被规范物之间的相互作用。遵从规则不像是服从于自然法则，因为它关系到对讨论中的规则的创造性运用。

因此，文化的观念意味着一种双重的拒绝：一方面是对有机决定论的拒绝，另一方面则是对精神的自主性的拒绝。

文化（在这种意义上和自然是一样的）可以既是描述性的又是评价性的，既指实际上已经展开的东西又指本该展开的东西，这个事实与这种对自然主义以及唯心主义的拒绝息息相关。

2. 文化作为一个词语的两面性还有另外一层意思。因为它还能暗示我们自身内在的一种区分，即我们从事培养和美化的那部分与我们内部构成这种美化之原料的无论什么东西之间的区分。

因此，文化是一个既自我克服又自我认识的问题。如果它赞美自我，那么它也惩戒自我，美学与苦行并举。人的本性与一片甜菜根不尽相同，但是它像田地一样需要耕作，以至于当“文化”这个字眼将我们从自然转向精神的时候，它也暗示了这两者之间的一种密切联系。如果我们是文化的人，我们也是我们试图影响的自然的组成部分。实际上，正是“自然”这个词的一

---

① 特瑞·伊格尔顿. 文化的观念［M］. 方杰，译. 南京：南京大学出版社，2003：2-3.

部分意义，让我们想起了我们自己与我们的环境之间的统一体，正如同用“文化”这个词来突出其差异一样。

接下来，伊格尔顿介绍了雷蒙德·威廉斯[①]对“文化”一词复杂的历史进行了探讨，区分出该术语的三种主要的现代意义。根据这个词在农业劳动中的词源学渊源，它的意义首先是某种类似“礼貌”的东西，然后在18世纪差不多变成了“文明”[②]的同义词，意指一种普通的知识、精神和物质进步的过程。然后，在大约19世纪初叶，这种概念遭遇了三件事。首先，它开始从“文明”的同义词转而变成了反义词。这是一个极其罕见的语义转向，而且是一个获得了重要的历史意义的转向。

这三种意义分别是：

1. 当“文明”这个词的描述性与规范性分离时，麻烦也就开始了。这个术语确实属于前工业社会欧洲中产阶级的语汇，让人想起礼貌、高雅、教养、礼仪和温文尔雅的交往。文明因此既是个人的又是社会的，而教养是一个关于人格的和谐、全面发展的问题，但是任何人都不能孤立地去做。当然正是由于开始认识到了不能孤立地去做，这才促成了文化从其个人意义向社会意义的转变。文化需要一定的社会条件。由于这些条件可能关系到国家，文化还会有政治的维度。

到了19世纪末叶，“文明”不可避免地附和了帝国主义[③]的声音，这在一些自由主义者眼里足以让文明的声誉扫地。因此，需要另外一个词语来表示社会生活应该怎样而不是确实怎样，德国人为此从法国人那里借来了文化这个字眼。文化于是就成了对早期工业资本主义的浪漫主义、前马克思主义的批判的名称。

2. 这种人民性的转向是威廉斯所追溯的第二条发展线索。自德国的唯心主义者以降，文化开始呈现出某种现代的意义，指有特色的生活方式。

3. 如果“文化”这个词语的第一个重要的派生意义是反资本主义的批判，第二个是这种概念缩小并对整体生活方式复数化，那么第三个就是逐渐专门

---

① 有关威廉斯对“文化”一词的探讨可主要参考其《关键词》一书，101－109页，汉译本由生活·读书·新知三联书店2005年3月出版。

② 雷蒙德·威廉斯在《关键词》中对“文明”一词也作了与伊格尔顿类似的阐述，但是他的论述并没有像伊格尔顿在本书中所说的那样条理清晰。

③ 帝国主义是在19世纪中叶之后才形成的词。英文中的imperialism与具有现代意义的imperialist在1870年后才大量使用。在20世纪初出现了新的含义，帝国主义现象与资本主义经济的发展联结在一起。

用于艺术。

正如我们已经看到的，对于作为文明的文化危机的第三种反应，是将整个范畴缩小到少数艺术品。文化在这儿指的是具有人们所认同价值观的大量艺术与知识产品，以及生产、传播和控制这些产品的机构。在这个词相当新的意义中，文化既是征候又是解决的办法。

文化的三种截然不同的意义因此不容易分开。

在这一章的最后，伊格尔顿对文化的各种含义作了一个小结：

文化固然依旧拥有其地位，但是随着现代性的展开，那个地位或者是对抗性的，或者是辅助性的。文化要么变成一个颇为无效的政治批评形式，要么就是一个受到保护的领域，人们可以抽出所有那些潜在的分裂性能量，包括精神的、艺术的或性欲的，不让它们进入其中，因为现代性能够提供给它的越来越少。

文化因此表明它试图克服的一种分歧的征候。正如怀疑论者谈论精神分析一样，文化自己就是它主张治疗的那种疾病。

第二章　危机之中的文化　说文化处于危机之中，是因为这个词过于宽泛又过于狭窄因此没有多大的用处。我们现在被困在无效而宽泛与难堪而严格的关于文化的概念之间，而我们在该领域最迫切的需要却是超越文化的人类学意义和美学意义上的概念，这是这一章的目标，也是整本书的论点。作者重点对一般文化和具体文化的区分进行了分析。

“文化”这个字眼总显得既过于宽泛同时又过于狭窄，因而并不真的有用。它的美学含义包括斯特拉文斯基的著述，但没有必要包括科幻小说；它的人类学意义则宽至从发型和餐饮习惯直到排水管的制造。在其动荡不定的概念史上，文化始终充当了“文明”的同义词和反义词，它始终在实在和理想的轴线之间摆动，同时也总是在描述和规范之间飘忽不定地徘徊。

现代性[①]的六个历史发展阶段将文化的概念提到了议事日程上。首先，文化在“文明”开始显得自相矛盾时一下子步入前台，正是在这一时刻一种辩证关系成为必然。其次，一旦人们认识到，没有激烈的社会变革（那个意义上的文化），艺术和美好的生活（另一种意义上的文化）的未来就处于可怕的

① 现代性是个矛盾概念。说它好，因为它是欧洲启蒙学者有关未来社会的一套哲理设计。在此前提下，现代性就是理性，是黑格尔的时代精神，它代表人类历史上空前伟大的变革逻辑。说它不好，是由于它不断给我们带来剧变，并把精神焦虑植入人类生活的各个层面，包括文学、艺术和理论。在此背景下，现代性就成了“危机和困惑”的代名词。

险境之中，这时文化的作用一下子就变得尤为突出了。再次，在赫尔德和德国唯心主义那里，文化在一种独特的传统的或许是种族的生活方式之意义上提供了一种攻击启蒙主义的便利方法。最后，一旦西方帝国主义面临异族生活形式的难题，文化便开始发挥作用了，因为那些形式必定是低劣的，但却显示出有着合乎情理的适当外形。

使得文化的概念突出的另两个原因在更大的程度上属于我们自己的时代。首先需要说明的是文化工业。在那个历史时期，文化或象征性生产既然与伟大的现代性时代的另一些生产形式相脱离，那么它最终便与后者重新结合并成为总的商品生产的一部分。其次，在过去的几十年里，有三种潮流主宰了全球政治事务，即女权主义、革命民主主义和种族性，文化体现在身份、价值、符号、语言、生活风尚、共同的历史以及归属或团结的宽泛意义上，这一事实就是人们可以用来表述自己政治需求的语言，而不是一种使人愉快的奖赏。

因此，从文化的经典概念之角度来看，这便是一个戏剧性的并确实意义重大的发展。就其经典意义来说，文化的整体意义在于，它是一个平台，我们可以在这之上的一个十分快乐的超越时刻，把我们所有关于宗教、性别、地位、职业、种族以及诸如此类的东西的怪异表现手法统统悬置起来，然后回过头来在一个基本上属于人类的平台上相遇。文化是解决问题的一个组成部分，但是在过去几十年内出现的情况——这也是为什么这个概念会陷入突如其来的危机的主要原因——则是，它在本质上已经从解决问题之方法的一部分变成了问题本身的一部分。文化再也不意味着共识的平台，倒成了斗争的竞技场。对于后现代主义，文化决不意味着认同的超越，而意味着对同一的确认。

此后，伊格尔顿总结概括了文化的概念存在的危机：如果文化曾经是过于崇高的一个概念，那么它现在则具有了一个没有多少遗漏的术语的软弱无力。不过它同时又变得过于专门化，顺从地反映现代生活的碎片化，而不是如同更经典的文化概念那样寻求对它的修复。

当然，在某种意义上，文化和危机就好像劳雷尔和哈代一样并行不悖。文化和危机是突然出现的。文化的这个概念实际上是对历史危机的战略性反应。但是对我们来说，此时此刻，危机已经假想出一种独特的形式，人们也许可以将这一形式总结为（总体）文化（Culture）与（一般意义上的）文化（culture）的对立。总体文化曾经是走向一般文化（大致说来，就是西方现代性的一部分）的，也就是那种不言而喻的标准，而具体的各种文化（cultures）则可据此首先得到认同和估价。因此，在精确的哲学意义上说，它又是超越的，它是使一种文化本身得以存在的条件，同时又带有一种特定生活方式的鲜活成分，就好像上帝不得不在某个地方使自己具体化，并出于某种神秘的原因而选择1世纪的巴勒斯坦作为这种行为的处所。

作者接下来分析了把文化分成一般文化和具体文化的优缺点，并在分析之中流露出自己独到的观点。

文化在这种意义上是一个无法忍受的悖论，即至高无上的重要——因为很少有人对它表示出触帽致意的尊敬——又根本无关宏旨。人们永远可以将这些对立面看作是相互依存的：平民和市侩无暇于文化这个事实，是对其价值的最意味深长的可能的验证。但是这却把批评家置于一种永远持异议的情形之中，这绝对不是什么束缚的地方。从一般文化向具体文化的转变解决了这个难题，其做法是保留不同意见者的姿态，但是将它与一种民粹主义的姿态结合在一起。这时是整个的亚文化变成了批评性的，但是在这种生活方式内部，艺术扮演了一个在很大程度上是肯定性的角色。人们因此可以在品尝团结之愉悦的时候做个局外人，这是典型的被诅咒的诗人所做不到的。

殖民主义的遭遇因此是一般文化与具体文化的一种遭遇——一种普遍的，但因此焦虑的弥散和不稳定的权力与存在状态的遭遇，这种状态是偏狭但却安全的，至少在一般文化将它弄到其精心修剪过指甲的手中之前。人们可以发现这与所谓的多元文化论的相关性。社会由各具特色的文化构成，而且在一种意义上仅仅就是这些文化；可是它也是一种称作“社会”的先验的实体，在任何地方都不呈现为一种独特的文化，而是所有的文化的标准与母体。

西方文化愈把自己普遍化，这种介入就愈不会被看作是一种文化对另一种文化的干涉，就好像愈有道理将其看作是把自己的家整理得秩序井然的人。因为在新世界的秩序中，如同在经典艺术品中一样，每一个组成部分的稳定性对于整体的繁荣都是必不可少的。

第三章　文化战争　在这一章，作者指出“文化战争”这个短语暗示民粹主义与精英主义者、经典的监护人与差异的信徒，以及绝对的白人男性与被不公平地边缘化的人们之间的白热战。然而，一般文化与具体文化之间的冲突，不再仅仅是一场有关定义的战斗，而且是一种全球性的斗争。它是现实政治的问题，而不仅仅是个学术问题。

作者认为，我们的文化之战实际上是呈三角形的，而非简单的两极。首先是高雅的或少数人的文化，或最好用弗雷德里克·詹姆逊（即詹明信）所谓的“北约高雅文化”来表达。这一形式的文化也就是欧盟的精神壁垒，因而必须通过军事行动来日益破坏自己的平静、和谐但索然无趣的对称，这些军事行动的成功仅在于暴露了他们试图支撑的那种精神普世主义的虚伪本质。

然而，这一观点对西方并非十分乐观，因为我们正在经历的古典的民族国家之后这段时期的一个部分就是对诸多文化和政治形式的歪曲，或者说是各种新的跨国政治形式无法取得本质意义上的文化关联物的失败。政治要想得到繁荣，就需要人们的文化或心理投资，但此时的矛盾是，文化成了不如政治那样抽象的东西，更不用说跨国性了。确实，正是“民族—国家”这一短语之间的连字符“—”为现代性的某个胜利的时刻确立了文化与政治之间、民众与政府之间、局部与普遍之间、亲属与城邦之间以及种族与公民之间的联系；文化这个概念为什么陷入困境的另一个原因是因为民族国家也陷入了困境。民族国家在鼎盛时期曾经是连接个别与普遍以及情感的特殊性与形式的抽象性的一个极为有效的方式。

这样，少数人所持的这种文化的意义便幸存了下来；但在当今世界，它却与文化的另两种版本发生了奇怪的矛盾冲突。其一，作为组合的特殊性的文化，或身份政治，作为旧有的“异国情调的”人类学意义现在得到了刷新，并开始大张旗鼓地繁殖，以便包括枪械文化、海滨文化、警察文化、同性恋文化、微软文化等。其二，当然也存在大众的、商业的或市场取向的文化，这后两种版本的文化合在一起便构成了为我们所知的后现代文化。人们可以十分容易地将这三者总结为精英、种族和经济。

事实上，如果人们还需要另一种理性来拯救西方文化之危机的话，那还不如不回答这个问题：宗教的失败。当然，并不是那些无神论左派将宗教贬低为一种意识形态形式，具有极大反讽意味的是工业资本主义自身，因为它那无情的世俗化和理性化不可避免地败坏了它需要用来使自己合法化的那些形而上的价值。

文化这个精美的、转瞬即逝和感觉不着的东西在19世纪被用来作为宗教的替身，这一功能使它置于十分强大的压力下，因而它已开始背叛病理症状，一种审美仪式或象征形式便包括了数以百万的人们，而且它也同这些人的日常生活有着直接的关系，这正是现代性时代的一个独特的文化现象。然而，少数人和专门意义上的文化是无法充当这一角色的，因为它只能为极少的人所分享；而在较为共同的和人类学意义上的文化也无法担当这一角色，因为很明显它只是一个战场，而非对冲突的超越的解决方式。

作为普遍性的文化有着比后现代主义者可以想象得出的更为大胆的尝试。它在鼎盛时期是一种革命的和石破天惊的概念——你把这一不同凡响的概念称为自由和尊重、自由、平等和自决，并不因为你是何人，或来自何方或做什么工作的，而仅因为你是一个人：普天下人类的一个成员。这里正是那种旧制度才显示出具体主义，地方的和差异的，而抽象和普遍性则表现出激进，那些具有历史意识的后现代主义者对此似乎并不欣赏。

第四章　文化与自然　此章虽然篇幅不长，但对于理解作者所持的观点却很重要。在本章中，作者重点阐释了自然与文化之间的辩证关系，自然对于文化的重要性，批判了文化主义的论点，认为文化主义是对自然主义①的一种可以理解的过激的反应。

在第一章中伊格尔顿就曾经对文化与自然的关系进行过论述："从词源学上来说""文化却是一个派生于自然的概念""虽然时下流行将自然看作是文化的派生物"。在作者看来，把自然看作文化的派生物的观点，还是出于主客二元对立的思路。这种思路认为如果没有文化的观念，也就不存在自然的观念。他指出，"我们用来改造自然的文化手段本身就源于自然""自然生产了改变自然的文化"，并且引用莎士比亚《冬天的故事》中的诗句加以说明。应该说，文化源于自然而又高于自然。文化原是自然的产物，但是文化可能越走越远，人被淹没在文化以及对文化的依赖所形成的文化惰性的海洋里，甚至背离自然的初衷，这时候就必然会出现一种对于文化的拨乱反正的观点。但是，人又绝对不可能停留在自然的状态，人之区别于禽兽的重要特征，即在于人除满足肉体的自然需求外，还需要拥有超出自身的要求之物。虽然"我们身上这种超越肉体生存最低需求的倾向没有任何道理"，但是这种倾向"是我们的构造方式的一部分，这种方式就是：要求应该超过需求，文化应该属于我们的天性"。也许动物的构造方式和人类不同，所以动物只需要需求，而人类则需要要求。也许需求（needs）和要求（wants）的差别，就在于一者属于自然，一者属于文化。使文化得以诞生的力量，不是需求而是要求。

---

① 自然主义（naturalism）从17世纪初出现在英文里，作为一个宗教与哲学论述的词汇。后来自然主义遭到批判，其意义不断地被限定，专指一种"精确描述外部事物"的风格，即这个词现在的主要意涵。

当文化成为某人的天性时，文化就成为他的需求而不是要求。

作者在本章开篇举了一个例子，然后说道："不同的意义可以形成身体的不同反应，但也受到它们的制约。穷人的肾上腺往往比富人的肥大，因为前者要忍受更多的压力，但是贫穷不能产生其中什么也没有的肾上腺。这就是自然与文化的辩证法。"①

接下来，作者重点开始分析了后现代"文化主义"的各种论点——它们形成的历史原因以及其中的不合理之处。

大量后现代"文化主义"——人类事物中的一切都是文化问题的学说——一旦将它回归到其语境中，就变得可以理解。简而言之，文化主义者们必须使自己受到文化的熏陶，并且后现代对历史化的强调取决于后现代理论本身。

凯特·索普尔在《何谓自然?》中已经证明了文化主义的实例在逻辑上的松散，这正好证明了其观点，被迫假设它所否认的现实事物的存在。

这种文化相对论还存在一些其他非常值得注意的问题，所有的事物自身在文化上都是相对的这个信念与一种文化框架有关吗?如果是，那么没有必要将它作为一种绝对真理接受；如果不是，那么它削弱了自己的主张。

文化主义者分为两类，一类是那些像理查德·罗蒂的人，他们颇为聪明地支持这样一种反讽的姿态，另一类是那些如同写作《做自然而然的事》时的斯坦利·费什一样的人，他们更令人惊讶但更貌似有理地坚持认为，如果我的文化一直走下坡路，那么我将它"归化"为绝对的就是正当而不可避免的。对另一种文化的任何理解因此将只是在我的文化之内的一个步骤。要么我们是我们文化的囚徒，要么我们只有培养一种反讽的思维习惯才能超越这种文化。

这种文化和历史能力并非只是我们天性的附加物，而是居于其中心的。了解这一点非常重要。文化主义者坚持说我们确实不过是文化的存在。自然主义者认为，我们仅仅是自然的存在；如果按照这任何一种说法，我们的生命也许远远不会那么焦虑。成问题的是，我们被置于自然与文化的切点之间——极为关注精神分析的相切——的事实。文化不是我们的本性，但文化属于我们的本性，正是这使得我们的生活举步维艰。文化不是简单地替代自然，反倒是以既必须又多余的方式补充自然。我们并非生就是文化

---

① 特瑞·伊格尔顿. 文化的观念［M］. 方杰，译. 南京：南京大学出版社，2003：101.

的存在，也不是自足的自然存在，而是具有这样的无助的物理性质的造物：如果我们要生存下去，那么文化就是一种需要。文化是插入我们的本性之中心空隙中的“填充物”，我们的物质需要因此根据这个而重新改变。

最后，伊格尔顿强调马克思认为文化的来源乃是作用于自然的劳动，而劳动又意味着剥削，所以沃尔特·本雅明说“每一个文明的文献也是一个野蛮的记录”，尼采在《道德的谱系》中说“在地球上前进每一小步，都要付出精神和肉体上的痛苦……在所有‘好的事物’的底部，有着多少的鲜血与残酷”。在马克思看来，劳动是与自然的一种交流形态，它产生了一种文化；但是由于这种劳动所形成的条件——即它的某种受剥削性——使它所产生的那种文化有可能在内部分裂成暴力和矛盾，而这些暴力和矛盾又有着颠覆和毁灭文化的倾向。在尼采看来，我们为了掌握对自然的控制权而进行的战斗，实际上包含着对于我们自身的一种潜在的灾难性的报复。马克思是从阶级剥削的角度论述文化的形成，而尼采是从人本身的角度论述文化的形成，他们的结论可以归纳为：文化本来是给人类带来福祉的，可是它又给人类带来灾难。事实上，自然不仅仅是文化的他者，它还是文化内部的一种惰性的力量，这种力量在作为主体的人的内在划出了一道裂痕，因此我们只有通过将我们自己的某些自然能量——比如上文提到的要求（wants）——加以运用，才能从自然中夺取文化，因为文化是不能通过纯文化的手段建造的。然而我们身上这种可以支配的自然能量往往引起一个几乎不可停止的动力，这种动力远远超出了文化生存之所需，必然给文化的形成造成某种伤害。所以，伊格尔顿进一步指出：“关于文化的形成，永远存在某种最终自我毁灭的东西。”这样一来，就必然走进这样一个循环：原始的自然状态→初级的文化状态→已经“文化”的自然状态→高级的文化状态……一部人类的历史，正展现为这样一种肯定、否定、否定之否定的自然—文化进程。

第五章　走向一种共同文化　在第四章作者已经传达出这样一种论点：“文化”与“自然”天然地交织在一起，几乎不可能有纯文化的“文化”。在本章中，作者开篇就摆出了自己的观点：“我们已经看到，作为文明的文化与作为团结的文化在极大程度上是不共戴天的敌人，但是它们也能够建立起某种奇怪、有效的联盟，正如它们在T. S. 艾略特的作品中所做的那样。”① 接下来作者重点分析了艾略特和威廉斯的“共同文化”观念。在本章也是本书

① 特瑞·伊格尔顿. 文化的观念［M］. 方杰，译. 南京：南京大学出版社，2003：130.

的最后，作者亮出了自己最终的观点："文化不仅是我们赖以生活的一切，在很大程度上，它还是我们为之生活的一切。……我们已经看到文化如何表现为一种新的重要性，但是它同时也变得傲慢自大。在承认其重要性的同时，让文化回归其原有的位置，现在该是这样做的时候了。"①

作者指出，"文化"与"耕种"源于同一个词根，而有文化的人不辨麦苗与草苗的情况，以及将文化缩减为学术和艺术等精神制品的做法，乃是后来的故事。但是一路向上地把文化限定为精神制品，并没有消除最起码的歧义，因为这样的定义往往将科学论文排除在外。即使将它进一步限定为那些文学艺术的具有想象色彩的精神制品，仍然不能解决自我矛盾的问题，因为它不合逻辑地要把科幻小说和武侠小说等"通俗"的东西排除在具有想象色彩的精神制品之外。换个角度看，文化一直保留着两个最基本的意义和功能：规范和过程，评价和描述。也许正是由于这种双重性，无论雷蒙·威廉斯这样的激进理论家，还是T. S. 艾略特那样的保守派，都徘徊于"一套价值系统"与"一种特定生活方式"的文化定义之间而难以取舍。

【意义与影响】

该书展现了伊格尔顿娴熟的文化政治批评方法，是文化研究领域不可多得的一本重要著作。作为一名文学批评家和文化理论家，伊格尔顿自称是一位坚定的马克思主义者，同时他又深信传统理论已不足以应对当代资本主义出现的新的文化现象和实践，因此，在分析和阐释问题时扩展马克思主义，才能够使之获得新的生命力。

第一，该书从自然、社会的层面来解读文化，对文化的不同含义作了区分，并敏锐地体察了当下全球性的文化危机，进而认为这种危机的解决途径在于剥离文化中不适当的身份认同。在作者看来，当代世界毫无疑问地处于一场文化危机之中，这业已成为一个全球性的问题。当以碎片化、反中心化为特征的后现代文化观念逐渐取代前现代的有机的文化观念，当资本主义从现代向后现代转型，西方国家内部四分五裂，西方与非西方国家之间矛盾重重，革命民主主义、女权主义、种族斗争等敏感问题不断激化，世界日渐成为一个文化战场。在作者的指引下，读者可以深刻把握当前的全球性文化危机，深入思考和探索解决文化危机的途径。

---

① 特瑞·伊格尔顿. 文化的观念［M］. 方杰，译. 南京：南京大学出版社，2003：151.

第二，该书采用的是典型的论战文体，也许在某些问题上态度稍显偏激，但观点独到，论证犀利中肯，发人深省。伊格尔顿的特点是现实感很强，文学、文化与意识形态之间的互动关系一直是他思考问题的一条主线。他并不着意理论的体系性，而是习惯从学术问题入手，而后迅速进入对现实的政治问题的探讨，追踪最新的实践问题。在研究方法上，伊格尔顿很好地将西方马克思主义、英国本土的文化研究和西方后现代理论结合起来，这使得他的理论具有很强的现实针对性。

第三，伊格尔顿的文化观念对当下中国社会的文化建设和理论建设具有一定的借鉴意义和现实意义。尤其是他对于共同文化的设想不但丰富了社会主义文化理论，同时有利于我们探索弥合各阶层之间的文化差异的路径。尤其需要指出的是，伊格尔顿的"共同文化"观是对狭隘文化主义的反驳。伊格尔顿认为，有着不同文化传统的国家，不必把西方社会的特定文化现象引进自己的国家，否则会丧失自己的民族特色。他从一名旁观者的角度唤醒我们对自己民族文化的研究，引起我们对传统文化的重视和反思。对待外来文化，他认为应在取其精华的同时摒弃其意识形态方面的因素。同时，伊格尔顿提出建立共同文化要充分考虑不同阶层、不同社会集团之间在文化领域的矛盾和斗争，指出文化与日常感觉紧密相关，一种共同文化必须深入男男女女的生活经验，影响社会的知觉结构，才能生根。这对我们当前的文化建设具有重要指导意义。

第四，伊格尔顿认为文化危机的最终解决途径是共同文化的诞生，而一种真正的共同文化必须深深植根于大众生活。在该书最后一章，伊格尔顿对艾略特和威廉斯关于"共同文化"的设想进行了比较和评价，提出了"走向一种共同文化"的设想。他敏锐地发现各个阶层、各个民族对文化理解的差异导致了文化与政治的对抗，所以他试图使文化真正具有"共同"的含义，进而弥合不同阶层和民族之间的裂痕，可以说他将文化、社会、政治很好地结合在一起。但是，在伊格尔顿主张的共同文化中，精英分子和工人阶级都共享一种共同的模式，这多少带有一些乌托邦的空谈色彩。

【原著摘录】

第一章　各种意义的文化 P1－36

P1　据说"文化"（culture）是英语中两三个最为复杂的单词之一，而"自然"（nature）这个有时被认为与之相对立的术语则通常荣幸地成了其中最为复杂的一个。虽然，时下流行将自然看作是文化的派生物，但从词源学上来说，文化却是一个派生于自然的概念。英文中“culture”这个词的一个原始意义就是“耕作”(husbandry)，或者对自然生长实施管理。

P5　如果文化的原始意义是耕作，那么它既暗示着规范，又暗示着自然生长。文化是我们能够改变的东西，但是被改变的材料拥有其自己独立的存在，这又给予了它类似于自然之反面的东西。不过，文化还是一个遵从规则的问题，而这也涉及被规范物与未被规范物之间的相互作用。遵从规则不像是服从于自然法则，因为它关系到对讨论中的规则的创造性运用。

P15　像文明的文化一样，有机的文化在事实与价值之间游移不定。在某种意义上，它确实只不过指一种传统的生活形态。

P17　如果“文化”这个词语的第一个重要的派生意义是反资本主义的批判，第二个是这种概念缩小并对整体生活方式复数化，那么第三个就是逐渐专门用于艺术。

P24　文化的三种截然不同的意义因此不容易分开。如果作为批判的文化不过是一个无用的幻想，它一定指向现在的那些实践，这些实践预示着它所向往的那种友谊与满足。它部分地在艺术生产、部分地在还没有完全被功利主义的逻辑吸收的那些边缘文化中发现这些实践。

P34　文化固然依旧拥有其地位，但是随着现代的展开，那个地位或者是对抗性的，或者是辅助性的。文化要么变成一个颇为无效的政治批评形式，要么就是一个受到保护的领域，人们可以抽出所有那些潜在的分裂性能量，包括精神的、艺术的或性欲的，不让它们进入其中，因为现代性能够提供给它的也越来越少。

第二章　危机之中的文化 P37－59

P37　“文化”这个词既过于宽泛又过于狭窄因此没有多大用处，这是一个很难拒绝的结论。……我们现在被困在无效而宽泛与难堪而严格的关于文化的概念之间，而我们在该领域最迫切的需要却是超越上述两种概念，这正是本书的论点。

P39　文化可以松散地概括为构成特殊群体生活方式的价值观、习惯、信念和惯例的联合体。

P40　根据另外一种观点，文化是关于世界的绝对知识，人们借助这种知识商讨特殊条件下适当的行为方式。像亚里士多德的实践智慧一样，这种观点不过是言其然而不言其所以然，是与有关现实的理论图绘相对立的、一套默许的理解或实用准则。

P42　在我们自己的时代，较宽泛和较狭窄意义上的文化之间的冲突表现为一种格外自相矛盾的形式。一个局部的、相当有限的关于文化的概念已经开始到处扩散。

P43　宣称文化的概念如今正处于危机之中是很危险的，因为它何时不在危机之中呢？

P51　一般文化与具体文化之间的不合不是一种文化的不合，不能如同哈特曼似乎希望的那样，仅仅通过文化的手段加以修复。这种不合的根源在于一种物质的历史——一个在空洞的普遍性与狭窄的排他性、全球市场力量的无政府状态与反抗这些力量的地方差异的时尚之间挣扎的世界。

P53　社会由各具特色的文化构成，而且在一种意义上仅仅就是这些文化；可是它也是一种称作“社会”的先验的实体，在任何地方都不呈现为一种独特的文化，而是所有的文化的标准与母体。

第三章　文化战争 P60－100

P60　“文化战争”这个短语，暗示民粹主义与精英主义者、经典的监护人与差异的信徒，以及绝对的白人男性与被不公平地边缘化的人们之间的白热战。然而，一般文化与具体文化之间的冲突，不再仅仅是一场有关定义的战斗，而且是一种全球性的斗争。它是现实政治的问题，而不仅仅是个学术问题。

P61　重要的不是这些作品本身，而是它们被集体解释的方式，那是这些作品本身也许没能预见到的方式。放在一起理解，它们可以作为人类精神的永恒统一、想象对现实的优先、观念对情感的低下、个体居于宇宙之中心的真理、公共生活相对于私人生活的微不足道、实际生活相对于冥想生活的无关紧要，以及其他现代偏见的证据，但是还可以用极为不同的方式解释它们。

P64　文化本身是人性之精神，它在具体的作品中使自己获得个性；它的话语将个性与普遍性、自我的本质与人性的真理联结起来，却没有调节历史的特殊性。确实，没有什么比毫无外在联系、纯自己的东西更近地相似于宇宙。普遍性并非只是个性的对立面，而且正好是它的范式。

P67　有一种个别与普遍之统一的政治相关物，它是以民族—国家而知名的。现代性的主要政治形式本身是个别与普遍之间的一种不顺利的商讨。要想脱离时间的因果律并且被提升到必然性的地位，民族需要国家这个普遍化的媒介。“民族—国家”这个术语中的连字符因此意味着文化与政治、种族与设计者之间的一种联结。

P73－74　因此，我们的文化战争至少有三种方式，即作为文明的文化、作为同一性的文化和作为商业的或后现代的文化之间的，还可以将这些类型更为简洁地界定为美德、民族精神和经济学。如果阿多尔诺能够活到看见这些文化战争，他也许会说，它们是磨损了的三等品，没有能够合在一起变成自由。这种区别是不稳定的，因为后现代主义与同一性政治的更为文明的形式在许多方面是结成同盟的。

P76　简而言之，同一性政治的悖论是：一个人需要一种身份才能自由地摆脱这种身份。唯一比拥有一种身份更糟糕的事情是没有身份。

P80　马修·阿诺德很聪明地预见到这一点，将一般文化作为当时正丧失其意识形态功能的基督教的替代物，但是他同样聪明地看到，宗教将多方面教养意义上的文化与原则性行为意义上的文化结合了起来。

P81　如果说一般文化被作为团结的文化扔进了混乱，那么它同样受到后现代或全球化的威胁。在一种意义上，高雅与后现代文化日益融合，成为西方社会的文化“主导”。

P93　从全球性的意义上讲，看来仿佛西方并未占据特别的优势地位以赢得文化战争。至少，如果不是因为作为文明的文化身后有一支强大的军队的事实，这也许会是人们的结论。

第四章　文化与自然 P101－129

P106　大量后现代“文化主义”（culturalism）——人类事物中的一切都是文化问题的学说——一旦将它回归到其语境中，就变得可以理解。简而言之，文化主义者们必须使自己受到文化的熏陶，并且后现代对历史化的强调取决于后现代理论本身。

P107　凯特·索普尔在《何谓自然?》中已经证明了文化主义的实例在逻辑上的松散，这正好证明了其观点，被迫假设它所否认的现实事物的存在。

这种文化相对论还存在一些其他非常值得注意的问题，所有的事物自身在文化上都是相对的这个信念与一种文化框架有关吗？如果是的，那么没有必要将它作为一种绝对真理接受；如果不是，那么它削弱了自己的主张。

P110　文化主义者分为两类，一类是那些像理查德·罗蒂的人，他们颇为聪明地支持这样一种反讽的姿态，另一类是那些如同写作《做自然而然的事》时的斯坦利·费什（Stanley Fish）一样的人，他们更令人惊讶但更貌似有理地坚持认为，如果我的文化一直走下坡路，那么我将它“归化”为绝对的就是正当而不可避免的。对另一种文化的任何理解因此将只是在我的文化之内的一个步骤。要么我们是我们文化的囚徒，要么我们只有培养一种反讽的思维习惯才能超越这种文化。

P114 成问题的是，我们被置于自然与文化的切点之间——极为关注精神分析的相切——的事实。文化不是我们的本性，但文化属于我们的本性，正是这使得我们的生活举步维艰。

P123 马克思、尼采和弗洛伊德的结论是，在意义的根源存在某种力量，但是只有对文化的一种征候性阅读才能揭开它的踪迹。

P126 在文化内部起不同作用的力量——欲望、支配、暴力、报复性——预示着要阐明我们的意义、颠覆我们的事业、将我们残酷地拽到黑暗之中。这些力量并非正好落在文化的外面；正相反，它们在文化与自然混乱的结合部出现。

P128 一种共同文化之所以能够形成，仅仅是因为我们的身体大致属于相同的种类，结果是一种普遍性依赖于另外一种普遍性。

第五章　走向一种共同文化 P130－152

P130 我们已经看到，作为文明的文化与作为团结的文化在极大程度上是不共戴天的敌人，但是它们也能够建立起某种奇怪、有效的联盟，正如它们在T. S. 艾略特的作品中所做的那样。

P133 但是人民与知识分子并不能构成不同的文化。相同的文化将会被人民无意识地、被少数人自我反思地身体力行。一种共同文化因此与一种等级制度文化完全一致。重要的区别不是不同种类文化之间的，而是不同程度的自觉之间的，大多数人相信这个，却对此浑然不知。

P135 艾略特没有准备这么快就在文化上认输，但是他明白，如果一般文化再一次对大众产生影响，它将必须以宗教文化的形式。

P136 因此，对于艾略特而言，一种共同文化绝不是一种平等主义的文化。如果少数人与大众享有共同的价值观，那么他们是在不同的意识层面上拥有的。

P136－137 “文化”这个词的两种核心意义因此在全社会得到了分布：作为大量艺术和智力作品的文化是精英分子的势力范围，而人类学意义上的文化则属于普通人民。然而，更重要的是，这两种形态的文化是杂交繁殖的。

艾略特指出："这种较高层次的文化必须被认为既自身颇有价值，又丰富了较低层次的文化；因此文化的运动将会以循环的方式进行，每一个阶段都为其他阶级提供养分。"

P141 威廉斯关于一种共同文化的理念因此对多元论者与共产主义社会论者、混交性文化与同一性文化之间的论争做出了新的解释。

P144 文化的观念这时再一次被政治左派盗用，既作为对媒介和消费主义在其中日益重要的一种新的战后资本主义的反响，又作为一种让自己远离庸俗斯大林主义的方式。事实上，在共产党内部和外部，存在着丰富的左翼文化著述的遗产，这些共产党当然没有跳进来与新左派为伍；但是前一工人阶级的一代，大部分是寻找一种新的政治联盟的非共产主义的西方知识分子，他们在文化的概念而不是别的什么地方找到了它，这便利地将他们的人文主义的训练与战后西方新的社会趋势联系在一起。在一个任何意义文化的继续存在都好像令人怀疑的冷战阶段，和平运动提供了另外一个这种同一性的场所。

P146 然而，还需要某种东西能与"后现代的"标签相称，可以感到的已经发生变化不仅是文化的内容，而且是其地位。至关重要的是它对社会其他层面的有改革能力的影响，而不仅是它正显得日益突出这个事实。用杰姆逊·詹明信的话来说，正在发生的是"文化向整个社会范畴的一种大规模扩张，直至我们社会生活中的一切——从经济价值和国家权力到实践到心理结构——可以说在某种原始但却未曾理论化的意义上已经变成了'文化的'"。

P151 文化不仅是我们赖以生活的一切，在很大程度上，它还是我们为之生活的一切。感情、关系、记忆、亲情、地位、社群、情感满足、智力享乐、一种终极意义感，所有这些都比人权宪章或贸易协定离我们大多数人更近。不过，文化也可能因为离得太近而让人觉得不舒服。这种亲密本身就可能成为病态的和摆脱不了的，除非它被置于一个启蒙的政治语境，这是一种可以用更为抽象，但也有几分慷慨的联系调节这些直接性的语境。我们已经看到文化如何表现为一种新的重要性，但是它同时也变得傲慢自大。在承认其重要性的同时，让文化回归其原有的位置，现在该是这样做的时候了。

【参考文献】

［1］特瑞·伊格尔顿. 文化的观念［M］. 方杰，译. 南京：南京大学出版社，2003.

［2］韩伟，徐蔚. 文化的危机与弥合——读伊格尔顿的《文化的观念》［J］. 文艺评论，2010（1）.

［3］李媛媛. 走向共同文化——评特瑞·伊格尔顿：《文化的观念》［N］. 学习时报，2011－05－30.

十一、《自由与资本主义——与著名社会学家乌尔里希·贝克对话》

[德] 乌尔里希·贝克，约翰内斯·威尔姆斯　著

路国林　译

浙江人民出版社，2001 年

【作者简介】

乌尔里希·贝克（1944—　），德国著名的社会学家，慕尼黑大学社会学教授，“风险社会”理论的首倡者，并把风险话题和对风险社会的研究推向学术前沿。贝克提出很多富有时代性和现实针对性的概念，如“全球主义”“去民族国家化”“世界主义”“第二次启蒙”等，尤其是他和英国社会学家安东尼·吉登斯、斯科特·拉什共同提出的“第二现代”理论，引起了国际社会的普遍关注，成为社会学领域中的一个主流话题，堪称卓有建树的风险理论专家和全球化理论研究者。

贝克 1944 年出生于斯武普斯克市的波美拉尼亚镇。1966 年进入弗赖堡大学学习法律，后转学到慕尼黑大学，主修社会学、哲学、心理学和政治学。1972 年获哲学博士学位并留校任职。1979 年至 1981 年，担任明斯特大学教授。1981 年至 1992 年，担任班贝格大学教授。自 1992 年起开始在慕尼黑大学任社会学教授，并任慕尼黑大学社会学研究所所长。1997 年，伦敦政治经济学院聘请贝克为英国社会学杂志百年访问教授。1980 年以来，贝克一直担任《社会世界》杂志的编辑。1995 年至 1997 年，贝克曾担任德国未来委员会的委员。1999 年至 2006 年，贝克担任德国研究协会“自反性现代化”研究项目的负责人。

贝克治学精勤，著书宏富，主要理论著作有：《自由与资本主义——与著名社会学家乌尔里希·贝克对话》（与约翰内斯·威尔姆斯合著，2001年）、《自反性现代化：在现代社会秩序下的政治、传统和美学》（与吉登斯、拉什合著，2001年）、《风险社会及其超越：社会理论的关键议题》（与芭芭拉·亚当、约斯特·房·龙合著，2005年）、《个体化》（与伊丽莎白·贝克·格恩斯海姆合著，2011年）、《世界主义的欧洲：第二次现代性的社会与政治》（与埃德加·格栏德合著，2008年）、《全球的美国？——全球化的文化后果》（与内森·施茨纳德、雷纳·温特合著，2012年）。

约翰内斯·威尔姆斯，德国著名历史题材记者和编辑，著有《德国病》等在德国极具影响力之著作。

【写作背景】

当代世界正置身于蓬勃发展的全球化进程中，它在促进社会生产力发展，将人类带入现代社会的同时，也引发了日益增长的流动性和不稳定性，这极大地刺激了风险的产生，“全球化大大增加了风险的来源……这些风险在扩散的过程中，彼此间还可能产生相互影响，产生新的风险源，增强风险的后果”[①]。由此出现了让人深感担忧的诸多全球风险现象：核战争的潜在危险、社会贫困、社会不公正、生态风险、局部战争、宗教冲突等等，人类社会已然误入现代化的陷阱。为摆脱困境，人类开始从不同的视角对当今社会存在的危机问题进行深刻的反思和批判。

1962年，美国学者雷切尔·卡逊出版了《寂静的春天》一书，成为环境运动的先行者，人们开始关注生态危机，反思和批判自身实践行为的合法性。随后，罗马俱乐部发表了一系列报告，认为当下社会危机不局限于某一个地域，而是“影响普及全球各个角落，直至形成全球性的危机”[②]。报告提倡发展世界意识和成立具有有效调整功能的全球协商机制以应对危机。“进入历史危机时刻的当代人，再也不能无视全人类所处的险境和未来的选择；未来的性质将取决于当代人的抉择和行为。”[③] 美国学者丁·里夫金的理论探讨了能

---

① 杨雪冬，等. 风险社会与秩序重建［M］. 北京：社会科学文献出版社，2006：41-42.

② 米伊哈罗·米萨维克，爱德华·帕斯托尔. 人类处于转折点——罗马俱乐部研究报告［M］. 刘长毅，等译. 北京：生活·读书·新知三联书店，1987：1.

③ 奥尔利欧·佩西. 世界的未来——人类未来一百页［M］. 北京：中国对外翻译出版社，1985：127.

源的有限性和生态环境的脆弱性，将批判的矛头对准了传统的盲目乐观的科技至上观念。后现代主义学者大卫·雷·格里芬则提出危机源自于现代性，对现代性提出了尖锐的批评。这些都对贝克的学术思想产生了深刻影响。

当代人类已然生活在一个崩溃的文明中，风险社会已长进现代化的进程，成为人类不可避免的境遇。贝克敏锐地意识到了当代世界的重大变迁，他没有片面地、线性地理解现代化和全球化，而是以建构性的态度试图从风险社会理论的高度反思和批判西方的全球化理论和传统现代化理论。20 世纪 80 年代以后，切尔诺贝利核电站泄漏、亚洲金融市场危机等一系列重大灾难事故引起世界震荡，风险社会理论的合理性与深刻性逐步得到印证，引发了人们的普遍关注和激烈辩论。

【中心思想】

《自由与资本主义——与著名社会学家乌尔里希·贝克对话》一书以当代世界的深刻变迁为研究基点，从全球化和风险社会理论的新视角批判和思考人类社会的发展困境与前途，积极探索规避和化解风险社会困境的路径。

在全球化时代，西方社会的主流观念和制度遭遇到了前所未有的挑战。传统社会模式正在瓦解，一种不以民族和疆域为界限的社会图景逐渐形成，其特征是经济力量的强大、政治力量的削弱和世界主义文化的兴起。针对这种变化，贝克认为人类应该重新思考现代化的目标、价值、前提、道路等问题，进行“第二次现代化”，对西方传统的现代化理论进行深刻的自我批判。他详尽地探讨了社会制度、经济体制和劳动社会等领域的现代化表征，分析了资本主义制度、经济理性和劳动社会的两面性，思考了促使全球化和现代化进程合理发展的可能性路径，并就全球治理问题发表了自己的看法。

“第二次启蒙”是解决现代化的困境的一种合理的选择。贝克认为第二次启蒙的目的不是趋同或西方化，而是旨在尊重多元价值文化的平等与并存，求同存异，促使人们在多样性中生活与发展。贝克以其新颖的研究视角、强烈的问题意识和现实针对性，对风险社会进行了开创性研究，使其成为反思现代性思想的重要理论，对以西方发达国家为范本的全球化提出了挑战。

【分章导读】

第二次现代化　在这一部分中，贝克从传统社会学在现代化进程中表现出的尴尬的滞后境地入手，引出了其“第二次现代化”的概念。

随着全球化时代的来临，很多传统的社会学观念、制度已经成为僵死的范畴、僵死的机制，需要开辟思想与研究的新空间以发展新的社会学。“这种世界政治视角的转变给社会科学带来的革命性结果，近似爱因斯坦的相对论给牛顿物理学带来的结果。”① 家庭是社会学的关键范畴，是社会分析的一个重要的参考单位，贝克以此为例分析了社会学自我批判和自我更新的可能性。

传统的社会学观念建立在三条原则（在今天已然滞后）的基础上。第一，社会学的地域局限性，即考察社会学的各种对象主要从民族国家的角度入手，这导致几乎全部社会学与政治理论都带有地域偏见的局限性。第二，服从某种既定的社会集体性，即个人在很大程度上依赖于其所在的环境，隶属于既定的社会集团，如家庭、阶级或民族等等。第三，进化的原则，即认为人类发展所取得的所有成果都是一种进步的表现。贝克认为，这三条原则在当下已经不符合社会潮流。所以传统的社会学需要随时代发展而变革。

随着现代化进程进一步推进，出现了诸多始料未及的影响，贝克进行了自己的思考，提出如下几点看法：首先，全球化是全方位的，包括经济、政治、社会、文化等内容，传统社会学的地域性界限正在进行重新划分和确定。其次，第二次现代化社会的标志之一是制度化的个人主义，随着个体化进程的推进，个人对集体的依赖性日渐衰微。再次，生态危机日益严峻，自然与社会的对立越来越尖锐。最后，世界市场的开拓与科技的发展内在地侵蚀了劳动社会这一概念，劳动已经不再是唯一的经济生活。鉴于此，贝克提出了“第二次现代化”或者“反思性现代化”理论，旨在就不同的现代化的目标、价值、前途、联系、道路等问题进行广泛的讨论，促使现代化理论和社会学进行彻底的自我反思与批判。

贝克认为，对全球化我们要辩证地、反思性地理解。“全球化不是全球化，而是跨国化；全球化不是全球化，而是地方化。”② 全球化意味着经济活动的国际化和交往的频繁化，民族国家“集装箱”会自行解体，适应新形势的新观念和新机制会逐渐形成，单一的民族国家社会由于各种不同文化的趋同而转变为多元的世界社会在不同地域表现，人类需要通过一种对话性思想处理彼此之间的矛盾，也正是处理这些不同文化之间的矛盾和紧张关系并促

---

① 乌尔里希·贝克，约翰内斯·威尔姆斯. 自由与资本主义——与著名社会学家乌尔里希·贝克对话［M］. 路国林，译. 杭州：浙江人民出版社，2001：8.

② 乌尔里希·贝克，约翰内斯·威尔姆斯. 自由与资本主义——与著名社会学家乌尔里希·贝克对话［M］. 路国林，译. 杭州：浙江人民出版社，2001：50.

使其和谐相处构成了第二次现代化的可能性与核心内容。

科技尤其是互联网的迅猛发展改变了传统的民族国家模式，简单地以地区、民族和疆域来界定社会现象的习惯性思维已经过时。日益强大的经济力量凭借科学技术进行跨国活动，不再受制于民族国家。而政治力量则日渐削弱，面对大规模的跨国经济行为，单独一个国家的行动已无法通过调节手段来提高生产，甚至有时会使自己的利益受损。这说明，受全球化发展的影响，不符合大企业利益的任何国家政治决策都会受到限制，这一状况逐渐从经济领域蔓延至其他领域。随着世界各国、各民族的交往变得日益广泛和密切，个人的生活空间日趋多样化，形成了诸多新型的社会关系。各种文化的特性和共性被重新评价，并开始形成世界主义文化。世界主义文化所秉持的不是趋同或西方化，而是文化的多样性并存。贝克甚至把多样性当成第二次现代化的核心性基础。

传统发展观认为，发展必然有益，技术进步表征着人的力量的扩张和统治自然的能力的增强。这一观念随着当代社会出现越来越多的风险而备受质疑。民族国家的影响力日益削弱，但世界性机构的缺席使得这个权力真空无法弥补，经济力量的活动得不到跨国性机构的制约，对自然界的开发和利用带来了重大消极影响。传统的社会结构正在瓦解，个体权利有所加强但是社会整体却没有变得更加民主。

很多人将全球化与全球主义（即新自由主义）混为一谈。贝克认为，全球化认同文化价值多元，而新自由主义则“像蒸汽压路机一样碾平了多样性”①。新自由主义意识形态认为市场可以取代政治，世界市场的充分发展可以解决所有问题。这一观念是民主与自由的最大威胁，也是发展多样性民族文化的核心性危险。新自由主义虽然还保持着力量，但是其作为全球化的思想支撑已然失去原有的主导性影响。

切尔诺贝利核电站泄漏事故、亚洲金融市场危机等一系列重大灾难让贝克认识到涡轮资本主义正在变成风险性世界社会，技术或文明的发展在很大程度上已不受人类有效地控制。马克思、恩格斯或孔德虽然早已预见到第一次现代化的消极影响：帝国主义与殖民主义是得不偿失的。但是人类社会却未能幸免。具有讽刺意味的是，曾经沦为殖民主义牺牲品的国家现在却成为全球化的输家，避免了殖民主义的国家（如中国、日本）却成为全球化的大赢家。

---

① 乌尔里希·贝克，约翰内斯·威尔姆斯. 自由与资本主义——与著名社会学家乌尔里希·贝克对话［M］. 路国林，译. 杭州：浙江人民出版社，2001：53.

自由与资本主义 贝克在本节中详细探讨了现代化在社会体制领域的具体表现——个体化进程的发展与影响。从第二次现代化的视角看，现在的社会将会被个体化的社会所取代。个体化不是新自由主义的利己主义，更不意味着自治或互不依赖。我们应当从制度化的个体主义去理解。“个体化不仅与个人的感受形式有关，而且还涉及现代社会的各种中心制度，譬如发展自我的必要性，摆脱集体规定性的必要性。”① 教育改革、市场的充分发育和流动性的增强是一些制度性的框架条件，它们都以个人为导向，促使个体化进程不断向前推进。但是即使自认生活在社会真空中的自营性企业家归根到底也只是极其复杂的社会化形式中的一种人为的结果，实际上它对民族国家、地方特性或世界体系具有不容置疑的依赖性。

贝克将自营性企业家视为新自由主义的个人主义，而他所理解的制度化的个人主义是指在实践中“发展了对社会联系的感受能力，把个体化当作重新创造和调整社会性的一种强制、需要、任务和历险来理解”②。美国宗教社会学家罗伯特·伍斯诺通过调查得出一个看似矛盾的结论：秉持利己主义价值观，追求自我实现的人不仅高度评价教会、协会、学校等团体性的活动，而且还乐意抽取自己的大部分空闲时间去帮助别人。贝克称之为利他主义的个人主义或合作主义的个体主义，它象征着新的一代人和新型文化的出现，他们试图“重新调整个人主义和社会道德的关系，寻求把个人的自愿和个性同帮助他人的行为联系起来的途径”③。对此，我们应该予以肯定并为之创造一个良好的发展平台。

贝克以家庭这个微观世界的个体化为例说明个体化如何波及社会的各个角落，逐渐改变着社会结构。随后贝克分析了个体化对社会保障制度即对医疗保险、养老保险、失业保险等产生的影响，认为立足于基本的社会保障基础上的个体化会产生积极的影响。但是人们在心理上对个体化趋势缺乏充分的准备，尤其是那些由于其经济实力、政治体制、科学技术等方面落后而在全球化进程处于劣势的国家。这些矛盾的出现对个体化趋势提出致命的问题：个体化有没有边界？如何对这一过程进行限制？怎样才能改善他人在个体化

---

① 乌尔里希·贝克，约翰内斯·威尔姆斯. 自由与资本主义——与著名社会学家乌尔里希·贝克对话［M］. 路国林，译. 杭州：浙江人民出版社，2001：69.

② 乌尔里希·贝克，约翰内斯·威尔姆斯. 自由与资本主义——与著名社会学家乌尔里希·贝克对话［M］. 路国林，译. 杭州：浙江人民出版社，2001：76.

③ 乌尔里希·贝克，约翰内斯·威尔姆斯. 自由与资本主义——与著名社会学家乌尔里希·贝克对话［M］. 路国林，译. 杭州：浙江人民出版社，2001：79.

进程中的处境？

这些问题的存在导致个体化进程步履维艰。习惯于西方福利国家的某些人甚至因为害怕自由而情愿选择继续生活在“牢笼”中，个体化对他们来说或许是一种长期的苛求。所以个人主义文化必须秉持宽容原则，认同并支持生活方式的多样化。催生集体性的原生性文化和某些过分推崇共同体的新生意识形态无疑会对个人主义文化产生最大的威胁。我们必须从制度上为个人自主性和创造性的发挥提供保障，并注意防止三种倒退趋势的蔓延：后现代主义的民族主义、全球主义、权威主义。

政党也需要与时俱进，重新设计自我，放弃既定的集体性观念，坚持仍然具有价值的思想，如社会公正。而个人主义文化因其秉持多元文化的并存原则而支持世界主义的公正概念和生态危机意识。

民主、政治自由随着个体化进程的发展而日益凸显。同时产生的还有贫富差距拉大和不平等现象的极端化趋势，“个体化不仅意味着富裕，而且还意味着贫困”[①]，对此我们应当给予高度关注。

经济领域的“切尔诺贝利” 在本节中贝克具体探讨了现代化在经济体制领域、政治领域所引发的风险及其特征，并认为社会风险随全球化的发展扩张至世界范围，形成世界风险社会。贝克认为，人类正从工业社会走向风险社会，正是在自然和传统失去其无限效力并依赖于人的决定的地方产生了风险。这一“概念表明人类创造了一种文明，以便使自己的决定将会造成的不可预见的后果具备可预见性，从而控制不可控制的事情，通过有意采取的预防性行动以及相应的制度化的措施战胜种种副作用”[②]。

贝克将风险社会分为两个阶段。第一个阶段是工业社会即第一次现代化的风险社会，以进步乐观主义为主导，否认一切风险，其结果就是风险的最大增长。在第二个阶段即第二次现代化的风险社会，风险意识被普遍接受，进步意识已被打破，社会进入自我批判的阶段。

第一次现代化的风险具有直观性，且盲目乐观地认为工业化所造成的一切消极影响可控，一种风险及其后果是局限于某个地区的，只涉及有限的人员和有限的地区，可以通过预防措施或保险手段予以抵御。但是这一模式被

① 乌尔里希·贝克，约翰内斯·威尔姆斯. 自由与资本主义——与著名社会学家乌尔里希·贝克对话［M］. 路国林，译. 杭州：浙江人民出版社，2001：115.

② 乌尔里希·贝克，约翰内斯·威尔姆斯. 自由与资本主义——与著名社会学家乌尔里希·贝克对话［M］. 路国林，译. 杭州：浙江人民出版社，2001：121.

切尔诺贝利核灾难事件所摧毁，因为，从时间上看，这一灾难的受害者不仅限于今天，甚至影响十几年或波及下一代；从空间上看，灾难的后果不局限于当地，甚至其社会影响也是无法估量的。其他诸如气候灾害或转基因食品等，其后果也是不可控的。由此，贝克认为风险社会的中心议题是：现代化、技术化和经济化发展到极端所引发的后果可控的思想遭遇重大挑战。

第二次现代化的风险不能直接感知，而且受害者面临着一个无法解决的难题：风险制造者是谁？该承担多大程度的责任？传统的肇事者原则的判决方法已然失效。所以，风险不是可见可感知的具体的事物，它们是一种“构想”，“主要是通过知识、公众、正反两方面专家的参与、对因果关系的推测、费用的分摊以及责任体系而确立起来的”①。

贝克认为，随着风险的扩大，会出现风险分布平均化的趋势。“贫困是分等级的，烟雾是民主的。”② 但是风险一旦出现，就会有人想方设法地回避责任问题，最引人注意的方面就是“有组织的不负责任”，即第一次现代化所采用的用以明确责任和分摊费用的法治条文现在已经失效，主管机构会为自己开脱或互相推诿。为此，贝克提出两个建议：“第一，重整法制和政策，由实行制度化的否认转为采取制度化的预防措施；第二，借助于把风险费用转回到康采恩身上的办法，强迫它们使风险内在化并因此而小心谨慎地行事。”③

风险问题渗透进社会的方方面面。在政治领域，因其违背了公民的基本权利——安全与生存的权利而产生影响的，且触及深层次的矛盾：公民对国家提供的保障期望与期望的全面破坏之间的矛盾。矛盾的深化加重了信任危机，反过来信任危机又加强了风险意识……最终形成恶性循环。另一方面，对于责任、因果关系、负担的认定等重要问题缺乏充分的制度准备，使得风险问题愈演愈烈。在经济领域，风险冲突若不能及时缓解或解决则会演变成经济风险，导致市场瓦解，资本贬值。在科技领域，把风险局限于自然科学上的因果关系或统计学上的联系是一种危险的错觉。正如安东尼·吉登斯所言，更多的知识并不一定能解决问题，有时甚至会引发更多的不安全因素，技术层面都只是表面问题。

---

① 乌尔里希·贝克，约翰内斯·威尔姆斯. 自由与资本主义——与著名社会学家乌尔里希·贝克对话［M]. 路国林，译. 杭州：浙江人民出版社，2001：145.

② 乌尔里希·贝克，约翰内斯·威尔姆斯. 自由与资本主义——与著名社会学家乌尔里希·贝克对话［M]. 路国林，译. 杭州：浙江人民出版社，2001：138.

③ 乌尔里希·贝克，约翰内斯·威尔姆斯. 自由与资本主义——与著名社会学家乌尔里希·贝克对话［M]. 路国林，译. 杭州：浙江人民出版社，2001：148－149.

风险借助于全球化蔓延至全球。世界风险社会具有以下特征：第一，生态的“切尔诺贝利”与经济的“切尔诺贝利”相互影响；第二，“有组织的不负责任”仍然存在；第三，经济风险、社会风险、政治风险甚至种族冲突均包含于其中；第四，自我政治化趋势明显。

劳动领域的风险制度 在这一部分，贝克主要探讨了现代化在劳动社会领域引发的变革和风险。第一次现代化兴起之后，劳动成为社会成员的地位、身份和生存保障的标志，但是随着现代化进程的推进和科技的迅猛发展，劳动形式发生重大转变，工作岗位更加灵活，工作场所、时间、合同都遭到分解，传统意义上的劳动社会概念面临解体。贝克认为劳动社会的真正内核是统治者的控制机制，利用就业劳动提供的机会把个人纳入到保障制度正常运转的轨道上来。在当下，劳动社会正在走向风险社会。

这一转变对社会产生两种影响：第一，福利国家和社会保障的前提就是劳动，前提发生变化，致使整个养老金制度陷入危机；第二，就业劳动是民主制度的前提，一名社会成员如果没有参与市场劳动，居无定所，则不可能成为积极的公民。

这一转变对个人产生重要影响：劳动场所、时间、合同等的灵活化会进一步加剧个体化，劳动的社会化经验逐渐消失，生活关系将会瓦解。维持社会联系和促进共同经验的社会化场所也将趋于消解。如此一来，风险制度又摧毁了个人日常生活的一个重要方面。

贝克认为，我们早已生活在一个从劳动就业占据垄断地位逐渐转向劳动多样化的时代，劳动性质和形式正在发生转变，家庭工作、父母为子女做的事、公民创议活动、名誉性工作、服务性工作、网络工作等同样重要甚至更值得珍视。这一事实对企业产生一定的影响：合作的非地域化和市场的内在化。为此，我们需要建立一种能克服距离的限制、随时可以重组、灵活的组织结构，至于结构形式则有待于进一步探讨。

世界主义社会及其敌人 在本节中贝克具体分析了全球化的实质及其发展在当下社会有可能遭遇到的种种限制。

全球化意味着全球地方化。一方面原有的归属关系和边界难以为继，另一方面重新划分和确定边界——地方获得了新的、根本性的意义。理解这种辩证关系是至关重要的，它关乎如何定位全球化以及如何化解全球化的困境。

全球化意味着民族国家这个“集装箱”内部的全球化。所有带有民族国家痕迹的东西都日益转变为跨国性的或世界主义的东西，随着民族国家内部世界主义化进程的不断发展，拘泥于地域、民族、国家的判断逐渐失去其权威性。“世界主义社会”体现着一种新的、基本的生存经验——一种从全球化而不是民族国家的角度着眼的生存经验。

贝克分析了三种不同的从社会学的角度看待全球化的观点。第一种观点即传统的社会学观点，认为全球化只是作为某种外在的东西附加于民族国家上。第二种观点认为，随着国际交往的日益频繁，各民族国家之间的相互联结和相互依赖逐渐加强。贝克认为这一观点同样以民族国家为理论前提，并没有克服方法论上的民族主义。最后，贝克提出了自己的观点：全球化即世界主义化——民族国家内部的世界主义化。世界主义化不是世界主义的思想史，而是贝克尝试用结构分析法分析第二次现代化和全球化的结果，所以贝克称之为“一种经验性的假说”。这一概念的提出意味着一种新的表述框架的形成，在这一框架下，我们可以对政治冲突的新的根本动因作出判断。

有关全球化的争论很大一部分来自对世界主义和全球主义这两个概念的混淆。贝克认为，全球主义否认真正的多样性，它是一种提倡由世界市场主导一切的新自由主义的意识形态，把全球化简单地等同于经济全球化，并试图在这一口号的掩盖下实现其政治图谋。所以才会有人认为全球化意味着美国化。而世界主义认同和支持多样性，进而客观面对全球化与地方化的关系。我们应当尊重差异，允许并支持多种形式的资本主义、多种形式的现代化。此外，我们还要“充分关注不同文化、地方、特征、历史、历史状况和个别意义根源的特殊性，正是这些因素在引导着地方走向世界主义的未来”[①]。

从民族国家走向世界主义是一个艰难漫长的过程，有可能遭遇种种问题和限制，并引发诸多副作用。例如，就目前而言，民族国家的现实和结构同跨国性的现实和结构之间充满矛盾、对抗、不确定因素，那么民族国家社会的世界主义化界限何在？社会的变化在多大程度上正在促成世界主义？这种潜滋暗长的民族国家内部的世界主义化又是怎样在人们的思想和行动中得到反映的？

贝克以军事界的北大西洋公约组织为例说明世界主义化问题。从这一组织的人员组成和指挥系统来看，它不再是个别国家甚至是美国的意识形态的体现。国际合作的目的是服务于各参与国的军事主权和防卫，而要做到这一点就需要各国先放弃自己的军事主权和防卫。这一组织正在变成类似于跨国

① 乌尔里希·贝克，约翰内斯·威尔姆斯. 自由与资本主义——与著名社会学家乌尔里希·贝克对话［M］. 路国林，译. 杭州：浙江人民出版社，2001：206.

公司的微型社会。未来社会中这样的世界主义化的微型社会将越来越多。

展望：第二次启蒙 这是本书的结尾部分，也是重点所在。针对现代化的困境和世界主义化所面临的种种限制，贝克提出了“第二次启蒙”这一解决方案。

贝克以环境问题说明世界主义化的可能性。经过人们不懈的努力，环境危机的全球意识已经普及开来，并形成了一套独立于政治并由各种会议、法则、首创行动等所组成的有效的协商系统以解决问题。经济领域亦是如此。所以世界主义化的过程固然艰巨缓慢，但是依然具有生命力。

在世界主义化的过程中，我们需要促使民族与地域向世界开放，将民族特性与世界主义特性联系起来，必须在文化领域形成探讨建立世界主义国家的可能性的思潮。同时要注意两个问题：首先，不能把世界主义与地方性对立起来。世界主义始终是地域性的（扎根于地方的），即“全球地方化”。其次，世界主义社会的特点是面向全世界开放，不局限于某一类人。

贝克认为，第二次现代化或第二次启蒙的可能性或必要性原因主要有两个。第一，第二次启蒙的实质在于促使人们理清异质文化的不同之处，求同存异，学会在多样性中生活，并有所创造。这是符合时代需求的。第二，第一次现代化的代表人物提出的反对后现代化的论点都是逃避严峻现实的，不能根本解决问题，所以需要进行第二次启蒙。“后现代化是启蒙的启蒙。它将自己的利刃磨得更为锋利，对第一次启蒙的苛求与普遍主义进行鞭策，并在这种意义上成为第二次启蒙。”①

世界风险社会自我侵害的程度之深超出我们的想象，尤其是科学技术的双重影响警示我们必须建立一种负有责任的反思性科学纲领，“它更强调将对风险社会的反思纳入科学研究行动与技术行动的逻辑”②，贝克认为，这就是第二次启蒙的重要基石。

第二次启蒙的倡导者应当是在多元化的世界社会交往中出现的非政府组织，比如世界性宗教。贝克以其熟悉的天主教教会为例阐发这一思想。基督教提倡不分种族、民族、性别等的博爱思想，这是一种跨国性的人文精神，具有世界主义的基本结构。但是，它也带有一种与生俱来的缺陷——对其他

---

① 乌尔里希·贝克，约翰内斯·威尔姆斯. 自由与资本主义——与著名社会学家乌尔里希·贝克对话［M］. 路国林，译. 杭州：浙江人民出版社，2001：226.

② 乌尔里希·贝克，约翰内斯·威尔姆斯. 自由与资本主义——与著名社会学家乌尔里希·贝克对话［M］. 路国林，译. 杭州：浙江人民出版社，2001：228.

宗教的排斥，所以不能简单地把教会当作第二次启蒙的倡导者，只有从一种具有世界主义特点并向世界公民开放的教会中才可能窥探到“第二次现代化的组织形式、观念、答案，从而为在许多人看来是全球化条件下的行动与思想所不可或缺的东西做好准备。”①

【意义与影响】

第一，该书采用对话或访谈录的写作形式，对贝克提出的“风险社会”“第二次启蒙”“第二次现代化”等各项重要概念进行了阐释，对贝克自20世纪80年代以来的思想做了一次详细的梳理，全面论述了全球化时代西方社会的主流观念和制度所面临的挑战及其发展前景，针对现代化的困境所提出的“第二次启蒙”的口号也给世人极大的警醒。这对于读者系统理解全球化及相关的重大问题是大有裨益的。

第二，贝克的风险社会理论较准确地分析了当今社会的结构性特征，为人们制定相关的社会政策提供了有益的思路，具有强烈的现实针对性和前瞻性，这对于构建社会主义和谐社会具有一定的借鉴意义和现实价值。贝克认为人类是在不断化解风险中前进的，“世界上没有绝对的安全，任何时候都会有一些可能存在的风险，哪怕是这些风险的可能性小到几乎可以忽略不计的时候但仍然难以完全避免和排除”②。因此，我们有必要从风险的视角透视我国经济社会发展中出现的矛盾和困境，从风险社会的角度观照和谐社会的构建。贝克的风险理论可以帮助我们敢于正视风险的存在，提高风险警惕，增强风险观念，消除生态风险、经济风险、科技风险、社会风险等风险的冲击，如此才能更加积极地探究解决风险的策略，寻求摆脱风险困境的出路，促进经济社会的良性发展和社会主义和谐社会的实现。

第三，贝克的“第二次现代化”理论开启了一种新的理论视角，对我国现代化建设具有一定的参考价值。第一次现代化进程在带来繁荣发展的同时，也隐含着严重的矛盾和缺陷，其破坏性力量日益显现。当前中国已经初步完成了由传统向现代的蜕变，与此同时各种现代性危机和矛盾也逐渐凸显。如何借鉴西方发达资本主义国家经历过的从第一次现代化到第二次现代化的发

---

① 乌尔里希·贝克，约翰内斯·威尔姆斯. 自由与资本主义——与著名社会学家乌尔里希·贝克对话［M］. 路国林，译. 杭州：浙江人民出版社，2001：230-231.

② 乌尔里希·贝克. 从工业社会到风险社会（上篇）——关于人类生存、社会结构和生态启蒙等问题的思考［J］. 王武龙，译. 马克思主义与现实，2003（03）.

展道路，探索一种适合中国国情的现代化建设的道路和模式是一个具有极强的时代性和现实性的问题。贝克将第二次现代化定义为“反思性的现代化”，主张对现代化的过程不断提出批判、反省，希望通过“反思的现代性”和“风险社会的自我反思”，对政治加以重建。这些见解为我国的现代化建设提供了有益的参照。

第四，贝克立足于全球化的宏阔背景对世界主义风险社会的探索是富有警示性的。全球化放大了地域风险，将其延伸到世界的各个角落，使风险成为人类不可规避的境遇。“全球化作为一个历史进程实际上是与现代意义上的风险同步的，并且当其成为当代这个历史时期的主要时代特征（即全球化时代）时，风险也成为同一个时期社会的基本特征……”① 探索一种以世界意识为主导的、有效的调整功能的协商机制，加强国与国之间的交流与合作，制定符合全人类利益的政策和战略，推动并逐步完善公正、合理的国际机制，对于化解和克服人类文明所面临的严峻风险，构建一个统一、公正和可持续发展的和谐世界，显然是积极的、有现实意义的。

【原著摘录】

第二次现代化 P1－67

P10－11　社会学植根于民族国家，并在此视域中阐发出自身的理解、自身的认识形式、自身的概念，如今它在方法论上已带上这样一种嫌疑，即在使用僵死的范畴。僵死的范畴是无生命力的范畴，它在我们的头脑中作祟，阻碍我们认识现实，使得现实越发离我们而去。

P18　我们已经谈过，第一次现代化的标志，首先在于民族国家社会，其次在于集体组织社会。虽然有时也能看到个体化过程与分化过程，但是这些过程都发生在既定的集体之中，以至于社会学只能阐发与利用大型组织社会的模式。此外，第一次现代化的社会建立在对社会与自然的明确分工之上。在那里，自然作为无尽的资源，成了工业化进程的前提，自然成了纯粹陌生之物的概念，与社会相对立，并受到控制。

P27　或许，人们首先要想一想那种振聋发聩的观点：我们正生活在这样一个崩溃的文明中。这种观点是几年前随着切尔诺贝利核电站的灾难和亚洲金融市场危机所引起的世界震荡而出现的。

① 杨雪冬，等. 风险社会与秩序重建［M］. 北京：社会科学文献出版社，2006：40.

P29　那么，人们如何才能形成新的社会学方法与思路？首先，人们要接受这种全球化，把它当作社会各角落中的非地域化的文化经验，分析它在各个国家与文化地区的情况，包括它的各种对立性表现形式以及对它的各种评价。

P31　在尼采那里，人们发现了这样一种思想，即我们越发地生活在一个趋同的时代。尼采关于趋同的时代的想法是这样的：各种文化都不再分散于世界上彼此分离的各地，不可再被想象为是地域性的、彼此排斥的，而是说几乎在每一片文化地区都有着所有其他的文化。人们可以将这种情况理解成地域性的世界社会。……

P41　全球化意味着政治的终结？不，我不相信。首先，它意味着对政治的某种特定终结的理解，即靠地域与民族国家组织起来的政治的终结。其实，就连这种政治也没有终结，只是它失去了权力，由此产生出一种对政治的新的理解与新的政治时代。关键在于，与民族国家相关的政治是在资本、国家、劳动间的特定权力关系中组织起来的。

P53－54　也许，多样性在各个方面都是第二次现代化的核心性基础。多样性既涉及生产的物质条件，又涉及政治条件与人们共同生活的伦理。我甚至要说，这种全球主义，即认为世界市场可以解决所有问题这样的一种意识形态，构成了多样性的民族文化的核心性危险。因为这一进程最终依靠的就是这样一种认识，即可以用市场来取代政治。

自由与资本主义 P68－117

P68　第二次现代化不完全是一种正面的图景，也不完全是一种恐怖图景，相反，它展现了多种多样的、极其矛盾的发展可能性。个人主义的文化甚至会扩大成为一种世界主义现象，向世界社会开放。

P68　全球主义所推崇的似乎是一种非政治形式的市场理性，而这种市场理性是由新自由主义提出的，它没有意识到自己需要民主的文化作为前提。

P68　重要的是应该认识到，个体化与排斥并不矛盾，而是相互补充。还可以换个说法：个体化不仅意味着富裕，而且还意味着贫困。

P76　与此相反，我所理解的个人主义生存状态是指在这样一种意义上实现和实践着的个体化，它发展了对社会联系的感受能力，把个体化当作重新创造和调整社会性的一种强制、需要、任务和历险来理解。

P82－83　个体化正在以各种各样的形式改变人的生活条件、取向，迫使人们为自己的行为找到依据，要求人们作出决定。这一点并不总是一件让人愉悦的事情，对许多人来说，个体化是件非常棘手的事，它意味着有许多问题要去解决。因此，如果还以为个体化只是影响某个群体，而不去全面思考它对社会结构造成的深刻变化，并通过社会学分析把这种作用揭示出来，那就完全错了。

P109 必须对不平等现象极端化的趋势予以关注，也不应该觉得起来反对这种极端化的趋势还为时过早。不平等现象极端化的趋势的确是值得怀疑的发展形式之一，必须加强对它进行解释和说明的力度，因为有许多东西正在支持它。

P114 根据马克思的预言，贫民当绝望到一定程度的时候，就会放弃他们那种“错误”的个人与他人隔绝、与国际社会隔绝的观念。我不否认这种预言的正确性，但是，它很可能不会以传统的方式得到证实。我可以想象，阶级意识在将来也完全可能存在，但它不再是过去所说的那种阶级意识，而毋宁说是一种新型的全球性的贫民社会运动。

P115 重要的是应该认识到，个体化与排斥并不矛盾，而是互相补充。还可以换个说法：个体化不仅意味着富裕，而且还意味着贫困。

经济领域的“切尔诺贝利”P118－171

P118 风险概念表明了人们创造了一种文明，以便使自己的决定将会造成的不可预见的后果具备可预见性，从而控制不可控制的事情，通过有意采取的预防性行为以及相应的制度化的措施战胜种种副作用。

P124 风险社会是一个设计巧妙的控制社会，它把针对现代化所造成的不安全因素而提出的控制要求扩展到未来社会。在风险观念的影响下，未来遭到了全面侵蚀。

P125 而狭义上的风险社会的中心论题是：各种后果都是现代化、技术化和经济化进程的极端化不断加剧所造成的后果，这些后果无可置疑地让那种通过制度使副作用变得可以预测的做法受到挑战，并使它成了问题。在一点上，典型的事件就是切尔诺贝利的核灾难。

P127 第一次现代化的危险是从一幅幅图片中显示出来的……而现在，我们正处于这样一个社会中，这个社会在技术上越来越完善，它甚至能提供越来越完美的解决办法，但是，与此息息相关的后果影响和种种危险却是受害人根本无法直接感觉到的。此外，还有一点，就是受害者不再是工人自己，而是消费者或者是那些与此根本没关系的人员，他们生活在远离这些危险源头的地方。

P129 风险在一定程度上已变得无地域限制，对它们进行追究的可能性正在逐渐降低。由此可见，采用传统的肇事者原则的判决方法已不再有效。

P143 ……有一些风险，一旦出现，就会自然而然地产生责任的问题，而人们在处理这些风险的过程中总是想方设法回避责任问题。迷宫式的公共机构都是这样安排的，即恰恰是那些必须承担责任的人可以获准离职以逃避责任。我认为，正是这种风险判断中最引人注目的方面之一，即有组织的不负责任。

P149 ……风险不仅是普遍存在的，而且也是跨国的。它们构成了世界风险社会这个概念……

P150 风险的这种全球性首先是作为感受形式而获得承认的，我们早就谈及的全球性指的是世界风险社会。这就是说：人人都会遭受风险之害，人人也都认为自己是受害者。人们不能说，由此会产生共同的行动，这是个轻率的推论。但是，由此会产生像风险意识这样的东西，而风险意识恰好表明这类共同的危害，即一种集体命运。

P151 ……民族国家在世界社会的格局中再也不能提供保障了。此外，完全不清楚的是，在这个跨国的空间里法律事实上处于何种状态。企业的对手是非政府组织，如绿色和平组织，它们能够非常机智巧妙地开展这种跨国的力量角逐，并且它们的行动既完全独立于国家之外，也完全独立于跨国企业之外。

P166－167 生态的“切尔诺贝利”和经济的“切尔诺贝利”是纠缠在一起的，它们都涉及利益的分配，只不过在经济的世界风险社会中利益的冲突更明显一些罢了。

P168 随着这些讨论的展开，人们最终可以认识到风险社会的实用主义的核心准则是什么。我认为，这个准则就是：极其幼稚地把以前已经启动的发展进程径直向前推进，而不考虑后果。不断加快的发展趋势、非实物性的金融流通以及数字化资本主义本身所创造的种种条件，这一切尤其会触发完全无法控制的进程和后果，招致目前确实尚不属于保险范围的种种灾难。希望能够为这些后果投保是人们所能想到的最荒唐透顶的一个想法。谁能针对世界经济衰退及其后果而把某项保险原则考虑在内呢？

劳动领域的风险制度 P172－197

P174 但是，可以说，我们已经处在传统意义上的充分就业社会的尽头，特别是在第二次世界大战以后，这种意义曾经被写进欧洲各国和经合组织成员国的宪法。充分就业意味着每个人学会一种可以终身当作职业的平常工作，靠它获得维持生存的物质资料，一生中或许只有一两次职业劳动，相反，我们现在面临的发展趋势是，信息结束已经改变了上述劳动形式，其中的一个结果就是工作岗位变得更加灵活化，工作场所、工作时间和工作合同都遭到分解，以至于出现了越来越多的非正式工作。

P176　社会福利国家不仅是抵御劳动市场风险的屏障，而且是民主的最后一块基石。一个人如果既无居处，也无工作和收入来源，就无法指望他成为积极的公民。

P182　在大量失业的时代，失业并不是个人的命运所致。

P186　在这里，还有另外一种极其重要的认识。由于过分关注就业劳动，我们没有注意到现在的社会早已是一个活动多样性的社会。……除了就业劳动以外，人们还要从事大量的其他活动，这些活动应该被视为更加重要、更值得重视的方面，而且把它们同就业劳动协调起来。

P188　打破僵局的出路在于启蒙，启蒙，启蒙。

P195　一方面，全球化最终将促成一个世界企业，它将按照世界社会的模式运转；另一方面，虽然这种全球化日益表现为整体化，但是，它同时也推动了个体化的进程。

世界主义社会及其敌人 P198－218

P199　……“全球化”的含义恰好不是这个词表面上包含的意思，相反，全球化也意味着地方化。

P199　全球化不仅意味着消除边界，而且还意味着重新划分和确定边界。

P200　地方的意义值得重新考察，但是我们关注的不是它原来与世隔绝的结构，而是把它作为全球网络的连接点来考察的。

P201　……民族国家内部也将走向全球化，全球化将成为国际性的现象。民族国家“集装箱”的观念一直被社会学，以及相应的政治和政治学视为理所当然的出发点，但是，现在看来，这种观念是错误的。在这个“集装箱”的内部，而不是外部，发生了静悄悄的革命。

P206　面向现实的世界主义表现为对一种休戚相关的未来的危机意识……

展望：第二次启蒙 P219－232

P222　……没有世界公民的意识，民族主义、爱国主义是非常危险的。

P223　第二次现代化的新型的世界主义社会的特点在于，它完全向社会开放。在世界上会形成这样一些地区，它们将具有双重的意义，即整个世界都在这些地区出出入入，而且世界上每个角落的毁灭、灾难的情况都会反映在这里，这些地区会成为反面行动的阵营，形成对反面行动的意识、刺激。

P224　对第二次启蒙，首先应当从世界主义民主的角度加以阐释、具体化与发展。

P226　在我看来，后现代化是启蒙的启蒙。它将自己的利刃磨得更为锋利，对第一次启蒙的苛求与普遍主义进行鞭策，并在这种意义上成为第二次启蒙。

P227　人们应当启动科学技术的进程，并让它反思自身。我认为最终必须超出伦理学对后现代的麻木及其毫无约束力的状况来进行思考。

P232　第一次现代化打上了科学同教会明确对立的烙印。第二次现代化限定了科学以真理自居的情况，限定了科学垄断真理的情况。

【参考文献】

[1] 乌尔里希・贝克，约翰内斯・威尔姆斯. 自由与资本主义——与著名社会学家乌尔里希・贝克对话 [M]. 路国林，译. 杭州：浙江人民出版社，2001.

[2] 杨雪冬，等. 风险社会与秩序重建 [M]. 北京：社会科学文献出版社，2006.

[3] 米伊哈罗・米萨维克，爱德华・帕斯托尔. 人类处于转折点——罗马俱乐部研究报告 [M]. 刘长毅，等译. 北京：生活・读书・新知三联书店，1987.

[4] 奥尔利欧・佩西. 世界的未来——人类未来一百页 [M]. 北京：中国对外翻译出版社，1985.

[5] 乌尔里希・贝克. 风险社会政治学 [J]. 刘宁宁，沈天霄，译. 马克思主义与现实，2005 (3).

[6] 乌尔里希・贝克. “9・11”事件后的全球风险社会 [J]. 王武龙，译. 马克思主义与现实，2004 (2).

[7] 乌尔里希・贝克. 从工业社会到风险社会（上篇）——关于人类生存、社会结构和生态启蒙等问题的思考 [J]. 王武龙，译. 马克思主义与现实，2003 (3).

[8] 乌尔里希・贝克. 从工业社会到风险社会（下篇）——关于人类生存、社会结构和生态启蒙等问题的思考 [J]. 王武龙，译. 马克思主义与现实，2003 (5).

[9] 乌尔里希・贝克. 风险社会再思考 [J]. 郗卫东，译. 马克思主义与现实，2002 (4).

十二、《资本主义与自由》

[美] 米尔顿·弗里德曼　著

张瑞玉　译

商务印书馆，2006 年

【作者简介】

米尔顿·弗里德曼（1912—2006），美国人。20 世纪最具影响力的经济学家，1976 年诺贝尔经济学奖获得者，被认为是西方最保守的经济学者之一。米尔顿·弗里德曼于 1912 年 7 月 31 日出生于纽约市一个犹太人家庭，1928 年就读于拉特格斯大学，1932 年在芝加哥大学修读硕士学位，1946 年获哥伦比亚大学博士学位。美国哥伦比亚大学博士、芝加哥大学经济学教授，曾当选为美国经济学会会长，是美国芝加哥学派的领袖，一直遵循芝加哥学派的传统，主张经济自由主义，被称为反凯恩斯主义的先锋。

由于创立了货币主义理论，提出了永久性收入假说，他于 1976 年获得诺贝尔经济学奖。1988 年获得美国国家科学奖章与美国总统自由勋章。在公共政策领域中，任过美国总统候选人巴里·戈德华特及尼克松总统与里根总统的私人经济顾问。

弗里德曼的声誉主要来自他在三个方面的研究：第一，对资产阶级货币理论的研究，特别是对货币数量论的研究，是西方的“货币主义”的领袖；第二，在消费函数上的永久性收入的理论；第三，新自由主义的经济观点，是弗里德曼经济学理论的核心。《资本主义与自由》是弗里德曼反对凯恩斯国家干预理论，提倡新自由主义思想的集大成之作①。

主要著作有：《两个幸运的人：弗里德曼回忆录》（1970 年）、《弗里德曼文萃》（上下册，2001 年）、《对货币数量论的研究》、《消费函数理论》、《资本主义与自由》（2006 年）、《货币的祸害：货币史片段》（2006 年）、《大衰退：1929—1933》（与安娜·雅各布森·施瓦茨合著，2008 年）、《美国货币史（1867—1960）》（2009 年）、《价格理论》（2011 年）、《诺贝尔经济学奖经典译丛：最优货币量》（2012 年）、《最优货币量》（2012 年）、《自由选择》（2013 年）。

【写作背景】

1956 年 6 月，弗里德曼在约翰·范·西克尔和本杰明·罗格主持并由福尔克尔基金会发起的在瓦巴西学院的一次会议上做了一系列的演讲，经过他的妻子罗丝·弗里德曼的整理，于 1962 年由芝加哥大学出版社出版，第一次以英文版本发行。

该书的初版距离第二次世界大战结束不到 20 年时间，当时美国社会仍未脱离经济大恐慌的阴影，同时冷战也刚开始升温。书中所提出的观点与当时主流思想格格不入。1929 年经济大萧条，凯恩斯提出国家干预主义，认为依靠国家比依靠私人间的自愿安排更为有效，尤其是在处理公共保障问题方面。二战后，在约翰·肯尼迪和之后的德怀特·艾森豪威尔执政时期，联邦政府在国防、社会福利和公共建设等领域的开支急遽增长。因为经济大恐慌而产生的新政也得到社会上大多数的知识分子支持，并以凯恩斯主义的理论替政府干预辩护，19 世纪时的自由放任理想大多都被抛弃了。其他大多数发达资本主义国家也普遍采用凯恩斯的国家干预政策，摆脱了大规模经济危机的爆发。20 世纪五六十年代，更是凯恩斯政府干预主义和福利国家思想的盛行时期，人们笃信政府几乎可以解决一切社会问题的时代。而在该书中弗里德曼强烈反对政府职能的扩大化，提倡自由和市场。

因此，弗里德曼的经济思想被人们视为荒诞不经。当该书第一次出版时，并没有受到任何主要国家级刊物的评论，包括《纽约时报》《纽约先驱论坛报》《芝加哥论坛报》《时代周刊》《新闻周刊》等②。但弗里德曼坚信自己理论的正确性，慷慨激昂地宣扬自己的独特经济见解。弗里德曼敏锐意识到，

---

① 米尔顿·弗里德曼. 资本主义与自由［M］. 张瑞玉，译. 北京：商务印书馆，2006：1.

② 米尔顿·弗里德曼. 资本主义与自由［M］. 张瑞玉，译. 北京：商务印书馆，2006：5.

自由主义的主旨已经被偷梁换柱了，变成了福利和平等，而非原来的自由。按照弗里德曼看来，扩大自由才是改进福利和促成平等的最有效的办法。

20 世纪 70 年代，美国等西方国家开始进入滞胀阶段，凯恩斯主义思想受到质疑，弗里德曼的预言成为现实问题，其思想开始受到人们重视。该书也在写作 18 年后，销售量达 40 万本以上，使弗里德曼成为与凯恩斯并驾齐驱的 20 世纪最具影响力的经济学家。迄今为止，这本书的英文版已经售出超过 50 万册，同时被译为 18 种其他语言文字，俄文版 1982 年在美国出版，此外还被译为塞尔维亚-克罗地亚文、中文、波兰文和爱沙尼亚文等，还有其他语言在翻译中①。

【中心思想】

该书中，弗里德曼在批判西方国家近数十年来对经济生活日益扩大的干预，特别是在分析美国对经济生活干预的基础上，提出了其主要观点。他颂扬自由竞争下的资本主义市场和人格制度，认为它几乎是解决任何经济问题的最好机制。虽然如此，但他并不赞成完全不受束缚的“自由放任”。弗里德曼认为，日益扩大的干预不但构成对自由的威胁，而且也缺乏效率，从而不会取得干预所期望得到的成果。因此，他主张，国家应该创造条件使市场和人格制度发挥最大的功能，对于他所承认的市场和人格制度的不足之处，他赞同国家进行干预。但是，某些被他认为是不必要的干预项目应该取消，而必要的干预项目应改由私人经营。一方面应把国家干预限制在最少的程度；另一方面，最好还是要通过市场和人格制度来进行干预，以便取得最好的效果。换言之，国家对经济生活的干预不但要被限制在最低的水平，而且还应尽可能地通过市场和人格制度来加以执行。这样，不但可以取得最有成效的结果，而且还可以保卫自由竞争的资本主义。从而也就可以保卫他所信奉的自由的原则②。

【分章导读】

绪论 作者在绪论中开篇引用肯尼迪总统就职演说的一句话“不要问你的国家能为你做些什么——而问你能为你的国家做些什么”来论述自由人、

① 米尔顿·弗里德曼，罗斯·弗里德曼. 两个幸运的人——弗里德曼回忆录［M］. 北京：中信出版社，2004：431.

② 米尔顿·弗里德曼. 资本主义与自由［M］. 张瑞玉，译. 北京：商务印书馆，2006：2.

政府和国家之间的关系，提出“自由人既不会问他的国家能为他做些什么，也不会问他能为他的国家做些什么。他会问的是：‘我和我的同胞们能通过政府做些什么’，以便尽到我们个人的责任，以便达到我们各自的目标和理想，其中最重要的是：保护我们的自由”[①]。“对自由最大的威胁是权力的集中。为了保护我们的自由，政府是必要的；通过政府这一工具我们可以行使我们的自由；然而，由于权力集中在当权者的手中，它也是自由的威胁。”[②]

为了既能从政府的有利之处取得好处而同时又避免对自由的威胁，弗里德曼认为，首先，政府的职责范围必须具有限度；其次，政府的权力必须分散。并进一步提出了该书的主要论点，竞争的资本主义——即通过在自由市场上发生作用的私有企业来执行我们的部分经济活动——是一个经济自由的制度，并且是政治自由的一个必要条件。次要论点是政府在致力于自由和主要依赖市场组织经济活动的社会中所应起的作用。在绪论中，弗里德曼同时也分析了“自由主义”不同意义中的含义。

第一章　经济自由和政治自由的关系　第一章是该书思想的核心，弗里德曼详细分析了经济自由和政治自由之间的关系，是贯穿整本书的原则，同时也是弗里德曼自由主义思想的集中体现。

在政治和经济之间有着密切的联系。弗里德曼认为，追求个人自由是一个政治问题，而对物质福利的渴求是一个经济问题。经济安排在促进自由社会方面起着双重作用。一方面“经济自由本身是一个目的”，同时“经济自由也是达到政治自由的一个不可缺少的手段”[③]。并系统阐述了经济自由和政治自由之间的逻辑联系，弗里德曼认为由于经济安排对权力的集中和分散权力所具有的影响，经济自由是获得政治自由的一个手段，经济力量可以作为政治力量的抗衡物，资本主义是政治自由的必要条件，而非充分条件，二者之间关系复杂，绝非一个方面导致另一个方面。因此要保持竞争性的资本主义，维持有效的交换自由，通过市场将经济活动和政治观点分开，促进自由。

“以经济自由促政治自由”，权力集中是一个自我加强的系统，而政府则是这种系统的代表。一旦政府对经济活动进行干预，就有可能损及人的自由。弗里德曼举了个例子说，二战后，英国实行严格的外汇管制，导致英国人不能去美国度假，这是政府干预的恶果，这种后果和政府在政治上对自由进行

---

① 米尔顿·弗里德曼. 资本主义与自由 [M]. 张瑞玉，译. 北京：商务印书馆，2006：4-5.

② 米尔顿·弗里德曼. 资本主义与自由 [M]. 张瑞玉，译. 北京：商务印书馆，2006：5.

③ 米尔顿·弗里德曼. 资本主义与自由 [M]. 张瑞玉，译. 北京：商务印书馆，2006：11.

直接限制的后果是一样的。比如由于政治观点的不同，美国人也不能去苏联度假。弗里德曼于是指出，英国人由于经济自由受到限制而丧失的自由，实质上和美国人因为政府对自由的直接限制而丧失的自由，并无二致。

弗里德曼进而指出经济自由及其所牵涉到的事物构成了整个自由的一个极端重要的组成部分。而经济自由受限制就会损及政治自由。并且由于经济自由能够分散决策的权力，因此经济自由是获得政治自由的一个重要手段。因为政治自由的获取是以分权为标记的，最终回到古典自由理论，将权力分到每一个人头上。在提倡自由市场经济的同时，弗里德曼又提出“自由市场的存在当然并不排除对政府的需要”。政府存在有其必要性，但同时又指出对自由的基本威胁是强制性的压制。

第二章　自由社会中政府的作用　由于权力的集中是对自由的威胁，因此必须权力分散，通过经济自由促进政治自由。弗里德曼在呼唤自由的同时也看到了市场的不足之处，赞同国家进行有限度的干预。但是，他认为应把干预限制在最少的程度；另一方面，最好还要通过市场和人格制度来进行干预，以便取得最好的效果。他认为，广泛的使用市场可以减少社会结构的紧张程度，市场涉及的范围越广，需要达成协议的问题就越少。

政府的作用首先在于作为规则的制定者和裁判员，绝对的自由是不可能的，当个人的自由可能相互冲突时，就产生了对政府干预的需要。弗里德曼指出：“一个自由社会政府的基本作用：提供我们能够改变规则的手段，调解我们之间对于规则意义上的分歧，和迫使否则就不会参加游戏的少数几个人遵守这些规则。”① 在肯定政府适当有限度地干预的同时，他认为无政府主义是行不通的，决定政府采取适当行动的主要问题是如何解决不同个人的自由之间的这些冲突。在经济领域中，关于联合自由和竞争自由之间的冲突是重要的问题，给财产权下定义是困难的，另外一个问题就是货币制度。

弗里德曼认为，政府的第一个作用是从事一些市场本身不能从事的事情。第二个作用是通过政府做一些市场由于技术和类似的原因很难做到的事情，主要包括垄断和类似的市场不完全性以及邻近影响。技术垄断和邻近影响是扩展政府活动的理由。第三个作用是政府根据家长主义理由而采取行动。最明显的如疯子的情况和儿童，但他仍然强调政府的职能必须有所限制。基于上述分析，弗里德曼列举了14条政府不应该从事的活动，包括对农业的评价

---

① 米尔顿·弗里德曼. 资本主义与自由［M］. 张瑞玉，译. 北京：商务印书馆，2006：30.

支持方案、进口关税或出口限制、政府对产品的控制、租金控制、法定最低工资率、目前的社会保险方案、执照的限制、“公共住宅”、和平时期的征兵制等一系列政府行为。针对这些行为以后章节有相关的详细分析。

第三章　货币的控制　弗里德曼的突出贡献是对资产阶级货币理论的研究，特别是对货币数量论的研究，因此本章是其货币理论思想的集中体现。

在本章中，弗里德曼详细分析了1929—1933年经济大萧条发生的背景、过程和原因，认为这次大萧条是由于政府管理不当而造成的，并非由于私有制经济的任何固有的不稳定性。并进一步指出政府的措施构成了美国经济增长的主要障碍，为保证经济稳定增长，迫切需要减少而不是增加政府的干预。对于上述问题的分析，弗里德曼指出应建立制度上的安排，以便使政府对货币履行职责，同时还应限制政府的权力，以防止政府使用这一权力来削弱自由社会。

作者认为，自由主义要求权力分散，对于建立一个自由社会的货币的安排而言，自动调节的商品本位是行不通的，不是解决的办法，解决的办法是“通过立法而成立一个法治的政府，而不是人治的政府来执行货币政策”[①]。这种货币政策应该“按照货币数量的变化来制定规章，由立法机关制定规章，命令货币当局来使得货币数量按照具体的比例增长”[②]。作者认为上述办法是根据目前知识水平能够提供一定程度的货币稳定性的最有希望的规章，同时也是实现货币政策成为自由社会支柱的重要途径。

第四章　国际金融和贸易安排　本章是弗里德曼“浮动汇率制”思想的表述。在本章中弗里德曼强调浮动汇率能够带来完全自由的贸易，应该排除美国对贸易的限制，消除关税和非关税贸易障碍。20世纪50年代，布雷顿森林体系还处于幼年期，它建立的基础是固定汇率制。汇率在约定的范围内浮动，由国际货币基金组织决定，人们对其寄予厚望，希望它将稳定性和预见性结合起来，但是收支平衡依旧是问题。弗里德曼在此基础上提出浮动汇率制，这一思想最初体现在1950年的一个备忘录，后以《弹性汇率论》为题发表，本章是这一思想的重述和发展。

作者论述了国际货币安排对经济自由的重要性以及黄金在美国货币制度上的作用，分析了取得国际收支平衡的四种机制。认为“在这些手段中，只

---

① 米尔顿·弗里德曼. 资本主义与自由［M］. 张瑞玉，译. 北京：商务印书馆，2006：57.

② 米尔顿·弗里德曼. 资本主义与自由［M］. 张瑞玉，译. 北京：商务印书馆，2006：59.

有自由浮动外汇率才是完全自动调节和不受政府控制的”[①]。弗里德曼指出，完全自动调节的国际金本位是行不通的也是不理想的办法，而主张没有政府干预而完全由市场上的私人交易所决定的自由浮动的汇率制度是作为自由市场解决办法的浮动汇率。并进一步指出，浮动汇率不意味着是不稳定的汇率，其中，价格虽然可以自由变动，但在事实上，汇率却是非常稳定的，因为基本的经济政策和条件是稳定的。弗里德曼在此基础上，列出了七条形成一个黄金和外汇的自由市场所应采取的措施，如不再按固定价格买卖黄金、取消黄金价格维持方案、不规定美元和其他货币之间的官价汇率等。

第五章　财政政策　本章首先批判了那种认为扩大政府支出可以消除失业的观点。有观点认为，财政政策是经济发展的平衡器，即当私人开支下降时政府增加其开支，反之亦然。弗里德曼认为这种平衡器本身就是不平衡的：当萧条出现时，政府忙着制定支出方案，等到方案开始执行时，衰退却已经过去，所以开支会恶化而不会缓和衰退。作者批驳了凯恩斯的乘数理论，并在此基础上分析了美国的财政政策，认为联邦预算并没有起到平衡器的作用，联邦预算本身就是扰动和不稳定的主要源泉，国民收入最不稳定的组成部分是联邦政府开支，它远不能抵消波动的其他因素。

对财政政策而言，相应于货币方面的规章是：完全根据整个社会需要通过政府而不是通过私人所要做的事情来计划开支方案，而丝毫不考虑逐年的经济稳定问题，来事先规定税率以便得到足够的收入，用以大致补偿有关年份的计划开支，同样也不要考虑逐年的经济稳定问题，以及来避免政府开支或赋税的突然变化[②]。在货币政策与财政政策选择上，弗里德曼主张采用货币政策。弗里德曼指出，在对现实资料研究的结果表明更接近与货币数量论的极端，而不是凯恩斯主义的极端。在货币政策操作上，弗里德曼反对准备金政策，认为价格控制和利率可作为主要调控手段，同时主张主动平抑经济周期波动。美国和欧洲等世界主要发达国家过去20年保持经济低通胀，与弗里德曼强调货币稳定增长有极大关系。

第六章　政府在教育方面的作用　本章是弗里德曼“教育凭证”思想的体现。

弗里德曼指出，政府干预教育主要是出于两个理由：一是由于教育具有

---

① 米尔顿·弗里德曼. 资本主义与自由［M］. 张瑞玉，译. 北京：商务印书馆，2006：71.

② 米尔顿·弗里德曼. 资本主义与自由［M］. 张瑞玉，译. 北京：商务印书馆，2006：85.

“邻近影响”，二是出于对孩子们和其他对自己行动不负责任的个人的家长主义的关怀[1]。他首先明确区分了“学校教育”和“教育”，并指出自己的关注点在于“教育”。他认为，教育中邻近影响的存在，本质上只是要保证儿童受到最低水平的学校基础教育，即公民的一般教育。稳定而民主的社会应该是公民具有最低限度的文化，能广泛地接受一些共同的价值准则。他指出，这种要求可以施加于家长而不一定需要政府采取进一步的行动。由家长自己缴纳学费，而不必由政府征收教育税。政府只为贫困家庭或不负责任家长的孩子提供特殊的教育补贴，这样可以避免政府对教育的过多干预。弗里德曼认为，一般说来，社会越富裕，分配越平均，政府资助教育的必要性就越少。

出于现实的考虑，他并不反对由政府大面积资助最低水平的学校教育。同时，他指出，政府资助教育的方式需要进行调整，即由原来的政府自己向学校拨款的方式转向实行教育凭证制度，即指政府发给家长们票证，提供政府所规定的最低限度的学校教育经费，家长们可以自由地使用这种票证，再加上他们所自愿添增的金额向他们所选择的被批准的教育机关购买教育劳务[2]。这样，可以保障家长选择学校的权利，在教育中运用市场机制促进学校之间的教育竞争，以此提升学校教育质量和效率。弗里德曼指出，政府虽然可以资助教育，但并不需要自己提供这种学校教育，而可以转交由以营利为目的的私营教育机关或非营利的教育机关来管理。

结合美国教育现实，弗里德曼批驳了学校国有化的论点，严厉抨击了政府权力扩张、对教育的垄断所造成的危害与弊病。公立学校制度导致了教育质量和效率的低下。公立教育加深了社会的分化，造成了教育不平等。总之，弗里德曼主张对初等和高等教育的私人进行补贴，而不赞成对教育机构进行补贴，而对于职业教育则不主张各种干预。

第七章　资本主义和歧视　本章涉及歧视的问题。弗里德曼所指的歧视的含义很宽泛，歧视可以指市场上人们对于某种有形或无形商品的偏好，弗里德曼举了付钱听演唱会的例子，人们会对不同的演唱会付出不同代价。然而作者认为，歧视最多的是指就业方面的歧视，弗里德曼认为一个人的肤色、信仰不能构成他人对待他的理由，不应以外表特征对其进行判断。进而他认为，自由市场是缩小歧视，将经济效率和不相关的各种事实相分割的最好

---

① 米尔顿·弗里德曼. 资本主义与自由［M］. 张瑞玉，译. 北京：商务印书馆，2006：93.

② 米尔顿·弗里德曼. 资本主义与自由［M］. 张瑞玉，译. 北京：商务印书馆，2006：97.

方式。

但在如何消除歧视的途径上，作者反对公正就业的立法和劳动权力法，认为这些法案的存在在实践上的意义不大，“我们具有充分的理由能使用政府以防止一人向另一人施加积极的伤害，也就是说，防止使用强迫手段。但我们没有什么理由能使用政府以避免消极的‘伤害’。相反地，这种政府干预会减少自由和对自愿的合作施加限制”①。他提出的适当的方法是说服我们的同胞成为具有同样见解的人，而不是适用国家强制力量来迫使他们按照我们的原则行事。

针对学校教育的种族隔离，政府强制执行种族隔离或者种族同校，二者均不是好的解决办法。他认为：“恰当的解议办法是消除政府对学校的经营，并且准许家长把他们的孩子送进他们要孩子进的那种学校。此外，我们当然要尽可能地用行为和言论来培植会导致种族混合学校成为常规的态度和意见，而种族隔离学校则成为少数的例外。”②

第八章　垄断以及企业和劳工的社会责任　弗里德曼在本章中论述了垄断的范围、垄断的来源、政府应采取的政策以及由此而引起的企业和劳工的“社会责任”问题。

在论述垄断的产生时，他认为，当一个特殊的个人或企业对一个特殊的物品或劳务具有足够的控制力在很大的程度上来决定其他个人获得物品或劳务的条件时，垄断就存在。并进一步指出，对于自由社会而言，垄断引起两类问题。第一，通过减少个人的可供选择的办法，垄断的存在意味着对自愿的交换进行限制。第二，垄断的存在引起逐渐被称为垄断者的“社会责任”的问题。弗里德曼将垄断的范围概括为三个方面，即企业垄断、劳工垄断和政府所造成的垄断。其中对于企业垄断和劳工垄断，存在着对其垄断性的过分估价。尤其提到政府所创造的在原则上不同的垄断形式——给发明者以专利权，给作家以版权，这些被视为财产权的范畴。

在论述垄断的来源时，他指出主要有三种来源，即“技术”方面的原因、政府直接和间接的支援、私人的勾结。其中技术垄断不会对保存自由经济施加严重的威胁。而垄断力量最重要的来源就是政府直接和间接的支援，这主要体现在关税、税赋以及有关劳工纠纷的强制性的法律和立法上。私人的勾

① 米尔顿·弗里德曼. 资本主义与自由［M］. 张瑞玉，译. 北京：商务印书馆，2006：122－123.
② 米尔顿·弗里德曼. 资本主义与自由［M］. 张瑞玉，译. 北京：商务印书馆，2006：127－128.

结作为垄断的最后一个来源，作者指出，正如亚当·斯密所说：“即使为了娱乐和消遣，经营同一行业的人们很少能相聚在一起而又不以相互勾结、反对社会利益的谈话或以某种提价的策划来结束会见。”[①] 因而，这种相互勾结或私人卡特尔的安排不断在发生。然而，除非它们能取得政府对它们的支援，它们一般是不稳定的，而时间是短暂的。针对垄断，政府应采取政策措施，其中最迫切的需要是消除那些直接支持不论是企业还是劳工垄断的措施，并且对企业和工会以同样的态度执行法律。然而，作者认为，减少垄断的最有效的方式是广泛地改革赋税法。

最后弗里德曼有力地驳斥了那些主张经济领导者应承担更多的社会责任的论断。虽然当时社会普遍流行的看法使得弗里德曼的观点显得十分激进，但他仍据理力争，令人信服地指出公司管理层除使利润最大化之外还负有社会责任的观点不但是错误的，而且还具有颠覆经济的破坏性。

第九章　职业执照　弗里德曼强烈反对执照制度，认为执照的发给往往不过建立了中世纪行会那种规章制度。实施执照制度，这种干预已经侵犯了个人从事自己选择的活动的自由。它付出了明显的社会代价：不管它是注册、发给证明还是发给执照，这些措施的任何一个几乎不可避免地要成为牺牲其他公众利益而取得垄断地位的特殊生产者集团手中的工具。继而弗里德曼详细论述了行医执照。之所以选择这个领域，作者认为是“在医药领域颁发执照比在大多数其他领域如此做具有更充分的理由”[②]。但是即便如此，在医药领域颁发执照对于自由主义者来说也是不可取的。

首先，发给执照是医疗职业界能对医生的数量进行控制的关键，为了理解这一点，弗里德曼详细介绍了美国医学协会，它是一个能限制参加人数的工会。其主要的控制是在进入医学院的阶段。这样对进入医学院的人数进行控制，然后对发给执照加以控制。这种双重控制能够保证对进入医疗业的限制。他认为质量只是一种施加限制的合理化的接口，而不是根本原因，发给执照只会减少行医的数量，降低行医的质量，“因为，这会减少想做医生的人们所能有的机会，迫使他们谋求被他们认为是具有较少吸引力的职业，又因为，这会迫使公众对较差的医疗服务支付较多的代价；阻碍医学本身和医务组织的技术发展”[③]。由此得出结论：行医所需的执照应该取消。

---

① 米尔顿·弗里德曼. 资本主义与自由［M］. 张瑞玉，译. 北京：商务印书馆，2006：142.

② 米尔顿·弗里德曼. 资本主义与自由［M］. 张瑞玉，译. 北京：商务印书馆，2006：148.

③ 米尔顿·弗里德曼. 资本主义与自由［M］. 张瑞玉，译. 北京：商务印书馆，2006：170.

第十章　收入的分配　收入均等被认为是社会的一个目标，西方国家采用了遗产税和累进税进行收入的再分配，本章中，弗里德曼批驳了政府的税收措施，提出低税率、固定比例税，取消纳税优待规定等措施。

首先，他分析了分配的道德标准，提出通过市场所决定的报酬来得到全部报酬的平等或待遇的平等，即"差异均等化"，还需要通过市场的运转来造成另一种不均等，以便在某些微妙的意义上造成均等的待遇。普遍的分享财富会使文明世界不存在。同时他又批驳了认为资本主义和自由企业比其他的制度造成更大范围的不均等的错误解释，指出这种错误的根源在于未能明确区分短期和长期的不均等。在此基础上，弗里德曼从空间程度和时间这两种层面指出了资本主义巨大的成就，它不是财产的累积成就而是为扩大、发展和改进人的能力提供的机会。进而得出其重要的结论，即资本主义比其他的制度造成更少程度的不均等，资本主义的发展大大地减少不均等的范围。

其次，弗里德曼提出了根据产品计酬进行分配的有效作用关键在于资源分配。他认为，在自愿合作的制度下，根据产品计酬是必要的，是最有效使用资源的方式，并在此基础上批判马克思主义"各取所需，各尽所能"的分配原则，作者认为马克思主义者论点的错误在于：混淆了所有合作的资源的总产品和边际产品。并在此基础上提出阐述了收入分配的事实，指出"资本主义和自由企业比其他的制度造成更大范围的不均等"这一说法是对现实的错误解释，他认为这种错误的根源在于：未能区别短期与长期的不均等。

最后，他提出政府应采取的措施。他认为，政府的税率并没有起到应有的作用。税收的归宿效果和立法的回避如"逃税"使得其这种税收制度归于无效。提出"规定一系列较低的税率再加上使一切收入的来源比较平均地纳税地更为全面的征税标准能使赋税的归宿较为累进，使执行的细节较为公平合理，并且使资源遭受较少的浪费"[①]。他反对累加赋税，主张在收入的一定的免税额基础上抽取固定比例的税，即纳税减免额上的固定税率制度。弗里德曼认为，推广和扩大教育机会是减少不均等的一个重要原因，是击中不均等源泉而不只是缓和症状的最有效的方式。

第十一章　社会的福利措施　弗里德曼积极参与政府的公共政策。他批驳政府的福利措施。

在公共住房政策方面，他认为这种政策适得其反，并没有改善穷人的住

---

① 米尔顿·弗里德曼．资本主义与自由［M］．张瑞玉，译．北京：商务印书馆，2006：186.

房问题。他反对最低工资法，认为最低工资法只是增加贫穷，最低工资的负面影响是使失业人数多于没有最低工资时的情况。对于农产品价格的支持政策，他也同样反对。他认为，农产品收购方案的主要影响只是使农业的产量更多，而不是提高农民的平均收入。

在论述老年和遗族保险问题时，他强烈反对养老金机构的国有化，提倡自由主义。他认为，个人的自由选择和私人企业争取顾客的竞争会促进现有的各种养老金契约的改善，以及增加各种多样化和差别性以便满足个人的需要。从政治方面来看，避免政府活动规模的扩大以及每一次这种扩大给自由带来的间接威胁有显著的好处。并在此基础上，反对强制购买养老金，认为强制购买养老金有以下弊端："强制购买养老金为了很少的好处而花费很大的代价。它剥夺了我们对我们相当大部分的收入的控制，要求我们把它用于特殊目的，即以特殊方式从政府机构那里购买退休养老金。它阻止了出售养老金和发展退休安排的竞争。它造成了巨大的官僚机构，而这种官僚机构靠着它自己的扩大而呈现出不断扩大的趋向，把它的范围从我们生活的一个领域延伸到另一领域。所有这一切是为了避免很少的人可能成为公共负担的危险。"①

第十二章　贫穷的减轻　本章是弗里德曼"负所得税"理论的集中表述。他认为帮助贫苦人的方案，该方案的目的应该是帮助作为一般人的人，同时，该方案在通过市场发生作用时，应该不妨碍市场正常状态或不阻碍它的正常作用。

弗里德曼反对凯恩斯主义者所主张的对低收入者发给差额补助的福利制度。他认为，高经济效率来自自由竞争，没有竞争就没有效率。给低收入者发放固定的差额补助是不利于激发他们的进取心，有损于自由竞争，从而有损于效率的。但是，对穷人的补助是政府应尽的职责。为了既能消除贫困，又不会有损于效率，弗里德费主张采用负所得税的办法。

负所得税就是政府规定出最低收入指标，然后按一定的负所得税税率，对在最低收入指标以下的家庭，根据他们不同的实际收入给予补助。具体做法是：负所得税＝最低收入指标－(实际收入×负所得税税率)。

这样，收入不同的人可以得到不同的补助，就可以鼓励人们的工作积极性，而不像差额补助那样挫伤工作积极性，滋长依赖补助的思想。"它是专门

---

① 米尔顿·弗里德曼. 资本主义与自由［M］. 张瑞玉，译. 北京：商务印书馆，2006：205.

针对贫穷问题的。它向个人提供最有用的形式的帮助，即现金。它是一般性的，从而能代替现在已经实施的很多的特殊措施。它明白地表示出社会所负担的费用。它在市场之外发生作用。像任何其他缓和贫穷的措施那样，它减少那些被帮助的人的帮助他们自己的动机，但是，它并没有完全消除那种动机，正像任何对收入津贴到某一固定的最低额的制度一样。额外赚取的一美元收入总是意味着更多的可以使用的款项。”①

同时，弗里德曼也谈及自由主义和平均主义。他认为“自由主义哲学的核心是：相信个人的尊严，相信根据他自己的意志来尽量发挥他的能力和机会，只要他不妨碍别人进行同样的活动的话。在一种意义上，这意味着对人与人之间平等的信念；在另一种意义上，意味着人与人之间不平等的信念。每个人都有得到自由的平等权利。……因此，自由主义者在一方面会严格区别均等权利和均等机会，而另一方面，严格区别物质的均等或成果的均等。……在这个意义上，我们不可能既是均等主义者，又是自由主义者”②。

第十三章　结论　该书的最后一章作者论述了当时人们受凯恩斯主义影响的状况，也是该书的写作背景，人们把任何既存的政府干预看作是应该的事情，把所有坏事归因于市场。他批驳这些思想，以过去几十年的措施为例认为并没有实现目标，如铁路垄断、收入再分配、货币改革、农业方案、住房方案等措施的失败。具体而言，弗里德曼以设问的形式指出，改革的建议者的良好的意图至今尚未实现，改革者们所意图促进经济活动和物价稳定的货币改革加剧了通货膨胀；意图帮助贫穷农民的方案却未收到成效；意图改善穷人的住房条件、减少青少年犯罪却使穷人的房屋条件变坏，助长了青少年犯罪。弗里德曼认为，这些措施失败的原因归根结底是政府干预的失败。在上述分析的基础上，弗里德曼提出该书的核心思想，即自由思想，并认为自由正受到来自两个方面不断加强的威胁，他进而指出唯有说服同胞，使他们相信自由的制度会比强制性的国际力量能够提供更加肯定的途径，才是实现自由的有效途径和根本所在。

【意义与影响】

《资本主义与自由》是二战后所发行的最具影响力的书籍之一，在理论界

① 米尔顿·弗里德曼. 资本主义与自由［M］. 张瑞玉，译. 北京：商务印书馆，2006：208.

② 米尔顿·弗里德曼. 资本主义与自由［M］. 张瑞玉，译. 北京：商务印书馆，2006：211－212.

掀起了一场思想的革命。它全面介绍与宣扬了弗里德曼的经济自由主义思想，使经济自由主义深入到经济学界每个角落，对各国经济、政治和社会生活产生了深远影响，直到今天，弗里德曼新自由主义思想仍然是对发达资本主义国家政治决策影响最大的思潮之一。这本书至今已经卖出超过50万本，并且被翻译为18种语言，被美国院际研究协会列为20世纪最好的50本书之一，并且在《国家评论》杂志整理的20世纪最好的100本非小说书籍列表上排名第10。

第一，该书的自由主义思想体系十分完整，涉及的问题很广，既表明了哲学观点，又反映了经济、社会主张，有利于读者从宏观上把握西方自由主义思想体系。该书中弗里德曼对经济思想的阐述自始至终贯穿着一条哲学红线。在分析自由市场与国家干预的关系时，弗里德曼主要批判了美国对经济生活的干预，部分否定了凯恩斯主义并且全盘否定它所支持的财政政策，提出了保卫自由竞争的资本主义的主张，这不仅充分体现了其经济理论，而且从哲学层面上来讲，也深刻地体现了辩证法的哲学意蕴；在具体阐述收入分配、社会福利措施、贫穷的减轻方面，充分体现了弗里德曼将群众作为分析和解决问题的最终归宿，他从货币政策的实施角度入手，对如何减轻贫穷实现资本主义社会的稳定发展提出了一些措施和主张，他认为在自由资本主义市场条件下，生产的目的是使广大公民共享劳动成果，并且认为自由市场是公民最大限度地分享经济效率的最为有效的形式和手段。

第二，弗里德曼在《资本主义与自由》中所提出的一系列思想，尤其是作者关于政府的货币政策与财政政策的研究，以及对各种具体的经济措施的规定的考察，都给当时的社会带来了较大的影响。在主要发达资本主义国家，对付“滞胀”大都采用了弗里德曼的“单一货币规则政策”，在“单一货币规则政策”取得一定成效后，开始进行削减社会福利、国有企业民营化等一系列改革，对当代资本主义的发展产生了深远的影响。在美国之外，许多发展中国家都接受了他的“自由市场经济”理论，进而放弃了秉承多年的中央集权计划经济。在国家干预和私有化问题上，尽管大多数发达资本主义国家在寻求第三条道路，但弗里德曼新自由主义中关于尽量减少国家干预、减少国有企业的思想仍然是当前主要发达资本主义国家制订经济发展方针的指导思想。

第三，虽然弗里德曼为推动市场经济做出了巨大贡献，但他在自由市场经济理论方面也存在一些偏激的地方，极具争议性，需要我们进行研究和批判。作为新经济自由主义的代表人物，弗里德曼新自由主义是传统自由资本主义思想的进一步发展，是西方国家价值观的基础。弗里德曼以对政府干预的批判来证明自由市场机制的合理性，其实质为国际垄断资产阶级利益服务的学说。经济自由主义的经济发展政策并非万能良药，而是有着严重的弊端，当前西方世界的经济危机就是很好的证明。因此，我们对该书中的观点切不可照单全收。

【原著摘录】

绪论 P4－10

P4－5　自由人既不会问他的国家能为他做些什么，也不会问他能为他的国家做些什么。他会问的是“我和我的同胞们能通过政府做些什么”，以便尽到我们个人的责任，以便达到我们各自的目标和理想，其中最重要的是：保护我们的自由。

P5　首先，政府的职责范围必须具有限度。它的主要作用必须是保护我们的自由以免受到来自大门外的敌人以及来自我们同胞们的侵犯：保护法律和秩序，保证私人契约的履行，扶植竞争市场。

P5－6　第二个大原则是政府的权力必须分散。当政府行使权力时，在县的范围内行使比在州的范围内要好，在州的范围内要比在全国的范围要好。

P6　保存自由是限制和分散政府权力的保护性原因。但还有一个建设性的原因。不管是建筑还是绘画，科学还是文学，工业还是农业，文明的巨大进展从没有来自集权的政府。

第一章　经济自由和政治自由之间的关系 P11－26

P11　经济安排在促进自由社会方面起着双重作用。一方面，经济安排中的自由本身在广泛的意义上可以被理解是自由的一个组成部分，所以经济自由本身是一个目的。其次，经济自由也是达到政治自由的一个不可缺少的手段。

P13　直接提供经济自由的那种经济组织，即竞争性资本主义，也促进了政治自由，因为它能把经济权力和政治权力分开，因之而使一种权力抵消掉另一种。

P19－20　政治自由意味着一个人不受其他人的强制性的压制。对自由的基本威胁是强制性的权力，不论这种权力是存在于君主、独裁者、寡头统治者或暂时的多数派。

第二章　自由社会中政府的作用 P27－42

P27　对一个自由主义者而言，合适的手段是自由讨论和自愿合作。这也就意味着：任何强制的形式都是不合适的。理想的情况是：在自由和充分讨论的基础上具有责任心的个人之间取得一致的意见。

P28－29　广泛地使用市场可以减少社会结构的紧张程度，因为，它使它所进行的任何活动都没有顺从的必要。市场所涉及的范围愈广，纯然需要政治解决的问题愈少，从而需要达成协议的问题愈少。

P30　因此，这些就是一个自由社会政府的基本作用：提供我们能够改变规则的手段，调解我们之间对于规则意义上的分歧，和迫使否则就不会参加游戏的少数几个人遵守这些规则。

P40　从事下列事项的政府：包括维持法律和秩序、规定财产权的内容、作为我们能改变财产权的内容和其他经济游戏的规则的机构、对解释规则的争执作出裁决、强制执行合同、促进竞争、提供货币机构、从事对抗技术垄断的活动和从事广泛地被认为重要到使政府能进行干预的邻近影响的消除，同时，又包括补充私人的慈善事业和私人家庭对不论是疯人还是儿童那样的不能负责任的人的照顾——这样的政府显然可以执行重要的职能。在思想上不自我矛盾的自由主义者并不是无政府主义者。

第三章　货币的控制 P43－61

P45　我们的问题是要建立制度上的安排，以便使政府能对货币履行职责，然而同时还限制给予政府的权力，并且防止政府以各种方式使用这个权力来削弱而不是巩固自由社会。

P56　美国的经济大萧条远远不是私有企业制度所固有的不稳定性的象征，而却可以证明：当少数人对一个国家的货币制度拥有巨大的权力时，他们的错误可以造成多么大的损失。

P57　用克莱门梭的话来说，货币重要到如此的程度，以致不能让它为中央银行所管理。

P57－58　迄今提出的唯一有希望的方法是通过立法而成立一个法治的政府，而不是人治的政府来执行货币政策。这种货币政策能使公众通过政治当局对货币政策进行控制，同时又可使货币政策不受政治当局的经常出现的胡思乱想的支配。

第四章　国际金融和贸易安排 P62－81

P75　我们所要的是一种制度，在这个制度下，价格可以自由波动，但是决定它们的因素稳定到足够的程度，从而在事实上价格的运动会处于适当的范围之内。这也同样适用于浮动汇率的制度。

P80 我们的关税有害于我们自己，也有害于其他国家。即使其他国家不这样做，取消我们的关税会使我们受益。

P81 正像早已看到的那样，非关税的限制现在可能构成一个比关税还要严重的对贸易的障碍。二者我们都应该加以消除。

第五章 财政政策 P82－92

P85 对财政政策而言，相应于货币方面的规章是：完全根据整个社会需要通过政府而不是通过私人所要做的事情来计划开支方案，而丝毫不考虑逐年的经济稳定问题，来事先规定税率以便得到足够的收入，用以大致补偿有关年份的计划开支，同样也不要考虑逐年的经济稳定问题，以及来避免政府开支或赋税的突然变化。

第六章 政府在教育方面的作用 P93－117

P93－94 把“学校教育”和“教育”区别开来是重要的。并不是所有的学校教育都是教育，也不是所有的教育都是学校教育。我们所关心的主题应该是教育。政府的活动则主要以学校教育为限。

P94 如果大多数公民没有一个最低限度的文化和知识，也不广泛地接受一些共同的价值准则，稳定而民主的社会不可能存在。

P97 政府的作用限于保证被批准的学校的计划必须维持某些最低标准，很像目前对饭馆的检查，要求保证最低的卫生标准那样。

P114－115 假使政府确实进行干预的话，它应该如何进行呢？一个明显的干预形式，也是迄今一直采取的唯一形式，是由政府用其一般收入的款项来直接补助职业或专科学校教育。这种形式似乎显然是不合适的。……为了避免这种过分的投资，政府必须对补助施加限制。

第七章 资本主义和歧视 P118－129

P120 我深信，一个人皮肤的颜色或他双亲的信仰本身并不构成应以不同方式对待他的理由，应该根据一个人是什么和在干什么进行判断，而不应根据这些外表特征来进行判断。

P122－123 我们具有充分的理由能使用政府以防止一人向另一人施加积极的伤害，也就是说，防止使用强迫手段。但我们没有什么理由能使用政府以避免消极的“伤害”。相反地，这种政府干预会减少自由和对自愿的合作施加限制。

P127 学校教育的种族隔离引起了以前的论述没有提到的一个特殊问题，其所以如此，仅具有一个原因。原因是：在目前情况下，学校教育主要是由政府所经营和管理。

第八章 垄断以及企业和劳工的社会责任 P130－147

P130 对于自由社会，垄断引起两类问题。第一，通过减少个人的可供选择的办法，垄断的存在意味着对自愿的交换进行限制。第二，垄断的存在引起逐渐被称为垄断者的“社会责任”的问题。

P139 只存在着三个坏的可供选择的途径：不加控制的私人垄断、国家控制的私人垄断以及政府经营。……我倾向于相信：在可以容忍的限度内，坏处最少的是不加调节的私人垄断。

P143 在政府政策的范围内，第一个和最迫切需要的是消除那些直接支持不论是企业还是劳工垄断的措施，并且对企业和工会以同样的态度执行法律。两者均应从属于反托拉斯法，两者在关于破坏财产和干涉私人活动方面应该在法律上同样对待。

P147 以自由企业的名义企图扩大这种公司捐赠来减免税款的范围的人基本上是违反他们自己利益行事。

第九章 职业执照 P148－172

P151－152 因而，执照的发给往往在实质上不过建立了中世纪行会那种规章制度；在其中，由州把权力赋予专业的成员们。实际上，在决定谁该获得执照时，就一个外行人所能看到的而言，考虑的问题所涉及的事情往往和专业能力没有任何关系。

P153 它们也表明：在这个国家里，国家的干预已经侵犯了个人从事自己选择的活动的自由。它们还表明：随着扩大营业执照的要求对立法机关不断地施加压力，它会成为更加严重的问题。

P158－159 以我看来，执照的发给似乎更加难以证明其必要性。它在侵犯个人自愿订立合同的权利的方向走得更远。

P160 最明显的社会代价是：不管它是注册、发给证明还是发给执照，这些措施的任何一个几乎不可避免地要成为牺牲其他公众利益而取得垄断地位的特殊生产者集团手中的工具。没有办法可以避免这个结果。

第十章 收入的分配 P173－190

P173 在一个自由市场的社会里，收入分配的直接的道德原则是，“按照个人和他拥有的工具所生产的东西进行分配”。

P179 在一个市场经济中，根据产品计酬的有效作用主要不在于收入分配而在于资源分配。正像在第一章里指出的那样，市场经济的中心原则是通过自愿交换的合作。

P180 达到没有强迫命令而能对资源加以分配是根据产品进行分配的市场经济主要的有效作用。但是，它并不是造成不均等结果的唯一的有效作用。

P186 政府用来改变收入分配的最广泛使用的方法是累进的所得税和遗产税。……文件上规定的税率看来是高的，而且累进程度也高。但是，它们的影响消失在两个途径之中。第一，它们的一部分影响只是使税收前的分配更为不均等。这是税收通常具有的归宿效果。通过高额税收来阻挠进入高额税收的行业的活动——在这种情况下，经济活动具有很大的风险和非金钱上的不利之处——它们提高了这些活动的收益。第二，它们造成立法上的和其他的条例来回避税收——所谓赋税法中的“漏洞”。

第十一章 社会的福利措施 P191－206

P193 远没有像赞成者所期望的那样改善了穷人的住房问题，公共住房却恰得其反。在建造公共住房计划过程中被拆毁的居住单位的数量远远超过新建造的居住单位的数量。

P194 事实上，如果最低工资法有任何影响的话，那么，它们的影响显然是增加贫穷。国家能够通过立法制订一个最低工资率。但它很难要求雇主按照最低工资雇用所有以前在最低工资率以下被雇用的人。这样做显然是不符合雇主利益的。因此，最低工资的影响是使失业人数多于没有最低工资时的情况。

P195－196 农产品价格的支持也并没有完成帮助需要帮助的农民这一意图。……农产品收购方案的主要影响只是使农业的产量更多，而不是提高农民的平均收入。……农产品价格支持方案是执行外交政策的一个主要障碍。为了维持高于世界市场的价格的国内价格，就有必要对许多项目的进口施加限额。

P202 我的结论是：反对养老金机构国有化的论点是十分有力的，不仅按自由主义的原则而论，而且甚至按福利国家的支持者的价值观来看，也是如此。

P205 因此，强制购买养老金为了很少的好处而花费很大的代价。它剥夺了我们对我们相当大部分的收入的控制，要求我们把它用于特殊目的，即以特殊方式从政府机构那里购买退休养老金。它阻止了出售养老金和发展退休安排的竞争。它造成了巨大的官僚机构，而这种官僚机构靠着它自己的扩大而呈现出不断扩大的趋向，把它的范围从我们生活的一个领域延伸到另一领域。所有这一切是为了避免很少的人可能成为公共负担的危险。

第十二章　贫穷的减轻 P206－212

P207－208　从纯粹的执行机制的理由上看，应该建设的安排是一种负所得税。……这一安排具有明确的好处。它是专门针对贫穷问题的。它向个人提供最有用的形式的帮助，即现金。它是一般性的，从而能代替现在已经实施的很多的特殊措施。它明白地表示出社会所负担的费用。它在市场之外发生作用。

P211　自由主义哲学的核心是：相信个人的尊严，相信根据他自己的意志来尽量发挥他的能力和机会，只要他不妨碍别人进行同样的活动的话。

P211－212　因此，自由主义者在一方面会严格区别均等权利和均等机会，而另一方面，严格区别物质的均等或成果的均等。……在这个意义上，我们不可能既是均等主义者，又是自由主义者。

第十三章　结论 P213－220

P217　这些措施的主要缺陷是它们企图通过政府来迫使人民为了增进被设想为是普遍的利益而采取违反他们自己直接利益的行动。

P219－220　我相信，我们将能保存和扩大自由。但是，只有当我们意识到了我们所面临的威胁，只有当我们说服我们的同胞们，使他们相信，自由制度会比强制性的国家力量提供更加肯定的途径，即使有时是以较缓慢的途径来达到他们所寻求的目标时，我们才能做到这一点。

【参考文献】

[1] 米尔顿·弗里德曼，罗斯·弗里德曼. 两个幸运的人：弗里德曼回忆录 [M]. 韩莉，韩晓雯，译. 北京：中信出版社，2004.

[2] 米尔顿·弗里德曼. 弗里德曼文萃 [M]. 高榕，范恒山，译. 北京：北京经济学院出版社，1991.

[3] 米尔顿·弗里德曼. 自由选择——个人声明 [M]. 胡骑，等译. 北京：商务印书馆，1982.

[4] 侯明清. 弗里德曼：自由经济的斗士 [J]. 金融信息参考，2004 (7).

[5] 范秀双. 米尔顿·弗里德曼论证府在教育中的作用思想评述 [J]. 外国教育研究，2004 (4).

[6] 杨丽. 析弗里德曼新自由主义思想及其影响 [J]. 昆明理工大学学报（社会科学版），2002 (3).

十三、《自由主义、社群与文化》

[加拿大] 威尔·金里卡　著
应　奇，葛水林　译
上海译文出版社，2005 年

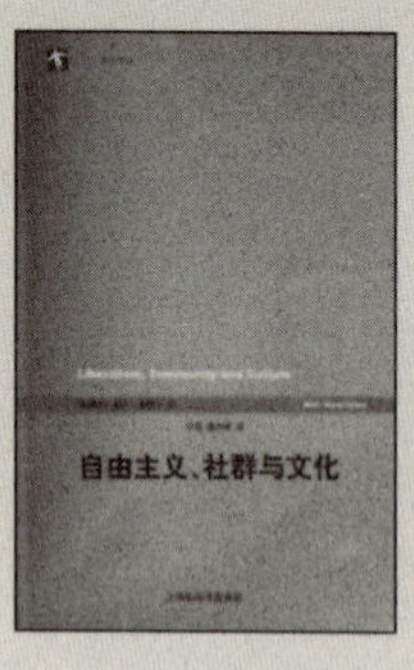

【作者简介】

威尔·金里卡（1962—　），加拿大著名哲学教授，1984 年获女王大学哲学和政治学学士学位，1987 年获牛津大学哲学博士学位，现为加拿大女王大学哲学系教授。

金里卡著作颇丰，中译本有《自由主义、社群与文化》（2005 年）、《少数的权利：民族主义、多元文化主义和公民》（2005 年）、《中西政治文化论丛（第五辑）》（与马德普、葛荃、常士訚等合编，2006 年）、《中西政治文化论丛（第六辑）》（与马德普、葛荃、常士訚等合编，2007 年）、《多元文化公民权：一种有关少数族群权利的自由主义理论》（2009 年）、《当代政治哲学》（2011 年）等。

英文版著作有《A Political Theory of Animal Rights》（《动物权利的政治理论》）[与 Sue Donaldson（苏·唐纳森）合著，2011 年]。

【写作背景】

第二次世界大战以后，随着人权运动的兴起，美国黑人运动的发展以及亚、非、拉美等地区民族国家运动此起彼伏，以及由此产生的地区性的民族矛盾和冲突，自由主义理论者和实践者面临着巨大挑战。20 世纪 70 年代加拿大陆续实行的多元主义文化政策则进一步推动着学术界对多元文化境况下如何实现自由、民主等理念的实现进行研究。面对着日益复杂和多样化的世界，自由主义者和社群主义者力图运用不同的方法，从不同的角度来阐释和应对这种世界的新变化和新趋势。

在近代以来的西方世界，标榜着自由、民主、平等和个人权利的自由主义一直持续发挥着其巨大的影响力。20 世纪 70 年代随着罗尔斯《正义论》的发表，标志着新自由主义逐渐壮大，罗尔斯的正义理论在哲学、伦理学和政治学等领域引起了重大的反响，其力图以契约论和康德自由主义哲学为基础，重新建构西方自由主义理论。80 年代的社群主义则给自由主义者以重大挑战。社群主义者批评自由主义理论缺乏对人的社会性的关注，认为在文化多元化的时代背景下，自由主义理论无法解释和解决少数群体的权利问题，进而无法实现其提倡的个人自由、民主和平等的理念。社群主义者主张应该把个人放到其所在的社会、文化和历史背景中进行考察。面对社群主义者的非议，金里卡力图以加拿大等国家中的少数群体现状为考察对象，来反驳这些批评，澄清其争议。金里卡提出自由主义理论内在地包含着对少数群体权利的关注，他提出文化成员身份的概念，认为人们必然能够在自由主义理论的引导下超越社群主义。

【中心思想】

在多元文化发展趋势日益深入的时代背景下，面对自由主义和社群主义不同观点的交锋，金里卡力图以左翼自由主义理念为基础，在坚持自由、民主、人权的基础上调和自由主义和社群主义思想，进而把自由主义思想扩展到对少数群体权利的解释之中。

金里卡对自由主义和社群主义的一些基本概念、核心思想以及这些概念和思想之间的异同进行了比较分析。金里卡以不同国家的少数群体运动为研究素材，尤其是以加拿大制定的保护少数群体权利的宪法和政策为根据，提出了少数群体身份认同等概念，并对以往自由主义学者关于少数群体文化身份的思想进行了挖掘和阐述。金里卡认为许多自由主义思想都对文化成员身份的问题有所涉及，并且内在地包含着对少数群体文化权利的关注和维护，他对一些社群主义者对自由主义的批判进行了反驳，对社群主义关于少数群体权利思想的缺陷和不足进行了分析。最终，金里卡得出结论，认为只有在自由主义思想的指导下，才能实现确定和巩固少数群体内部的文化认同，尊重和维护少数群体的文化权利。

【分章导读】

第一章　导论　金里卡在该部分主要初步提出了本书研究的重点和需要解决的问题。金里卡认为一直以来人们对自由主义存在着种种误解，其中一个方面就是人们把自由主义更多地限定在国家和个人的关系之内。社群主义批评自由主义者存在着对人在社群和文化中身份重要性的忽视，金里卡力图对这种批评进行反驳，提出作为自由主义基础的个人主义价值并不是建立在忽视人的社会性之上的。金里卡又对自由主义者面对文化多元性的局面进行了探讨，认为文化多元化现象的出现必须引起自由主义者对文化成员身份的关注，而少数群体权利运动的兴起则体现了自由主义的理念和主张。

第一部分　自由主义　该部分包含两章，即第二章和第三章。金里卡在该部分主要是对自由主义内部的一些争论进行了探讨和阐释，通过对罗尔斯关于正当和善何者具有优先性的考察，认为人们对功利主义是否属于自由主义存在着误解，功利主义与自由主义的理念并不冲突，功利主义本质上是一种自由主义。

第二章　自由主义　金里卡在这一章中对需要进行辩护的自由主义类型进行了界定，并对关于自由主义的一些争议进行了反驳和阐述。金里卡首先限定了该书所要讨论和要为之辩护的自由主义的类型，这种自由主义是现代的、规范的政治哲学意义上的自由主义，是“作为关于政治行动和制度的正当理由的一类道德论证的自由主义”[①]。金里卡关注自由主义者的政治道德，并认为这种政治道德是从人们利益的一些基本主张开始的，而人们的根本利益就是为了过一种好的生活。为了实现人的根本利益，金里卡提出两个前提条件。金里卡通过德沃金和贾加尔对自由主义的认识，概括出当代自由主义的政治道德就是对一种正义的追求。金里卡认为一些理论家如贾加尔等人以及一些功利主义者对自由主义存在着误解，自由主义事实上并不是脱离社会的抽象的个人主义，并不是“主观主义”的，金里卡通过对穆勒和罗尔斯的理论阐述而驳斥了这些关于自由主义的错误观点。

第三章　正当与善　金里卡在这一章中通过对罗尔斯与其他思想家关于正当与善思想的探讨和对比，揭示了自由主义者关于善与正当关系的思想。

---

① 威尔·金里卡. 自由主义、社群与文化［M］. 应奇，葛水林，译. 上海：上海译文出版社，2005：9.

罗尔斯依据人们对善和正当何者具有有限性的理解，把自由主义者归为“义务论的”，把功利主义者归为“目的论的”，前者认为正当先于善，后者则相反。金里卡则通过对罗尔斯的理论的评析，力图证明自由主义者在善与正当何者优先性方面并不存在真正的争论。罗尔斯认为功利主义在善的分配方面力图为了最大化的总体的善而牺牲个人的善，这样造成了人被当作手段而不是目的，从而形成善对于正当的优先性。罗尔斯坚持正当性原则优先并认为正当性原则具有约束善的追求的观点。金里卡表示对罗尔斯的这些观点持有异议，他认为“罗尔斯误述了功利主义并因而误述了关于分配的争论”[①]。金里卡阐述了罗尔斯对功利主义的某些误解，最终得出功利主义并不否认个人的独立性，其本质上和自由主义是一致的。

第二部分　社群　该部分包含三章，即第四章、第五章和第六章。金里卡主要对社群主义、马克思主义与自由主义思想的异同进行了比较分析，尤其注重分析了社群主义者对自由主义思想批判的缺陷性和不足性以及马克思主义思想与自由主义思想关于正义问题的争议，最终得出自由主义是一种可行的政治制度和政治理念的结论。

第四章　社群主义与自我　金里卡在这一章中对社群主义者关于自由主义自我观的几个方面进行了阐述。关于空洞性，金里卡对泰勒关于自由的“情境化”进行了论述。在泰勒看来，自由主义者对自由的追求并不是因为对选择自由的追求，而是为了实现有价值的计划和实践。自由主义者认为人们具有从社群实践中分离出来的能力，他们否认给定的权威，金里卡对桑德尔关于自我和自我的目的之间的关系进行了分析和论述。金里卡把桑德尔的两个论证归结为“自我感知的论证”和“植入的自我的论证”，桑德尔认为应该把自我与自我的目的联系在一起，金里卡则认为为了实现他的这种观点，必须有一个不同的论证，即植入的自我论证。

金里卡把社群主义的第三个论证归为“把实践推理当作自我发现的观点与自由主义把时间推理当作判断的观点之间做出了对比”[②]。桑德尔认为关于“我是谁?”，自我不是通过选择而是通过“发现”而获得自己的目的的。作为一个社群的目标和价值，其不仅是被社群中的成员所肯定，而且也确定着社

---

① 威尔·金里卡. 自由主义、社群与文化［M］. 应奇，葛水林，译. 上海：上海译文出版社，2005：24.

② 威尔·金里卡. 自由主义、社群与文化［M］. 应奇，葛水林，译. 上海：上海译文出版社，2005：51.

群成员之间的认同。金里卡认为桑德尔对自我的理解存在某种不足，认为这种关于实践理性推理是由自我发现过程完成的观点具有一定的轻率性。金里卡随后对罗尔斯和桑德尔、麦金太尔关于自我和自我目的关系的论述进行了分析。

金里卡随后对第四个论证——社会认可的论证——进行了分析。而关于理查德·罗蒂等为代表对自由主义是一种超文化和非历史的道德观的指责，金里卡认为其思想是对上面四种不同论证的混合。

第五章　泰勒的社会论题　金里卡在这一章主要是对泰勒对自由主义的非议进行讨论和评价。泰勒认为自由主义者由于没有关注社会论题而忽略了特定种类的义务以及过分强调特定种类的权利。对“中立的政治关心”的坚持是自由主义者一个重要特征，而泰勒认为，为了对“共同善”的追求，“中立的政治关心”必须被舍弃。金里卡则认为自由主义并不与“促进共同善”相冲突，而且一个自由主义的国家也是促进共同善的。泰勒认为人们有“归属于或维持”某种文化群体的职责和义务，而这必须超出自由主义者所坚持的中立关心的政治的桎梏。金里卡认为自由主义并不否认积极的义务，如罗尔斯虽然没有把“归属于或维持”的职责概括于其正义原则之中，但是罗尔斯的两个正义原则事实上就是在保护自由的文化，而且另外一个自由主义者约瑟夫·拉茨则也是这种观点的拥护者。金里卡对泰勒关于自由主义在中立的关心对合法性的影响方面存在的问题给予了肯定，并提出为了维护自由主义的中立性，一方面，必须舍弃对一些关于好生活的选择，另一方面，必须鼓励某些共享的生活形式。最后，金里卡通过对社会中的边缘化团体的讨论，对泰勒和自由主义者对合法性的理解进行了阐述和分析。

第六章　马克思主义与对正义的批判　金里卡在这一章中对马克思关于正义的思想进行了阐述。金里卡认为马克思在关于人的根本利益上与自由主义是一致的。马克思虽然赞同人类的完善与社群的恢复有关，但是马克思是以人的发展为目的，实现共产主义的价值就在于人从自己的社会角色中解放出来而实现了自由。马克思主义与自由主义的差异性表现在把人当作平等者对待的方式问题上，即马克思“拒绝通过一种法律上平等的理论实现共产主义社会的成员之间的道德平等”[①]。金里卡从三个次要论证和一个主要论证的

① 威尔·金里卡. 自由主义、社群与文化［M］. 应奇，葛水林，译. 上海：上海译文出版社，2005：105.

角度对马克思的这种思想进行了阐述。最后，金里卡认为虽然有共产主义者和社群主义者的反对，但是自由主义的个人主义并不是建立在忽视社会性之上的，自由主义的正义观是一种符合现实和实践的政治制度和政治道德。

第三部分 自由主义与文化成员身份 该部分包含了八章，即第七章到第十四章。

第七章 文化多元社会中的自由主义 金里卡在这一章中以美国和加拿大等国家对印第安少数民族群体权利的维护来说明自由主义在文化多元社会中所面临的境况和需要解决的问题。

金里卡把社群分为两种：一种是政治社群；另一种是文化社群。在现代社会中，处于不同国家的人不仅是具有公民身份的人，而且也有着不同的文化成员身份。政治社群和文化社群在时空上是可能重合的，但是二者并不完全等同。不同的人归属于不同的文化群体意味着其利益与他们的文化是联系在一块的。如何面对多元文化的现实是自由主义者面临的一个重要挑战，而这一挑战涉及的核心问题在于少数群体文化的权利。

金里卡提出北美的土著权利是英美世界中关于少数群体权利的一个重要案例，并认为当今世界不同国家的内部都存在着对少数群体的保障方案。一般而言，这种对少数群体的保护体现了现代国家是以社群而不是以个人的形式看待少数群体的权利的，这种做法也似乎是与自由主义理念背道而驰的，而人们也通常认为自由主义者反对以集体的名义及限制个人来诉求自治性。在以往的自由主义者看来，对少数群体权利的注重是违反自由主义原则的，他们反对用集体的名义来提出、限制个人权利的自治性建议。金里卡对多民族国家处理少数群体权利所涉及的术语进行了分析和界定，他认为加拿大对少数群体权利的保护并不涉及集体权利的行使，而是体现了对个人权利的修正和分配。

金里卡对自由主义者坚持的个人主义原则进行了分析。他认为自由主义提倡每个人都享有平等的权利和资格，都接受迁徙权、个人财产权、所属社群的政治参与权等权利，自由主义者坚信集体的价值来源于其对个体生活价值的贡献，个体权利与集体权利并不冲突。金里卡以 20 世纪美国和加拿大等国对种族、妇女、残疾人等少数群体的权利保护法律法规的修正等方面的考察为依据，揭示了自由主义的平等观在不同社群中的体现。

金里卡认为，20 世纪美国废除隔离黑人的法律法规的出现和实施是西方自由主义思想在政治社会领域发挥作用的一个重要体现，其对世界各国产生了重要而深远的影响。显然，加拿大也受到了这场运动的影响，但是，加拿大政府力图推进废除加拿大本土印第安人隔离政策的努力则遭受到了挫折，其原因是受到了加拿大本土印第安人的反对。金里卡对美国黑人隔离和北美土著人自治之间的区别进行了分析，认为美国在早先时期实行的种族隔离政策是对个人自由的一种践踏，是对少数群体的一种歧视，而加拿大对土著印第安人的保护政策则体现了对少数群体的保护，体现了在多元文化社会中对个人既作为公民身份又作为文化社群的成员身份的保护。

第八章　文化成员身份的价值　金里卡在这一章中通过对罗尔斯和德沃金两人的理论的阐述而对文化多元国家中少数群体文化地位进行辩护。

金里卡认为，生活于现代社会的人们不仅在政治上具有公民身份，而且在文化意义上具有文化成员的身份。金里卡对自由主义的一些前提如个人主义和平等主义进行了考察。金里卡认为罗尔斯的两个正义原则不仅是对公民自由权优先性的维护，而且也体现了对少数群体权利的保护。从表面上看，罗尔斯对两个正义原则的解释似乎是与个人自由原则是相互冲突的。但是，金里卡认为，罗尔斯对价值信仰自由的修正，是“过好生活”这一人的根本利益的前提。在罗尔斯看来，个人作为有意识、有目的的行动者，其目的是为了达到一定的目的或心愿，对这些目标或心愿的坚持构成了人的信仰，而这些信仰是人生活意义的来源和基础。选择自由是人的一项基本权利，但是人们的选择需要在一定的文化结构中进行，在一个可靠的、丰富的文化结构中，人能够对自己可做的选择有一个清醒的认识，并进而形成正确的判断。金里卡通过把文化遗产纳入人的选择背景，把自由主义者对自由的追求与人的文化身份连接起来。

金里卡认为，由于罗尔斯假定了政治社群与文化社群具有同质性，因此，罗尔斯并没有确定个人自由和文化成员身份的基本善之间的关系。但是，罗尔斯在对原初状态的描述中体现了对文化成员身份的关注。

金里卡通过对德沃金思想的考察，分析了为什么对文化成员身份价值的关注不是反自由主义的。随后，金里卡以施瓦茨的理论为论点，阐述了对少数群体文化身份的维护有助于自由主义思想实现的论点。金里卡认为人们在一定程度上受到自己文化社群的制约，人并不能够一下子从一个文化跳入另一个文化，因此，文化成员的身份对个人认同具有重大的影响。金里卡分析认为由于罗尔斯和施瓦茨的理论立足于一个文化社群和政治社群有所重合的现实，因此他们都没有把文化成员的身份问题看作自由主义的一个基本善，但是金里卡认为二人的思想中都蕴含着对文化背景的关注和肯定，并得出“他们都含蓄地承认了文化成员身份的基本善”[①] 的结论。

第九章　少数群体文化的平等　金里卡在这一章主要以加拿大的土著群体为例，一方面对自由主义的平等观进行了阐述；另一方面，说明了对少数群体文化身份的维护是一个境况问题，而不是一个选择问题，而且这种维护也是符合自由主义主张的。

金里卡认为罗尔斯的正义原则和德沃金的资源分配方案都是一种发展道德平等观念的尝试，它们都包含着自由主义平等的思想，如对平等的机遇和政治权利的重视等。金里卡认为对于如加拿大的印第安人等少数群体而言，如果按照市场和多数人的政治原则，少数群体的利益就会受到伤害，他们作为文化社群而具有一些特殊的权利是必要的。金里卡认为自由主义的平等观注重对人的目的负责，并主张人们根据他人的正当利益来调整自己的目的和利益，隔离美国黑人的非正义性就是这种自由主义平等观的体现。

对选择与境况差异的强调是自由主义的一个核心问题。自由主义者追求平等、自由和公正，但是由于人的境况不同，金里卡提出必须对那些由于处于不利境况而造成损失的人进行支付和补偿。因此，金里卡认为“一个自由主义者需要知道一项特殊的权利或资源要求究竟是源于不同的选择，还是源于不平等的境况”[②]。金里卡主张把土著权利看作是对少数群体所处不平等境况的回应，加拿大推行的关于少数群体权利的宪法规定就是这种自由主义思想的体现。金里卡认为对少数群体的保护是一种保障，这种保障有时候难免需要运用集体而非个人的权利实施。

第十章　少数群体权利与自由主义传统　金里卡在这一章主要考察了自由主义发展史上不同人物对少数群体权利的思想。

对人们与其所在的文化社群关系的忽略，是学术界很多人一致的看法。金里卡则认为，早期的自由主义者如穆勒、格林、霍布豪斯以及杜威等人对文化成员身份的重要性有着深刻的认识，如杜威对人归属于社群的重视，格林把好的社会归结为人们共同的记忆、传统和风俗习惯，霍布豪斯对更高级社群尤其是民族感情的欣赏等。金里卡认为对文化社群中的成员身份共同性

---

① 威尔·金里卡. 自由主义、社群与文化 [M]. 应奇，葛水林，译. 上海：上海译文出版社，2005：171.

② 威尔·金里卡. 自由主义、社群与文化 [M]. 应奇，葛水林，译. 上海：上海译文出版社，2005：177.

的强调不仅没有限制个体的存在，而且为个人的自由提供了引导，为一个正义社会的存在提供了重要基础。

金里卡认为，在第二次世界大战之前，对少数民族文化群体的重视是国际联盟关系的重要问题，但是，在当时的条件下，对少数群体的关注需服从于国家政治和国内安全。二战以后，随着人们开始对人权的重视，对少数民族文化群体特殊地位的维护逐渐走向式微，自由主义者开始抛弃对个人任何成员身份的考虑，而把个人当作平等的个人来对待。金里卡认为战后这种自由主义发展的倾向歪曲了自由主义的本质和传统。金里卡把对少数文化群体的尊重和维护看作是从另一种视角实践自由主义的理念。

第十一章　沃尔泽与少数群体权利　金里卡在该章主要是对沃尔泽关于少数群体权利思想的讨论，提出沃尔泽力图用共享意义加强文化成员身份重要性的尝试是不可取的。

沃尔泽在《正义诸领域》一著作中力图以尊重人的文化成员身份为基础构建起正义理论，沃尔泽认为人们都是文化的创造者，他提出以政治社群来识别意义和划分分配的诸领域，从而实现一个有共享意义的世界。金里卡认为，沃尔泽虽然用政治社群来解决少数群体的文化身份问题，但是政治社群与历史社群并不是完全重合的，政治虽然建立起了共识的纽带，但是创造一个与少数群体无关的共识并不能保障少数群体的权利。金里卡以沃尔泽关于迁移问题的讨论，认为在多元文化的国家或社会中，把谁的意见作为制定政策的权威是一个重要的问题。沃尔泽认为文化国有化是保持国家作为这一权威的必要环节。金里卡则认为少数群体为了维护自己的文化身份，并不能简单地诉诸对公民身份的追求之上，沃尔泽的理论最终会导致主流文化对少数群体文化的同化，从而失去维护少数群体文化的意义和功能。最终金里卡得出“沃尔泽论述的文化成员身份的重要性，在理论上是薄弱的，在政治上是灾难性的”① 的结论。

第十二章　社群主义与少数群体权利　在这一章，金里卡主要对迈克尔·麦克唐纳和查尔斯·泰勒的思想进行了阐述，论证了社群主义者力图摒弃自由主义的平等原则，通过对共享实践的强调而为少数群体权利辩护的方法是缺乏理论和实践支撑的。

---

① 威尔·金里卡. 自由主义、社群与文化［M］. 应奇，葛水林，译. 上海：上海译文出版社，2005：221.

社群主义者麦克唐纳作为社群主义的代表，他认为对文化成员身份的维护体现了对人的尊重。麦克唐纳强调文化成员身份在人自我意识中的重要性，而在少数群体权利在何种情况下被证明为正当的问题上，麦克唐纳提出人必须分享对生活形式的认同，所谓生活形式，麦克唐纳提供了两条标准，即人们对一种生活形式的承认或发现的认同；生活形式由共享的计划、目的和善的观念进行界定。金里卡对麦克唐纳的思想进行了评析，他认为人的生活方式是人自主选择而非承认或发现的，而两个具有共同文化身份的人也不一定有共同的目的和计划。“在什么境况下，少数群体权利可以被证明为正当的”①问题上，麦克唐纳认为人们必须分享对“生活形式”的认同，进而强调集体权利的重要性，但是这种强调是建立在不平等的境况基础上的。

查尔斯·泰勒同样力图否定把少数群体的权利建立在人们选择的基础上，对把人们看作是历史社群中的成员，面对在需要的平等还是历史社群之间抉择的两难困境，他提出可能出现由于对历史社群的维护，对其中成员共享选择的保护而不能把个体当作平等者进行看待。金里卡肯定了社群主义者对少数群体权利的关注，但是他认为社群主义的观点可能造成“它们同时也可以证明否认某些人的文化自由和允许对他人的文化灭绝政策的正当性”②。

第十三章　南非的种族隔离　在这一章，金里卡对南非的种族隔离政策进行了批判，并对以保护少数群体文化身份的名义进行种族隔离的理论进行了反驳。

金里卡认为，一些理论工作者力图在对少数群体文化身份进行保护的名义下为种族隔离政策做辩护。金里卡以南非的种族隔离政策为考察对象，认为种族隔离政策并不具有正当性和合法性，这种政策不是建立在对不同文化群体平等尊重的理论之上，而是建立在种族主义的基础之上的。文化成员身份的观点本身是在文化境况平等原则基础上对少数群体的维护，而南非的种族隔离以及南非政权所采取的黑人家园等政策本质上是一种维护特权的政策。金里卡认为南非的种族隔离政策为自由主义者修正自身的理论提供了依据。

第十四章　结论　金里卡在该章中对自由主义思想进行了总结，他认为自由主义并不是纯粹的“个人主义”，自由主义思想中也包含着对人们所处社

① 威尔·金里卡. 自由主义、社群与文化［M］. 应奇，葛水林，译. 上海：上海译文出版社，2005：223.

② 威尔·金里卡. 自由主义、社群与文化［M］. 应奇，葛水林，译. 上海：上海译文出版社，2005：228.

会环境的考察，包含着对人所处社群以及文化形式的说明。金里卡认为社群和文化为个人追求自己的价值提供了条件，而社群和文化方面的价值依赖于人追求个人主义的“图像”。金里卡认为文化身份的问题给予了自由主义者在哲学上的机遇和政治上的挑战。

附录 该部分是译者在编译该书时根据金里卡思想的发展脉络而对其思想的补充。在第一篇附录中，作者对国家的至善论和社会的至善论进行了区分和论述，认为自由主义者在坚持国家的非至善论观点的同时并不一定是社会的反至善论思想的支持者。在第二篇附录中，作者立足于自由平等主义立场对公民共和主义的非难进行了反驳，提出二者应该具有相互融合和相互贯通的特征。

附录一　自由主义的个人主义与自由主义的中立性 作者在该部分主要通过对自由主义批评者关于自由主义中立性与个人主义之间关系思想的阐述，力图说明自由主义中立性的价值和意义，提出个人主义并不是通常人们所认为的那种极端个人主义。

拉茨对自由主义的中立性进行了区分，即“中立的政治关心”和“理想的排除”，前者具有政策后果的中立性，后者则具有政策辩护上的中立性。拉茨把罗尔斯的思想界定为后果的中立性，但是，金里卡认为罗尔斯关于正义的原则排除了后果的中立性。金里卡提出国家在受到辩护的中立性限制的时候，“好的生活方式最有可能确立它们的更大的价值，而个人最有可能为他们的选择的代价承担责任”①。金里卡进而对中立性与占有性个人主义、原子式的个人主义、多元主义文化、集体商议等之间的关系进行了考察。最后，金里卡对自由主义的中立性进行了总结，认为中立性并不是极度个人主义的，在多元文化背景的条件下，“自由主义者相信人们自然而然地形成和加入了他们开始理解和追求善的社会关系和论坛”。

附录二　自由平等主义与公民共和主义：朋友抑或敌人？ 在这一部分金里卡对自由平等主义和公民共和主义之间的关系进行了考察。金里卡介绍了桑德尔对自由主义和共和主义的理解，桑德尔在《民主的不满》一书中把美国国内政治世界观分为公民共和主义和程序自由主义，并且认为随着程序自由主义逐渐取代公民共和主义的趋势增强，美国国内政治面临着巨大的风

① 威尔·金里卡. 自由主义、社群与文化［M］. 应奇，葛水林，译. 上海：上海译文出版社，2005：249.

险。金里卡力图证明公民共和主义和程序自由主义二者之间存在着共通之处，二者应该是盟友而不是对立的敌人。

金里卡对程序自由主义进行了定义界定，提出了自由平等主义的三个特征：理性的可修正性，非至善论的国家，对道德上专横的不平等之纠正等。金里卡把这几个特征看作是左翼程序自由主义的核心。桑德尔提出了反对程序自由主义的三个核心方面的论据，金里卡则对其存在的不足进行了阐述，提出程序自由主义内在地包含着对美德和身份认同拥护的思想，而且“自由主义将美德与身份认同问题看作是依赖性价值，它们必须根据个人作用与社会正义这一更深层次的自由主义原则来评估，并受其限制”[①]。金里卡以美国左翼自由主义和右翼自由主义之间的关系为例说明在自由民主国家中程序自由主义和公民自由主义之间具有相互融合的特性。

【意义与影响】

第一，在该书中，金里卡阐述了其在多元化文化背景下对自由主义思想的发展，体现了西方自由主义思想的辩证发展逻辑，体现了其敏锐的学术思维和创造性的意识。在该书中，金里卡对社群主义和自由主义思想进行了比较研究，对二者关于如何保障少数群体文化权利的异同进行了分析和阐述，提出自由主义思想和方案内在的蕴含着对少数群体文化身份、文化平等权利的维护，从而发展了西方自由主义理论，拓展了自由主义的研究视野，为解决文化多元化背景下自由主义的发展困境提供了一条解决途径。

金里卡在该书中提出少数群体身份认同和保护、文化成员身份、文化社群等概念，体现了西方现当代自由主义者在多元文化背景条件下，依据时代发生的变化，对世事热点的关注和研究。金里卡一方面坚持着自由主义的自由、民主等核心理念，另一方面也力图吸收、借鉴并进而超越社群主义、马克思主义等理论，他以加拿大和美国等一些国家地区对少数群体的保障措施为分析材料，提出了“文化成员身份”等概念，主张在保障个人自由、民主等理论和宪法的框架之下保护少数群体的权利，从而构建起了西方自由主义者关于少数群体权利问题的解决方案，为保障少数群体的文化权利和文化身份提供了理论依据。

---

① 威尔·金里卡. 自由主义、社群与文化［M］. 应奇，葛水林，译. 上海：上海译文出版社，2005：284.

第二，金里卡在该书中对不同思想所持有的开放性理论胸怀以及其独特的理论视角，体现了当代思想理论的发展趋势，即在坚持自身核心理论和观点的基础上积极借鉴其他不同的思想观点，实现不同观点甚至对立观点的融合，进而不断在反思中推动理论的完善和发展。这也为人们研究问题提供了研究思路和方法。

第三，该书为我国在坚持民族平等和团结，巩固和发展民族区域自治，实现少数民族地区各方面的全面发展提供了理论参考。作为一个有着悠久多民族历史的社会主义国家，改革开放以来，中国共产党和中国政府有效地坚持着民族政策，为发展各民族的事业做出了巨大的努力，中国各个民族的各项事业取得了巨大进步和发展。但是我们也应该看到，少数民族地区的发展还不是很好，如何发展少数民族地区的政治、经济、文化等各项事业，如何在推进社会主义现代化进程中有效地保护少数民族的民族特色和文化特色，是当前乃至今后一段时期内中国人民面临的一项艰巨的任务。因此，通过对金里卡等国外学者关于少数群体的理论研究和思考，能够为我们研究和制定民族方针、政策，更好地处理国内民族关系起到一定的启示作用。

第四，作者在该书中持有的开放性立场体现了当代自由主义者的良好品质，但是我们应该看到，作者只是立足于西方社会对其内部的少数群体权利进行了研究。当代世界是一个全球性和多元性共存的世界，不同国家、地区内的社会发展水平参差不齐，其内在的民族关系更是复杂多样。自由主义作为西方的代表性价值观，其在一定程度上只是众多价值观的一种表现形式，其在共时态和历时态的条件下必然不是都适用的，因此，我们应该清醒地认识到自由主义在价值指导意义上的局限性。

【原著摘录】

第一章　导论 P1－6

P1　作为一种政治哲学，自由主义经常被看作主要是与个人和国家的关系以及与限制国家对公民自由的干涉有关的。但是，无论明确的还是不明确的，自由主义也包含了对个人与社会的关系的一种更为广泛的说明——特别是对于个人在社群和文化中的成员身份（membership）的一种说明。本书讨论的焦点就是这些更为广泛的问题。

P1　从事这项工作的动机主要有两个。一是我不满于晚近的社群主义对于文化和社群的讨论以及它们对自由主义提出的批评；二是我对自由主义以一种冷漠的或充满敌意的方式对少数群体文化的集体权利作出的回应感到不安。

第一部分 自由主义 P7－42

第二章 自由主义 P9－20

P9 由于忽视了我们被“植根于”或“定位于”各种社会角色和社会关系的显而易见的方式，自由主义应当由于它的极度的“个人主义”或“原子主义”而遭到拒斥，这是社群主义者、社会主义者和女性主义者之间的一种通识。这种理论缺陷的后果是，在一种促进个人尊严和自主的误入歧途的尝试中，自由主义者所削弱的恰恰是唯独能够培育人类繁荣的社团和社群。

P9 首先，我所关心的是作为一种规范的政治哲学，作为关于政治行动和制度的正当理由的一类道德论证的自由主义。

P14 依照自由主义，正因为我们最根本的利益在于正确地取得这些信念并根据它们而行动，政府就应当通过为每个人提供审视这些信念并根据这些信念行动所需要的自由和资源，用平等的关心和尊重把他们当作平等者来看待。

第三章 正当与善 P21－42

P21 是正当优先还是善优先的问题现在被看作是当代政治理论的一条重要的分水岭。

P21 我希望对这种观点提出挑战。我并不认为在正当与善哪个优先的问题上存在真正的争论。自由主义的批评者和辩护者共享了这样的观点：正当的原则就是对我们给予每个人的善以同等的考虑这一要求的详细说明。

P21－22 在这一章，我将通过表明罗尔斯在义务论的和目的论的理论之间发现的区别是建立在对两个不同的问题——其中没有一个与正当或善的优先性有关——的严重混淆之上的而支持德沃金的主张。其中一个问题是与人们的根本利益的定义有关的。另一个问题则是与从每个人的利益同等重要的假设导出的分配原则有关的。一旦区分开这些问题，罗尔斯所宣称的正当优先还是善优先的争论就消失不见了。

第二部分 社群 P43－126

第四章 社群主义与自我 P45－70

P45 在社群主义者的著作中，人们能够发现若干试图说明自由主义的自我观为什么不恰当的论证。我将要讨论的五个论证可以概括为：自由主义的自我观（1）是空洞的；（2）违反了我们的自我感知；（3）无视了我们在社群的实践中的被植入性（embeddedness）；（4）无视了对我们个人判断的社会认可的必要性；（5）并伪称具有一种不可能达到的普遍性或客观性。

P50　对此，桑德尔有两个不同的论证，值得分别讨论；我把它们称作自我感知的论证（the self-perception argument）和植入的自我的论证（embedded-self-angument）。

第五章　泰勒的社会论题 P71－94

P71　正如我们已经看到的，泰勒拒斥自由主义的自我观（参见第四章的讨论）。但他也认为，即使自由主义者在我们的选择能力上的观点是正确的，他们仍然忽视了该能力只有在社会中，在和他人的联系和互动中并通过这种联系和互动才能得到发展的事实。

P73　泰勒认为还存在着自由主义者忽视了的特定种类的义务和过于强调的特定种类的权利，而这是因为他们没有充分注意社会论题。这些批评是本章的主题。但只有当我们抛弃了抽象的是否相对于抽象的义务是第一位的这样的问题，并转而追问是否存在着没有被自由主义充分认识或肯定的特定的权利、目的、德行或义务，争议才会取得更好的效果。

P76－77　泰勒相信社会论题产生了关于中立关心的自由主义政治的可能性的经验上的疑问。这些经验的关切集中在“自由的文化”的被觉察的不安定性上，而自由主义者承认这种文化是社会论题的观点所要求的。正因为我们可能的计划和目标来自于文化结构，而且正因为那种结构会在一定的条件下恶化，泰勒认为我们有一种“归属于或维持”这种文化社群的职责。既然我们个人的自由依赖于自由的文化，我们必须不但有这种不干涉的“消极的”义务，而且有维持那种文化的“积极的”义务。文化的脆弱性这一经验的事实要求我们超出中立关心的政治的樊篱。

P83　我认为，他所断定的毋宁说是参与在自由主义政体中具有较少的意义，因为它是与对于共享的目的的集体追求相分离的，而后者是合法性的真正根据。我们参与得少是因为政治已经失去了它的意义，而这就是为什么我们已经许可集中化和官僚化现象存在的原因。缺少参与是丧失共同善的政治的一种后果。

第六章　马克思主义与对正义的批判 P95－126

P95　马克思认为自由主义的正义和权利理论在描述一个真正的社群上失败了，而这种失败在他看来是内在于想要通过贯彻正义理论创造一个平等者的社群的任何企图之中的。一个良好的社群超越了正义，因为正义是一种补救性的德性，是对于能够而且将要被克服的社群中的某种缺陷的一种反映。

P117－118　因此，马克思对克服正义的辩护似乎更多地依赖于丰裕而不是社群主义所依赖的利益和谐。当然，如同马克思想象的其他变化（物化的终结，政治生活与日常生活融为一体，等等）一样，丰裕的出现确实对人们作出如何过他们生活的选择有重大的影响。

P124－125　因此，无论共产主义者和社群主义者怎样反对，自由主义的正义似乎是适合于支配我们的政治制度和实践的一种可行的政治道德。它表达了一种有吸引力的社群观，在承认我们的自我发展和我们的选择境况依赖于一个文化的社群的同时，仍然承认我们作为自我导向的存在物要求独立于存在于社群中的任何特定的角色和关系。它通过对正义的说明承认社群成员的平等地位，而又不强迫人们以他们关心的人或计划为代价行使他们的权利。

第三部分　自由主义与文化成员身份 P127－242

第七章　文化多元社会中的自由主义 P129－153

P129　一类是政治社群，个人在该社群中行使着由自由主义的正义所规定的权利，同时也履行由其所规定的责任。居住在同一政治社群里的人就是公民同胞。另一类则是文化社群，个人在这个社群中逐渐形成并修订自己的理想与抱负。处于相同文化社群中的人们彼此拥有共同的文化、语言和历史，正是这些东西规定了他们的文化成员身份（culture membership）。

P132　自由主义者必须反对用集体权利的名义提出的、限制个人权利的任何自治性建议，已是广为接受的老生常谈。但我认为那是一个错误，这个错误已经对北美的土著居民和其他自由民主国家内的少数民族文化成员造成了严重伤害。

P152－153　支持少数群体文化享有集体权利的理念并不是只与前反思的习惯或自由主义者的偏见发生冲突。它看起来似乎更与一些更为基本的自由主义原则——甚至是它们的最为精微的理论表达——直接冲突。因此，为少数群体的权利寻求自由主义的辩护将把我们带回到自由主义理论的核心。

第八章　文化成员身份的价值 P154－171

P154　为此，我们需要表明两个事实：（1）文化成员身份在自由主义理论中有着比通常认识到的更重要的地位——那就是，应该把自由主义道德本体论中一个无可非议的部分——个人——视作特定文化社群中的个别的成员，对他们而言文化成员身份是一种重要的善；（2）少数群体文化社群中的成员们在文化成员身份的善的方面面临着特定的困境，这些困境的解决要求并为少数群体权利的规定提供了辩护。

P168　人们必然在一种重要的程度上受制于他们自己的文化社群。我们不能直接把人们从一种文化移植到另一种文化中，即使我们可以提供学习其他语言和文化的机会。一个人的出身不是随便就可以抹杀的，它是也仍然是形成他是谁的一个构成部分。文化成员身份影响了我们对个人认同和能力的理解。

第九章　少数群体文化的平等 P172－192

P179　换言之，为土著人所需要的特殊措施与其说是发放补贴或使他们的选择特权化，不如认为是纠正非土著人享有的在作出他们的选择之前就存在的一种优势。对希望参加加拿大北部资源竞价的白人而言，他们的文化社群的安全是不成问题的。

P183　但是正如我在第七章讨论的，这种补偿的建议误解了文化成员身份的善的特殊性质。货币赔偿是对归因于自然残障或自然灾难的不幸的公平补偿，因为它们通过拓展一个人的能力使其以另一组方式去实现自己的目的，补偿了一个人通过某组方式获取其目的的能力遭受的哪些不该受的限制。但是文化成员身份不是用于追求个人目的的一个手段。它是我们选择自己的目的并逐渐认识这些目的的价值的情景，因而是自尊和意识到哪些目标是值得追求的一个前提。它影响了我们的个人认同和能力。

第十章　少数群体权利与自由主义传统 P193－205

P195　但是这里并不必然存在着一种冲突，因为所牵涉的这类共同性，即语言、历史和在一个文化社群中所共享的成员身份的共同性——并没有限制个体的独立存在。相反，文化结构中的成员身份正是使个人的自由和关于如何引导自己生活的有意义的选择成为可能的东西。

P203　少数群体政策不是依据针对群体纳入的人和简单明了的规则作出的，而是依据国内和国际因素的无数变化作出裁决的，尊重少数群体的合法要求在其中扮演了一个始终变化的角色。

第十一章　沃尔泽与少数群体权利 P206－221

P207　因此沃尔泽似乎让文化成员身份在政治理论中发挥了更大的作用，但是，对文化成员身份的这种强调却没有给维护文化成员身份所需要的那些措施提供正当性。

P210　沃尔泽实际上是准备牺牲历史社群去实现公民的公民身份，该意图在他讨论移民和迁徙问题时表现得尤为明显。他认为，政治社群的成员身份本身就是一种善，这就需要有一个社群去作出关于接纳与排斥的决定。

P213 从文化社群向政治社群转移的结果是使得渴望作为一种文化的成员和共同创造者的个人的平等被一种虚构的作为一个自治国家公民的个人的平等给取代了。

第十二章 社群主义与少数群体权利 P222－228

P222 在本章，我将考察两位社群主义者的尝试，他们力图借助对个体根植于作为文化社群的典型特征的共享实践中的方式的强调，超越自由主义的少数群体权利观。

P228 在要求肯定文化成员身份重要性的同时，社群主义者没有提供保护这种身份的可靠基础。

第十三章 南非的种族隔离 P229－235

P231 因此，文化成员身份的观点和使文化境况平等的原则，并不能为那些希望为南非当前的所作所为辩护的人提供任何论据。被纳入南非的那些群体是用与文化成员身份相抵触的强加的种族分类去定义的。这种纳入方式是被设计用来维护与境况平等的要求相矛盾的特权体系的。与把文化成员身份看作是正义理论的一部分相去甚远的是，种族隔离亵渎了文化成员身份，从而保护了不公正。

第十四章 结论 P236－242

P237 自由主义的个人主义是以对个人的自我引导角色和在一个正义的社群中担负的责任以及对支撑这两者的道德平等原则的信仰为基础的。

P241 对文化成员身份的性质和价值的考察不仅使我们进入到自由主义的自我理论的最深处，而且使我们接触到现代世界一些非常紧迫的正义和不正义的问题。

附录 P243－295

附录一 自由主义的个人主义与自由主义的中立性 P245－271

定义自由主义的中立性 P245－249

P248 因此，自由主义正义的两个基本成分——对自由的尊重以及物质资料分配中的公平——都排除了后果的中立性。

中立性和占有性个人主义 P249－256

P249 罗尔斯认为，赋予每个个人追求他们根本不同的目标的与他人对同等份额的要求相容的资源和自由的最大可能份额的国家，达到了辩护的中立性的预期标准。

中立性与原子式的个人主义 P257

P257　但自主选择只有在一定的情景中才是可能的，而这两种反对意见认为，自由主义的中立性不能保证那种情境的存在和繁盛。

中立性与多元主义文化 P257－260

P259－260　一个至善论的国家也许希望通过鼓励用更有价值的选择代替没有什么价值的选择提高人们的选择的质量。但值得再次指出的是，自由主义的中立性也希望提高选择的范围，而文化市场之所以是有价值的就是因为它有助于好的生活方式取代坏的生活方式。

中立性与集体协商 P260－264

P264　无论就共享的文化情境对有意义的个人选择的重要性，还是就经验和论证的共享对关于那些选择的有意义的个人评价的重要性而言，自由主义对国家中立性的信奉并未表现出抽象的个人主义。自由主义的中立性并没有否认个人自主的这些共享的社会条件，而是为它们提供了一种解释。

评价中立性论争 P264－270

P267　以这样那样的方式，强制性权力的威胁和利诱扭曲了而不是改善了个人判断和文化发展的过程。

结论 P270－271

P271　问题并不是个人价值和自主是否需要处境化在社会关系中，而是相关的关系是否是必要的或可欲的政治关系。这应当是关于中立性的争论中的真正问题，而解决这个问题需要比无论是辩护者还是批评者迄今提供的对于社会、文化与国家之间的关系的一种更为缜密的考察。

附录二　自由平等主义与公民共和主义：朋友抑或敌人？P272－295

P272　桑德尔则认为，在基督教西方世界内部或者说至少在美国，国内政治也应该被理解为两种敌对的、不可通约的世界观——公民共和主义和程序自由主义（civic republicanism and procedural liberalism）之间的冲突。在桑德尔看来，程序自由主义已经逐步取代了公民共和主义，并给美国民主带来了灾难性后果。

一　什么是程序自由主义？P273－277

P275－276　我以为自由平等主义对自我、国家以及公正分别有如下三个重要主张，它们构成了自由平等主义的特征。其中前两个特征是左翼与右翼的自由主义都具有的，而第三个特征则为自由平等主义所独有。

（一）理性的可修正性（Rational Revisability）

……

（二）非至善论的国家（The Non-Perfectionist State）

……

（三）对道德上专横的不平等之纠正（Rectifying Morally Arbitrary Inequalities）

……

二 自由平等主义是不满的对象？P277－283

P278 自由平等主义的价值可能在一个拥有某种共同体认同与公民美德的社会中完美地实现，甚或实际上只能在这样的社会中实现。

三 这就足够了吗？P283－293

P284 我先从理论层面入手，正如我前面指出的，自由主义将美德与身份认同问题看作是依赖性价值，它们必须根据个人作用与社会正义这一更深层次的自由主义原则来评估，并受其限制。

P288－289 依我之见，有证据表明在这些国家中，左翼程序自由主义并没有妨碍政府成功实施促进公民美德与共同体身份认同的政策，更常见的倒是，它也没有妨碍政府提供不但参与程度比美国高，而且满意程度也比美国高的政治参与。

四 长期的可持续性（Long-Term Sustainability）P293－295

P295 自由平等主义的正义仍然是评价政治制度与政策的标准，但是自由主义者应当对什么样的制度与政策、在何种层面上能最好地服务于这些原则的问题上大度开明。同大多数问题一样，自由平等主义者和公民共和主义者在这个问题上可以而且应该携手合作，一道寻求促进社会正义和参与性民主的富有想象力的计划。

【参考文献】

［1］威尔·金里卡．自由主义、社群与文化［M］．应奇，葛水林，译．上海：上海译文出版社，2005．

［2］常士訚．超越多元文化主义——对加拿大多元文化主义政治思想的反思［J］．世界民族，2008（4）．

[3] 威尔·金里卡，卞绍斌. 当代政治哲学前沿：多元立场、公民身份与全球视野 [J]. 马克思主义与现实，2013 (2).

[4] 李海平. 少数族群差异权利的证成——金里卡多元文化自由主义 [J]. 学术研究，2012 (1).

[5] 雷振扬，夏威华. 威尔·金里卡的少数群体权利思想探析 [J]. 中南民族大学学报（人文社会科学版），2012 (7).

十四、《消费文化》

[英] 西莉亚·卢瑞　著
张　萍　译
南京大学出版社，2003 年

【作者简介】

西莉亚·卢瑞现任英国兰开斯特大学社会学系的教授和系主任、兰开斯特大学妇女研究中心领导人。曾就读于约克大学和曼彻斯特大学。她擅长数学和社会学，在指导学生进行理论研究方面有较深造诣，其研究涉及意志和想象、黑人妇女的权益、广告、视觉社会学、记忆与民族认同等多方面。西莉亚·卢瑞通过社会学方面的研究，通过一系列相互联系的实证研究项目，来探讨全球文化产业的发展问题，对文化的发展有很大贡献。此外，她还致力于利益社会学文化方面的研究，并且对女性主义理论研究有很大的兴趣。

《消费文化》是西莉亚·卢瑞的成名作，除此之外，西莉亚·卢瑞的其他著作还有《文化权利：技术、合法性和个性》（1993 年）、《假肢文化：摄影、记忆与认同》（1997 年）、《女权主义和自传》（2000 年）、《转换：通过女权主义》（2000 年）、《品牌：全球经济的标志》（2004 年）、《创造生命：新生命哲学的方法》（2006 年）、《全球文化工业：物的媒介化》（2010 年）、《创新方法》（2012 年）等。

【写作背景】

消费是人类永恒的主题，也是学者始终关注的问题。古典经济学家曾将消费作为其经济学说的重要内容，威廉·配第、亚当·斯密、李嘉图、魁奈等人对生产与消费的关系，节制消费，奢侈性消费等展开了多方面的探讨。而后，凡勃伦提出了炫耀性消费理论，为现代西方消费社会理论奠定了基础。随着西方对消费文化研究的不断深入，逐渐形成了一种普遍认可的观点：消费是一种决定性的社会和历史的力量。

随着物质生产的不断发展，当今社会的经济结构中心已逐渐从生产转向消费，开始走向了以消费为中心的时代。“我们或许是生活在一个连空气中都充满了消费文化味道的时代——20 世纪是一个消费的世纪，是消费社会和消费文化的世纪。”[①] 而科学技术的不断进步，更加速了消费社会和消费文化的到来。消费在社会经济和文化生活中的作用日益增加，消费文化涉及社会的生产方式、生活方式和文化方式等各个方面。从生产社会到消费社会的转变也使得对消费文化的研究逐渐从单纯的学术研究转变为当代社会的中心问题之一。

随着“丰裕社会”的出现，以物作媒介成了人们建立各种社会关系的一种重要的方式，即消费文化成了物质文化的重要表现形式，这使得作者将目光放在了消费文化上。她尝试以社会学的视角研究日益发展的消费文化，并通过对消费文化的研究来把握物质和文化的关系，作者利用大量的研究成果，通过分析消费的发展、消费文化与物质文化的关系，考察消费文化的特征，进而完成了这本著作。书中，她提出了中心观点：“消费文化是 20 世纪后半叶出现在欧美社会的物质文化的一种特殊形式。”[②]

【中心思想】

西莉亚·卢瑞的《消费文化》是介绍消费文化的本质的一本入门教材。作者通过分析大量有关消费文化的研究资料，从而寻找到了消费文化的萌兴以及生产和消费文化之间的动态关系。作者把重点放到物质和文化的关系上，研究了物质文化和消费文化的关系，说明了物品流通和文化在社会中是复杂地交织在一起的这一总原则[③]。她还指出，在当代社会，消费已经日益变得风格化，并为人们的日常创造性活动提供了重要的环境。作者研究了个人在以社会等级、性别、种族和年龄划分的社会群体中的地位对他或她参与消费文

① 迈克·费瑟斯通. 消费文化与后现代主义［M］. 南京：译林出版社，2000：7.

② 西莉亚·卢瑞. 消费文化［M］. 南京：南京大学出版社，2003：1.

③ 西莉亚·卢瑞. 消费文化［M］. 南京：南京大学出版社，2003.

化的影响，并指出这种影响已经促成了个人与这些社会群体的归属感方式的变化，从而证明消费文化提供了创造社会和政治身份的新方法。

【分章导读】

第一章 简介：物质文化要素 在这一章中，作者指出了消费文化应该被视为欧美社会物质文化的一种特殊形式，以物作媒介是人们建立各种社会关系的一种重要方式。在这一章中，作者提出了“消费文化是物质文化的一种特殊的而又是很重要的方式”这一重要观点，一件物品的使用通常既是消费又是生产，既是破坏又是生成，既是解构又是建构。作者写作本章的目的是：不仅说明物品流通和文化在社会中复杂地交织在一起这一总原则，还试图说明这些互联关系的本质。

作者首先研究了消费文化和物质文化的关系。物质文化是研究人与物之间关系的学科，它研究物品或者使用对象。人们通过各种方式建立社会关系，以物作媒介是很重要的一种方式，而物质文化可以看作是研究人与物之间的关系的学科，有形物体在日常生活和精神生活中很重要，而且自身具有很强的符号意义或者是道德规范。物质与文化能结合成供人们研究的特定关系，而消费文化即是物质文化的一种特殊方式。

随后，作者提出了这样的观点：风格化过程是对消费文化最恰当的解释。对于这一风格的形成，作者认为有四个因素具有十分重要的作用，第一，商品流通的重要性。第二，不同的生产和消费体制或价值体系内部关系的变化，相对于独立的使用物品场所的增多。第三，消费活动与生产活动相对独立，消费者因此而获得更多的权益。第四，对现代社会中的特殊人群或文化中介人来说，消费或使用文化商品是至关重要的。在对这四个因素影响力的分析中，作者将注意力引向了艺术文化体系，强调文化商品使用的重要性。

在这一章中，作者还强调了其所研究的消费文化并非等同于现代消费文化，其重点是关于物质与文化的关系，是“被用物品”的文化。作者还探讨了经济与物质文化的关系，指出在现代欧美社会中，相当一部分人是被剥夺者，他们没有参加消费活动所必要的经济来源，因而无法参与其中，贫穷严重地阻碍了参与消费基本能力指标的消费者的选择能力。经济与物质文化间关系复杂，贫穷会限制人类参与消费的可能性，但其本身并未必然地阻止消费，也可能促使人们融入消费文化中，但客观地会出现消费不平等的现象。

最后，作者指出消费文化发展的一个重要特点就是商品的不断增加和流通，其中文化商品的发展十分重要，但是，文化商品的使用并不完全由消费主体的经济地位所决定，某些群体会对流行服饰、风格、艺术及文化的发展有很大的影响，他们并非必然是经济富裕者。一个社会的主导文化并不一定就是全体社会成员都参与其中的，而绝大多数人渴望融入的文化也许能成为一个社会的主导文化，人们以完全不平等的条件参与消费文化，这些不平等的条件并非直接地与经济不平等有关，而是文化本身特有的。消费文化提供了一个环境，在其中，人们可以将个人身份理解为与物质财产有关，消费文化成了当代信仰的根源，被认为是给身份政治创造了条件。消费文化通过技术、美学等知识提高了消费主体的自身认同感并对其进行反省，从而提高自己的身份，进行个性的自我设计。

第二章　物质文化与消费文化　在这一章中，作者所要进行的工作是介绍物质文化的概况，从而指出消费文化的一些特点，证明它是物质文化的一种特殊形式。在这一章中，作者指出了消费文化的一些主要特点，并突出了不断增长的消费需求这一十分重要的特点，也强调了生产和消费之循环的必要性，指出了消费文化的发展必须被置于这些多重循环的环境之中。

这一章中，作者通过阐述萨赫利斯的“图腾崇拜”概念以及道格拉斯和伊舍伍德对“物质文化”的分析，从理论上介绍了物质文化的概念，并由此开始讨论当代物质文化的特色或者特点。指出“商品的用途通常是由文化环境框定的，日常生活中哪怕是最常用的物品的使用也有文化的含义。商品已成为提供社会身份信息的来源和社会含义的载体，能够创造或规定文化意念和信仰”[①]。商品之所以产生意义是因为每个人都积极地参与到了特定的文化之中。因而，个体为了获得文化意义并控制文化意义，以确保自己不被排斥在文化体系之外，会努力使自己处于某个地位。沿着这条思路，可以看见欲望和需求是怎样变动的，而在特定的社会环境中创造了经济价值。作者还指出在现代欧美社会中，美学知识在开创物体流通方面起着越来越大的作用，日常生活的美化已经为物质文化结构提供了变革的条件。

随后，作者从马克思的“商品拜物教”这一思想出发，指出现代的商品崇拜对我们的影响，并不像传统社会中的图腾崇拜，是特定文化的成员一致同意的结果，消费文化的风格化可以归因于现代社会中生产结构的变化，特别是归因于市场交换而进行的增产。现代社会对商品的崇拜在包装、宣传和

---

① 西莉亚·卢瑞. 消费文化［M］. 南京：南京大学出版社，2003：13.

广告活动中，受到有策略的操纵，一方面控制事物间的可能关系，一方面为满足人类愿望、需求和情感，商品变得能自由地获得许多文化联想和幻想，这是商品美学的基础。消费商品的使用模式以及人们因使用商品而产生的满足感，取决于其他人的消费选择。消费者频繁地将商品当作社会地位和文化方式的标记，他们试图以自己和其他消费者的关系来界定自己的社会地位。新贵族利用物质商品来维护他们的社会权益，高尚品位表达了和劳动世界的距离，因而被称作“高雅的”或“有修养的”。这个阶层已经形成了自己的自主性消费活动，并通过公开展示使之看得见。还有越来越多的社会成员，部分是通过竞争的过程也形成了自己的消费活动，在竞争中，消费登记体系中较低的阶层设法模仿较高的阶层的消费。消费动机不仅仅是获得社会地位，好胜的冲动也不是消费需求唯一的导火索，促成消费的因素还有享乐主义、逃避现实、幻想和渴望新奇的思想等。

第三章　消费的风格化　在这一章中，作者主要介绍并详细阐述了消费的风格化特征，并从艺术—文化体系对消费文化发展的作用以及文化在消费中的渗透两方面对其进行了探讨。作者指出这种风格化，可以将消费文化定义为物质文化的一种当代形式、特殊形式。作者还概括地说明了有关风格化的不同理论，并指出现代消费文化特殊的风格特点源于美学知识在价值创造过程中日益增加的重要性。但是，作者也指出了美学知识的分布是不平衡的，这是在艺术—文化体系的作用下产生的部分结果。人们试图研究在意义斗争过程中，生产、符号意义和消费者活动所发生的变化以及它们和美学知识的分布之间的关系，并衍生出了不同的研究方法。

作者指出，当今世界不仅充满了消费者个性或消费者态度，而且消费文化在其中起了主导作用[①]。原本在商品的独特性基础上形成的价值体系，已变为在真实性基础上构成的体系，这一变化被认为是美学知识在物体流通过程中变得日益重要而导致的结果。文化渗透被认为是现代消费的特色，但其并未同样地浸透每一个人，美学知识的分布总体上是并非平衡的，艺术—文化体系，对消费文化的发展有越来越重要的作用。

作者进而考察了现代欧美社会中的艺术—文化体系的组织历史。指出艺术—文化体系过去已经构成了文化商品的生产和消费，在许多方面影响了消费文化的发展，特别是随着 20 世纪文化工业的迅速增长，艺术—文化体系已

---

① 西莉亚·卢瑞. 消费文化［M］. 南京：南京大学出版社，2003：44.

经为消费者提供了一个产生共同的审美情趣的环境，物质文化不仅与社会关系有关，而且与具体的符号或文化价值有关。消费对文化的渗透已经得到肯定，但是，关于艺术—文化体系对消费的影响，总的来说，还没有进行过系统的研究，其影响程度也还不是很清楚。在许多社会群体的活动中，文化商品的消费已经被赋予特别重要的意义，尽管文化商品的消费既不典型也缺乏代表性，但它作为消费的一种范例模式而言，对我们理解消费文化具有特别重要的意义。

作者随后又概括了消费文化发展的三种理论模式，并着重概述了艺术—文化体系与生产和消费之间的相互作用。作者认为从所谓的生产主导的观点看，消费文化的出现受到产品生产方式的约束，商品的生产已经被“合乎文化标准的制造方法”所支配，为市场交换而进行的商品生产已经包括了美学方面的知识，这为消费文化的出现创造了条件。市场的扩大和消费的增长是资本扩张的结果，在历史上，这种扩张与帝国主义和殖民过程有着复杂的关系。从19世纪到20世纪，资本扩张在宏观和微观的层面上持续发展；人们创造了新的市场，原有的市场扩大了，消费不光在地理空间方面延伸了，还在时间上强化了。时尚原则被引进越来越多的产品中，导致了生产、经营和消费之间关系的巨大变化。时尚的传播取决于新的消费感觉，一种在中低阶层中逐渐兴起的互相仿效和对新鲜事物的喜爱。强制性的美学淘汰使得商品以更快的速度进行着式样翻新，导致了消费的流动化，以前社会的时间和空间方面从相对静止和固定的状态中解放了出来，这些变化也促成了消费的风格化，使风格化再一次与生产联系了起来。另外，广告也被认为是风格化过程的一个重要部分，广告不仅在当代经济生活中变得日益重要，而且广告风格的变化——尤其是介绍产品的特点、外观以及它在特定环境和特定生活方式中的用途——已经促成了消费结构的变化。所谓的商品美学在欧美社会发展起来，这是生产模式导致的结果，对创造完整生活方式的条件具有十分重要的意义。

第四章　住处和习性　在这一章中，作者以布尔迪厄和费瑟斯通的研究为例，介绍了种种研究消费文化的方法，并通过对历史的考察，指出布尔迪厄等人的研究强调不同社会等级群体是美学知识的主要社会载体。这种研究通常是关于当代欧美社会变革的概括分析，这一变革有时被称为从福特主义到后福特主义的变化。在本章中，作者指出艺术—文化系统在消费文化实践中的相对重要性也可能取决于消费者的社会地位，每一种理论适用于不同的社会群体。作者还以中产阶级为例，概述了社会等级、市场以及消费文化之间的关系，指出新兴中产阶级作为参与不同社会阶层相互较量斗争中的一分子，由于福特主义经济向后福特主义经济的转变，其规模已经扩大，社会地位也提高了，已经形成了一些非常引人注目的生活方式。新兴中产阶级的生活方式不仅带来了文化资本积累过程的变化，而且正在使艺术—文化体系的总机制发生根本的变化。尽管这种变化可能在很大程度上对中产阶级有益，但它也可能已经产生了意想不到的效果，即破坏了该系统的整体稳定性。事实上，正是文化资本转化成经济资本的过程的复杂性，说明了后现代主义现象的矛盾。

首先，作者考察了美国消费文化的历史及其特有的“福特模式”。美国是消费社会的后来者，但却后来居上。到了20世纪初，美国终于从跟在欧洲后面蹒跚学步，变成了消费社会的领导者。1913年美国福特汽车制造厂的汽车，开出组装线，象征着20世纪美国消费文化的完全成熟。20世纪美国消费主义大众文化的兴起与资本主义大规模的工业生产方式有着密切联系，而以福特主义为其代表。福特汽车用机器组装汽车，大大降低了汽车的成本，汽车成为美国普通人家可以购买的产品。同时福特汽车厂给工人付出远高于其他行业的工资，使得其汽车工人立刻成为中产阶级，购买力大大提高。福特的手段表明，消费社会不仅要有大规模的生产，还要有相应的消费能力去消化这些产品。福特创造的就是这个模式。这个模式成为美国消费社会的特征之一。广大的中产阶级由于最低工资的提高，促使他们成为消费社会的主体。从理论上看，20世纪的消费社会是和资本主义密切联系的。资本主义的模式就是确定足够的物质资料和足够的消费欲望和能力①。

随后，作者认为：消费文化的兴起是以其日益强化的风格化为特色的，生产、交换以及消费品的使用越来越受到商品的被感知方式或符号方面的影响。作者认为，商品的表达功能，相对于其使用或工具性功能而言，有越来越重要的作用。人们通常多半是根据商品的符号功能而使用它们。消费的这个方面，由于特殊社会等级群体的活动，在现代欧美社会中正变得日益重要。现代消费的一个特点是它显示了地位或竞争消费的大众化，随着越来越多的消费品被当作代表地位的商品，产生了无法满足的需求过剩，反之又导致了经济不稳定。关于为何会导致经济不稳定，作者这样解释：如果商品的主要

---

① 罗钢，王中忱. 消费文化读本［M］. 北京：中国社会科学出版社，2003.

功能是符号功能，所有群体都通过商品建立他们和其他群体之间的差异，那么从理论上说，消费需求是无限的，从而大众化的竞争消费将扰乱现代经济，而不是像通常所说的那样，对资本主义经济有促进作用。

最后，作者通过阐述皮埃尔·布尔迪厄的“品味”理论和“习性”理论以及费瑟斯通的理论，并结合美国的情况，指出品位是一个分化过程，不过，它不仅导致了不同商品门类之间的差别，而且导致了不同的社会群体之间的差异。不同品位之间的较量对社会再生产具有极其重要的意义，它们促成了所谓的从福特时代社会向后福特时代社会的转变。更重要的是，中产阶级消费商品的方式在从福特时代向后福特时代的转变过程中发挥了重要的作用，后福特主义生产促成了新中产阶级的发展，他们在涉及符号商品生产和服务的服务性行业做白领工作，并且不遗余力地维护他们相对于其他阶层的特殊身份。他们一方面通过工作实践，即自我宣传而获得这种身份，另一方面以一种极其引人注目的生活方式区别于其他群体，生活方式是新的社会意识的理想的表现形式。这些新兴阶层群体既是当代后福特主义时期资本主义经济发展的产物，又促进了资本主义经济的发展。新兴中产阶级的特别之处在于他们追求注重情感的、自由的生活方式，这种打破一切界限的生活方式正是后现代文化的特点。

第五章　补偿和装扮　在这一章中，作者介绍的是另一种互动式的消费研究方法：注重性别因素在消费文化发展中的意义，强调研究生产和消费循环的重要性。在这一章中，作者探讨了性别关系的变化与消费的变化之间的双向关系。一方面，她指出了消费文化改变男女关系的多种途径，尤其是通过在家务劳动中使用商品这一途径。另一方面也分析了男女关系，包括家庭经济关系和妇女的客体化，是以何种方式推动了消费文化的发展，例如通过提供使消费有感情色彩和审美情趣的特殊环境这种方式。而对于认识女性在消费文化发展中的作用这一问题，应根据自相矛盾的职业观点，即从女性同时担当了消费实践的主体和客体的角色这一观点出发进行研究。消费文化的发展应该被看成一段互相衔接的历史，不能认为它只涉及单一的、重要的因素。作者认为，应当从社会阶层和性别两方面来理解消费文化的发展，而不是单从阶层角度分析。

作者认为，学术界较少关注性别和消费文化的关系，且学术界所关注问题存在相当多的自相矛盾。一方面，学者们认为在推销和做广告宣传时，消费者角色被构想成男性，实际上大部分商品往往都是妇女购买的；另一方面，以“性别和消费”为题的大多数条目所关注的却都是所谓的“偏常”行为。许多学者认为，女性在消费文化发展中的作用必须和家庭经济联系起来。妇女是从属于男人的，男人要求她们做家务，以至于她们不是为自己，而是为他人而使用商品，妇女不能被视为文化中介，而只能看作是并不属于她们的文化的载体。尽管女性在消费文化的发展中占据了重要地位，但这种重要性源于她们的媒介作用①。

对此，作者指出，消费文化已经促成了后现代的发展，尽管女性影响了这一发展，但她们并不是积极参与了这个发展过程。因为相当一部分妇女不能拥有自我，也没有运用这个自主权利的能力，因而她们就难以获得其他的文化资本。但她们至少是消费文化的对象，正如她们至少是消费文化的主体一样。消费文化不仅应从与资本主义经济和等级关系的角度来解释，而且应同时从它与家庭生产和性别关系的角度来理解。性别关系、家庭革命和消费文化的兴起有着密切的关系，尽管妇女可能是消费文化的工具，但她们未必是其历史发展的代言人。

第六章　种族与地点的变化　在这一章中，作者探讨了种族与消费文化发展的双向关系，首先指出了黑人的形象在帝国主义和消费文化的形成和发展过程中历来都具有举足轻重的作用，接着又指出了黑人的形象在当代社会里仍然具有类似的功能，尽管这些形象所包含的内容已经发生了变化。作者认为，尽管黑人不是主动融入消费文化之中的，但是，黑人在消费文化的发展中却一直发挥积极的作用，黑人可以被看作消费文化发展中重要的文化中介。在这个动态过程中，白人得以体验黑人因为消费特殊产品而形成的生活方式，黑人也因此形成了具有复杂表达意义的身份特征。作者在描述从欧洲高雅文化到后现代全球文化的变化的同时，指出了黑人文化活动的重要意义，并指出了应该从多重路径和历史两方面来理解消费，并重申艺术—文化领域是消费文化发展的重要领域。作者指出，消费文化决定了人们对种族类别的认识。消费文化的发展和帝国主义、殖民主义过程以及种族的等级分类密切相关，种族身份已逐渐被视为模仿的产物，从某种意义上说这是当代消费文化的特色，即风格化所导致的结果。

作者在本章中主要引入了姆克林托克、苏珊·威利斯、保罗·吉尔罗

---

① 弗兰克·莫特. 消费文化——20世纪后期英国男性气质和社会空间［M］. 南京：南京大学出版社，2003.

伊德的观点，探讨了种族与消费文化的关系，并重点以黑人为例。作者指出，当代消费文化的风格化的后果之一，就是它改变了人们对种族的认识，从把种族看成是生物的或自然的类别到把它看作文化的或美学的知识。消费文化中关于种族的当代描述将白人和黑人之间的不同视为一个美学问题，从而抹杀了种族主义的政治现实，消费文化对种族的重新定义具有非常深刻的意义。消费文化已经包含在等级类别的形成过程之中，这也证明了消费文化已经促成了种族主义的运作方式的转变，尤其是促成了从认为“种族与生物学密切相关”的生物学种族主义到认为“种族是一种文化”的文化种族主义的转变，这一转变具有重大的政治含义。黑人使用文化商品是他们挑战自己在欧美社会中的边际人地位的一种重要方式，在黑人文化中，消费并非被称赞为一种个人的实践活动，而是一项集体性、积极乐观的实践活动。黑人对消费文化的参与，在消除他们与白人的艺术和生活的区别方面发挥了重要的作用。

第七章　跨越时空　在这一章中，作者主要介绍了青年亚文化的出现、特点以及其与消费文化之间的双向关系，既研究了年轻人是如何在消费文化中充当了重要的文化媒介角色，又提出了消费文化是如何改变了年轻人的观念。在这一章中，“青年”作为战后出现的一种社会身份类型，它和年轻人使用物质商品的独特方式有着密切的联系。这种亚文化的特殊性之所以引人注目，正是因为战后青年扮演了代表社会变化的角色。本章介绍了多种研究当代青年问题的方法，从根据年龄来定义青年的生物学方法到那些认为青春与否和年龄无关的方法，以及认为任何一个人都可以通过使用消费商品，特别是通过媒体技术的形成与时间和空间的反衬关系，从而或多或少地展现青春风采的理论。消费文化提供了一个环境，即青年不再是一个生物或者代际的类别，而被认为是一种风尚。青年亚文化现象既是对消费文化的反应也是回应：年轻人同时是生产和消费的循环关系的中介和象征。

首先，作者指出，青年亚文化的萌兴具有三个主要特点[①]，首先他们是休闲的文化而不是工作的文化。其次，青年亚文化的社会关系既体现了集体性质也体现了个体差异。最后，青年亚文化的特点是关注流行时尚，青年所特有的各种风格，是各个阶层、性别、种族的主张交叉剪接的变体。青年亚文化对打破高雅文化和俗文化的界限是至关重要的，是当代后现代文化的一个

---

① 西莉亚·卢瑞. 消费文化［M］. 南京：南京大学出版社，2003.

特色。消费的风格化在很大程度上是年轻人实践其丰富的创造力的结果，作为一种消费模式，其本身就是对社会上越来越多的人相信“他们处在最好的”时代这一普遍现象所作的评论。因此，青年亚文化是在迅速发展的消费文化中争夺意义控制权的场地，这些争斗体现在服装、行为、音乐和语言中。青年亚文化代表了对强化的市场的一种真实的回应，以及对早期生活方式的明显的漠视态度。但有人提出了青年亚文化不可能再在今天的掠夺性的商业环境中生存下来：它们一出现就被当代消费文化整个吞没了，并指出流行文化的日益商业化已经导致了青年亚文化的死亡，或者其已被纳入到了顺应时代的流行文化或青年文化。

随后作者指出，尽管大众媒体是青年亚文化出现的必要条件，但是它们的持续发展已经损害了建立青年亚文化时对“青年”一词的理解。在这一点上，青年不再与年龄有关，也不再是一种生物属性，也不仅仅是一种社会结构，它是一种态度，是作为文化资源的时间所操纵的结果。青年仍然可能是社会所钟爱的年龄组，但只要掌握了其中的奥秘，几乎每个人都能永葆青春。说青年亚文化消失了可能并不准确，假如有关青年的定义发生了变化，那么青年亚文化也很有可能发生变化。事实上，由于在过去 20 年左右的时间里媒体服务的逐步延伸，某些变化是不可避免的。总的来说，商业化的媒体环境已经改变了孕育年轻人文化活动的社会和文化空间。艺术—文化体系在消费文化的传播和发展中仍然具有特殊的意义。

作者进而通过研究广告对生活的渗透，试图突出当代青年亚文化的特色，并就青年和消费文化之间的双向关系提出了不同的解释，既研究了年轻人是如何在消费文化中充当了重要的文化媒介角色，又提出了消费文化是如何改变了年轻人以及青年的概念。

此外，作者还通过阐述威利斯、迪克·赫布戴智、雷德黑德的观点，指出过去的青年文化通常被描述为张扬的文化，意思是它们是特地创造出来供观赏的，是一种展览。在这些公开展示的青年文化中，年轻和年长之间的差别是通过特意使用明显的、另类的标志而创造出来的。今天的年轻人并没有通过将自己变成展品而创造青年亚文化，而是通过本身在社会或超现实的社会中运行的方式创造了青年亚文化，年轻人在意义控制权的斗争中发挥了举足轻重的作用。年轻人与消费文化之间的关系包括两个层面：一方面，将年轻人定位成特殊观众的概念，源于青年人被媒体尤其是音乐、电视和广告业视为特殊的追踪对象，青年不再是变化的象征，而是进行选择的代表、在商业化媒体环境中做出选择的观众。“青年”一词不再用于描述被特定类型的节目所吸引的特殊的一类人，而是代表一种态度、一种特定的观察行为。另一方面，年轻意味着一种变化的状态，在这种状态下，个人与物体的关系不再是一种精心计划的解除控制，而是一种互相分散注意力的关系，正是在制造引人注目的身份这个过程中，年轻人将自己塑造成了青年，年轻人同时占据了自我的内在空间和城市生活的外部空间，他们不是商品的奴隶，相反，商品的力量不可避免地形成了个人和集体的身份特征。

第八章　消费文化、身份和政治　在这一章中，作者主要研究了消费文化与身份的关系，并进而进入到其体现的政治关系层面的研究，通过对不同群体的消费理念、特征等方面差异的描述，从而得出了不同的社会等级得以产生的消费文化方面的原因。一个人属于某个社会群体，部分地意味着一种特殊的与自我的关系。正是消费文化所促成的各种关系，推动形成了社会阶层、性别、种族和年龄等特殊的归属类别。

首先，作者引入了“文化中介”这个概念。认为不同的社会群体以不同的方式、在不同的程度上充当了“文化中介”的角色，而那些弱势群体有时候充当着积极的“文化中介”的角色，这说明消费文化相对独立于经济、权力以及不平等的社会关系，但这种独立是有局限性的，因为在任何一种情形下，消费文化都可以被视为新的权力和不平等关系之所在。人们参与消费文化的程度是不平衡的——它以不同的方式为不同的人带来了利益和弊端；反过来，消费文化是某些群体的，而非所有人或群体的行为结果，不同的消费群体引导了不同的消费文化。

作者进而指出艺术—文化体系对消费文化的萌兴具有至关重要的意义，并促成了消费文化的发展，而消费文化也引起了艺术—文化体系结构的变化，包括促成了高雅文化和流行文化之间界限的逐渐消失。游离于高雅文化和流行文化之间的能力并不像人们所认为的那么容易识别，高雅文化和流行文化之间的界限，本身是艺术—文化体系中持续不断的真实性和商业化的对立造成的。真实性和商业化之间虽然对立，但他们之间不是相互排斥的关系；相反，真实性和商业化历来都被认为是表面上贯穿在一系列复杂过程的对立面，在此过程中，它们实际上是相互交织在一起的。不仅这种复杂的既对立又相互依存的关系已经成为刺激消费文化发展的动力，而且消费文化已经创造了打破这种对立关系的新环境。中产阶级的不经意的活动，使高雅文化和流行文化间的界限被削弱了，消费文化给弱势群体提供了制造真实性和形成其社会和政治身份的新资源[1]。消费文化在解释个体和自我意识的关系中具有重要性，不同社会群体的个人与他的自我识别之间的关系是有差异的，消费文化的萌兴对不同的社会群体有不同的启示。人们已经深深地融入了消费文化之中，消费文化渗透到了人们日常生活的各个方面。

随后，作者阐述了伦特和利文斯的"消费概念的多样性和复杂性"理论，以及安东尼·吉等斯的"个人奋斗塑造自我"理论。作者认为，消费者的选择能力的差异是由消费文化的发展不平衡决定的，这也是关于美学知识和文化资源在艺术—文化体系内如何分布的问题。物质不再是危险的中心，而个人与物质、个人与其实现愿望的活动之间的关系成了当代社会的危险所在。尽管消费者选择的概念有时具有积极的作用，但是消费者选择的概念也有消极影响。人们对"选择"的普遍焦虑可能威胁到消费文化本身的主导作用，消费文化正面临着深刻的危机。当代，"消费者选择"仍然是一种方式。因此，消费文化的意义在于：社会和个人不再以更大范围的集体的或外在的道德观为参照来评价自我，也不能根据他们完成任务和职责的好坏来评价自己，而是根据他们实际的选择能力的大小来评价自身。

【意义与影响】

第一，该书是一部全面研究消费文化的权威的著作，资料翔实，语言流畅，论述严谨，详尽地描述了大量有关消费文化的研究资料，引用了大量前人的研究成果。作为研究消费文化的入门教材，较于法国理论家鲍德里亚的理论名著《消费社会》的深奥，该书的特点是深入浅出，更易于普及消费文化的知识，使读者理解消费文化这一社会热点现象，也使对消费文化的研究逐渐从学术研究的边缘进入热门话题。

第二，作者把重点放到物质和文化的关系上，研究了物质文化和消费文化的关系，将消费文化视为物质文化的一种特殊形式。从而使人们突破了对"消费"的狭义理解，使人们的注意力从"用东西"就是"消费"或"消耗"，转移到更广义的"使用"上来。作者提出了这样的观点："一件物品的使用或挪用，通常既是消费，又是生产；既是破坏，又是生成；既是解构，又是建构。"[2] 这对于人们理解消费的特殊作用，唤起人们对生产与消费的循环的重

---

① 凡勃伦. 有闲阶级论［M］. 北京：商务印书馆，1964.

② 西莉亚·卢瑞. 消费文化［M］. 南京：南京大学出版社，2003：1.

视有积极的现实意义。

第三，作者通过消费文化的萌兴以及生产和消费文化商品之间的动态关系的研究，全面地解读了消费文化的本质及其在现代社会中的作用的研究。从个人是如何受到群体影响的来说明消费的社会意义，认为消费文化不仅应从家庭生产和性别关系的角度来理解，还应从与资本主义经济和等级关系的角度来理解，这就使对消费文化的研究上升到更高的制度层面，使这一研究的社会价值得以体现。

第四，该书使用了社会学研究方法，没有空洞地谈论“消费文化”，而是将“消费”与“人”和“社会”相联系，着重研究了不同社会等级、性别、种族、年龄的个人在社会群体中的地位对其参与消费文化的影响，很充分地说明了在消费文化的环境中，个人与社会群体的归属方式的变化。这一分析方法为消费文化的研究提供了一个更为广阔、有效的角度，令人耳目一新。此外，西莉亚·卢瑞提出了用“消费主义”这一术语来描述通过市场交换的物体消费的变化比使用“消费文化”更确切这一重要结论，这些研究对我国学者的相关研究具有启发作用。

第五，该书对于已经进入消费社会并且也需要消费来拉动经济增长的中国社会提供了可借鉴的反思。随着社会主义市场经济的繁荣，社会文化的多样性也日趋明显，当代中国消费文化的出现势在必行。消费文化会潜移默化地影响着人们的思维方式和社会行为，对于经济社会的健康发展具有重要的意义。深入研究消费文化及其作用，与在经济领域“要牢牢把握扩大内需这一战略基点，加快建立扩大消费需求长效机制，释放居民消费潜力”[①] 的目标是一致的。该书对于我们如何在反思的基础上进一步深刻剖析消费文化的特征、传播功能及其对社会文化诸方面的影响，如何建构一种有社会影响力的、具有中国特色的消费文化大有裨益。同时要指出的是，作者的部分观点尚有值得商榷之处，对于消费主义和消费文化本质的认识也有其一定的局限性。

【原著摘录】

第一章　简介：物质文化要素 P1－8

P1　《牛津袖珍辞典》对“消费”一词的解释是：“毁掉，用尽，吞掉，

① 引自中国共产党第十八次代表大会报告。

吃光或喝光”。这些解释及“消费”一词在“being consumed by envy，greed，desire”等短语中的用法揭示出欧美社会对消费的某种热望。

P5 因此，从这一点我们可以清楚地看出，经济地位在某种程度上能够限制了个体参与消费或实际选择的自由。但是，同样重要的是我们既不能就经济地位与参与消费文化之间的关系之性质匆匆下结论，也不能想当然地认为贫穷不属于消费文化或者富裕就属于消费文化之列。

P6 尽管商品流通与占有呈全面增长的态势是消费文化发展的一个特点，文化商品的使用（须着重指出的是这可能包括也可能不包括占有商品）对消费文化的发展也是至关重要的。虽然经济地位通常表明可能拥有或占有商品，但是它并不意味着使用文化商品。

P8 一个相关的主题是，消费文化已经通过一系列的专业知识促成了一种越来越明显的对自我认同的反省关系，例如：有关生活方式、品位、健康、流行服装和美容的知识，个人可以利用这些知识来提高自己的身份。这种与自我的反省关系可以理解为反映了个体的自我设计过程。人们通过技术的、社会和美学知识认识了这种反映，也许特别是后者。因而，它促成了美学与伦理在日常生活中的联系。

第二章 物质文化与消费文化 P9－43

P9 本章的目的是：不仅说明物品流通和文化在社会中复杂地交织在一起这个总原则，而且要说明这些互联关系的本质既错综复杂，又呈现出历史性的变化。

P12－13 商品可以作为社会地位的标志，或者说，商品体现社会地位，传递了人际间的相互影响，它们的意义是不定的，也就是说，在商品流通时，商品的意义可能会改变。综上所述，商品的变动可以被视为某种符号交换体系的一部分。

P25 至此，本章一直是从两个视角考虑物质文化：第一，物体是如何被用于改善个体的社会生活方式；第二，如何通过拟人化，赋予物体生命，研究它们的文化演化和社会历史，使其文化意义成为有形物。

P30－31 马克思认为，占有方式是形成人类社会特性的重要场所。通过劳动活动、使用和适应自然资源，人类意识才形成了现在的样子。这意味着劳动的物质产品中包含或体现了人类意识。这就是为什么劳动产品——物质手工艺品或商品，对个体了解自我，对大概地了解社会是如此重要。

P42 鲍曼认为，普遍采用的消费态度意味着：一方面，生活变成了一件十分个人的事情，公共事物个体化了；另一方面，消费活动定义了个体的概念。

第三章 消费的风格化 P44－74

P45 人们普遍认为，艺术—文化体系，即一个由一套机构、实践活动和信仰构成的体系，过去已经构成了文化商品的生产和消费（如视觉艺术，文学，音乐，广播，电影和电视），已在许多方面影响了消费文化的发展，特别是随着20世纪所谓的文化工业的迅速增长。

P46 人们还认为，艺术—文化体系已经为消费者提供了一个环境，使许多人都采用了一种包含物体的审美模式，在该模式中，物质文化课题不仅与社会关系有关，而且与具体的符号或文化价值有关，特别是和真实性有关。

P50 从这方面说，记住这一点是很重要的：艺术—文化体系本身就是一个竞争领域，并不是所有个体或社会群体在历史进程中与高雅文化或流行文化有同等的关系。事实上，社会等级关系、性别、种族和年龄等，均对以往高雅文化之高于流行文化的进程有深远影响。

P54 然而，许多学者认为，不光是市场空间的扩大和时间的延伸改变了近年来的消费规模和本质，而且劳动过程的强化和重组，用新的、灵活的技术，重新设计的工作程式，新的债务和存货控制等手段等，都促进了消费的变化。

P73 这种风格化，或美化过程，可以将消费文化定义为物质文化的一种。

P74 当代形式。它指的是生产、设计、制作和使用商品，也就是说，商品就像艺术品、意念或符号一样被设计、制造和使用，它们是自我意识创造生活方式的一部分。

第四章 住处和习性 P75－112

P75 上一章指出，现代消费文化特殊的风格特点源于美学知识在价值创造过程中日益增加的重要性。但是，它也指出，美学知识的分布是不平衡的。

P77 在此须注意的是，如果商品的主要功能是符号功能，所有群体都通过商品建立他们和其他群体之间的差异，那么从理论上说，消费需求是无限。换句话说，大众化的竞争消费将扰乱现代经济，而不是像通常所说的，对资本主义经济有促进作用。

P78 布尔迪厄的研究焦点是社会再生产，即各个社会是如何再生产的或维持其社会形态的，不光是作为一群个体，而是作为彼此之间有某种权利关系的群体中的个体。作为这个大的研究项目的一部分，他指出，不同社会等级的资源或资产是有象征意义的，象征着经济、政治或组织关系。布尔迪厄认为，品位是安排符号分布的重要机制；品位本身也是社会再生产的重要组成部分。

P87 关于品位的较量对社会再生产具有极其重要的意义；事实上，有人认为，它们已经促成了所谓的从福特时代社会向后福特时代社会的转变。这种变化的程度及其政治意义已引起了诸多争议，不过人们普遍认为生产和消费的性质已经发生了许多变化。

P110 总之，新兴中产阶级要巩固其文化资本似乎不仅需要国家的支持，而且需要市场的支持。它的转化、交换以及积累原则不仅和市场原则相像，而且它们实际上就是市场原则。

第五章 补偿和装扮 P113－148

P113 本章将介绍另一个互动式的消费研究方法：注重性别因素在消费文化发展中的意义，强调研究生产和消费循环的重要性。强调这一点是很重要的：即性别群体的作用——男人和女人——也是双方面，性别关系的变化形成了生产和消费之循环的变化，反之亦然，而且这些群体同时有性别、阶层、种族和年龄等关系层面。

P118 简而言之，尽管人们一般认为妇女是主要的消费者，实际上妇女只是普通意义上的购买商品，人们没有意识到她们会对买来的商品进行进一步加工。妇女通常生产产品并提供服务，做丈夫的男人则是这些商品的消费者或最终使用者。

P134－135 最近有人指出，迄今为止我们讨论的研究大多对女性在消费文化历史上的作用提出了过于悲观的看法，极度低估了她们作为文化中介带来消费不变革的积极作用，并忽视了使用消费文化的途径可能已经为女性提供了资源，以帮助她们挑战性别不平等和被物化。从这一点来看，经营百货商场也许的确有助于妇女的解放。

P143 总结这个关于女性在消费文化发展中的主体角色的较乐观的观点，“看”的性别关系对消费文化的发展是很重要的，但它们不仅有从属的关系，男人有权评价女人的长相，而且这种注视与特殊的快乐形式相关，并可以成为女性的特别的文化能力之源泉。她们是注视的主体，根据女性气质的“伪装性”来评估客体的有用与否。

第六章　种族与地点的变化 P149－184

P149　本章特别指出的是，种族身份已逐渐被视为模仿的产物，而且，从某种意义上说这是当代消费文化的特色，即风格化所导致的结果。本章还将研究这种关系所包含的复杂的政治含义。

P162　就像许多学者已经提到的，消费文化中关于种族的当代描述将白人和黑人之间的不同视为一个美学问题，从而抹杀了种族主义的政治现实。对种族的重新定义在消费文化中除了用程式化的描述以及标有色码的种族差异来增加产品在白人中的销售量从而排除其他种族之外，还有更深刻的意义。

P173　正如罗斯接着指出的，在流行音乐历史上，黑人真实性常常被认为是非商业化的音乐，而白人音乐则与商业以及消费文化相关联。他提出真实性事实上是白人在怀念想象中的一段固定时光：人们的身体与精神处于一种从未有过的和谐状态。

P182－183　霍尔指出，总的来说，欧洲高雅文化对种族差异已经显示了一种视而不见和敌视的态度，这明显表现在它默不作声地、间接地而且常常是毫不客气地吸收其他文化的风格、其他的艺术运动成果和其他种族的生活方式。人们普遍对后现代文化中的差异表现出强烈的好奇心，不仅是愤世嫉俗情绪的宣泄，而且也说明了文化已经被“边际人的声音”所改变。这个声音就是人们的想象力。

第七章　跨越时空 P185－226

P185　年轻人的活动不仅对了解消费文化而且对从深层次上理解当代的文化变革是至关重要的，现在的青年亚文化风格有一段悠久而著名的历史，战后青年亚文化的独特风格曾经是年轻人解决年龄和阶层优势问题的办法，具有象征意义和神奇的力量，该风格也是年轻人区分和赢得文化空间的一种手段。

P191　在此分析中，消费的风格化在很大程度上是年轻人实践其丰富的创造力的结果；它是一种消费模式，其本身就是对社会上普遍存在的现象，即越来越多的人相信“他们处在最好的”时代这一观念的政治和文化含义所做的评论。因此，青年文化是在迅速发展的消费文化中争夺意义控制权的场地，这些斗争体现在服装、行为、音乐和语言中。

P192－193　这里提出的观点是流行文化的日益商业化已经导致了青年亚文化的死亡，或者它们已被纳入到了所谓的顺应时代的流行或青年亚文化。有人认为商业化使真实性无法持续，意味着抵抗情绪一经表达就被青年人所接受。

P198 但是，总的来说，商业化的媒体环境已经改变了孕育年轻人文化活动的社会和文化空间。艺术—文化体系在消费文化的传播和发展中仍然具有特殊的意义。

第八章 消费文化、身份和政治 P227－256

P229 每一章分别探讨了各个社会群体的活动，这是一种人为的研究方法，旨在说明作为群体成员的个体，是如何以不同的方式和消费文化发生了联系。

P229 此书所采用的方法试图表明，消费文化作为物质文化的一种特殊形式，是如何在不同的供给系统之间运作的。

P230 本书同时指出，艺术—文化体系已经促成了消费文化的发展，而消费文化也已经引起了艺术—文化体系结构的变化，包括促成了所谓的高雅和流行文化之间界限的逐渐消失。不过本书也指出，关于这种消失是否真的发生了，有许多不同的观点。

P233 本书已指出，从这方面讲，消费文化不应该和后现代主义分离。消费文化对当代人们理解自我乃至整个社会，都有普遍的启示作用。

P243 身份与年龄之间的不确定关系就更突出了。第七章指出，在消费文化中，时间和年龄或代际关系日益模糊；其结果是，正如本章指出的，在后亚文化流行时代，任何一个人都可以在全球性超级市场上买到青年（青春）这个商品。一些学者认为，这是把年轻人摆错了位置，然而另一些人，例如雷德黑德认为，这未必就代表回到将来，相反，它可能是走向过去。

P247－248 本书研究的另一个主题是，消费文化是否导致了阶层、性别和年龄等模式重要地位的下降，是否这些群体中任何一个群体的成员身份日益成为由选举产生的而非硬派的，即，能否说它是一个选择的问题而不是硬性规定的问题。

P256 这些关系对每个人的影响是不尽相同的，以致不能使每个人在拥有自我的过程中了解自我。从这个意义上讲，社会群体没有被代替，相反，它们在当代消费文化的各种有特色的过程中经历了重新组合。这说明差异、斗争和不平等的问题将不会消失，却会以不同的方式使社会群体之间的较量公开化，包括身份政治。由于自我构成的过程在消费文化的实践中得到改观，平行的社会领域发生了变化：它们没有被毁掉而是被重画了。

【参考文献】

[1] 陈坤宏. 消费文化理论 [M]. 台北：台湾扬智文化事业股份公司，1998.

[2] 卡洛·M. 奇波拉. 欧洲经济史：第三卷 [M]. 北京：商务印书馆，1989.

[3] 布罗代尔. 15 至 18 世纪的物质文明、经济和资本主义：第一卷 [M]. 北京：生活·读书·新知三联书店，2002.

[4] 弗兰克·莫特. 消费文化——20 世纪后期英国男性气质和社会空间 [M]. 南京：南京大学出版社，2003.

[5] 凡勃伦. 有闲阶级论 [M]. 北京：商务印书馆，1964.

[6] 克里斯托弗·贝里. 奢侈的概念，概念及历史的探究 [M]. 上海：上海世纪出版集团，2005.

[7] 韦伯. 韦伯文集 [M]. 北京：中国广播电视出版社，2000.

[8] 丹尼尔·贝尔. 资本主义文化矛盾 [M]. 北京：生活·读书·新知三联书店，1989.

[9] 鲍德里亚. 消费社会 [M]. 南京：南京大学出版社，2001.

[10] 罗钢，王中忱. 消费文化读本 [M]. 北京：中国社会科学出版社，2003.

[11] 迈克·费瑟斯通. 消费文化与后现代主义 [M]. 南京：译林出版社，2000.

十五、《高盛文化：华尔街最有名的投资银行》

[美] 里莎·J. 埃迪里奇　著
王智洁，肖　云，胡　波　译
华夏出版社，2001 年

【作者简介】

里莎·J. 埃迪里奇（1959—　），美国学者，美国麻省理工学院管理专业和城市规划专业硕士，曾任高盛公司副总和外汇交易员，她在美国洛杉矶长大，现在和丈夫及他们的三个孩子在英国定居。

除《高盛文化：华尔街最有名的投资银行》外，里莎·J. 埃迪里奇的其他著作还有《错觉：朗讯科技公司和电信崩溃》等。

【写作背景】

成立于 1869 年的高盛集团，是华尔街最有名的投资银行之一，也是世界历史最悠久及规模最大的投资银行之一。其总部设在纽约，并在东京、伦敦和香港设有分部，在 23 个国家拥有 41 个办事处。它向全球提供广泛的投资、咨询和金融服务，并拥有大量的多行业客户，包括私营公司、金融企业、政府机构以及个人。高盛银行是一家有自身企业文化的投资银行，也是华尔街最后一家保留合伙制的银行。高盛的合伙制度在它的发展进程中起到了至关重要的作用。在高盛银行漫长的合伙制经营期间，它形成了独特的经营管理方式和企业文化，而这些对于外界来说具有相当的神秘性。

1998 年 8 月，高盛公司合伙人会议决议将高盛公司改组成股份有限公司，从而结束了合伙制的投资银行的历史。对于公司上市之后出现的风险增加和盈利的不确定性，令人质疑其实行股份化的有效性。但是事实是1998年高盛公司的股份制改革使它的公司规模与抗风险能力得到了极大的加强。

《高盛文化：华尔街最有名的投资银行》写于1999年高盛公司上市前夕，5年后上市时，已有半数合伙人离开了高盛，他们都变得非常富有，通过上市获得平均1亿美元价值的股票。雇员也从13000人增加到最多时的25000人（2004年初），但其中的一半在高盛工作时间不到4年①。里莎·J.埃迪里奇在她的这本著作中，透彻地分析了高盛成功的秘诀，也揭示了华尔街上最后一家私人合伙制公司的内部秘密。

【中心思想】

高盛前副总裁和外汇交易员里莎·J.埃迪里奇利用在公司获得的各级管理经历以及内部的信息，介绍了华尔街上最后一家私人合伙制公司高盛企业内部的秘密和华尔街金融世界运转情况，向读者们生动地展现了高盛公司作为世界一流的投资银行的独特企业文化。

该书以高盛企业的发展史为贯穿全文的线索，描写了高盛逐步迈向成功的过程。虽然前进之中总是伴随着挫折，但是高盛自成立至今，因其经营投资与企业文化的独到之处使其成了华尔街最有影响力的投资银行，与众不同的高盛文化在推动企业发展壮大方面起了重要的作用。高盛文化凝聚成了高盛企业的核心价值，是高盛的成功之源，并且始终保持着鲜明的特色。作者指出高盛企业成功的三个主要因素是领导层、职员和公司文化。高盛文化是其杰出领导人和优秀员工的经验总结，是高盛历史的沉淀和积累，也是高盛独树一帜的重要原因。概括起来，高盛公司的发展历程和惊人利润的取得是建立在其对于自己核心价值观和企业传统文化的把握之上的。

高盛文化的精髓是合伙制文化，该书中的一个核心主题是高盛是否应该学习其他投资银行，从合伙制变为上市公司。因为合伙制对高盛发展利弊兼有。合伙制的本质是诚信、忠诚。高盛的合伙人扮演着公司指路人的角色。通过合伙人之间相互信任形成团队精神并进而推广到整个公司。合伙制最重要的贡献在于它帮助形成了公司的一种文化，成为合伙人变成了员工的一种荣耀，增强了员工的归属感，作为一种激励力量吸引着人才的加入，同时也

① 周炯. 高盛改制［J］. 银行家，2001 (1).

把个人的利益与公司的利益紧密地联系在了一起。然后，随着公司的发展壮大，合伙制也显露了弊端，合伙人随时可以抽走的资本和非合伙人缺少相应的激励都会影响公司的稳定性。但是总体来说，合作制对于高盛的发展是利大于弊的，高盛的合伙制度在它的发展进程中起到了至关重要的作用。尽管如此，高盛最终还是走上了上市公司的道路。

——【分章导读】——

第一章　1986：独辟蹊径　本章通过介绍高盛的合伙制与股份制的方向之争，向读者们展示了高盛文化的鲜明特色及其巨大的影响力。

正如本章标题所示，本章开始，作者并没有按照时间顺序从高盛企业的初创阶段开始讲述该企业的发展史，而是以高盛公司在 1986 年所谓的“华尔街出售年”进行的一次艰苦卓绝的抉择为视角，叙述了该企业如何从合伙制与股份制的斗争，以及高盛传统文化与华尔街主流趋势的碰撞中进行的抉择。

将高盛改组成上市类型的公司的建议贯穿于高盛 117 年的发展过程中。1986 年，伴随着高盛的主要竞争企业的公开上市与合并，高盛公开出售其股份的压力加大了，鉴于此，管理委员会的委员们一致建议合伙人就公司首次公开上市售股一事进行投票表决。对于此事有两种不同的考量和声音：一种是从个人角度而言，大部分合伙人希望保持合伙人制度，保留华尔街的最后一家合伙制投资银行，这对于保持高盛的传统文化以及个人收益都是有好处的；另一种声音是希望废除合伙制，使高盛改制为上市公司同化于华尔街其他公司。但是多数的高盛合伙人担心如果废止合伙人制度，就意味着高盛将难以保持其独特的企业文化，其长期形成的文化传统将会受到极大的冲击。这种改组将使得合伙人将不再独自拥有公司，高盛公司的发展还会受到外部持股人等外部因素的影响。因为改制为上市公司后，在短期经济目标的压力下，公司对团队精神、职员稳定性和坚持不懈的顾客至上原则等诸多方面的关注程度会有所降低，而不能专注于长远的发展目标。原先的合伙人将会发现，尽管自己非常富有，甚至将会超过以往合伙制时的财富，但他们已变成了这个大公司统一体的雇员而非雇主；公司内部的财务状况以及交易情况也必须透明化。与此同时，因为削弱了合伙人制度对年轻经济行业优秀分子的吸引力，公司将不再能够从最大范围的应聘者中挑选优秀分子；而在正式的上市公司管理结构下，原有的家族式感情和合作氛围也可能会难以维系。

面临这一重大抉择，每个高盛合伙人的心中都在对各个因素进行利弊的权衡。然而，当涉及公司未来是否需要更多更稳定的资本基础这一关键问题时，则需作出更理性的判断。合伙人的担心是有根据的，因为之前成为股份公司的同业者由于股份制的开放性和透明性，在公司经营中都出现了不同程度的丑闻，这在一定程度上影响到了公司的发展速度。但是，股份制在稳定资本金、保护从事高风险业务方面有着合作制不可比拟的优势。高盛由于合伙制的局限，已经在多个领域的业务扩展远远落后美国和欧洲的同行。

最终，由于受到高盛的主要竞争对手摩根斯坦利上市所带来的冲击，高盛公司的领导人约翰·文伯格终于下定决心出售部分股份。收购者三菱银行表现出了极大的诚意，用5亿美元换取了高盛公司12.5%的股份，也就是说，三菱银行对高盛的估价为40亿美元，这足足是高盛账面价值的4倍。这是高盛迈出的一大步，公司终于开始向股份制过渡①。

本章在高盛企业的抉择中论述了该企业的文化及其特点，至于这种优秀的文化又是怎样对于高盛公司的成员产生影响是下文将要介绍的了。

第二章　1869—1976：家族企业　本章主要讲述了戈德门和沙切斯家族的成员经营高盛的100多年时间的发展历程。

在高盛公司的历史上，大部分时间都是家族企业，主要是由戈德门家族和沙切斯家族，以及后起之秀文伯格家族这三个家族负责经营的。马可斯·戈德门、萨姆·沙切斯、亨利·戈德门、西德尼·詹姆士·文伯格以及加斯·莱文对于高盛的发展做出了卓越贡献。这些人的成功不仅在于为高盛企业创造了非凡的业绩，而且在于他们留给继承者的是一个比他们接手时更强大的公司，从而形成了一条不间断的成功之链，使得高盛在面对其他合伙人公司陆续转变为大型公众持股公司后，仍然能够得以长期保持其家族式经营的特色。

马可斯·戈德门作为高盛公司的创始人，为高盛的发展奠定了良好的基础。高盛成立于1869年，高盛公司在初创阶段从事商业票据交易，创始人马可斯·戈德门每天沿街打折收购商人们的本票，然后在某个约定日期里由原出售本票的商人按票面金额支付现金，其中差额便是马可斯的收入。

后来发展到萨姆·沙切斯和亨利·戈德门的领导时期。二人的工作和领

---

① 里莎·J.埃迪里奇.高盛文化：华尔街最有名的投资银行［M］.王智洁，肖云，胡波，译.北京：华夏出版社，2001：41.

导风格迥异，他们设想建立一个全能型投资银行并付诸实践，采取稳重谨慎的投资方式，股票包销业务的增加使高盛变成了真正的投资银行。这一时期，高盛的海外部门也获得飞速发展。但是随着第一次世界大战的爆发，二人之间的不合与分歧都在增加，最后亨利离开高盛并给公司带来破坏性打击。

在威迪奥·凯琴斯接手之前，高盛公司仍然是一个保守的家族企业，但是时任公司领袖的威迪奥·凯琴斯想把高盛公司发展成一个全面的投资银行。于是他引入股票业务并成立了高盛股票交易公司，在他狂热的推动下，高盛以惊人的速度成立信托投资公司，并且陷入了股票购买的狂潮之中。这推动公司快速发展，但是由于凯琴斯破坏了合伙人协商一致的原则，建立了金字塔式的公司结构，也为高盛的发展埋下了隐患。1929 年的全球金融危机使得美国股市大崩盘，使得股价一落千丈，高盛公司损失了大部分的原始投资。1929 年的投资失败事件使高盛的声誉一落千丈，公司濒临倒闭，也影响了高盛之后几十年的发展。

1930 年继任者西德尼·文伯格接手领导高盛，他用了 30 年时间使遭受金融危机惨败的高盛恢复了元气，在华尔街重振雄风，并为之后的赢利打下了基础。西德尼·文伯格在任职期间一直保持着保守、稳健的经营作风，努力为公司谋求更多的发展机会，他高度重视合伙人资本及公司的名声，将高盛建设成顶级投资银行。文伯格留给高盛的还有对于企业执着奉献的精神和顾客至上的低调风格。

20 世纪 60 年代，加斯·莱文继任了高盛公司高级合伙人的职位。他的目标更具商业性，他的贡献之一是使得高盛做好了面对风险业务的心理准备。他思想的核心是增加大宗股票交易，这不仅使高盛占据有利地位，更为高盛带来新的增长，使高盛得到进一步发展并走向繁荣。

第三章　1976—1990：世界级“选手”　本章主要讲述在 20 世纪 70、80 年代，在两位“约翰”的领导下高盛公司通过反对恶意收购、兼并收购部门的发展、固定收入部门的完善，以及风险套利部门的加强等系列措施和改革的实施，由此真正成为投资银行界的世界级“选手”的过程。

1976 年，在高盛的高级合伙人莱文去世后，约翰·文伯格和约翰·怀特黑特两人共同成为高盛企业的继承者。二人以身作则共同经营公司，配合默契并且取得了成功，他们建立起了一个专业化的组织，使得高盛也由此迈进了世界顶尖级的投资银行的行列。

20 世纪 70 年代，高盛抓住反恶意收购这一大商机，从而在投资银行界异军突起。当时资本市场上兴起“恶意收购”，恶意收购的出现使投资行业彻底打破了传统的格局，催发了新的行业秩序。高盛率先打出“反收购顾问”的旗帜，帮助那些遭受恶意收购的公司。从摩根斯坦利事件开始，在一次又一次的收购与反收购斗争中，高盛公司拒绝为恶意收购者提供服务，逐渐成为反恶意收购的支柱。反恶意收购业务给高盛投资银行部带来了巨大的好处。在文伯格和怀特黑特指引下的高盛公司，在70年代和80年代初期仍然取得了很大的成功，这在很大程度上得益于兼并和收购业务的发展。

20世纪80年代，时任高盛管理者的怀特黑德下决心使高盛公司向专业化、分工化、多元化、国际化方向迈进，把“先起一步”与“率先模仿”作为自己的重要发展战略。高盛在80年代进行了大规模的并购活动。1981年收购阿朗公司是高盛走向多元化、国际化进程中的第一步。随后向外汇交易、咖啡交易、贵金属交易等新领域的扩展标志着高盛多元化的开始，高盛的经营超越了传统的投资银行代理、顾问的范围，产生了固定收入部门。并购后的阿朗公司与高盛在走向国际化的进程中起到了互相促进的作用。随着高盛在英国建立了并购业务市场以及发展战略扩展到了欧洲，高盛的发展目标随之转向了全球范围内。

整个80年代风险套利一直是高盛公司的主要利润来源之一，这一业务成为高盛公司内部仅次于兼并收购部门的第二大赢利部门。在鲍伯·鲁宾执掌风险套利业务的时代，尽管总是面临着新的竞争，由于高盛在这个领域很早就建立了领先地位，而且从来没有放松，因此优势得以继续保持。

尽管高盛在70、80年代的发展中也经历了种种问题，但是伴随着高盛企业走入世界顶级投资银行的行列，高盛的合伙人文化也走向了更高的境界。

第四章　1990—1991：领导层的更换　本章讲述了20世纪90年代高盛的新任领导人是如何进行企业改革和投资创新，推动公司业务获得进一步的发展，从而延续了高盛的神话；同时也详细描述了高盛由于决策失误，在接管英国媒体巨头麦克斯韦的公司后而深受其金融丑闻影响的过程。

1990年12月1日，高盛公司通过了酝酿已久的领导层的更换计划，史迪芬·弗里德曼和鲍伯·鲁宾被任命为管理委员会的高层合伙人和主席。刚开始，华尔街的人们都对这种两人共掌大权的领导结构持怀疑态度，认为由此会引发公司内部的混乱。但是很快事实推翻了他们的猜测，因为两位新人配合默契，将公司作为一个完整的结构运营，推动高盛从单一领导结构向合作领导结构过渡，他们的搭档获得了成功，高盛也由此迈进了世界顶尖级的投资银行的行列。

为了克服公司的不足，弗里德曼和鲁宾果敢地对企业进行了改革，他们准备建立一套持续的自我激活机制，推动企业自身的管理机制的提高，公司首先致力于创新。随着逐渐发展认识到企业的真正利润在于资本收益中，从而将发展投资业务作为公司利润的新的增长点。他们决定创建全球最大的投资银行之一，公司利用自己的资本在资金交易中获利。基于这种定位，高盛将寻找投资机会、发展资本投资及其相关业务视为核心业务，高盛利润的一大部分来源于公司本身的资本投资业务。除此之外，经过合并和并购使风险仲裁部也成为公司的第二大赢利部门。他们在改革中重视团队工作，推行以员工选举的方式来选举企业高层专家。

随着企业改革的推进，高盛在获得成功的同时也面临着新的压力和挑战。高盛冒着风险与麦克斯韦建立了密切又对立的关系，与麦克斯韦公司有着密切业务联系，并帮助其进行融资。高盛不了解麦克斯韦面对的严重的财务危机，但是随着麦克斯韦的死亡及其公司的破产，高盛银行也因此卷入了巨大的金融丑闻之中。随着麦克斯韦的各种交易进一步公开及其所有的违法行为逐渐被揭露出来，在之后的三年中，高盛公司成为恶意媒体追逐的对象，并且被英美两国的一大堆法律诉讼案件缠得焦头烂额。麦克斯韦破产一案不仅使得高盛公司在资金上蒙受了巨大的损失，而且也使高盛在欧洲的声誉大大降低。

第五章　1992—1993：顶峰　本章介绍了高盛公司所有权交易的成功运营，以及公司利用1992年英镑危机所进行的外汇投机活动。这一系列的活动使得高盛已经稳稳位于世界投资银行的顶峰，其赢利水平已经远远高于同业各银行。

随着维吉音乐的成功出售，高盛在伦敦和纽约开展了所有权交易的业务，并且取得了连续几年赢利的业绩。高盛对于风险的承受能力也得到了提升。

1992年9月初，英镑和里拉与德国马克的汇率一直在下跌。因为英国政府要将英镑留在欧洲汇率体系，英格兰银行被迫在外汇市场上买进了大量的英镑，因而外汇储备大量减少。但是最后随着英国退出欧洲汇率体系，英镑完全自由浮动。英国政府为了维持英镑的地位而采取的买入操作，其收益与风险的分布是不对称的，这也给所有投行和对冲基金带来了套利良机，参与投机的交易者在此时期获得了丰厚的利润。对于高盛的绝大多数货币交易商来说，欧洲汇率体系的崩溃使他们获得了职业生涯中绝佳的交易机会。在数周之内高盛公司的外汇交易部门赢利约 2 亿美元，这是历史上赢利最高的。

在 1992 年的英镑危机中获利并未使鲁宾和弗里德曼停止脚步，他们制定了全球扩张性的战略，认为这是在全球新兴的市场建立自己地位的绝好机会。1992 年，高盛揭开了其财务实力的面纱，其令人吃惊的获利能力让世人瞩目。高盛逐渐成为交易公司，利润迅速增长的同时风险也在随之增长。

1993 年，高盛已成为世界首席投资银行。不论是在美国国内还是在世界主要市场上都占据着统治地位，不论是利润水平还是行业声誉，高盛公司都已经走到了行业的顶点。表面看起来似乎其世界领先地位已经不可动摇了，但是盛极必衰，1994 年高盛公司出现了众多难以解决的问题。

第六章　1994：成功的咒语　本章主要讲述了高盛在 1994 年经历了前所未有的危机。

20 世纪 90 年代初期，高盛发展势头迅猛。交易商们对于高盛有着过分的自信，并且这种思想蔓延到了整个公司包括管理阶层。人们始终相信公司可以一直保持高速发展。然而，事实却非如此。

1994 年初高盛仍然在实施扩张方案，高盛的合伙人相信公司宽泛的业务范围使高盛能够度过金融的低谷。但是随着交易环境的突变、证券市场的下跌等不稳定因素的增加，随着金融的崩溃，加之众多报纸媒体仍不停地报道高盛与名声不好的企业界大亨麦克斯韦的关系，使高盛公司深陷官司的深渊。为了挽救公司的业务和名誉，1995 年，尽管高盛坚称自己无罪，它仍同意支付 2.53 亿美元以解决官司①。由于没能很好地权衡风险和收益，高盛公司在麦克斯韦事件中付出了巨大的货币成本和非货币成本，但这并不是高盛公司唯一的难题。

1994 年 2 月债券价格急剧降低，而公司交易商对此却反应缓慢。高盛的固定收益和外汇交易部门从会计年度开始就损失了 3.5 亿美元。面对如此困境，公司高层管理层决定降低它的市场风险，到了秋天，公司已经停止了绝大部分最具风险的交易，但是每个月的损失仍达 2 亿美元，几乎将上一年度的收益完全损失掉了②。1994 年秋天，合伙人担心如果继续留在公司会影响他们的个人收益。弗里德曼的离任成为导火索。随着公司领导人的退出，大

---

① 里莎·J. 埃迪里奇. 高盛文化：华尔街最有名的投资银行［M］. 王智洁，肖云，胡波，译. 北京：华夏出版社，2001：271.

② 里莎·J. 埃迪里奇. 高盛文化：华尔街最有名的投资银行［M］. 王智洁，肖云，胡波，译. 北京：华夏出版社，2001：282.

量合伙人带着资金离开了高盛，这动摇了公司的团结精神，公司几近崩溃。高盛1994年在财务和信心方面都受到了严重损失。《金融时代》评论，在1994年，高盛“失去了合伙人、声望和道德”[①]。高盛陷入了前所未有的危机之中，是时候进行变革了。

考塞和帕尔森在危机中接管了高盛，并召开了重要的合伙人会议，鼓励留下来和新加入的合伙人保持对企业和领导层的信心来重建高盛。

第七章　1995—1998：通向IPO之路　本章主要讲述了在1995至1998年间，高盛企业是如何逐渐走向上市企业的过程。

1995年初，高盛公司新的领导人约·考塞所进行的一系列措施已经证明他们成功控制了组织，并且公司的损失已经停止了。公司在1995年恢复了曾经终止的所有权交易，随后的三年里，公司中的许多业务都带有了所有权的成分。公司有了相对客观的风险评价标准，并重组了风险控制系统，使得管理控制水平得到极大的提高。管理委员会的规模也得到了扩大。在此基础上公司管理人制定了长远的发展战略。

随着公司的稳定发展，在1996年1月高盛的合伙人重新开始考虑公开上市的问题，决定从根本上改变公司的合伙人和股本机构。但是，由于众多原因，公开上市的计划并没有获得通过。而在之后公司做着众多的改变为上市做着准备。在随后的几年内高盛的经营业绩获得巨大的提高，出售公司在金融上的刺激变得很明显。在1998年，高盛前两个季度的盈利都超过了10亿美元，创造了历史新纪录[②]。公司的财富、市场和竞争情况已经完全改变，高盛逐渐有了上市公司的特征，并且上市的条件已经成熟。

高盛的合伙人于1998年6月聚集到纽约北部的IBM执行会议中心再次讨论公司上市的事宜。经过争论之后决定于1998年秋天公司进行第一次公开出售并计划公开上市。但是，1998年9月末，由于世界范围的经济恶化，全球股票市场受到严重打击，高盛的公司市场价值也极度缩水。同时，由于金融市场很不稳定，各个投资银行基金和长期资本管理业务（LTCM）都出现了问题，为了挽救LTCM，高盛不得不暂缓出售计划。

这个时候，高盛公司正站在历史的交叉口上：合伙制已经被否决，可股

① 里莎·J. 埃迪里奇. 高盛文化：华尔街最有名的投资银行［M］. 王智洁，肖云，胡波，译. 北京：华夏出版社，2001：296.

② 里莎·J. 埃迪里奇. 高盛文化：华尔街最有名的投资银行［M］. 王智洁，肖云，胡波，译. 北京：华夏出版社，2001：333.

份制还没有形成，公司进入了一个不确定期。虽然中途出现了波折和麻烦，但公开上市的趋势已经不可逆转。

【意义与影响】

第一，该书生动地揭示了文化对于经济的影响，说明塑造先进的文化与提升经济效益之间相辅相成的关系。先进文化为提高社会的经济效益提供持久动力，而经济效益的提高又为培育优秀先进文化创造了良好条件。在商品经济高度发达的社会里，文化作为一种无形资产，逐渐成为推动生产力发展的巨大力量和潜在资源，对经济效益日益产生强大的影响力，文化愈来愈成为国家竞争的核心元素，也是影响国家综合实力的重要因素。与企业结合的文化能产生直接的经济效益。企业文化给高盛公司带来了巨大的经济效益，这对于重视企业文化建设在提高经济效益方面的作用具有启发意义。

第二，该书揭示高盛的企业文化在它的发展进程中起到了重要的作用，说明了企业文化作为企业发展的软实力，可以起到导向、约束、凝聚和激励员工的作用，对于我国也具有借鉴意义。作者翔实生动地向我们描述了高盛如何在遭受过多次的挫折和打击之后，从家族企业成长为 20 世纪最伟大的金融公司的发展历程中形成的独特的企业文化。该书强调了高盛银行之所以能够成功的关键在于他们致力于共同培育良好的企业文化，公司长期坚持的核心价值观包括客户至上、团队合作精神、以长远利益为主以及以人为本。良好的企业文化是银行长期稳定发展的基础，可以使银行始终处于竞争的有利地位。高盛对于员工的信任以及团队合作精神能转化为企业的生产力，这是高盛文化的本质。其中以人为本是企业文化的精髓。我们应该重视企业文化的建设，从建设企业文化入手激发员工的积极性、主动性和创造性。同时也要认识到企业文化建设是一个漫长的过程。

第三，该书还说明了企业高层管理人员的个人素质对企业文化的培育和形成有重要影响，他们的经营管理策略及个人魅力对于我国培养包括投资银行家在内的现代企业家具有一定的借鉴和学习意义。作者在该书中详细描述了在高盛企业发展的不同历史阶段中，各个领导人物在经营和管理公司方面以及公司面对难关时的所作所为，并且分析了他们对高盛的成功和企业文化的形成做出的突出贡献，展示了这些投资银行家的独特魅力和超凡才干。他们对于风险怀有高度的敏锐性并且在关键时刻能够作出果断抉择。所有这些因素的综合作用最终推动高盛从一个家族企业发展成为高度专业化、国际化的大型组织。

第四，该书对于作为有志于投资银行的人们很有教益，对我国现代投资银行的经营和管理有一定的借鉴价值，同时对我国企业在国内的发展和海外业务的拓展也有一定的启迪意义。该书深入描述了投资银行合伙人结构及管理机制等，对于我国的投资银行业及国有企业的发展都有一定的借鉴价值。随着我国社会主义市场经济的发展和我国金融体制改革的日益深化，投资银行在中国越来越受到人们的关注。但是处于起步阶段的我国的投资银行业各方面还很不成熟，通过这本书我们可以从高盛身上吸取经验和教训，借鉴和学习外国先进的管理经验和经营模式，尽量缩小与国外投资银行的差距，推动我国投资银行业朝着与国际接轨的目标发展。另外，借鉴高盛的成功经验有助于我们积极拓展海外业务，推动中国的投资银行实施跨国发展战略，从而在国际资本市场上占有一席之地。

【原著摘录】

第一章　1986：独辟蹊径 P1－44

P5　1986年12月1日，星期一，文伯格顺理成章地正式成为合伙人之一，这一天也是高盛公司新一个财务年度的开始，仅仅5天之后，刚刚授予他这项荣誉的管理委员会就建议取消合伙人制。在纽约召开的合伙人年会上，来年将被任命为副主席的史迪芬·弗里德曼和罗伯特·鲁宾宣布：高盛公司正在考虑公开上市发行股票。

P8　高盛公司的资本结构和数量具有内在的不稳定性。每年都会有一批高级合伙人退休，走时都会带走属于他们的大量资本，公司的资金来源会因此大为减少，如果万一碰上这一年公司经营业绩不佳，就像1994年度那样，其结果将是极具破坏性的，通过吸引外部投资者以持有公司股票的方式投入资本，公司的资本实力就会得以增强，资本风险也会分散化，正因为这样，弗里德曼和鲁宾强烈支持公司上市售股的建议，但是老板约翰·文伯格却对此持有异议。

P19　高盛文化代代相传，约翰·文伯格和他的父亲悉尼·文伯格更是高盛文化的伟大继承者。合伙人对文伯格的行动从来都是毫无异议的，正如吉奥夫布什所说，“人们总是相信，他做的事情最终会被证明是正确的”。

没有文伯格的完全理解和支持，这项议案的提出无疑是太早了。一个合伙人这样评价文伯格：他既不过于勇敢也不过分精明——不会勇敢到敢冒上市售股的风险，也不会精明到能预见上市不会成功。

合伙制度终得以保留，资本问题则悬而未决。管理委员会对资本问题的评估既有恰当之处，也有不正确的地方，公司是需要增加资本，以实施新任领导的业务扩张计划，但是资本不一定非得从公开市场上筹集不可。

第二章　1869—1976：家族企业 P45－102

P47　在高盛公司漫长而辉煌的历史上，大部分时间是由三个家族负责经营的：互相通婚的戈德门家族（Goldmans）和沙切斯家族（Sachses），以及后起之秀文伯格家族（Weinbergs）。戈德门和沙切斯家族的成员经营了100多年，过了大约90年，两位文伯格家族成员相继成为合伙人并一直持续至今，这些人的成功业绩绝不是昙花一现，不是偶尔一个季度的爆发，也不是一两年时间的好运，他们所留给继承者的，是一个比他们接手时更强大的公司，这条不间断的成功之链使得高盛在华尔街其他所有的主要合伙人公司陆续转变为大型公众持股公司后，得以长期保持家族式经营的特色。

P59　萨姆·沙切斯和亨利·戈德门关于建立一个全能型投资银行的设想正在逐步变成现实。商业票据业务和已建立的各种关系为高盛的证券包销业务提供了稳定的客户流。在海外，新的证券发行可以通过公司与克莱沃特等公司的合作进行，在国内则可以卖给更具投资热情的公众。高盛现在已经是家能提供全方位服务的投资银行了，但与此同时，合伙人们苦心经营的公司凝聚力结构却面临着受到破坏的危险。

P71　西德尼·文伯格是当之无愧的现代高盛之父。作为高盛公司的主席，从1930年到1969年他去世为止，文伯格带领高盛走出了大萧条的阴影，使高盛的名字享誉全国，并留给继承者一块固若金汤的招牌。他的影响力并不止于他的一生，直至现今，在高盛内部，仍然能够感觉到他的存在。

P89　西德尼·文伯格按照自己的设想塑造了高盛公司，甚至在他去世后的几十年内，他的许多个人信条仍然被视为神圣不可侵犯。

P90　1969年文伯格去世以后，加斯·莱文，显然已经是文伯格高盛公司高级合伙人职位的唯一继承人。

P93　莱文把交易业务的风险带进了高盛，并因此把公司带上了一条与文伯格时代截然不同的道路。由于没有经历过先前高盛交易公司（GSTC）失败的痛苦，莱文能够比较客观地看出运用合伙人资本进行谨慎而节制的冒险活动所产生的价值。相比之下，文伯格反对冒险，认为它曾经差点毁了高盛公司的名声。莱文当然也关心高盛的声誉，但是他自信而且敢作敢为，还想让高盛赚取更多的利润。

第三章　1976—1990：世界级“选手”P103－168

P119　尽管起步缓慢，高盛公司在70年代和80年代初期所取得的成功在很大程度上应该归功于兼并和收购业务的发展。许多年以来，兼并业务在高盛公司仅仅属于非正式业务，就是把家族拥有的企业出售给公众持股公司；在并购业务发展的初期，其操作过程十分简单，只是把两家公司简单地拼凑在一起。如果这一业务就这样规范地发展下去，高盛公司可能已经被强大的竞争对手挤出市场。但是，事情的发展有些出乎意料。1974年，摩根斯坦利无意之中为高盛公司提供了一个“终生”受益的发展机遇，高盛公司借此机会跳出了投资银行的第二集团，走上了通往第一集团的道路。

P131　“随着公司的持续壮大，我们是否能够保持团队协作精神？这是我最担心的问题。”文伯格在80年代早期承认道。在更早的时候，怀特黑德和文伯格就已经意识到了公司规模的不断扩大将不可避免地对公司原有文化产生冲击。1983年，高盛重新修建了公司总部，把原来分散于市中心四个地点的职员集合到一个地点上班。但是，仅仅有形式上的团结是不够的，在高盛公司历史上，纪律和价值观等公司文化主要是通过潜移默化和私下的友情等途径传承下来的。随着公司规模的壮大，怀特黑德日益担心这种非正式的途径难以满足现实的需要。以前，职员们能够协调地在一起工作是因为他们互相认识或彼此都是好朋友。现在，公司已经向全球化经营方向发展，大批新员工的加入使得以前的非规范式途径难以为继。

P132　“高盛公司的经营原则是赢利的重要法宝。”高盛公司的管理人员彼德·麦沙易斯说。彼德于80年代中期被聘任为公司的内部顾问，他每时每刻都随身带着印有公司经营原则的小册子，内容主要有：

顾客利益是第一位的，经验表明，如果能够让客户满意，成功就会随之而来。

我们公司的财富包括人员、资本和信誉，三者之中失去任何一个，其他的都难以单独存在。

我们做任何事情都强调团队精神，对于那些置个人利益于公司利益和顾客利益之上的人，高盛公司没有容纳他们的地方。

赢利是我们成功的关键，它可以使公司能够不断地充实资本并留住优秀人才。

经验告诉我们，利润应该让所有参与创造它的人无私分享；赢利能力对公司未来至关重要。

P142　温克尔曼一直没有放弃优化公司技术能力的努力。到了90年代中期，高盛在这个方面已经领先对手很多，在风险预测和业务操作方面有着明显的优势，这也是温克尔曼留给高盛公司的重要法宝之一。

第四章　1990—1991：领导层的更换 P169－224

P171　酝酿已久的领导层的更换计划终于在1990年12月1日获得通过，此时史迪芬·弗里德曼和鲍伯·鲁宾被任命为管理委员会的高层合伙人和主席。约翰·文伯格给他们5年的过渡期逐渐接管该公司越来越多的业务。此时，约翰·文伯格说："我信任后继者的计划，同时我也决心竭尽全力将所要完成的工作做好。摆在而前的最大问题就是弗里德曼和鲁宾能否完成约翰·怀特黑德和我的要求。"这在教科书上是好的管理方法，高盛又一次从政治动荡中获得新生，在权力过渡期，这类政治动荡曾经吞没过其他投资银行，如莱曼兄弟。

P192　当高盛接管麦克斯韦时，它违反了华尔街的第一条原则：弄清楚你的客户。麦克斯韦的职业声誉并非毫无瑕疵的，而且有许多不可公开的"帝国"内部秘密。1954年和1971年麦克斯韦两次遭到英国金融界的指责……麦克斯韦虽然向稽查者发起挑战但仍在上诉过程中被击败。

P224　高盛公司在当时并不知道，麦克斯韦的死亡仅仅是这家公司麻烦的开始。在接下来的几个星期和几个月里，麦克斯韦所有的违法行为都会逐渐被揭露出来。在接下来的三年中，高盛公司成为恶意媒体追逐的对象，并且被英美两国的一大堆法律诉讼案件缠得焦头烂额。从那时开始，高盛公司对诉讼摆出一副毫不畏惧的架势，坚持认为自己并没有做错什么，他们希望人们的愤怒很快就会消失。但是随着麦克斯韦的各种交易进一步公开，了解这个事件的合伙人们很快就认识到这只不过是一厢情愿罢了。

第五章　1992—1993：顶峰 P225－260

P227　伦敦是高盛公司向整个欧洲发展的基地，1992至1994年间，也正是在这个城市，高盛公司经历了它历史上最大的成功和失败。

P228　在整个70年代，直到80年代初，伦敦分公司并不赢利。此间欧洲金融资本的竞争日趋激烈，导致利润率下降，市场份额也日渐萎缩。所有想开拓国际业务的银行都把其第一家国外分支机构设在伦敦，从而伦敦成了世界各大投资银行比武的大擂台。每当一家新的银行加入，大家为保持利润和市场份额而作的努力都会导致交易利差及银行收费的进一步降低。高盛公司带来了美国的专有技术，并把它运用到企业并购的实践中，从而打破了既有的竞争局面，并获得了可观的市场份额。

P231 由于公司客户群的深度和广度，公司还在全球资本运作中占有独一无二的优势。

P241 在弗里德曼和鲁宾离开公司之前，他们要把约翰·怀特黑德将高盛建成一个全球性的公司的梦想变成现实。

P257 在1993年，高盛的税前利润达到了26亿多。公司股本的回报达到了60％多，这是80年代以来所没有过的。在同一年，微软公司的利润为9.53亿，迪斯尼为6.71亿，而公司投资银行业务的最大竞争对手美林则赢利13亿。没有一个证券公司有过这样的赢利水平。新闻界对此进行了广泛的报道，公司的竞争对手感到非常的沮丧和妒忌。

第六章 1994：成功的咒语 P261－296

P274 高盛继续降低它的市场风险，这有点像在追自己的尾巴。一些管理者仍记得在那个时候风险很难调节，因为“你降低风险程度一半，不稳定性就将加倍”。公司内部许多人认为1994年世界债券市场空前的不稳定正是公司失败的原因。

P289 1994年是崩溃的一年，不光是由于公司在交易业务蒙受了损失，同时公司还失去了许多有经验的合伙人和他们的资本。

P289 1994年的合伙人会议被认为是历史上最重要的。距离最后的合伙协议签署还有30天的时间，考塞告诉合伙人，现在需要的是“人、承担义务和行动”。他提倡团结和节俭。公司将重新调整组合，降低对交易利润的依赖。重新重视团队工作精神和客户。引用约翰·文伯格的话，考塞说他们需将“历史留给历史学家，继续向前进”。

P296 当合并和收购部在感恩节后的星期天召开会议以重新组建队伍时，大家的情绪是低落的。在一位合伙人列出离开者的名单时，他被一位同事愤怒地打断了：“讨论这些人已经够了，这些家伙已经死了！”他说，不是离开，是死了。

第七章 1995—1998：通向IPO之路 P297－357

P321 由于公司在1996年的成功以及1997年创纪录的经营业绩（公司的利润激增到30亿），出售公司在金融上的刺激变得很明显。这是一个很明显的好转，也是对公司的管理者以及对考塞和帕尔森所信任的人的一次回报。在90年代，高盛将它的竞争对手落得越来越远。和与它处于同等地位的8家大的美国银行相比，公司的收入基础更高，是平均赢利水平的两倍多，股本回报率是51%，而行业的平均水平只有36%。

P342－343　争论的重点放在四个主要的方面：股本、风险、战略和收购。那些支持保持私有的人强调：合伙人关系使公司不同于其他公司，是一个很有效的形式；团体精神——公司文化中最有价值的方面——是合伙人关系的直接产物，公司不需要作出改变，否则将会潜在地毁掉高盛的结构。

P343　支持出售公司的一些人认为：合伙关系可能不是最佳留住高层雇员的方法。

P353　这一次公司发现自己正站在十字路口：合伙人已经否决了合伙人制度，但是公司的形式还没有形成。另外一个阶层的合伙人已经在秋天被选出，而这个阶层将不会存在。由于金融业环境的急剧变化，公司决定仍然采用次优的资本结构，而这个结构，缺少通过成为上市公司而获得的灵活性……高盛进入了一个很不确定的时期。在1999年1月，考塞仍被任命为副首席执行官，保留了副主席的头衔，但放弃了日常的管理权。他将会集中精力解决公司的公开上市计划。尽管没有人知道公司什么时候还有机会上市，并且是否会像1998年春天的环境那么理想，但是看起来调研工作已经在进行之中了，而且合伙人已经接受了公开上市的思想。尽管前进的过程中有了一些耽搁，但是已经没有后路可以退。

【参考文献】

[1] 史蒂芬·费里曼. 高盛公司的经营与管理 [J]. 中国企业家，1994 (10).

[2] 费隐. 以人为本：高盛文化的精髓 [J]. 中国高新区，2002 (8).

[3] 李石凯. 高盛的增长奇迹 [J]. 经济导刊，2006 (8).

[4] 商言. 美林、高盛陷入困境 [J]. 财经界，2002 (6).

[5] 周炯. 高盛改制 [J]. 银行家，2001 (1).

十六、《美国理想：一部文明的历史》

[美] 雅各布·尼德曼　著
王　聪　译
华夏出版社，2004 年

【作者简介】

雅各布·尼德曼（1934—　），在哈佛和耶鲁接受教育，圣弗朗西斯科州立大学教授，伯克莱神学研究院新宗教研究中心前主任，美国深有影响的著作家，曾受邀参与录制比尔·摩耶著名的电视节目《心智世界》。

【写作背景】

二战结束后，美国是西方大国中唯一不仅没有衰弱，反而更为强大的国家。战时的资本积累、政府有效的财政政策以及科学技术的进步，促进了美国战后经济的迅猛发展。经济迅猛发展的美国对外直接投资大大增加，跨国公司飞速发展，资本输出不断扩大，不但加强了美国在战后国际格局中的地位，同时也使美国获取了更多的政治和经济利益。

经济和军事实力的强大助长了美国称霸世界的野心。美国凭借其经济实力，不断扩充军备，充当“世界警察”，插手别国内政，力图按自己的意志建立和维持国际秩序。自 20 世纪 50 年代以来，美国先后发动了朝鲜战争、越南战争、巴拿马战争、海湾战争、科索沃战争等一系列战争，并在全球各地卷入了难以计数的武装冲突，这使得世界上许多热爱和平的民族和国家对美国感到失望。美国在很多人心目中已经成为一个自私、贪婪、以自我为中心又极度危险的恶霸，特别是70年代的越战更是一度让美国国民对自己的国家所倡导的民主失去信心，再加上2001年的“9·11”事件给美国造成的重大损失和极度恐慌，更促使很多美国国民对自己的国家进行反思。雅各布·尼德曼的这部《美国理想：一部文明的历史》便是在这种背景下写出的。正如作者所说，这本书不是一本历史书，而是一次以一种新的方式去解读历史的尝试，这一代的年轻人对自己的国家抱着种种希望，可目睹“9·11”劫难让许多人备受震撼，他们在思索美国到底做错了什么，它不是一直以民主自诩的吗？那美国到底又意味着什么呢？这本书从美国建国之始开始追忆，忆古思今来探究美国的真正含义所在。

【中心思想】

该书正文包括“America的理念”“开天辟地”“伊甸园的天使”和“两种民主”4个部分，最后以“我们希望中的America”作为结论，全书约31万字。作者开篇指出，America曾经一度是整个世界的希望，那是一种什么样的希望呢？仅仅是人类的物质的追求吗？当然不是，America给世界的希望高于物质的追求，是对人的内在属性以及人所能达到的精神境界的向往。正是通过这种精神向往，America吸引世界上每个国家境内的男女老少。

America到底意味着什么，这是一个许多人无法确切回答或逐渐误解的问题。如果把America仅仅看成是一个人造的工程的话，那么这个问题的答案将无法触及America的根本含义，因为国家有兴盛衰退，America如果只是一个普通意义上的“国家”的话，那它也将无法逃脱这一命运。

作者带着这个疑问开始了对美国开国先贤们精神世界的追溯历程，先后回顾了富兰克林、乔治·华盛顿、托马斯·杰斐逊、林肯等伟人的精神境界，富兰克林在制宪会议上所做的一段高屋建瓴的演讲、华盛顿急流勇退从至高无上的权力宝座退让、杰斐逊的极力主张指导言行的准则必须发自内心以及在此基础上建立民众自主政府、林肯身居显赫的总统宝座却始终保持心灵的纯洁不被手中的大权所陶醉等都再次让读者重新认识了他们的内心世界。

接着作者回顾了America在历史上所犯下的罪孽：西扩运动中对印第安土著居民及其文化的残酷迫害，惨无人道的黑人奴隶制。作者指出America必须为自己犯下的罪行进行补偿、赎罪，并牢记教训，追寻内心的良知。另一方面，奴隶制引发的内战以及越战让America备受创伤，作者指出

America 的外在政府形式只是在错综复杂的历史环境中的一个工具而已。由此作者进一步开始寻找 America 的内在民主，即他所提出的“第二种民主”。

最后，作者做出总结，指明 America 的发展应该遵循的方向，号召大家共同走向群体良心之路。

【分章导读】

Ⅰ America 的理念

一 我们的 America America 建立之初曾一度是整个世界的希望。那种希望不仅仅是对于物质的极大丰富的追求，更多的是人类对于平等和自由的向往，即不仅仅是物质上的，更主要的是精神境界上的。对于许多人来说，现在摆在我们面前的命题是 America 到底意味着什么：一个国家吗？在作者看来，国家是仅仅一个人造的工程，而且国家有兴盛衰退，历史上再强大的国家到最后都难以逃脱土崩瓦解的命运。作者直接在关于 America 历史的研究中寻找答案，悟出这样的共性：对他们中的许多人来说，America 本身意味着为在现实生活中创造一个能够自由探索这些根本性问题的答案的环境所作的斗争。

现在，我们的世界正在被物质主义、商业主义和消费主义所淹没。物质主义其实是人们对自己内心世界以及外部世界认识贫乏的表现，物质主义是人类在精神世界中缺乏理想的疾病。其根源是我们巧借文明的名义来满足自己的自大情绪，其主要表现在于对一些互不相关的逻辑做过分的分析，以及醉心于纯粹的知识堆积。我们应该重新审视那些受过时间导演的古老文明智慧，即所谓的“古训”。这些“古训”究竟是什么？它们是世界上各大宗教以及那些探索人类灵魂的哲理的核心成分中都能找到的一种根本性的相同之处，尽管它们的外在表达方式以及侧重点不同。在关于人和大千世界的关系的众多古训中，有几个要素对于我们理解 America 的理念具有特殊意义。这些要素中最根本的一个观点是人类永远生活在两个世界之间——具有无限想象力的内心精神世界和充满物欲及限制因素的外在世界。

那么什么是民主呢？America 的开国先贤们从来就没有把民主的概念仅仅作为一个外在的政府结构来筹划。民主的含义一向是建立在人性中既有堕落倾向又可以从良向善这种双重性的基础之上的。从很大程度上讲，America 建立的民主形式是让参与者追求自身内在的更高的精神境界。

Ⅱ 开天辟地

二 追忆 America 每个人对自己的祖国都无比热爱，作者也不例外，当然也深深地热爱 America。但作者作了更多更深入的思考，他到底热爱 America 的什么？所以作者对 America 的印象是从小时候起开始追忆的，谈到了国旗、爱国誓词等方面，当初这些东西对作者来说是神圣不可捉摸的，但是随着年龄和阅历的增长，这种神圣感在丧失。接着，作者对 America 的内在属性进行了一番探讨，在这里，作者将独立悟性的概念与通常所说的逻辑推理区分开来，因为他认为 America 的开国先贤把悟性放到宗教信仰的高度时，他们并不是在大力提倡与我们当今文化密切相关的抽象思维、逻辑推理那样的脑力活动，但同时这种独立悟性又不纯粹是情感冲动而缺乏逻辑的体验。

作者谈到了富兰克林，他是何许人也，他究竟意味着什么？他一生亲身深入自然世界，同时深入人类社会的现实世界、理念的世界、战火连天的世界和歌舞升平的世界，他正是我们心目中的人类勇气以及 America 在物质世界里发明创造能力的理想人物的化身。从他在制宪会议上的一席话中可以看出富兰克林对于民主的升华的概念——通过相互平等的人际关系，为了共同追求更高的目标而努力摆脱自己观点的影响，从而产生对事物的真正洞察力和热情。

三　乔治·华盛顿的人格与传奇　作者在本部分重温了华盛顿这一历史伟人形象，着重评价了华盛顿在 1783 年辞去美军全军统帅的举动的重要意义以及此举背后折射出的华盛顿的人格品质。作者指出任何人、任何组织结构都存在缺陷，但 America 和华盛顿都努力地自我反省、自我完善，从而为大众谋福祉。然后，作者又重温了华盛顿在制宪会议上的告别演说，同时探讨了华盛顿退让的后果、America 的统一究竟是何种统一、America 的自由理念究竟为何物、国家与个人的关系以及宗教在社会生活中所起的作用等。

四　托马斯·杰斐逊的内心世界　本部分，作者借追忆托马斯·杰斐逊其人其行其言，探讨了政治和内心世界的关系、民主观念与自我修行、America 的共和制民主承认人性中的劣根性、财产和人权与人的双重性的关系、民主的目的等，最后作者得出结论，有两个 America 和两个民主："一种民主是外部的秩序和运作"①，"第二种民主，这第二个 America，不是基于个人好恶的民主，也不是满足个人欲望的民主，而是出于人类良知的民主"②。

---

① 雅各布·尼德曼. 美国理想：一部文明的历史［M］. 王聪，译. 北京：华夏出版社，2004：131.

② 雅各布·尼德曼. 美国理想：一部文明的历史［M］. 王聪，译. 北京：华夏出版社，2004：132.

五　林肯脸上的平静　作者通过林肯的相片，细致入微地观察林肯的面部表情，探索个性的真正含义。作者认为这一个性的真正含义在现今的 America 社会中已逐渐蜕变。那么真正的个人主义是什么呢？作者指出："真正的个人主义观点是指真正的自我实现，成为一个人独特的自我，摆脱社会影响的束缚。"① 最后作者借用历史学家理查德·霍夫斯塔德对林肯的评价，赞扬了林肯那种不被手中大权冲昏头脑而能置身事外所表现出的沉静和博爱。

Ⅲ　伊甸园的天使

六　American 印第安民族　作者指出，America 在发展过程中对印第安民族大肆屠杀，无视印第安文化的存在，实行毁灭政策，这一暴行是愚蠢至极的。当时的人们并不了解，印第安文化是一个建筑在与 America 不同的意识形态上的文化，他们毁灭的不仅仅是印第安人的生命和生活方式，更毁灭了一种不同于 America 的观察世界的方式，那是一种观察世界的更高级的眼光。正如作者所说："另一场历史剧正在我们眼前慢慢展开，这是一场我们未曾预料的历史剧，此剧回荡着一种奇怪的、令人不安的熟悉的回声：一场高级形式被低级形式毁灭的历史剧。"② 印第安人也有类似于基督教"上帝创造世界"的传说，印第安文化中的传奇、图腾和传统仪式是另一种感知大自然、人类生存的世界的方式，这种方式能引导他们获得一种感受，通过这种感受本身就能够让一个人领悟人生的真谛，就能让一个人触及能感觉到自身良知的精神深度。反观 America 自己的精神传统建立的初衷不也一样吗？只是随着时间的推移，宗教中的大部分传统变成了死板教条。至此，作者指出："摈弃那些冠冕堂皇的宗教语言和表面形式；推翻腐朽的压迫人类肉体和精神的君主制；放下沉重的历史包袱，以追求真理和自由的原则重建一个人类社会——这不正是 America 的目的吗？……American 政府应该是宇宙法规在地球上的反映。"③ 那么，印第安文化在某种程度上不正是 America 的自由、整体的理念的化身吗？

七　奴隶制和 America 的故事　奴隶制是 America 的历史上犯下的不可饶恕的罪行之一。作者一面引用弗里德里克·道格拉斯的演讲，一面对

① 雅各布·尼德曼. 美国理想：一部文明的历史［M］. 王聪，译. 北京：华夏出版社，2004：135－136.

② 雅各布·尼德曼. 美国理想：一部文明的历史［M］. 王聪，译. 北京：华夏出版社，2004：156.

③ 雅各布·尼德曼. 美国理想：一部文明的历史［M］. 王聪，译. 北京：华夏出版社，2004：163.

America在奴隶制上犯下的罪行进行深入的剖析。弗里德里克·道格拉斯一出生便是一个黑奴，逃亡到北方后，在北方各州巡回演说控诉奴隶制的罪恶，得到广泛认可和崇敬。在书中引用的那次演讲中，道格拉斯回顾了America创立的初衷——正义、自由、人道，没有人的互相压迫，指责了America在自己的利益和它所代表的精神发生冲突之际抛弃了自己的良心和意志，与建国初衷背道而驰；他严厉抨击了America的奴隶制惨无人道，是血腥残暴的行径，指出奴隶制的罪恶显示了America和人类历史上每个国家和文明一样，在向前发展的过程中都会受到来自自身的阻力，但奴隶制始终是最深重的邪恶，America应为这一暴行赎罪。道格拉斯的演讲深入人的灵魂深处，振聋发聩。

Ⅳ 两种民主

八 创伤和转折 这里的创伤是指America南北战争。作者和妻子在一次学术研究旅行中访问了林肯纪念堂、蒙蒂卡洛、费城和宾州的Ephrata。在第一站，作者借林肯塑像的神情引出对America内战的深思，内战是America的一大创伤，然而“战争造成的创伤是被当作洗刷人间罪孽的手段”[①]。林肯形象的主要含义之一便是“一个占上风的民族低下头意识到自己在弱小民族身上做下的孽障之后，正在决心在正义感的引导下痛改前非的感觉，这种赎罪感的悲哀”[②]。接下来作者提到了越战，作者体验了走过越战纪念墙的感受，那是一种被无数双战死同胞的眼睛注视的感受，那是一种进入战死同胞亡魂世界的感觉，作者指出越战将America的含义破坏了，如果说America在二次大战中也曾造成的生灵涂炭看上去还是正义和有意义的话，那么越战则让America蒙羞。第二站是蒙蒂卡洛，这是托马斯·杰斐逊的故居所在地，作者谈了参观蒙蒂卡洛杰斐逊故居建筑的感受，还特别提到与杰斐逊持对立观点的汉密尔顿，杰斐逊主张农业立国，而汉密尔顿则主张工业立国，尽管汉密尔顿曾激烈地驳斥杰斐逊的主张，但有意思的是，在其故居所立的塑像中，杰斐逊把汉密尔顿的塑像摆在了自己塑像的对面。这引起了作者对民主深层的思考，作者不禁发问：“这是不是民主的核心内容呢？——即使某人反对你的观点，你仍然尊重他？”[③]

---

① 雅各布·尼德曼. 美国理想：一部文明的历史［M］. 王聪，译. 北京：华夏出版社，2004：208.

② 雅各布·尼德曼. 美国理想：一部文明的历史［M］. 王聪，译. 北京：华夏出版社，2004：208.

③ 雅各布·尼德曼. 美国理想：一部文明的历史［M］. 王聪，译. 北京：华夏出版社，2004：221.

九　重游 Ephrata：寻找第二种民主　Ephrata 是 America 对精神修行的民主所进行的最认真、最严肃的试验之一，创建者是 America 历史上最了不起而又最没有被承认和理解的康纳德·比索。这一修行团体创建于 America 建国之初的那个年代，独立战争仍在进行。米歇尔·威德曼是当时兰卡斯特郡安全委员会总管，他藐视 Ephrata 这个修行团体并经常辱骂甚至殴打这个团体的首领彼特·米勒（康纳德·比索的接班人），一个无力还手的老人。然而当威德曼因叛国而被处以绞刑之际，彼特·米勒却毫不犹豫地赶往华盛顿将军驻地请求赦免威德曼，并说："正因为威德曼多年来是我的死敌，最恶毒、最无情的敌人，我笃信的宗教告诉我要为'那些虐待我的人祈祷'。"① 经过很长的沉默，华盛顿站起来绕过桌子站到彼特·米勒的面前，于是一个难忘的情景出现了：一边是拥有至高权力的美军全军统帅，一边是信仰虔诚的仁爱僧侣。作者把这一刻作为 America 民主外在表现和内在含义的一种象征。接着作者介绍了 Ephrata 的由来及其创始人的思想与实践，由此引出作者对"第二种民主"的讨论：其内涵和现实意义。然后，文章又对物质主义的含义进行了深入分析，因为 Ephrata 创建者相信金钱、财产和商业在本质中具有潜在的危害性，但却从未刻意压制或抵制它的诱惑，那么在 America 这样一个崇尚民主的社会中，人们对物质主义到底应该采取什么样的态度，以及这种态度对寻求第二种民主会产生什么样的影响，作者对这些问题均作了深入的探讨。

十　沃尔特·惠特曼和 America 的含义　沃尔特·惠特曼是他那个时代 America 最伟大的诗人之一，他对林肯的评价极高。在惠特曼眼里："林肯正是 America 民主精髓的神明转世：内在神圣感和外在的实用性在一个灵魂中的和谐统一。"② 作者主要介绍了惠特曼在林肯遇刺身亡后所写的《民主之回顾与展望》一文，"那是一篇就 America 民主的内在含义所做的前所未有的最有影响力的宣言"③，作者在介绍这篇文章的同时联系"独立""平等""民众""个人"这些概念发表评论，并讨论了惠特曼在文中提到的"宗教"，指出这个"宗教"的含义与美国开国先贤们所剖析的宗教观念是一脉相承的。

---

① 雅各布·尼德曼. 美国理想：一部文明的历史［M］. 王聪，译. 北京：华夏出版社，2004：225.

② 雅各布·尼德曼. 美国理想：一部文明的历史［M］. 王聪，译. 北京：华夏出版社，2004：240.

③ 雅各布·尼德曼. 美国理想：一部文明的历史［M］. 王聪，译. 北京：华夏出版社，2004：241.

结论：我们希望中的America

十一　门口的保护神　作者认为，人类具有什么样的精神世界，他们的生活状况就会是什么样。人类的内心都有悟性（或叫上帝），当人们处于那个自我修行的房间里时，就有可能达到觉悟的境界，那么America政府的存在正是应当充当这个房间门口保护神的角色，保证每个人都能在一个不受干扰的环境中悟出人生真谛。但America物质的繁荣昌盛让许多人幻想可以由America外在的政府形式和社会秩序引领着他们达到人类生活的完美境界。作者否定了这种幻想，反问道："'自由市场经济'如果不为一个追求精神修养为核心的内心自由的民族提供物质保障的话，它和真正意义上的人类自由又有什么关系呢？如果政治自由指的是满足一个人的主观欲望，而不去看那究竟是些什么样的欲望，不去用任何内心的道德准绳衡量这些欲望的话，它和真正意义上的个人自由又有什么关系呢？"① 作者进一步探讨了崇高品格的深层含义和America的现状与未来，指出America之所以会变得强大，是因为America建国之初的理想，America要想继续保持这种态势应该将注意力更多地放在内在的修行上，而不是一味地追求外在的肤浅的东西。

十二　通向群体良心之路　作者指出，我们不该把华盛顿、杰斐逊、林肯等伟人看成可望而不可即的神仙，实际上，在通向未来理想境界的过程中，我们每个人都有可能成为巨人。只是在这条道路上遇到"不可饶恕的原罪"这一阻力的时候，修为不同的人作出的反应是不同的，这也导致了每个人所达到的精神境界不在一个层次上。我们都在探索内心真理，这需要创建一个具有良心的社会，作者指出要创建这种社会"最重要的是一代又一代能够给整个群体带来新的启示的新人"，华盛顿、杰斐逊、林肯等便是最好的例子。

【意义与影响】

面对"9·11"事件之后的动荡和创伤，该书作者雅各布·尼德曼重新反思美国建国历程，向历史寻求力量，引领读者进入巨人华盛顿、林肯等人的灵魂深处，生动再现了这些伟人的内心世界。

首先，作者以深邃的视野考察了美国民主的演变历程，着力探求美国民主变质的社会文化成因，洞察了现代美国民主发展中的消极因素以及民主的

① 雅各布·尼德曼. 美国理想：一部文明的历史［M］. 王聪，译. 北京：华夏出版社，2004：258.

蜕变所带来一系列的社会问题。作者并不是作纯粹的学术探讨，也没有采用艰涩的政治术语，而是从美国建国之始探讨先贤们的理念志业，一直追溯到现代，力图挖掘美国民主的真正含义。虽然语言平实，但是作者所阐释的问题却具有较高的理论深度，引人深思。同时，作者别具一格地将美国民主分为内在的和外在的两种，指出内在的民主是存在于人们的心中，外在的民主是政府组织所体现的民主，认为人们应该把更多的注意力放在内在的修行上，这种观点在一定程度上丰富了民主的理论。

其次，作者对美国民主的探讨并没有触及其阶级本质，也就必然找不到走出困境的现实路径。在许多人眼里，所谓的“普世价值”往往等同于美国的民主制度，这是一种肤浅的认识。美国的民主制度虽然凝聚着开国先贤们的智慧，但其固有的内在缺陷是显而易见的。尽管美国在1776年的《独立宣言》宣称人人生而平等，但实际上却并不包括黑人与妇女。美国妇女直到1920年才有选举权，而美国黑人则到1965年才真正拥有投票资格。这种所谓一人一票选举制的平等，也只是仅仅停留在形式上。这种形式上的平等又往往掩盖着经济的不平等和随之而来的社会不平等。同时，美国的民主制度是由于美国独特国情而逐步分阶段形成的。这种模式并非适用于所有国家的政治革新。民主作为一个实践过程，其发展需要由量变到质变，更需要内因和外因的有机结合所产生的内驱力。此外，美国力图在全世界“示范”其政治、经济制度的优越，不顾现实中的差异性，对其他国家强行推行美式民主，不可避免地会出现对抗力量，使自身陷入困境。我们在阅读该书时应对此有清醒的认识。

【原著摘录】

Ⅰ America 的理念 P1－22

一 我们的 America P3－22

P3 America 曾经一度是整个世界的希望。

P3 从一个更深的层次上讲，无论是从个人还是整体的角度来看，America 所包含的希望是对人的内在属性以及人所能达到精神境界的向往。正是通过这种精神向往，America 对人类的物质生活和社会生活的承诺才能像一把火炬、一盏明灯和一声召唤那样吸引世界上每个国家境内的男女老少。America 曾经一度是一个伟大的理想，正是这个理想推动了整个世界，为人类的生活开辟了新的可能性。

Ⅱ 开天辟地 P23－144

二 追忆 America P25－59

P25 假如费城代表了 America 的一切，那我对其没有丝毫兴趣。我所爱的不是什么正统的 America。

P37 这一片自然就是 America。我当时就知道。America 就是自然，我的心也是自然，因为我在内心中的同一个地方找到了自然和上帝，我就在那里思考、琢磨和反省人世间发生的所有的事情。大自然呼唤着人类心中感情的那一部分，那不正是真正的科学和真正的宗教的源头吗?

三 乔治·华盛顿的人格与传奇 P60－107

P61 他的隐退对整个西方世界都具有深远的影响。一个得胜归来的将军交出指挥刀，解甲归田是一个非凡之举，是现代化的时代里前所未有的壮举。

P101 那个用从权力宝座上隐退从而体现其道德力量的华盛顿和那个让个人和群体中不同部分的利益进行积极的冲突从而孕育出新事物的华盛顿是同一个人。民主不是混乱，不是无政府状态，不是在某些社会成员想要做什么时，被动地迁就让他们去做。华盛顿——或者神话般的民主（假如你想这样称呼的话），是一种经历过那些互相分离、互相冲突的不同成分在更高层次上的智慧和意志。

四 托马斯·杰斐逊的内心世界 P108－132

P108 我们将会看到杰斐逊的社会观实际上是鼓励并且是以每个个体内心的修行为前提的。在这个过程中，我们可能会发现我们习以为常的关于群体内人际关系的观念和标准开始显露的全新的含义；民主的观念可能看上去更像是每个人寻求自觉的自我个性的指南，而不是一个我们应该遵守和服从的模式。

P120 我们开国先贤们是建立一个社会秩序的艺术大师和能工巧匠。建国之初正是一个让他们大显身手的时代和社会环境，这片新大陆是他们手中的工具，这个国家是他们创造的艺术形式。

P130 杰斐逊的观点所代表的一切，可以概括为在这样一个民主的标题之下的群体的自我意识觉醒，这个自我觉醒要比任何个人或群体的社会自我认知更加崇高、更加深刻、更加全面。

五 林肯脸上的平静 P133－148

P140 现在，批评 America 的个人主义已经成了一种时髦，人们通常将它视为为公益做贡献的社会责任感的对立面的自私观念。的确，世界上存在物质主义的自私，那就是消费主义；其中有心理上的自私，那就是时兴的自我完善；还有政治社会领域里的自私，那就是对国家政治的漠不关心。反对这种自私就是建立参与政府运作和建立群体所需要的责任感。阿伯拉罕·林肯的形象完全地超越了我们熟悉的个人主义和社会责任感这两个相对立的立场。

P144 我们能回忆起在现代化时代有哪个手握如此重权的人会如此平易近人？这也许是林肯在众多的人间豪杰中占有显赫地位的最好的写照——保持心灵的纯洁，不被手中的大权所陶醉。

Ⅲ 伊甸园的天使 P149－204

六 American 印第安民族 P149－180

P155－156 在研究了印第安文化后，我们能得出这样一个结论：印第安文化和所有能称得上"以神为中心"的群体和文化、所有以某种神圣感作为核心的文化一样，是以一个和我们的现代文明不同的意识形态作为基础的。

P180 尽管 America 在屠杀印第安民族时背叛了所有自己的理想，America——或者我们中的任何人——能不能接受这样一种信念：除非我们继续按照印第安文化精髓的指导去努力，我们是永远无法还清这笔孽债的。我们必须知道，我们在自己的精神理想中也能找到和这种文化精髓相同的东西，我们的历史和伟人曾赋予那些理想以超凡而且极其现实的含义。依照良心的法则，我们必须为地球带来印第安民族曾经带给地球的东西，我们对此有责无旁贷的义务。做不到这一点，任何其他的赔偿和赎罪都是远远不够的。

七 奴隶制和 America 的故事 P181－204

P183 除非 America 能够从自己那种唯我独尊的幻觉中解放出来，它就会像我们社会在今天发生的演变过程一样，在这种本质性的幻觉的毒害下丧失它的本性。

P190 但是，America 必须同时用自己的心灵和情感去观察、去感觉、去思索这样一个观念：America 并不是它自己想象中的那个国家，America 必须俯首承认它所代表的双重性的人性。

P200 奴隶制的罪恶，以及 America 所代表的这个罪恶中的所有东西，向我们显示了 America 和人类历史上的每一个国家和文明一样，同样遵循着一条普遍存在的准则，那就是每一个推动社会进步的新的努力都会遇到来自自身的阻力。我们开始认识到 America 必须从那种认为这个国家是一个例外的幻觉中解脱出来，那条适用于历史上任何时代、任何民族的普遍法则同样适用于这个国家。

Ⅳ 两种民主 P205－251

八 创伤和转折 P207－221

P208 在演讲中，林肯将内战的痛苦比作一个全体国民的团结统一的意识在诞生时的阵痛。第二任就职演说则有很大的不同。他号召我们去思考在一个遵循上帝普遍的正义准则的统一国家里酿成战祸之苦的那宗全体国民均应负责的罪孽。

P220 America 作为一个新开端，一纸《独立宣言》将我们带到土地跟前，带到一种心内装着自然、脚下踩着自然的生活。我们的艺术也许不如他们的“精彩”，但是也许那就是真正属于我们自己的东西——也就是说，我们的艺术是和我们整个的自我相联系的，所以那不是当我们内心的恶魔在外作恶时我们逃避现实的梦境。

P221 在我们生活的时代，越战通过在我们国家的精神上制造的创伤，明确地向我们展示了 America 所具备的外在形式本身只是在错综复杂的历史环境中的一个工具而已。从那个意义上讲，我们能产生一个看上去显得自相矛盾的观点，越战虽然是一个创伤，但也许它能够通过揭露纯粹的外在政治的幻觉，历史的幻觉，从字面上、表面上理解 America 的幻觉，好像我们是所谓上帝“选中”的国家的幻觉的反省来平复我们的伤痛。

九 重游 Ephrata：寻找第二种民主 P222－239

P227 从 Ephrata 修行团体的生活和归宿中，我们可以看到这个尝试的重要性和艰巨性。也就是说，一个像 Ephrata 那样的群体生活方式的尝试，能够向我们展示 America 国家是在人性中理想主义成分和实用主义成分这两个冲动的互相斗争中诞生的。通过看到在 America 价值观的源头的这种矛盾，我们能更加准确地理解我们今天的价值观中的哪些部分是被歪曲了的，以及我们需要从哪个方向上去呼唤体现在我们源头的那个人类的希望。

P228 尊重普天下所有的人，这就是民主准则的核心所在，也正是这些眼光卓越的大师们在自己内心深处的人性本质中悟出的真谛。康纳德·比索被这个理想所感，成了一个完全得道的人。尽管他没有接受过正规教育，他的惊人才学和灵感悟性使他对宗教教义理解尤深，他强烈的本能直觉和一种自发产生的为自身利益更崇高的目的做贡献的冲动汇合了起来，最终促使他去寻找一种注重内心探索的孤独的隐居生活。

十　沃尔特·惠特曼和 America 的含义 P240－251

P246　惠特曼的《民主之回顾与展望》在强调民众的观点和强调个人的观点之间来回反复。那和我们在华盛顿、杰斐逊和林肯在逻辑思考、行政措施和为人处世中看到的在这两者之间的来回反复是一回事。继续读惠特曼的文章，我们很快就会发现我们没有必要在两者中选其一。事实上，我们不应该去做这样的选择。将民众看成群体的形式和将个人看成灵魂之所在这两个表面上对立的观念调和起来的方式，是隐含在个人自我意识的表层下面以及群体意识的表面下面那个神秘的自我意识觉醒的过程之中的。民众并不是一群人。个人也不是自我中心。互相对立的其实是一群人与一个人的自我中心的本能倾向。但是，还有另外一种自我意识，那是一种神秘的、实在的自我意识，在晨曦初露的地平线上的朦胧曙光中等待着我们自己去发现。这个神秘的自我意识之觉醒包含了民主观念隐含的意义："一个属于人民自己的、站在人民一边的、为人民服务的"政府。

结论：我们希望中的 America P253－273

十一　门口的保护神 P255－265

P257　人类生活的状况取决于人类的精神境界。America 政府的设计规划正是建立在这个真理之上的。人天性中具有堕落倾向，需要一种特殊的政府来限制这种堕落——这一点不错。但是，人性中还有悟性（或上帝），需要一种特殊的政府形式去扶植，从而使人们去探索这种悟性，从而使每个人以及他们所在的群体按照悟性、上帝和正义的理想去体验、去行动。

P257　宪法和 America 政府结构的令人升华的形式，有时也许会让我们想象开国先贤们是相信或者应该相信外在的法律和法制的原则是可以改善人类生活并且实现长治久安的。实际上，没有什么能比这种观点更容易令人误入歧途的了。我们的开国先贤们间接地从哲学或者从他们笃信的宗教那里得知，而且肯定有不少次是通过直接的亲身体验悟出这样一个道理，那就是人类社会的改善只有通过社会成员的内心修行来实现。政府的职责是保护那个修行过程，为那个房间里，男女老少在内心世界里进行踏踏实实的探索、修行，而不仅仅是高谈阔论真理、公正和公共利益这些美丽的辞藻。

P259　再进一步看一下 America 关于独立的理想。从历史和它固有的属性上讲，这个理想的外在的政治含义实际上反映了来自深层的内在的、理性的含义。自决作为一个内在的理想，是指一个人被自身条件和社会环境塑造的自我主动服从于具有自我意识的自我的内在力量。这种自决的力量决定了每个人独特的个性以及他从被社会环境塑造的形象中取得的完全彻底的独立。看上去自相矛盾的是，真正的恶心意味着从“个人主义”中解脱出来。用一句更像古训的话说：真正的“我”是指从狭义的自我观念中，也就是自我中心的牢笼中解放出来的自我认知。

十二　通向群体良心之路 P266－273

P270　真正的良心总是来自一个人对自己的道德背叛的痛苦认识。只有看到自身的罪恶，良心力量和道德的悟性才能燃起熊熊烈火，变成了推动人类进步的力量。假如不是通过一个人在经历了自己的失败以后去爱别人，把自己的身心向更高尚的精神境界敞开的话，基督教义就没有任何意义。在东方，道德、良心的觉醒的象征是“出淤泥而不染”的莲花。假如我们用道德的自相矛盾作为谴责一个人的标准，那这个世界上就剩不下任何聪明人，包括任何好人，包括世界上所有的文化和传统中的所有圣贤。

P272　这里要强调的观点是，良心是唯一可靠的道德行为的准绳，而且良心的呼唤常常是微弱和短暂的。许多人类的善举常常只是一道内心道德感觉的闪电的结果。但是用不了多久，这种道德感最初源自良心的感觉便会消失。一到这种时候，那些行为本身常常会演变成掩盖良心真理的伪装，而不是良心在现实世界中的表达和延伸。虽然那些被一瞬间的道德观念引发的理念在字面上没有任何变动，其外在表现则在性质上、形式上甚至在目标上背离了最初的冲动，这一切都是在当事人毫无意识的情况下发生的。奴隶制和种族歧视正是对作为 America 建国之基的平等和自由理念的违背。毁灭印第安人及其文化正是对作为 America 哲学的心脏和主干的人权理念的背叛。

【参考文献】

[1] 雅各布·尼德曼. 美国理想：一部文明的历史 [M]. 王聪，译. 北京：华夏出版社，2004.

[2] 罗伯特·H. 威布. 自治——美国民主的文化史 [M]. 李振广，译. 北京：商务印书馆，2006.

[3] 托马斯·戴伊，哈蒙·齐格勒. 民主的讽刺 [M]. 孙占平，译. 北京：世界知识出版社，1991.

[4] 程光泉. 全球化与价值冲突 [M]. 长沙：湖南人民出版社，2002.

十七、《日本文化论的变迁》

[日] 青木保　著

杨　伟，蒋　葳　译

中国青年出版社，2008 年

【作者简介】

青木保（1938—　），文化人类学者。出生于日本东京。原日本文化厅厅长。大阪大学名誉教授、日本国立新美术馆馆长。1962 年毕业于上智大学文学系德文学方向，1964 年毕业于东京大学，1967 年修完东京大学大学院文化人类学博士课程。1983 年任大阪大学人类科学系教授。1994 年获得大阪大学人类科学博士学位。1996 年任东京大学先端科学技术研究中心教授，1999 年任政策研究大学大学院大学教授，2005 年任法政大学特聘教授，2006 年任早稻田大学客座教授。历任大阪大学、东京大学、早稻田大学教授，泰国国立桥拉伦贡大学和美国哈佛大学东亚研究所、人类系研究员，法国国立巴黎社会科学高等研究院、德国昆斯丹茨大学客员教授以及中国社会科学院社会学研究所名誉教授、上海同济大学亚太研究中心顾问教授等。

2007 年 4 月至 2009 年 7 月就任日本第 18 代文化厅厅长，并担任日本民族学会会长，2012 年出任国立新美术馆馆长。青木保自 1965 年以来从事以东南亚为主的文化人类学调查研究，并在法国、英国等欧洲各国以及美国进行有关文化政策和文化机构的调查研究。

1985 年以《仪礼的象征性》获三得力学艺奖，1990 年因《日本文化论的变迁》获吉野作造奖，2000 年获紫绶褒奖。

其主要作品有《探访沉默的文化》（1976 年）、《文化的翻译》（1978 年）、《在泰国的寺院》（1979 年）、《境界的时间》（1985 年）、《文化的否定性》（1988 年）、《逆光的东洋学》（1998 年）、《日本文化论的变迁》（中公文库①，1999 年）、《异文化理解》（2001 年）、《多文化世界》（2003 年）、《仪礼的象征性》（2006 年）、《"文化力"的时代——21 世纪的亚洲与日本》（2011 年）等。另有多部共同编著著作和译著。

——【写作背景】——

该书旨在通过梳理、勾勒战后日本文化论的变迁，来探究战后日本的文化与身份，把握日本的现状，并分析支撑战后日本国力恢复和崛起的文化动因。战后，日本在沉重的挫折中寻求再生的可能，这一时期日本经历了经济贫乏到恢复，再到高速成长的过程，在这一过程中，无论是日本国内，还是国际，许多研究者都将视线投向"日本文化论"，期望从中发现日本经济发展、腾飞的可供解读的答案。特别是在 20 世纪 50 年代至 70 年代中期，日本创造了经济腾飞的神话，日本人称之为"经济高度成长期"，创造这一神话的背后的日本企业文化、日本人的独特心理，引起了全世界的广泛关注。《日本文化论的变迁》就是以这种社会关注为背景，对来自多专业、多领域的日本研究的综汇，并在分析具有代表性的研究论点的基础之上，明确地勾画出"日本文化论"的变迁过程，进而理智地识别为创建近代国家、社会而努力的日本的自我形象。

在理论背景上，加藤周一提出了"杂种文化论"，梅棹忠夫提出"文明生态史观"，罗伯特·贝拉、E. O. 赖肖尔提出"平行现象"说，土居健郎提出"依赖"心理论，加上战后 1946 年出版的著名日本文化论著《菊与刀》，这些庞杂的日本文化论可谓汗牛充栋，让读者应接不暇。该书在对这些日本文化论进行考察的过程中经历了几个准备阶段，其中包括三次学术会议的交流和两篇发表在《国际文化论坛通讯》上的论文。三次学术会议分别是 1988 年 3 月日本外务省举行的"日本研究之现状"国际研讨会、1988 年秋举办的"《菊

---

① 中公文库是日本中央公论新社（读卖新闻集团）发行的一种文库版系列丛书。《日本文化论的变迁》一书 1990 年由日本中央公社论初版发行，1999 年出版中公文库版。在日本明治时期（1868—1912），"文库"一词通常指期待读者将其全数买入、收藏的全集或丛书，在策划时会冠以"文库"的名称。但在近代的日本出版界中，则作为另一种特殊用语使用。以文库本形式出版的典型作品，多半是曾经以精装本等大型的形式出版过的书籍，为了普及的目的而改为此种形式再出版。

与刀》与日本文化人类学”研讨会以及1990年3月国际日本文化研究中心举办的“世界中的日本”；两篇发表在《国际文化论坛通讯》上的论文分别为《战后日本对文化与身份的诉求》（1988年第5期）和《战后日本与日本文化论》（1989年6月和7月两期）。正如作者在后记中所说“大致就是在上述五个过程中，我以自己的方式发展了这一主题，并完成了本书”[①]，而青木所谓的“自己的方式”，即是以文化人类学的思维方式，以自己独特的、富有创造性的方法对战后日本文化论的变迁进行分期，并在各个时期提出了自己独到的见解。因此，可以说该书开创性地考察了日本文化论的变迁，给我们展示了一幅战后日本文化论的全景图。

【中心思想】

该书针对战后日本文化与身份的定位、日本文化论的变迁等问题进行了深入探讨，并在人类文化学思维方式的观照下，运用对战后核心日本文化论著、论文进行解读、比较、分析的方法，得出了日本战后各个时期日本文化论的特征，以及这一特征下，日本文化论对日本经济、社会、政治各方面产生的影响。

该书的基本思想是将战后日本文化论分为四个时期，并就各个时期的特征进行分析、解读。

第一个时期自1945年至1954年。这一时期，日本刚刚经历战败，人们对旧日本抱着否定的态度，极力想脱胎为欧美式的新日本。因此，对本尼迪克特等学者提出的日本集团主义、耻感文化等日本的文化的特殊性进行了否定。

第二个时期自1955年至1963年。这一时期，战争后的混乱逐渐平息下来，日本经济出现了复苏，对日本文化的定位也发生了变化，人们开始反思此前的那种对日本文化的否定性认识，出现了用文化相对性、生态历史的观点来重新审视日本文化的新倾向。

第三个时期自1964年至1983年。这一时期，日本经历了经济高速成长时期，一跃成为继美国之后的世界第二大经济大国，人们开始持肯定的态度来确认日本在比较文明论式的世界中所占据的位置，并对日本文化特殊性的优越性加以充分的肯定和褒扬。

① 青木保．日本文化论的变迁［M］．杨伟，蒋葳，译．北京：中国青年出版社，2008：176.

第四个时期自1984年至今（《日本文化论的变迁》成书时间）。这一时期，日本经济的发展也渐渐暴露一些令人担忧的问题——与他国的经济摩擦、日本在国际社会的孤立化、日本社会自身的差别化和阶层化等。日本文化学者们开始思考如何将日本文化推向国外，将日本文化的特殊性普遍化、国际化。

青木总结出，日本整个近代，都一直是“媚外”和“排外”这两个轱辘在交替进行。他通过梳理、解读战后日本国内外关于日本文化论方面的著作，多角度、宽视野地运用归纳、总结的方法，揭示了战后日本文化论的变迁轨迹。力图阐释在这一变迁中，日本以及世界对于日本文化的定位，并展望日本文化论在未来的发展趋势。

【分章导读】

第一章　战后日本与“日本文化论”的变迁　在这一章，青木阐释了“战后日本”一直存续的观点和日本文化论的意义，并在此基础上，说明了本书的撰写目的、动机和本书论述的日本文化论著、论文的选取原则等。

青木认为，置身于平成时代（1989年起至今即为平成时代）来回顾和探讨昭和（日本年号，1926年至1989年为昭和），乃是一个重大的课题。日本战后是在美国化的影响中，摸索着走到今天的，这大约45年的光阴流转，是作为经历了逐渐由匮乏变为充裕之过程的“实感”而存在的①。虽然有不少人认为经过了70年代的经济增长之后，如今已经不再是战后了，但是青木认为，不经过对战后体制改组，“战后日本”是不会终结的。而从美国要求日本进行改革的种种事项中也可以清楚地得知，其实日本体系并没有变化，而是在独自运转着。纵然处在贯穿整个近代日本的急速发展、变化中，日本的文化与传统也没有丧失，而是一直存续着。当说到作为战后日本人身份的对象而存在的日本文化时，将其总括性地作为一个整体去加以把握，并在与外国和异文化的比较中进行讨论，这就构成了所谓的日本文化论。青木认为，对这种本质产生的价值和制度等表象进行总的清算的时期已经到来。

青木从生活方式到社会结构，继而从包括价值及意义的广义层面上来考察所谓的文化。通过在这个层面上探讨日本文化论，尝试着对战后日本进行时期划分，并探索其中蕴含的意义。

---

① 青木保. 日本文化论的变迁［M］. 杨伟，蒋葳，译. 北京：中国青年出版社，2008：22.

本章中青木还专门交代了书中以战后日本的日本文化论这一形式所提出的专著和论文应该满足的两个基本条件：首先，它应该属于关于日本文化的整体性论著，而且，其研讨的对象乃是“现在”。其次，它还应该是能够改变时代潮流的论著，成为所谓“论坛”或“知识社会”的重大话题，并具备改变它们倾向的影响力；更是畅销书，经常被人们所引用，也为大众所知晓①。

结合日本文化论的内容变化，青木把从1945年到现在（成书时间）的这段时间分成四个时期，具体的论述围绕着这四个时期进行展开。青木的划分的四个主要时期如下：第一期，“对特殊性的否定性认识”（1945—1954）；第二期，“对相对性的历史性认识”（1955—1963）；第三期，“对特殊性的肯定性认识”前期（1964—1976）、后期（1977—1983）；第四期，从“特殊”到“普遍”（1984年至成书时间）。但在论述这四个时期之前，青木认为必须先讨论一个问题，当在说到“日本文化论”的时候，无疑可以举出一个典范，那就是鲁思·本尼迪克特的《菊与刀》。战后不久，这本书便被翻译出版，此后的日本文化论都多少受到了这本书的影响。即便不从这本书中引用任何语句，也能从字里行间管窥到《菊与刀》的影响。至少凡是试图探讨日本文化论的学者，在1948年的译本出版之后，都不可能没有阅读过这本书。即使没有读过，也应该知道它的大致内容②。因此，青木认为在探讨战后的日本文化论之际，首先应该从探讨《菊与刀》开始。

第二章　《菊与刀》的性质　《菊与刀》于1946年出版，1948年被译为日文，是美国文化人类学家鲁思·本尼迪克特运用文化人类学的方法，以“菊花”与“刀”来揭示日本人的双重性的一部经典著作。它是研究日本民族、日本文化绕不开的研究专著。第一章中青木也提到《菊与刀》之后的日本文化论都多少受到了这本书的影响。因此，在第二章中，青木主要是对《菊与刀》的性质、内容，以及其产生的影响和后人对它的评价这几个方面进行了论述。

青木认为，《菊与刀》作为人类学的研究，堪称是一个特例。而这一特例主要体现在两个方面：一方面作者是在“从未去过日本”的情况下进行研究的。一般认为这是违背人类学研究原则的，但是却有着不得不这样操作的缘由。另一方面，这本书是在美国与日本交战最酣的时期，受情报局委托而写

① 青木保. 日本文化论的变迁［M］. 杨伟，蒋葳，译. 北京：中国青年出版社，2008：28.
② 青木保. 日本文化论的变迁［M］. 杨伟，蒋葳，译. 北京：中国青年出版社，2008：31.

的。《菊与刀》的研究有其特殊性。在研究方法上本尼迪克特自始至终都是以整体论式的方法来对作为“民族志现状”的日本人和日本文化进行研究的[①]。而且青木认为《菊与刀》是站在文化相对主义的立场上，在美国对日本进行有意识的比较上完成的研究。文化相对主义形成于 20 世纪 40 年代末，该派鼻祖是美国人类学大师博厄斯，但形成于梅尔维尔·赫斯科维茨。文化相对主义认为每个民族的文化都有独创性和充分的价值，反对“欧洲中心主义”，认为人类历史不存在共同的规律性和统一性，只是一些各自独立变迁着的文化与文明的总和。青木解释说，无论何种文化皆具有其独自的，并在文化内部进行自律的价值，那么用在一种文化中形成的价值观去单方面地度量另一种文化，便无法真正理解异文化。因此，要用“复眼式”的视角来把握对方的文化，拿自己熟知的事情作比较，想象他们是如何不同，再把这种形式的比较推进到极致，这就是《菊与刀》。虽然总是以一种整体论的方式去把握，就必然会伴随过分的普遍化，但是《菊与刀》的价值并不会因为有这些缺陷而被埋没。因为它不仅有许多地方得到了日本人的认同，而且也让美国人更全面地认识了日本人，了解了日本人的奇妙之处，并从阅读的过程中，不知不觉在相比照的过程中，发现了美国人的特异之处，解构了西方的明晰性。因此，《菊与刀》试图揭示日本人和日本文化的整体形象，堪称划时代的日本文化论。

本尼迪克特曾说，“本书探讨日本人有关生活方式的各种假设性观点”，“是一本探讨日本何以成为日本民族的书”。青木在分析该书的时候，提出本尼迪克特所主张的关于“日本何以成为日本民族”的“假设性观点”，换言之，就是日本人何以成为日本人的根据，亦即“身份”的“根据”。这一事实具有极大的意义，寻求这种“根据”就构成了自我认识或者追求自己“身份”的一种基本形式，在不断与外国的比较中摸索本国的位置，寻求本国文化的特性，追求自己的身份。

青木还提出了两个论点来作为日本文化论的主要观点进行讨论。其中之一是基于本尼迪克特在《菊与刀》中所指出的特征而提出的论点，即试图以社会关系为中心去把握日本文化的特征。其二，就是从比较文化乃至比较文明的视点出发，尝试着在世界范围内给日本定位[②]。而在具体问题的提出上，

① 青木保. 日本文化论的变迁［M］. 杨伟，蒋葳，译. 北京：中国青年出版社，2008：36.
② 青木保. 日本文化论的变迁［M］. 杨伟，蒋葳，译. 北京：中国青年出版社，2008：48.

也有两个重要的问题被本尼迪克特所揭示，一是日本人的集团主义，另一个是耻感文化。“集团主义”被用来与欧美的“个人主义”相对比，“耻感文化”也被拿来与“罪感文化”相比较①。另外，恪守本分的意识和行为是日本人社会关系的基础，是源于日本人对阶级制度的信赖，并且构成了日本人对于人与人相互之间的关系以及人与国家的关系所持有的整体观念的基础。而诚实、自重等几个支撑着日本人集团主义的观念也在书中得到了充分的解析。

第三章 “对特殊性的否定性认识” 该部分青木解析了战后前十年日本学者对日本文化特殊性的否定和脱胎为“新日本”的探求。所谓特殊性的否定性认识，是对如前所述本尼迪克特等文化学家分析的、具有独特日本特色和独创性的日本文化的特殊性进行否定认识的观点。这些特征在战败后的日本，被视为近代化失败的原因，因此遭到了批判。换言之，必须否定日本社会的特殊性。

战败让日本人重新认识日本，并试图从旧的特殊性中脱胎出来，构建新的日本，寻求新的日本文化，努力成为《波茨坦公告》中要求日本成为的近代化、民主化国家。由此，日本又一次在“脱亚入欧”的支配下，开始了“第二次开国”，即以欧美为榜样，重新开始了近代化的进程。青木首先引述了坂口安吾在1946年4月发表的《堕落论》的卷首语，指出这篇文章中充满了反语和讽刺的战后日本论，从“堕落”中发现了“人”的意义，与受到命运支配的、所谓美好的战争时期恰好形成了对比。在战后的混乱中，《堕落论》彰显出看透新时代本质的敏锐洞察力。在分析了坂口安吾的《堕落论》之后，青木接着分析了木田实的《疯癫部落周游记》，并指出在这两篇著述中我们都能看到一种批评精神，批判被军国日本冲昏头脑、被皇国日本所煽动蛊惑的社会之变化，然而流淌在文章根基里的东西，却是一种强烈的祈愿，希望日本崭新的起点不至于重蹈此前的覆辙②。青木认为这两篇著述都可以看作是揭示出了否定旧日本、脱胎为新日本之本质的言词。

与此同一时期，桑原武夫发表了《对现代日本文化的反省》，青木认为桑原武夫从明确的近代主义视点出发，展开了对日本文化的批判。桑原的近代主义是相当激进和昭然的，在战争结束后只过了半年，他就否定了统治着战时日本的近代的超克论，并认为如果要超克近代，就只能首先在深切地体会

① 青木保. 日本文化论的变迁［M］. 杨伟，蒋葳，译. 北京：中国青年出版社，2008：49.

② 青木保. 日本文化论的变迁［M］. 杨伟，蒋葳，译. 北京：中国青年出版社，2008：55.

了近代之后，在其前进的方向上超越它，除此之外别无他法。在彻底否定日本社会的特殊性这一点上，青木认为还有法律社会学家川岛武宜对日本社会的批判性分析，以及政治学家丸山真男对日本法西斯主义的批判。尤其是川岛的日本社会批判，是通过探讨作为基本构架的“家族”的性质而展开的，而这不仅与本尼迪克特所说的集团主义相重合，而且也为当时的社会科学方面的日本家族论树立了典型。青木认为“家族式结构”原理的主要特征，被称之为非近代化性家族原理，只有对其进行否定才能实现日本的民主主义化①。

青木归纳了这个时期对日本社会的定位，这种充斥着“对特殊性的否定性”认识拥有两个立场。第一种是通过马克思主义的发展阶段来对日本社会进行定位。这是一种认为日本社会处于资产阶级革命前的前近代阶段的观点。这个观点所采取的立场是，把历史唯物论作为根基，以生产关系为中心，认为经济基础是社会的决定因素，把文化定位为上层建筑，但是却没有明确说明其意义，且没有认识到其重要性②。第二种是从近代化论去把握的。它把在西欧发展起来的近代理性主义作为评价的标准，来对日本进行评判。无论是马克思主义者，还是近代主义者，都举起了近代化—民主化的旗帜，对日本社会的落后性展开了猛烈的批判。

第四章　“对相对性的历史性认识”　本章通过内部视线（日本人自己的视角）和外部视线（日本人以外之人的视角）对 1955 年到 1963 年的日本文化论的新变化进行了探讨。内部视线主要分析了加藤周一的杂种文化论和梅棹忠夫的文明生态史观，外部视线则主要剖析了美国社会学家罗伯特·贝拉的平行现象一说等。所谓“对相对性的历史性认识”其特征表现为，它是在比较文化和比较文明的世界中对日本文化和社会进行定位，与始于战前的那种以强调日本文化论和否定性的特殊性为主要焦点的近代化论或者马克思主义论不同，它打破了封闭的一元论，而在比较自由的层面上展开着思考。

进入 20 世纪 50 年代以后，日本经济出现了“高度成长期”，对日本文化的定位也与政治和经济的动向彼此呼应，人们亦开始重新审视此前那种对日本文化的“否定性”认识。在分析加藤周一的《日本文化的杂种性》时，青木认为这篇论文既没有仅从追踪西欧近代主义这一单方面的发展中去探索日

① 青木保. 日本文化论的变迁［M］. 杨伟，蒋葳，译. 北京：中国青年出版社，2008：59.
② 青木保. 日本文化论的变迁［M］. 杨伟，蒋葳，译. 北京：中国青年出版社，2008：60.

本文化的可能性，也没有陷入所谓传统回归的模式，其结果是肯定了日本人那种“中西合璧”型的生活方式。如果把英法的文化称为纯种文化的典型，那么日本文化便是杂种文化的典型了。杂种在这里既不带有褒义，也不带有贬义。青木进一步提出，加藤所主张的是，“日本文化是一种杂种文化，这本身并没有什么不妥”。而真正的问题并不在于面对纯粹文化时抱有自卑感，而在于要“承认文化的杂种性本身含有积极的意义，并追究在有效地利用它时，蕴含着怎样的可能性”，并追问“文化的杂种性是否真的具有积极的意义”。

杂种文化论出现后两年，文明的世态史观便接踵而出。梅棹忠夫把旧世界分为第一区域和第二区域，并将日本和西欧划分为第一区域，而把中国、印度、苏联等国家划分为第二区域。青木归纳、总结了梅棹的观点。在植物生态学中曾观察到这样一个现象：“在一定的条件下，共同生活模式的发展是遵循一定的法则而进行的。”梅棹的生态史观正是以这种观点为基础，大胆地将其应用到旧世界的发展史中。第一区域位于远离大规模文明中心的边远地区，由于地理位置的缘故而免遭大帝国的统治，且处于亚热带型的自然环境中，其自然条件得天独厚。这种种因素使之得以从封建制向近代国家发展[①]。文明的生态史观将西欧与日本划分为第一区域，且并排放置在平行进化的轨道上，而将其他广袤的干燥地带全部归结为属于第二区域的大规模帝国及其卫星国，并指出了其向近代文明过渡的困难性[②]。

外部视线审视日本的代表中，青木列举了罗伯特·贝拉、E. O. 赖肖尔等人的观点，其中重点分析了美国社会学家罗伯特·贝拉的观点。罗伯特·贝拉在从与梅棹的生态史观不同的层面上，把日本的近代与西欧的近代相比较，并认定其中存在着一种平行现象。贝拉没有把西欧与日本简单地联系起来，而是在做了诸多的保留之后，富于暗示性地指出：如果将日本与其他亚洲国家的情形相比较，日本明显与西欧型更为类似。因此认为它们之间存在一种平行现象。

通观这一时期的日本论，出现了极大的变化，无论是日本人自己还是欧美学者都趋向于对日本文化作出肯定的评价。杂种文化也好，平行进化论也好，在某种程度上，都反映了对“西欧中心主义”的怀疑和反击，并由此促成了日本人自信的恢复。在本章的最后，青木强调“有一点值得我们关注，

---

① 青木保. 日本文化论的变迁［M］. 杨伟，蒋葳，译. 北京：中国青年出版社，2008：70.

② 青木保. 日本文化论的变迁［M］. 杨伟，蒋葳，译. 北京：中国青年出版社，2008：70.

在‘战后日本’这一从‘否定’转变为‘肯定’的过渡时期里，出现了由‘比较文明论’所带来的‘相对化’的过程”[①]。

第五章 “对特殊性的肯定性认识” 该部分论述了1964年至1983年的日本文化论的变迁情况。在这一时期，出现了几种代表性的，或是说象征性的“日本文化论”，论说的观点也由战后初期的否定“特殊性”转向肯定“特殊性”。作者选取了几种真正论及问题“核心”的“论说”，并对其进行了详细的分析，肯定了被认为具有典型的日本特性的集团主义、耻感文化、终身雇用、年功序列、“依赖”构造、日本式人与人之间的“义理”等日本文化的特殊性。

1964年到1983年，这期间日本经历了经济从复苏到高速成长的过程。经济的腾飞抹掉了战败国的形象，日本人也随之产生了强烈的文化优越意识。社会人类学者中根千枝1964年发表了《日本式社会结构之发现》，书中提到的日本“纵向社会的人际关系”一说引起了学界的轰动，而该书也成为当时的超级畅销书。青木根据中根的观点解释说“（日本人）为了建立集团构成空间的秩序所采用的乃是‘纵向’关系。所谓‘纵向’关系即是指将不是被置于同列的A和B连接起来的关系。与此相对，‘横向’关系则被比拟为兄弟姐妹的关系，它所形成的是同列与资格的关系”[②]。青木认为中根虽然也提到这一纵向结构而产生的一体感会招致排外主义与“憎恶和尚而及袈裟”的批判精神的缺乏，但是他同时也高度评价纵向集团原理为日本的近代化做出了贡献。

中根发表论著的同年，作田启一对本尼迪克特提出的耻感文化进行了再考。青木分析说作田不同意把日本的耻感文化仅仅限定在通过公开场合被嘲笑、被拒绝而形成的耻感，他认为拒绝也好，接受也好，当日本人被置于他人的一种特别关注之下时，便会产生耻感。并且，作田提倡耻感文化肯定性的一面，而这种肯定性包括两个方面，一是给达成目标赋予强烈的动机，二是对伴随着达成目标的原理而出现的竞争发挥着抑制作用[③]。青木认为，实际上，中根和作田是对本尼迪克特所提出的被认为是日本人特殊性的集团意识和耻感文化分别从不同方面给予了肯定性的认识。1965年，尾高邦雄的《日本的经营》批判了美国文化人类学家、经营学家詹姆斯·阿贝格伦在1958年

① 青木保. 日本文化论的变迁［M］. 杨伟，蒋葳，译. 北京：中国青年出版社，2008：77.
② 青木保. 日本文化论的变迁［M］. 杨伟，蒋葳，译. 北京：中国青年出版社，2008：83.
③ 青木保. 日本文化论的变迁［M］. 杨伟，蒋葳，译. 北京：中国青年出版社，2008：89.

出版的《日本的经营》中对日本式经营特征的看法。阿贝格伦指出日本“终身雇用”“重视资历（年功序列）”等价值理念在西方人眼中是前近代性且封建性的，但尾高认为这种日本式的传统性经营无法以西方的尺度来片面断定它是前近代性的或封建性的，并表示拥护日本式经营。

青木在分析这时期精神医学家土居健郎的著名论著《“依赖”的构造》时指出，土居观察了日本人的育儿方法，并加以分析，从中看到了其独特的社会化过程。日本社会中，孩子对母亲的依赖乃是人际关系的核心，以至于日本人在长大成人之后，也仍然在家庭内外继续寻求与这种对母亲的依赖相同的情绪上的安定。而社会集团内部的上下关系也是模拟它形成的，上司和部下的关系就是要谋求一种情绪上的安定感——即培养感情①。土居的“依赖”论认为，“依赖”存在于日本人的心性与人际关系的本原之中，这是一种被动的爱的渴求，是一种依赖性。另一位精神医学家木村敏进一步用精神心理学的方法分析，提出日本人“自我”的性质。在木村看来日语的“自分（自我）”与英语的“self”不一样。“self”是恒常地保持着自我的独特性和自我的本质，而日语中的“自分（自我）”原本是指在某种超越了自己的东西中每次自己应该分得的份额，并不是具有恒常同一性的本质乃至属性。

1968年日本作家三岛由纪夫的《文化防卫论》出版。青木认为三岛由纪夫的文化防卫论就整体而言，它抨击了潜藏在战后体制那种徒有其表的文化主义外衣下的欺瞒性，主张恢复文化的整体性。因此，三岛的论文更加鲜明地体现了从20世纪60年代末到70年代那种“对特殊性的肯定性认识”的深化。滨口惠俊在《“日本特性”的再发现》中认为日本人的特性在于“间人主义”而非集团主义，是一种相互依赖、相互信赖、把人际关系视为一种本质的特征。滨口的论述中表现出一种已经不应该再把欧美模式当作典范的态度，并显示出一种强烈的意识，即无论怎么说，日本近代化的成功都是源于按照日本模式来进行的结果②。这也是出于对日本文化特殊性的肯定性认识。

青木除分析了以上几个重要的代表性日本文化论外，他还简单介绍了20世纪70年代末期，在日本国内外都出现的日本文化论的总结性论著。他将这一时期评价为日本文化论的黄金时代。日本文化论占领了新闻媒介，带来了巨大的影响，并引发了人们对日本文化特殊性的肯定性评价和高声讴歌。

---

① 青木保. 日本文化论的变迁［M］. 杨伟，蒋葳，译. 北京：中国青年出版社，2008：95.
② 青木保. 日本文化论的变迁［M］. 杨伟，蒋葳，译. 北京：中国青年出版社，2008：106.

第六章　从“特殊”到“普遍”　在经历了战后否定日本文化的“特殊性”到肯定“特殊性”的变迁后，大约从1984年起，日本文化论学者开始思考、反省日本文化的“普遍”性和“国际化”。第六章青木着眼于从“特殊”到“普遍”，展开了论述。

青木从20年后尾高邦雄重论《日本的经营》开始谈起，尾高邦雄在重论的序言中提到“尽管面对的是同样的东西，但我的立场却从拥护变成了批判”。因为尾高看到日本经营神话发生了某些令人担忧的事态，这其中包括对日本经营的神话一味的溢美之词，进而发展了众多的信徒。他总结了日本式经营的一些缺陷，并指出日本式经营尽管在日本社会中发挥了极大功效，但在日本以外的地方，就未必行之有效。因此，他提出要对日本式经营进行修正。青木肯定了尾高的一些观点，同时指出其缺陷是“关于如何考量‘日本体系’的国际化，或者在国际社会中如何使之‘普遍化’等方面的社会学考察，似乎还存在着不足”①。

在探讨了尾高的观点后，作者将视线聚焦到澳大利亚的日本学研究者彼得·戴尔的《日本式的独特神话》上。戴尔试图把一些日本式的特征看作是对日本法西斯主义的发现，但青木认为戴尔的论著充满了批判日本文化论的过激色彩，认为戴尔缺乏本尼迪克特的那种“复眼式”的视点。

青木认为，随着日本经济的发展，日本人在海外的过剩出现，还有迟迟得不到解决的经济摩擦，以及从亚洲大量涌入日本的劳动力和拒绝接受这些劳动力的日本制度、组织的封闭性等，都越来越受到猛烈的抨击。在这一形势下，青木指出荷兰的卡莱尔·G. 沃尔夫伦发表的论文“说得夸张一点，是这篇论文宣告了‘国际社会’中‘日本神话’的终结”②。在这些外部压力中，日本国内越发高涨的国际化论作为一般倾向，产生了两种对立的意见。一种立场是强调日本文化、社会的连续性，试图在其中处理国际化的问题。另一种立场尽管并不否定日本文化和社会的特质和连续性，但认为，在如今这样的国际化社会里，仅凭日本文化的特质中心主义，已经不能持续下去，有必要进行“开国”，在限制本土文化的同时，推进国际化。这两种立场无论是哪一种都依旧是把欧美当作参照体系来列举的。青木分析上述现象后提出，论者们归根结底是从经济和技术等实用性中去寻找构成日本文化论的根据，而

① 青木保. 日本文化论的变迁［M］. 杨伟，蒋葳，译. 北京：中国青年出版社，2008：124.
② 青木保. 日本文化论的变迁［M］. 杨伟，蒋葳，译. 北京：中国青年出版社，2008：133.

不是从思想、科学的发展等内容中去寻找这种根据。日本文化论之所以在面对外部时弱不禁风，是因为它缺乏自身固有的价值。因此，当试图正面应对国际化这样的现象时，就徒然暴露出了他的孱弱体质。

第七章 “国际化”中的“日本文化论” 本章作者主要围绕国际化视野中的日本文化论进行讨论，并展望了文化论的未来发展方向及日本在此发展方向中应该如果把握自己。

在 20 世纪 80 年代末到 90 年代，从外部出现了两个日本论，其一是用日本问题点燃了批判日本之火的沃尔夫伦的《日本权力之谜》，另一个是美国新闻记者詹姆斯·法罗斯的《封锁日本》。两者的目的都是为了对成为世界中心之一的日本那种封闭性的政治体系进行批判性解剖[①]。青木分析指出，沃尔夫伦的主题在于阐明日本的政治体系，特别是官僚机构中的权力的存在方式。根据沃尔夫伦的观点，日本尽管采纳了作为近代国家的表面形态，但却是依靠封闭性的前近代体系来运作的。法罗斯在批判日本上也和沃尔夫伦别无二致，但却把重点放在了日美关系上，在说明两国的殊异之后，他坚持认为，日本不可能成为美国政府和美国人所想象的那种基于西方自由各国共同准则上的伙伴。前书是真正追究日本的权力为何物的论著，后者追究日本在世界中所占位置的时局论。就其提起议论的方式而言，两者都具有近于日本文化论的性质。青木把与这两人处于同一立场的论调称之为“鞭笞日本”论。

在分析当今世界潮流的变化，从文化论的角度考察，青木认为存在两个方向：一方面，进入 80 年代以后，在美国和西欧，开始逐渐修正其认识世界的视点。其特征可以被称之为“反文化相对主义的倾向”[②]。另一方面，依靠社会主义的国家建设这个普遍主义的意识形态，使得民族文化、地区文化的独特性受到了压抑，但如今也开始得到了主张。因此，在青木看来，即便在欧洲各国出现了“反文化相对主义”的重大动向，但与此相反，在社会主义阵营里却初次萌发了文化相对主义的胎动[③]。

青木认为，如今在这个世界上，不管谈论什么或者主张什么，都强烈地谋求着普遍性与个别性的平衡。这也就意味着，要静静地倾听那些估计会越来越声势浩大的日本批判论，并吸收其中的批判部分，以作为日本文化论的养分，以追求更为开放的包容性。

---

① 青木保. 日本文化论的变迁 [M]. 杨伟，蒋葳，译. 北京：中国青年出版社，2008：143.

② 青木保. 日本文化论的变迁 [M]. 杨伟，蒋葳，译. 北京：中国青年出版社，2008：150.

③ 青木保. 日本文化论的变迁 [M]. 杨伟，蒋葳，译. 北京：中国青年出版社，2008：154.

【意义与影响】

第一，该书是青木保的代表性著作，浓缩了其学术观点的精华。该书日文原版于1990年7月30日在日本东京初版发行，同年底的11月15日即发行第四版，其畅销程度可见一斑。1999年该书出版了文库本，是日本文化论的长期畅销书，也是日本国际交流基金推荐翻译的书目，曾获吉野作造奖。2008年该书由日本国际交流基金会资助翻译出版，为世界日本文化及日本文化论研究提供了一幅贴切、实用而又具理论价值的全景图。

第二，该书对日本文化论的变迁的梳理和分期具有开创性的意义。作为日本文化论变迁的研究著作，在汗牛充栋的日本文化论中，梳理了此前日本文化论的展开轨迹和抵达点，并在对此进行批判性消化的前提下，构筑了自身新的视点。书中整理和解读了不少战后最优秀的日本文化论的研究著作，对战后日本文化论进行了独特的四个时期的划分，并联系日本社会历史的背景，探讨了其中的流变。其中潜藏着不少与此前的所谓常识大相径庭而又饶有趣味的论点，给人耳目一新的感觉。通过对这些著作的研读，可以观察到战后日本的思想史、文化史，对于全面了解战后日本文化及日本文化论大有裨益。

第三，该书的出版给日本文化及文化论研究带来了极大影响。该书成果得到了国内外研究部门及出版社的关注，作者还收到了美国一所大学希望以这个主题为中心开展讲座的邀请函。而该书在中国翻译出版后，即有中国学者撰文阐释日本文化论的变迁情况，启发了不少中国的日本文化论研究学者。因此，可以说该书的出版翻译给日本及日本以外的日本文化论研究者提供了一个新鲜的视点和重要的启示。

第四，该书对审视近现代中国文化论有重要的借鉴意义。首先，近现代中国在对待传统文化的态度上，也出现过类似否定、肯定的情况。比如对待孔子、孟子等儒学思想的态度，不同时期、不同派别也有不同的认识。因此，在考察中国文化的变迁时，也可以参照该书的一些方法与理论。其次，当今中国正在和平崛起，在中国崛起的过程中也会出现与别国文化、经济、政治等方面的摩擦，日本作为最早在亚洲崛起的国家，其在审视和解决本国文化与他国文化产生摩擦的过程中，有一些地方值得我们借鉴与深思。

第五，当然，该书也有一些地方值得商榷或者说存在着不足，在评论某些著作时有时会有介入个人主观情绪之嫌。比如在评价彼得·戴尔的《日本式的独特神话》时，青木批判了戴尔指出的日本文化中“法西斯主义意识形态”的成分。虽然也许戴尔在批判其“法西斯主义意识形态”的时候存在一些过激言论，但是不能因此说戴尔指出的完全没有道理。而在书中他提出“本来理应对这本书（戴尔的书）的详细论述进行批判性的分析，但是遗憾的是，至今未见其中被武断地认定为‘法西斯分子’的‘论者’们展开反论”，这里分明夹杂了个人感情的成分。作为日本政府原文化厅厅长的青木保，在面对这样的指责时，恐怕很难完全不受意识形态和民族主义情绪的影响。

【原著摘录】

第一章　战后日本与“日本文化论”的变迁 P21－31

P22　我们强烈地感觉到，自己是从占领军、驻留军的士兵中接过巧克力和口香糖，在“美国化”的大合唱声中，于混乱的社会中摸索着走到了今天。

P26　这种认为不能丧失“本质”的观点，与那种认为只要保持了“和魂”，则无论外表如何变化也无关紧要的主张如出一辙。即使在“近代化”和“美国化”或通常所说的“现代文明化”的急速发展中，日本的“文化与传统”也没有丧失，而是一直存续着，并理应无所丧失地存续下去。

P26　当说到作为战后日本人“身份”的对象而存在的“日本文化”时，将其总括性地作为一个整体去加以把握，并在与外国和异文化的比较中进行讨论，这就构成了所谓的“日本文化论”。

P28　多数情况下，“日本文化论”中存在着作为“核心”的特定“研究”，以及由此所派生或簇生出的“通俗论述”。“通俗论述”成为极端大众化的现象，使“日本文化论”成了“大众消费品”。

P28　“日本文化论”之所以成为一种社会现象，也许可以说是因为这种形态的波状效果最为强烈，在情报提供者、传播者和接受者之间形成了围绕“日本文化论”的极为特殊的关系。

P30　在战败所带来的无力感的支配下，“鬼畜英美”的形象突然摇身一变，以至于欧美作为发达的典型受到日本的顶礼膜拜。这样的日本重新背负起了再次构筑国家和社会的课题。

第二章　《菊与刀》的性质 P33－52

P35　尽管作为文化人类学研究被视为一个特例，但这本研究著作在美国的文化人类学研究中，实现了从单纯的“未开化社会”研究向复杂的“复合社会”研究的转变，从而成了历来人类学研究范式的突破口，堪称划时代的研究。

P36 “文化相对主义”是以博厄斯为首，包括本尼迪克特、赫斯科维茨等美国文化人类学者为中心，所提倡的对于“文化”的理解方式。粗略地解释，这种主张强调无论何种文化皆具有其独自的、并在文化内部进行自律的价值，那么用在一种文化中形成的价值去单方面地度量另一种文化，便无法真正理解异文化。

P39 话虽如此，《菊与刀》这本书本身却持续热销，成为超过350万本的长期畅销书，即便是现在也能很快在美国的书店买到。这才是真正的一大“特例”吧。

P39 拿“自己熟知的事情”作比较，“想象他们是如何不同”，再把这种形式的比较推进到极致，这便是《菊与刀》。

P40 诸如此类的缺陷之所以会出现，是因为每当提到“日本人”、“美国人”或是“泰国人”的时候，总是以一种整体论的方式去把握，而这就必然会伴随“过分的普遍化”。

P45 从这点上来说，无论在细节上显得多么牵强附会，像这样整体性地把握文化的立场仍然会发挥出某种有效性。

P49 “集团主义”被用来与欧美的“个人主义”相对比，“耻感文化”也被拿来与“罪感文化”相比较。

P49 与通常的“社会构造”论的分析不同，她不是从行为到概念，而是采用由概念到行为的说明方式来进行分析的。这里也明显表现出了“阐释主义”论的方法。

P51 日本人认为人生应该是小心谨慎地遵从常规而行动的世界，这就意味着，生活在社会上“要细心观察别人的行动中的一切暗示，并且强烈地意识到别人是在评论自己”。

第三章 “对特殊性的否定性认识”P53－62

P54 接受这个“公告”（《波茨坦公告》），不仅仅意味着军国主义政府和军队的解体，更意味着将建设“民主主义国家”作为国家的课题，而“战后日本”正是从这里揭开了序幕。

P54 “我们都被贴上了日本人这个标签。这绝对不是假话。不过，当听到别人口口声声说起‘日本人’如何如何、‘我们国民’如何如何，或者只是说‘国民’如何如何之时，我们常常会压抑不住去想去重新审视胸前标签的欲望，这种情形想必大家都曾经体验过吧。”

P57　这个时期，为了脱胎成为《波茨坦公告》中所说的“民主主义国家”，这种带有批判的眼光来把握日本社会基本框架的论点，在社会科学方面具有支配性的力量。时代与“世态”相互呼应，无论作家、评论家，还是社会科学学者，都准备好了要从根本上展开对日本社会的批判。

P58　战败对于日本“国民”来说是从未有过的事件，给国民带来了强烈的屈辱感，也意味着转向了一种新的价值观，即对“期望新事物出现，以彻底取代铩羽而归的旧日本”这种观点抱着“全面肯定”的态度。这也标志着对曾经统治“旧日本”的“体系”的否定。“战后日本”必须是“民主主义的日本”，必须取缔“前近代性的、封建”的“旧制度残余”，创造合理的社会。换言之，必须彻底否定日本社会的“特殊性”。

P59　所谓“民主主义伦理”和对“精神内部革命”的要求，换言之，也就意味着要“否定”本尼迪克特所指出的“集团主义”与“耻感文化”。

P61　通过与西欧＝美国社会所实现的“近代化”与“民主化”这一典范相比较，来对日本社会及其文化进行定位——这种日本“知识分子”“明治以来”一直沿用的、在世界范围内“对日本进行定位”的方法，在战后的日本又一次备受推崇。

P62　再次效法“先进的典范”，对自己的“文化”进行“否定”，并对其“劣等性”加以认识——人们正是试图从上述举措中去追求日本人的“身份”，并竭力主张早日逾越这一切。

第四章　“对相对性的历史性认识”P63－77

P65　“日本式的东西是与亚洲其他国家迥然不同的，换言之，必须在日本的西方化已经渗入内层这一事实中去寻求它”，由此看来，日本文化的特征正是在于日本和西方这两者相互缠绕和渗透这一点上。

P65　“杂种文化论”是在加藤“发现”日本的过程中诞生的，其中蕴含着一种主张——希望保持一种自由的态度，既不单纯从“西方化”的视角来看待日本的近代化，也不只是以“回归传统”的形式去探讨日本的近代化，也不认为“在文化问题上，必须是民族主义的”。

P66　“越是意识到文化问题的知识分子”，就越是会攻击日本文化的“杂种性”，并且希望将之“纯种化”。于是发生了“日本文化”的“纯粹化”运动，而这必然会重蹈“失败历史”的覆辙。

P67　事实上，即便是为“日本文化论”着想，像加藤这样具有“杂种文化”式或者“复眼式”视点的日本知识分子，亦有必要不仅在学问和艺术方面，也有必要以更加深入“日常性”内部的形式来达成“对西方的理解”。

P69 日本所实现的高度近代文明并不仅仅是对“西欧典范”的简单模仿，而不妨看作是西欧与日本在历史上的“平行进化”。

P69 可一旦踏入近代化的进程之后，日本就为创造出独特的近代文明而开始了自己的“运转”。其“运转”的目的地绝非日本的西欧化，而是实现日本独特的近代文明。西欧与日本分别位于欧亚大陆的西边和东边，在生态学上的位置以及在历史进程方面都具有非常相似的条件，因此走上了平行进化的道路。

P71 尽管很难进行一种单纯的比较，但就其作为一个国家的目的取向看来，还有从社会建设的方向看来，日本都无疑是以“脱亚入欧”为国策而发展起来的“西欧”型社会。

P76 无论是“杂种文化”，还是与“西欧”的“平行进化”，对于日本人谋求的“自我确认”都是大有帮助的。日本人逐渐摆脱了战败后的屈辱感与自卑意识，还有对失败往昔的认识阴影，以及封建制度的残余与前现代性等等“否定性”的观点，终于开始主张起日本的“独特性”，并强调与发达的“欧美”诸国之间的类似性了。达成这样的认识对“恢复自信”大有裨益。

第五章 “对特殊性的肯定性认识”P79－117

P80 我把1964年到1983年的大约20年间划分为“对特殊性的肯定性认识”的时代，不用说这正是“经济大国”谋求“自我确认”的时期。

P82 日本人将自己所属的工作岗位、公司、政府机关、学校等称为“我们的”，而不认为是缔结了一定合同（雇用）关系的企业体，即不是作为自己的客体来认识的，而是将“我的，以及我们的公司”作为主体来认识的。

P83－84 在日本的社会集团中，通过“纵向”关系所形成的集团部的序列化逐渐发达下去，以至于在与集团外部的其他集团的关系上，集团之间所产生的也不是对立而是并立的关系。

P90 这种羞耻的共同体具有压抑个人的创意及自发性表现的负面效果，但同时，又成了显示集团理想状态——即与以达成愿望为中心的集团性利己主义相抗衡的集团理想状态——的一个据点，无疑在这一点上也具有很大的意义。在精英们夸张的举止面前保持沉默的大众——这一形象使我们倍感亲近，而与这种形象相吻合的，便是上述这种羞耻的共同体。

P90 在发达的未来社会里，随着生产力的提高，竞争的价值将愈发降低，有机会的构成将彻底打破阶级和阶层的壁垒，可以想象，在这样的社会里，上述那种协作将会成为一种重要的结合形式。

P95　即使在社会集团中，“母子”关系这种人际关系的原型也照样发挥着强有力的作用。无论什么时候，“母亲”都既是精神上的安定之源，又是养育之源。

P95　“依赖”发端于“母子”关系中孩子对母亲的依赖心理，而正是它构成了“日本文化”的基调。土居指出，存在于日本人性格之本原中的“依赖”与西方人的“自立”是互为对照的，不妨把“依赖”看作是“日本人心理上的特异之处”。

P98　日本人的“自分”与西方的“自我”不同，是指在“自己”与他人所共有的日常生活的过程中，根据每一次状况的变化，在这种共有关系中被分配给自己的部分，而该部分是不可能独立存在的。“自分”总是存在于与他人的共有关系中。于是，“人与人之间”便不能不经常成为社会生活中的一大问题。

P101　三岛针对把文化当作“仓库”来对待的政府、在野党以及大众的“文化主义”展开了批判，这一批判所植根的基点在于：在日本，文化是“一种形式”，是“能够透视国民精神的一种透明的结晶体”，是不仅包含了艺术作品，也“包含了行动以及行动模式的东西”。

P106　而关于日本人的特性，他（滨口惠俊）认为，与西欧的“个人主义”相对，日本人的特性在于“间人主义”而非“集团主义”。所谓的“间人主义”，与“个人主义”的“自我中心主义”“自我依据主义”“把人际关系看作是一种手段”等特点相对，具有“相互依赖主义”“相互信赖主义”“把人际关系视为一种本质”等特征。它与“个人主义”并非像底片与正片那样的对立概念，其本身便是一种具有自律性的人的状态。

P110　日本之所以能够达成这种“近代化——产业化”，一个重大的原因就是“‘家’型组织原则”的日本社会具有一种柔性的适应能力，特别是在企业等“中间集团”的层面上，它为实现“近代化”发挥了有效的作用。

第六章　从“特殊”到“普遍”P119－142

P121　所谓“日本式经营”原本是指独特的“具有人事劳务惯例之体系的、日本传统的企业经营模式”。人们常常列举出其中存在的诸种特征，比如终身雇用、全面包揽型的一揽子用人制度、培养出均质的公司人的定型训练、既是权威主义也是民主主义的参与性组织、对职员福利所抱有的具有温情色彩的考量（它甚至渗透到职员的私生活领域）等等。

P122 日本人在海外的傲慢无礼和挥金如土引人注目，遭到接踵而至的谴责。国际社会对经济大国日本的责难，显然就包括对日本人上述那种“夸耀性行动”的批判。不仅如此，对于“日本式经营”，也从礼赞转变为批判了。

P127 他（彼得·戴尔）认为，从“日本式经营”论到今西锦司的“猿猴学”，从谷崎润一郎到铃木孝夫，再到渡部升一的“日语论”，都可以从中找到“法西斯主义意识形态”的特征。

P131 日本与其他国家所发生的“摩擦”也愈演愈烈，在“国际社会”中，日本的“特殊性”所引发的否定性作用受到了人们的指责。

P134 但是，如果抛开这些来阅读，会发现它极其明快地展示了日本人在世界潮流中所不能不面对的“问题”。那就是向日本和日本人强求一种“普遍性”或“国际性”。那种普遍性或国际性在日本人看来是应该予以保留的，是把欧美世界作为一个世界性标准来看待而出现的东西。

P137 “耻感文化”也可以被列为“地中海文化”的特征，而“集团主义”在德国人社会中也屡见不鲜。

P139 随着日本在世界上占据重要的位置，“日本文化论”与其说是在谋求开放性的普遍性，不如说步入了肯定日本特殊性的封闭方向。

P142 真正的文化论应该具备连接“异文化”与“本土文化”之间的接口作用，即便一开始只是让人觉得其中充满了奇特的“异国情调”，但随着它所呈现的东西，读者会不知不觉地从中看到自己的影像。

第七章 “国际化”中的“日本文化论” P143－156

P144 日本作为一个国家，乃是与西欧近代国家属于不同范畴的国家，所以，西欧各国即使试图与之在自己尊崇的同一地平线上进行较量，也绝对是徒劳无功的。

P145 日本的政治经济体系与国家目标不同于欧美诸国，既然是植根在不尊重“自由市场”的态度之上的，那么，忽视这一点，而把对方看作是同样建立在自由主义经济体制原则之上的竞争对象，美国就必然遭到败北。

P147 在“对特殊性的肯定认识”的时代，“日本文化论”所表现出的对日本“独特性”的主张，在进入90年代以后，反倒被批判为是“对特殊性的否定性认识”了。法罗斯认为，“日本文化论”加剧了日本在世界上的孤立，可以说这是对“日本文化论”所做出的激烈“反应”吧。

P148 再重复一次，具有讽刺意味的是，或者说是具有反论性质的是，这些“鞭笞日本”的论调几乎都自始至终地贯穿着一元的批判和责难，这种态度表现了与以“对特殊性的肯定性认识”为基础的“日本文化论”恰好相反的性格。

P155　主张“日本文化”的“独自性”自有其必要的部分，而强调日本人的“文化身份”在今后的世界上也是大有必要的，不过，应该说“日本文化论”已经迎来了重大的时机，即朝着更为开放的“普遍性”逐步展开，以便成为构筑起世界的“普遍”理论的一部分。

【参考文献】

［1］青木保. 多文化世界［M］. 唐先容，王宣，译. 北京：中国青年出版社，2008.

［2］青木保. 异文化理解［M］. 于立杰，等译. 北京：中国青年出版社，2008.

［3］戴季陶. 日本论［M］. 北京：光明日报出版社，2011.

［4］马庆钰. 对文化相对主义的反思［J］. 哲学研究，1997（4）.

［5］青木保. 文化人类学与日本文化论［J］. 国外社会科学，1989（11）.

［6］王勇. 日本文化论：解析与重构［J］. 日本学刊，2007（6）.

［7］赵德宇. 战后日本文化论流变［J］. 日本研究，1998（1）.

［8］黄大慧. 战后“日本文化论”的轨迹［J］. 外国问题研究，1993（1）.

后　记

人无时无刻不是生活在文化之中，人的世界在一定意义上就是文化的世界。用斯宾格勒的话来说，人类历史是“一群伟大文化组成的戏剧”。自 19 世纪后期以来，在达尔文进化论学说的影响下，以“人类学之父”泰勒及摩尔根等人为代表的西方文化学家、人类学家和考古学家开始自觉地以文化问题为研究对象，并以泰勒的《原始文化》为标志形成了文化人类学史上的第一个理论学派即古典进化论学派。而与之对立的文化传播论学派和历史特殊论学派也在随后出现并对其发起了激烈的批判。

进入 20 世纪，文化问题的研究逐步超越了对文化现象的实证描述，出现了以斯宾格勒和汤因比为代表的文化形态史观，以马林诺夫斯基等为代表的功能主义文化学派，以利奇、道格拉斯、特纳等为代表的象征人类学和以列维·斯特劳斯等为代表的结构主义人类学等众多流派。越来越多的西方文化学家、哲学家、社会学家开始从不同的维度和层面对具体的文化现象和文化模式进行研究，尤其是对资本主义文化进行了深刻自觉的理性反思。著名社会学家马克斯·韦伯从社会学角度细致考察了新教伦理与近代理性资本主义发展之间的生成发育关系，把西方资本主义的发达归功于从宗教改革转换而来的以新教伦理为表现形态的理性主义的文化精神。

韦伯所称道的这种理性主义的文化精神，自20世纪以来却一直处于一种背反和自我冲突的境遇中。面对现代西方社会物质繁荣背后的物化与异化问题，许多敏锐的思想家开始深刻反省现代西方的文化冲突和文化危机，对西方理性主义文化模式进行深刻批判，形成了意识形态批判、技术理性批判、大众文化批判和现代性批判等众多理性文化的批判主题。在批判视界上，既有存在主义的悲剧意识、现代历史哲学的文化批判意识，也有西方马克思主义的文化批判理论和后现代主义的文化批判思潮。批判社会学和文化保守主义思潮的代表人物丹尼尔·贝尔阐述了资本主义的文化矛盾及其产生的根源：工业社会的经济与节俭原则与现代主义文化强调的反认知和反智模式发生了冲突，从而构成了西方所有资产阶级社会的历史性文化危机。这种文化矛盾将作为关系到社会存亡的最重大分歧长期存在下去。

西方社会如火如荼的文化研究与文化批判的浪潮在中国也引起了巨大的反响。近年来，我国相继翻译出版了一系列现代西方文化名著，并出现了难以计数的相关研究性著作和学术论文，对文化变革和文化转型的研究探讨蔚然成风。客观地说，这股“文化热”是深深植根于中国社会快速推进的现代化进程之中的。当代中国正处于前所未有的转型时期，伴随着现代市场经济体制建构和全球化浪潮而来的新旧文化模式的碰撞与中外文化精神的冲突，不但让普通民众深感焦虑，在知识精英内部也产生了深刻的分歧和裂变。中国传统民族文化与现代理性主义文化如何在交汇中不断融合，社会主义文化与资本主义文化这两种异质文化又如何在交流中相互借鉴，有关于此的文化争论方兴未艾。在此背景下，对西方学者研究资本主义文化问题的经典著作进行系统梳理和推介以资参考，不仅有助于我们深入把握资本主义文化由朝气蓬勃到腐朽败落的历史转化过程，而且有利于我们在对照中超越文化保守主义或文化激进主义的藩篱，以更广阔视野上的文化自觉和文化自信探索我国社会主义文化建设的自身特点和规律。

由于篇幅所限，本书仅选取了17部较具代表性的西方文化名著进行解读，汇编成一册，介绍并阐述了每篇著作的写作背景、中心思想及应把握的重点问题，力求紧贴原著，按照原著的逻辑简明扼要地阐述原著的内容要点，并对其代表性研究成果的意义与影响进行了简要点评，以便读者清晰把握资本主义文化问题的本质特征与发展脉络，适合大学本科生、研究生将其作为资本主义文化问题的研究参考书。

在书目的选取和体例的编排上，编者遵循历史与逻辑相统一的原则，力求从历时态上展示资本主义文化从早期兴起、中期繁盛到晚期冲突与危机的发展过程；从共时态上展示资产阶级学者文化自觉、文化反省的理论成果以及西方马克思主义的文化批判思潮；从逻辑架构上展示资本主义文化从现实主义、现代主义到后现代主义的变迁脉络。

书稿的编写是集体智慧的结晶。杨谦教授设计了全书的整体框架，组织选择了书目和资料及初稿的写作与筛选，并在后期的修改中进行了细致的指导。本书的具体分工如下：军事交通学院教员、南开大学哲学院博士谢魁（一、二、三、五、八、九、十、十六）；王磊（四）；王超（六、七、十三）；杜翠梅（十一）；李茗茗（十二）；张妍（十四）；杨文娟（十五）；南开大学外国语学院博士占才成（十七）。另外，南开大学刘娟教授也参与了前期的组织写作导读的工作，研究生王鹏飞、张枫、邵艳、陈扬、王铁胜、王重阳、陈巨慧、邓颖、孙晨旭、王慧娜、傅维、潘云、张博、侯文昌、李葳等同学也参与本书前期资料整理和初稿撰写，在此一并深表感谢。南开大学杨谦教授、阎孟伟教授通读了本卷并作出了重要的修改，最终定稿。

本书在编写过程中参考和借鉴了不少学界同仁的研究成果，谨在此表达我们真诚的敬意和谢意。由于参与人员的分散和各自情况的变化，本书的编写工作虽历时数年，数易其稿，却基于我们有限的解读能力，书中存在诸多未尽之意，甚至理解性偏差，错讹之处敬请学界专家和同人给予斧正，以期在日后有机会补救。

由于广西人民出版社社长温六零先生、副总编白竹林女士、副总编罗敏超女士以及编校、装帧设计人员的大力支持和辛勤努力，本卷才得以和广大读者见面，在此我们表示诚挚的感谢。

2017 年 10 月